Heimo Konrad • Kulturpolitik

Kulturpolitik

Eine interdisziplinäre Einführung

von

Dr. Heimo Konrad

Wien 2011

facultas.wuv

Bibliografische Information Der Deutschen Nationalbibliothek

Die Deutsche Nationalbibliothek verzeichnet diese Publikation in der Deutschen Nationalbibliografie; detaillierte bibliografische Daten sind im Internet über http://dnb.d-nb.de abrufbar.

Alle Angaben in diesem Fachbuch erfolgen trotz sorgfältiger Bearbeitung ohne Gewähr, eine Haftung des Autors oder des Verlages ist ausgeschlossen.

Copyright © 2011 Facultas Verlags- und Buchhandels AG
facultas.wuv Universitätsverlag, Berggasse 5, A-1090 Wien
Alle Rechte, insbesondere das Recht der Vervielfältigung und der Verbreitung sowie der Übersetzung, sind vorbehalten.
Coverfoto: © jet – fotolia.com
Autorenfoto: © Katharina Tressenstein
Druck: Facultas AG
Gedruckt auf säurefreiem, PEFC-zertifizierten Papier
ISBN 978-3-7089-0596-9

Inhaltsverzeichnis

Abkürzungsverzeichnis		XI
Vorbemerkung		1
Vorwort		3
1	**Transdisziplinarität als Grundlage der Kulturpolitikforschung**	**5**
1.1	**Kulturbetriebslehre**	**6**
1.2	**Kulturwissenschaften**	**7**
1.2.1	Cultural Studies	8
1.3	**Politikwissenschaft**	**8**
1.3.1	Politik	11
1.3.2	Kulturpolitik	13
	Begriffsbestimmung der Kulturpolitik	13
	Definitionen in österreichischer Literatur	14
	Definitionen in deutscher Literatur	15
	Grundlagen und Aufgaben öffentlicher Kulturpolitik	16
	Kulturpolitikforschung	20
1.4	**Kulturrecht als Teil der Rechtswissenschaften**	**21**
2	**Definition und Abgrenzung**	**23**
2.1	**Werte**	**23**
2.2	**Identität und Nation**	**24**
2.2.1	Kulturnation?	28
2.3	**Der Begriff „Kultur"**	**32**
2.3.1	Soziologisch-philosophischer Kulturbegriff	32
2.3.2	Rechtlicher Kulturbegriff	35
	Internationale und völkerrechtliche Normierungen	36
2.4	**Der Begriff „Kunst"**	**37**
2.4.1	Rechtlicher Kunstbegriff	39
3	**Das politische System in Österreich**	**41**
3.1	**Grundsätze und Prinzipien**	**41**
3.2	**Kompetenzverteilung zwischen Bund, Ländern und Gemeinden**	**42**
3.3	**Kontrolle**	**44**
3.3.1	Parlamentarische Kontrolle	44
3.3.2	Rechnungshof und Kontrollämter	45

3.4	Medien	46
3.5	Politikerinnen und Politiker	47
3.6	**Politische Parteien**	**48**
3.6.1	Österreichische Volkspartei	48
3.6.2	Sozialdemokratische Partei Österreichs	49
3.6.3	Freiheitliche Partei Österreichs	49
3.6.4	Die Grünen	50
3.6.5	Bündnis Zukunft Österreich	50
3.6.6	Klein(st)parteien	50
3.7	Entwicklung der Parteien seit 1945	51
4	**Entwicklung kultureller Themen in der Parteipolitik**	**53**
4.1	**Funktionen und Arten von Parteiprogrammen**	**53**
4.2	Kulturpolitische Themen um 1900	55
4.3	Kulturpolitische Themen in der 1. Republik	56
4.3.1	Kulturpolitische Positionierung Österreichs nach 1918	56
4.3.2	Beispiele aus politischen Programmen in der 1. Republik	58
4.4	**Kulturpolitische Themen in der 2. Republik**	**59**
4.4.1	Beispiele politischer Programme der SPÖ	60
	Grundsatzprogramm der SPÖ von 1998	61
	Anmerkungen zum Grundsatzprogramm der SPÖ	62
4.4.2	Beispiele politischer Programme der ÖVP	62
	Grundsatzprogramm der ÖVP von 1995	65
	Anmerkungen zum Grundsatzprogramm der ÖVP	65
4.4.3	Beispiele politischer Programme der FPÖ	66
	Aktuelles Parteiprogramm der FPÖ in der Fassung 2005	67
	Anmerkungen zum Parteiprogramm der FPÖ	68
4.4.4	Beispiele politischer Programme des BZÖ	69
	Aktuelles Parteiprogramm des BZÖ von 2010	69
	Anmerkungen zum Parteiprogramm des BZÖ	70
4.4.5	Beispiele politischer Programme der Grünen	71
	Grundsatzprogramm der Grünen von 2001	72
	Anmerkungen zum Grundsatzprogramm der Grünen	73
4.4.6	Exkurs: KPÖ	73
4.5	Das Thema Kultur in Regierungserklärungen	74
4.6	Kulturpolitik als Wahlkampfthema?	77

5	**Kulturpolitik in Österreich nach 1945**	79
5.1	**Kulturpolitische Aktivitäten auf Bundesebene**	79
5.1.1	Regierungen und Ressortzuteilung für Kunst und Kultur	79
5.1.2	Kulturpolitik von 1945 bis 1970	82
5.1.3	Kulturpolitik von 1970 bis 1983	86
5.1.4	Kulturpolitik von 1983 bis 1986	89
5.1.5	Kulturpolitik von 1986 bis 2000	90
	Exkurs: Beirat- und Kuratorenmodell	93
5.1.6	Kulturpolitik von 2000 bis 2007	94
5.1.7	Kulturpolitik von 2007 bis Herbst 2010	97
5.2	**Kulturpolitische Aktivitäten im Land Steiermark**	100
5.2.1	Kulturpolitische Entwicklungen nach 1945	100
5.2.2	Regierungen, Landeshauptmänner und Kulturreferent/innen ab 1945	102
	Kapitalbeteiligungen des Landes Steiermark	104
	Exkurs: Kapitalbeteiligungen der Landeshauptstadt Graz	105

6	**Rahmenbedingungen**	106
6.1	**Verfassungsrechtliche Rahmenbedingungen**	106
6.1.1	Staatsziel Kultur in Österreich	107
	Staatszielbestimmungen auf Bundesebene?	107
	Staatszielbestimmungen auf Landesebene	108
6.1.2	Kunstfreiheit	108
	Welche Freiheit?	110
6.2	**Kunst- und Kulturförderungsgesetze**	112
6.2.1	Kulturverwaltung	112
6.2.2	Kunstförderungsgesetz des Bundes	112
6.2.3	Kulturförderungsgesetze der Bundesländer	113
6.3	**Ausbildungssituation von Kunst- und Kulturschaffenden**	114
6.3.1	Musikschulen	114
6.3.2	Konservatorien	115
	Landeskonservatorien	115
	Akkreditierung zur Privatuniversität	116
6.3.3	Musik- und Kunstuniversitäten	116
6.4	**Situation der Kunstschaffenden in Österreich**	118
6.4.1	Zwischen Ablehnung und Vereinnahmung	118
6.4.2	Soziale Situation der Kunst- und Kulturschaffenden	119
	Künstlersozialversicherung	121
6.5	**Urheberschaft und Verwertung**	122
6.6	**Legitimation, Transparenz und Evaluierungen**	124
6.6.1	Legitimation Umwegrentabilität	124
6.6.2	Transparenz durch Kunst- und Kulturberichte	126
6.6.3	Evaluierungen	127

7	**Aufgaben der Kulturpolitik auf Bundesebene**	**128**
7.1	**Überblick über Wirkungsbereiche und Zuständigkeiten**	**128**
7.2	**Ausgliederungen aus der öffentlichen Verwaltung**	**129**
7.2.1	Hintergrund	129
	Haupttypen von Ausgliederungen	130
7.2.2	Kapitalbeteiligungen des Bundes	132
7.3	**Bundestheater**	**133**
7.4	**Bundesmuseen**	**134**
7.4.1	Haftungsübernahmen durch den Bund	136
7.4.2	Exkurs: Sponsoren in öffentlichen Kulturinstitutionen	138
7.5	**Denkmalschutz**	**139**
7.6	**Schloss Schönbrunn und Marchfeldschlösser**	**139**
7.7	**Salzburger und Bregenzer Festspiele**	**140**
7.8	**Österreichischer Rundfunk**	**141**
7.9	**Auslandskulturpolitik**	**144**
7.9.1	Hintergrund und Zielsetzungen	144
7.9.2	Konzepte der Auslandskulturpolitik seit 1945	145
8	**Kulturfinanzierung**	**148**
8.1	**Allgemeiner Hintergrund**	**148**
8.2	**Übersicht und Verhältnisse öffentlicher Kulturausgaben**	**149**
8.2.1	Kulturausgaben der Gebietskörperschaftsebenen	149
8.2.2	Anteile an den Gesamtausgaben	150
8.3	**Bund**	**150**
8.3.1	Kulturausgaben des Bundes nach LIKUS Kategorien	150
8.3.2	Kulturausgaben des Bundes nach Budgetkapiteln	151
8.3.3	Entwicklung des Anteils Kultur an den Gesamtausgaben	152
8.4	**Bundesland Steiermark**	**153**
8.4.1	Kulturausgaben nach LIKUS Kategorien	153
8.5	**Stadt Graz**	**154**
8.5.1	Kulturausgaben nach LIKUS Kategorien	154
8.5.2	Entwicklung der Kulturausgaben	154
8.5.3	Anteil an den Gesamtausgaben	155
9	**Internationale Kulturpolitik im Überblick**	**156**
9.1	**Kulturpolitik der Europäischen Union**	**156**
9.1.1	Hintergrund und Zielsetzungen	156
9.1.2	Kulturhauptstadt Europas und andere EU-Aktivitäten	158

9.2	UNESCO	159
9.3	**Deutschland**	**160**
9.3.1	Rechtliche Rahmenbedingungen in Deutschland	161
9.3.1	Staatsziel Kultur in Deutschland	163
9.3.2	Auslandskulturpolitik	164
9.4	**Frankreich**	**165**
9.5	**Niederlande**	**166**
9.6	**Polen**	**167**
9.7	**Tschechien**	**169**
9.8	**Schweiz**	**169**
9.9	**Großbritannien**	**171**
9.10	**USA**	**172**

Abbildungsverzeichnis   **174**

Tabellenverzeichnis   **175**

Vertiefende Literatur   **176**

Literaturverzeichnis   **177**

Abkürzungsverzeichnis

AB	Parlamentarische Anfragebeantwortung
Abs	Absatz
ADMICAL	Verein zur Entwicklung der Industrie- und Handelskulturförderung (Frankreich)
AKM	Verwertungsgesellschaft für Autoren, Komponisten und Verleger
Art	Artikel
BGBl.	Bundesgesetzblatt
BFG	Bundesfinanzgesetz
BM	Bundesministerium
BMAA	Bundesministerium für auswärtige Angelegenheiten
BMEIA	Bundesministerium für europäische und internationale Angelegenheiten
BMUKK	Bundesministerium für Unterricht, Kunst und Kultur
BMUKS	Bundesministerium für Unterricht, Kunst und Sport
BMuseen	Bundesmuseen
BR	Bundesrat der Republik Österreich
BTheater	Bundestheater
BVerG	Bundesverfassungsgerichtshof (Deutschland)
B-VG	Bundesverfassungsgesetz der Republik Österreich
BZÖ	Bündnis Zukunft Österreich
bzw.	beziehungsweise
d.h.	das heißt
EGV	Vertrag zur Gründung der Europäischen Gemeinschaft
etc.	et cetera
EUR	Euro
FPÖ	Freiheitliche Partei Österreichs
GATS	General Agreement on Tade in Services
GG	Grundgesetz der Bundesrepublik Deutschland
GP	Gesetzgebungsperiode
Hrsg.	Herausgeber
idgF.	in der geltenden Fassung
KPÖ	Kommunistische Partei Österreichs
LIF	Liberales Forum
LIKUS	Länderinitiative Kulturstatistik
Mio.	Million
Mrd.	Milliarde
NR	Nationalrat der Republik Österreich
o.V.	ohne Verfasser
ORF	Österreichischer Rundfunk
ÖGB	Österreichischer Gewerkschaftsbund
ÖVP	Österreichische Volkspartei
o.J.	ohne Jahr
PPP	Public Private Partnership
RZ	Randziffer

SGP	Stenografisches Protokoll
SPÖ	Sozialdemokratische Partei Österreichs (bis 1991: Sozialistische Partei Österreich
StGG	Staatsgrundgesetz
udgl.	und der gleichen
UNESCO	United Nations Educational, Scientific and Cultural Organization
USD	US-Dollar
usw.	und so weiter
VdU	Verband der Unabhängigen
VfGH	Verfassungsgerichtshof der Republik Österreich
VG	Verwertungsgesellschaft
VwGH	Verwaltungsgerichtshof der Republik Österreich
WTO	World Trade Organization
z.B.	zum Beispiel
z.T.	zum Teil

Vorbemerkung

> *Der Anfang wissenschaftlichen Denkens*
> *muss in der Abkehr von allen Bindungen*
> *an Programme und Parteien liegen.*
> Ludwig von Mises

Dieses Werk schreiben zu dürfen ist gleichzeitig Privileg und Herausforderung, da es von einem Politikfeld handelt, das in Österreich bislang wenig aufgearbeitet ist. Ein Lehrbuch, wie es nun vorliegt, kann seiner Funktion entsprechend ein solch weites Themenfeld nur in einigen wesentlichen Teilen anreißen und muss Schwerpunkte setzen, die einen allgemeinen Überblick gewährleisten.

Diese Publikation ist als Basiswerk zu verstehen, in dem durch fächerübergreifende Analysen ein Grundstock zu einem breiteren Verstehen gelegt und weiterführendes Interesse geweckt werden soll. Das Buch wendet sich gleichermaßen an den akademisch universitären Bereich in Forschung und Lehre wie an das Praxisfeld der Kulturpolitik. Es wurde mit dem Streben nach möglichst einfacher Lesbarkeit erstellt.

Gleichzeitig soll bei Leserinnen und Lesern der Ehrgeiz geweckt werden, weitere tiefschürfendere Forschungen zu betreiben und den in Österreich noch mannigfach vorhandenen Raum für Publikationen auf dem Gebiet der Kulturpolitikforschung zu nutzen.

In weiten Zügen beruht das Buch auf Materialien der Vorlesungen zur Kulturpolitik am Institut für Kulturmanagement und Kulturwissenschaften an der Universität für Musik und darstellende Kunst Wien sowie am Institut für Geschichte der Karl-Franzens-Universität Graz.

Der Themenbereich Kulturpolitik wird aus möglichst vielen unterschiedlichen Perspektiven und Fachgebieten beschrieben. Dabei werden zahlreiche Zitate von Künstlerinnen und Künstlern, Politikerinnen und Politikern sowie Wissenschafterinnen und Wissenschaftern herangezogen und in einen Kontext gestellt. Es geht dabei nicht darum, das Thema letztgültig zu verorten, sondern vielmehr darum, die Hintergründe, Zusammenhänge und die Komplexität des Themas darzustellen sowie die Positionen und Forderungen der politischen Parteien und die Umsetzung in der Realpolitik gegenüberzustellen.

Die Zeit zwischen 1938 und 1945 wird nicht behandelt, da Österreich als Staat zu dieser Zeit nicht bestand und es somit keine „österreichische Kulturpolitik" gab. Zwischen 1945 und 1955 wird lediglich die österreichische Kulturpolitik beleuchtet, nicht aber die kulturpolitischen Aktivitäten der Besatzungsmächte, da dies den Rahmen dieses Lehrbuchs überschritten hätte. Österreich war zwar zwischen 1945 und 1955 ebenfalls kein souveräner Staat, es gab jedoch eine eigenständige österreichische Kulturpolitik.

Dieser erste Versuch eines Lehrbuchs für Kulturpolitik in Österreich soll zu einschlägigen Büchern in anderen Ländern korrespondieren und diese mit österreichspezifischem Hintergrund ergänzen. Die bisherigen Lehrbücher von Max Fuchs (2007) und Armin Klein (2003, aktualisiert 2009), und im erweiterten

Vorbemerkung

Sinn das Handbuch von Olaf Schwenke, Joachim Bühler und Marie Katharina Wagner (2009), legen alle den Schwerpunkt auf Deutschland.

Wie bei jedem Werk dieser Art besteht gezwungenermaßen und besonders um den vorgesehenen Rahmen nicht zu sprengen, die Notwendigkeit, sich möglichst kurz zu fassen. Dabei können die einzelnen Themenbereiche zwangsläufig nicht in ihrer ganzen Tiefe ergründet werden. Details zur kulturellen Partizipation sowie ein Überblick über die gesamte österreichische Kulturlandschaft, die auch private und intermediäre Bereiche mit einschließt, konnten daher ebenfalls hier nicht behandelt werden.

Heimo Konrad   Wien, Oktober 2010

Vorwort

> *Ich für meinen Teil möchte behaupten, dass
> die Kulturpolitik an die Stelle der
> Ontologie treten sollte.*
> Richard Rorty

Kulturpolitik pendelt kontextabhängig zwischen marginalisierter Bedeutungslosigkeit und zentraler Wertebasis jeglicher politischer Maßnahmen. Politik als prozessuale (politics) und institutionelle (polity) Realisierung von Werten (policy) in Verbindung mit einem Kulturbegriff als Summe von Werten und Normen weist Kulturpolitik nahezu als Pleonasmus von Politik aus. Konträr dazu erscheint realpolitisch die Verengung des Diskurses etwa auf kunstspartenspezialisierte Finanzierungsfragen.

Das vorliegende erste Lehrbuch zur Kulturpolitik in Österreich stellt sich dieser Herausforderung explizit. Ein notwendig weites inhaltliches Spektrum von (auch historisch präzisierten) politischen Institutionen, Systemen, Umfeldfaktoren und „issues" verbleibt nicht nur, wie so oft, lediglich kompilatorisch interessant, sondern auch theoretisch verdichtet und motivierend für Folgepublikationen.

Gerade heute im nationalen wie internationalen Spannungsfeld von Globalisierung, konfliktärer Multikulturalität, europäischer (Kultur-) Identitätsfindung und z.T. wahrgenommener Ohnmacht lokaler Politik bietet der Autor nicht zuletzt eine inhaltliche bzw. thematische Alternative zur grassierenden klientelorientierten Politikpragmatik.

Mögen die präsentierten Arbeitsergebnisse auf eine interessierte Leserschaft treffen und zur (politischen) Diskussion stimulieren.

Werner Hasitschka
Ordinarius für Kulturbetriebslehre
Rektor der Universität für Musik und darstellende Kunst Wien

1 Transdisziplinarität als Grundlage der Kulturpolitikforschung

*Forschung ist die Kunst,
den nächsten Schritt zu tun.*
Kurt Lewin

Um Kulturpolitik in all ihren Aspekten zu erörtern, ist zu bedenken, dass sie Querschnittsmaterie ist. Daher wird das Thema in diesem Lehrbuch aus politikwissenschaftlicher, historischer, rechtlicher, volkswirtschaftlicher und soziologischer Sicht behandelt. Gleichzeitig können im Besonderen die kulturwissenschaftlichen Fächer nicht außer Acht gelassen werden, da sie eigentliches Untersuchungsfeld sind. In den einzelnen Disziplinen wie Literatur- und Theaterwissenschaften oder in der Kunstgeschichte sind bereits wesentliche Arbeiten zur Kulturpolitik in Österreich erschienen. Diese fächerübergreifende Behandlung führt zu einem noch jungen Ansatz: der **Kulturbetriebslehre**.

Die Wahl eines historischen Ansatzes lässt sich gut an Thesen über den Zeitgeist und seine Probleme von *Huizinga* festmachen: *Überall der Zweifel an der Haltbarkeit des sozialen Systems, in dem wir leben, eine unbestimmte Angst vor der nächsten Zukunft, Gefühle des Sinkens und Untergehens der Kultur.* Daraufhin antwortet er mit der Gegenthese: *Es hat nie eine Zeit gegeben, in der sich der Mensch so gebieterisch der Aufgabe bewusst gewesen ist, mitzuarbeiten an der Erhaltung und Vollendung irdischer Wohlfahrt und Kultur.*[1] Diese Gedanken stammen aus dem Jahr 1935, können aber gut auf die heutige Situation übertragen werden. Die historische Betrachtung soll zum einen aufzeigen, wie sich Dinge im Laufe der Geschichte entwickelt haben und zum anderen Anlass geben, darüber zu befinden, ob nicht auch historische Beispiele und Lösungen noch heute eine Berechtigung zur Umsetzung haben.

Interdisziplinarität scheint ein probates Mittel zu sein, um auf die Herausforderungen von Wissenschaftsgebieten, die eine Querschnittsmaterie darstellen, angemessen einzugehen und deren Entwicklung zu gewährleisten. Um der Sichtweise von *Mittelstraß* zu folgen, der einerseits die Auffassung vertritt, dass Disziplinarität zwar eine Voraussetzung für wissenschaftliche Leistungen, aber gleichzeitig nicht schon das letzte institutionelle Wort darstellt und andererseits Interdisziplinarität (quasi als Zwischenschritt) als unzureichend für den heutigen Wissenschaftsbetrieb erachtet, da die jeweiligen Disziplinen aufgrund mangelnder Kompetenzen unverändert bleiben, liegt der Lösungsansatz in der Transdisziplinarität. Darunter versteht man Forschung, die sich selbst aus den Schranken der jeweiligen Disziplinen befreit und die Problemstellungen disziplinenunabhängig definiert und ebenso Lösungen entwickelt.[2]

---

[1] Huizinga, Johan, Im Schatten von morgen, 1935, S. 9ff.
[2] Mittelstraß, Jürgen, Leonardo-Welt – Über Wissenschaft, Forschung und Verantwortung, 1992, S. 90.

1.1 Kulturbetriebslehre

Den ersten interdisziplinären Ansatz im Fach Kulturmanagement formulierte *Hasitschka* mit der **Kulturbetriebslehre**, die er sehr weit im institutionell-organisatorischen Kontext der kommunikativen Werte-Symbolisierung definierte.[3] Seinem Ansatz kommt insofern besondere Bedeutung zu, da er bereits 1991 für das erste Ordinariat für Kulturbetriebslehre im deutschsprachigen Raum besetzt wurde.[4] Kulturbetriebslehre wird als jenes Fach definiert, das den Kulturbetrieb als historisch gewachsene, gesellschaftliche Organisationsform der Konzeption, Produktion, Distribution, Vermittlung, Rezeption, Konservierung und Erhaltung spezifischer Kulturgüter untersucht. Die Kulturbetriebslehre lässt sich von der **Kulturökonomie** dahingehend abgrenzen, dass sich diese als bereits international etablierte Disziplin primär auf die ökonomischen Aspekte des Kulturbetriebes konzentriert. Dies führt dazu, dass andere wesentliche Bereiche von Kulturökonominnen und Kulturökonomen zwar gelegentlich wahrgenommen, aber als verzichtbare Aspekte behandelt und aus der ökonomischen Analyse ausgeklammert werden. Der Unterschied zur **Kulturmanagementlehre** liegt darin begründet, dass diese sich hauptsächlich auf die anwendungsorientierte Ausprägung fokussiert. Zusammenfassend lässt sich festhalten, dass die Kulturbetriebslehre also eine Synthese von kultur-, sozial- und wirtschaftswissenschaftlichen Einsichten repräsentiert.[5]

Allgemein muss davor gewarnt werden die Methoden der Betriebswirtschaftslehre unreflektiert anzuwenden, da diese nur Teilaspekte der für Kulturbetriebe existenziellen Rahmenbedingungen abdecken können.

Hansen grenzt dabei die Möglichkeiten, die die **Betriebswirtschaftslehre** für den Kulturbereich bieten kann, wie folgt ein: Personal und Organisation, Marketing, internationales und interkulturelles Management.[6]

Hofecker weist darauf hin, dass aus Sicht der Kulturbetriebslehre aus Plausibilitätsgründen die Belange von Makro- und Mikrosichtweise gar nicht getrennt voneinander behandelt werden dürfen. Die Notwendigkeit, dass bei der Betrachtung der Aktivitäten von Kulturbetrieben stets auch die übergeordneten Gesichtspunkte der Kulturpolitik zu berücksichtigen sind, begründet das Postulat der parallelen Denkweise.[7]

Wie bereits hier ersichtlich, gibt es vielfältige Ansätze zur weiterführenden Forschung, die bei der oben erwähnten Synthese zukünftig den Erweiterungen und Vertiefungen, etwa um die Disziplinen Rechtswissenschaften (Kulturrecht) und Politikwissenschaften (Kulturpolitikforschung) harren.[8]

---

[3] Hasitschka, Werner, Kulturbetriebslehre und Kulturmanagement – Interaktionsanalytischer Ansatz, 1997, S. 32.
[4] Hofecker, Franz Otto, Kulturbetriebslehre oder: Was Kunst und Wirtschaft miteinander verbindet, 1991, S. 369.
[5] Zembylas, Tasos, Kulturbetriebslehre – Grundlagen einer Interdisziplin, 2004, S. 13ff.
[6] Hansen, Klaus, Kultur und Kulturwissenschaft, 2003, S. 385.
[7] Hofecker, Franz Otto, Kulturbetriebslehre aus der Makroperspektive – Ausgangslage Kulturbetriebslehre, 2006, S. 176ff.
[8] Konrad, Heimo, Die (Weiter-) Entwicklung des Kulturmanagements aus dem Blickwinkel unterschiedlicher Disziplinen, 2009, S. 199ff.

1.2 Kulturwissenschaften

Als Universitätsfach sind die Kulturwissenschaften im deutschsprachigen Umfeld ein eher junger Begriff. Doch ihre Wurzeln reichen viel tiefer. Als Gründungsdokument aller Kulturwissenschaften erachtet *Kittler* das Werk „Scienza nuova" aus dem Jahr 1725 von Giambattista Vico. *Kittler* warnt vor der Praxis, die an amerikanischen Universitäten in den letzten Jahren oft gang und gäbe war, nämlich ganze Bereiche (etwa Literatur) in Kulturwissenschaften umzubenennen, ohne gleichzeitig weitere fachliche Konsequenzen zu ziehen. Er weist auch auf den permanenten Kampf der Kulturwissenschaften gegen eine soziologische Einverleibung hin.[9]

In dieselbe Kerbe schlägt *Müller-Funk*, der zunächst auf die Problemstellung, den Terminus Kulturwissenschaften überhaupt zu definieren, hinweist. Er geht davon aus, dass dieser genauso vieldeutig ist wie der Kulturbegriff selbst, auf den sich wiederum die Kulturwissenschaften beziehen. Auch sieht zum einen die Tendenz der Umbenennung des Ensembles der bisherigen human- bzw. geisteswissenschaftlichen Fächer, zum anderen verweist er aber auch auf ein transdisziplinäres Bündel an Fächern, die sich zur Erforschung des mehrdimensionalen Phänomens der Kultur zusammenschließen. Zu diesen Fächern zählt er beispielsweise die Ethnologie, die Geschichte, die Volks- und die Völkerkunde.[10]

Die Kulturwissenschaften befinden sich derzeit in einem Dilemma. Einerseits gewinnen sie in Hinsicht auf die Deutung und Orientierung gegenwärtiger gesellschaftlicher Verhältnisse zusehends an Bedeutung. Eine Erklärung für diesen Bedeutungsgewinn wäre die zunehmende interkulturelle Verständigung in einer sich globalisierenden Welt. Andererseits ist sowohl das fachliche, theoretische und methodische Selbstverständnis dieser Disziplin noch keineswegs abschließend geklärt. Es steht bislang nicht einmal außer Streit, ob die Kulturwissenschaften im Sinne einer einheitlichen Disziplin zu sehen sind. Als Faktum kann allerdings ihre interdisziplinäre Ausrichtung gewertet werden.[11]

Die Kulturwissenschaften beruhen auf der historischen Semantik dessen, was in verschiedenen Gesellschaften und zu unterschiedlichen Epochen unter „Kultur" verstanden wurde. Sie stellen eine temporal verstetigte, institutionalisierte und charakteristisch moderne Form der Selbstreflexion der Gesellschaft dar. Kultur und Kulturwissenschaften gehen eine enge Verflechtung ein, da letztere nur die Ausdifferenzierung kulturellen Wissens darstellen, was immer schon die Kultur selbst ermöglichte, dynamisierte und reflektierte.[12]

Reckwitz warnt davor, sämtliche Wissenschaften, die nicht Naturwissenschaften sind, als Disziplinen der menschlichen Angelegenheiten und

---

[9] Kittler, Friedrich, Eine Kulturgeschichte der Kulturwissenschaft, 2000, S. 11ff.
[10] Müller-Funk, Wolfgang, Kulturtheorie, 2006, S. IX.
[11] Jaeger, Friedrich/Liebsch, Burkhard/Rüsen, Jörn/Straub, Jürgen, Handbuch der Kulturwissenschaften, 2004, S. VII.
[12] Böhme, Hartmut, Stufen der Reflexion: Die Kulturwissenschaften in der Kultur, 2004, S. 1.

damit des sinnhaften Handelns per definitionem als „Kulturwissenschaften" darzustellen.[13]

1.2.1 Cultural Studies

Die Entstehung der Cultural Studies geht auf eine Mischung aus Soziologie, Literaturkritik und einer sowohl politisch als auch biographischen Verbundenheit mit dem Arbeitermilieu zurück. Als ihre Begründer gelten die Literaturkritiker Hoggart und Williams, die aus dem Arbeitermilieu stammen und der New Left Bewegung angehörten. New Left entstand in den 1950er-Jahren und ging davon aus, dass Kultur als eigenständiger Bereich anzusehen ist und nicht wie zuvor als ökonomischer Reduktionismus, wonach Kultur ein bloßes Resultat der ökonomischen Produktionsverhältnisse wäre. Die Cultural Studies fassen Gesellschaft und Kultur als gleichursprünglich auf. Hintergrund der Entstehung der Cultural Studies waren gesellschaftliche Veränderungen wie die „Verbürgerlichung der Arbeiterklasse", der Niedergang des britischen Empires und die Multikulturalisierung der Gesellschaft.[14]

In den letzten Jahren ist in den Sozialwissenschaften ein stetig wachsendes Interesse am „Kulturellen" zu verzeichnen. Immer wieder wurde auch gemeint, dass die Sozialwissenschaften sich zunehmend als Kulturwissenschaften darstellen. Einen deutlichen Beleg dafür zeigt der steigende Einfluss der Cultural Studies im deutschsprachigen Raum. Es wurde sogar der „cultural turn" ausgerufen. Doch von einem Boom des Kulturellen zu sprechen, würde die gegenwärtige Situation doch überzeichnen. Festzuhalten ist allerdings, dass die eben getätigten Beobachtungen auch auf dem Gebiet der Geisteswissenschaften vorzufinden sind. Die Geisteswissenschaften reagieren auch deshalb darauf, da sie seit den 1990er-Jahren verstärkt einem Legitimationsdruck ausgesetzt sind und demgemäß nach neuen Strategien zur Neulegitimation suchen.[15]

1.3 Politikwissenschaft

Politikwissenschaft dient der Erforschung der politischen Entscheidungsprozesse und ihrer tragenden Institutionen.[16] Sie wird auch als Lehre von der Gestaltung und der Veränderung von Machtverhältnissen bezeichnet.[17] In einer erweiterten Betrachtung wird sie auch als Wissenschaft, die sich mit den Zwecken und den institutionellen Formen menschlichen Zusammenlebens beschäftigt, beschrieben.[18]

Die Rechtsordnung ist für die Politikwissenschaft ein Teil einer empirisch erfassbaren gesellschaftlichen Realität. Sie definiert Rahmenbedingungen für die Struktur und Entwicklung des politischen und gesellschaftlichen Lebens und

---

[13] Reckwitz, Andreas, Die Kontingenzperspektive der „Kultur". Kulturbegriffe, Kulturtheorien und das kulturwissenschaftliche Forschungsprogramm, Band 3, 2004, S. 1ff.
[14] Moebius, Stephan, Kultur, 2009, S. 119ff.
[15] Machart, Oliver, Cultural Studies, 2008, S. 17ff.
[16] Klose, Alfred, Kleines Lexikon der Politik, 1983, S. 104.
[17] Pelinka, Anton, Grundzüge der Politikwissenschaft, 2004, S. 22.
[18] Lexikografische Gesellschaft, Knaurs Lexikon, Band 14, 1975, S. 4760.

schreibt Regeln für das menschliche Leben in der Gesellschaft und somit auch für die Politik fest. Sie ist dabei auch selbst gleichzeitig Instrument und Objekt der Politik.[19]

Von Beyme kritisiert, dass seit dem Moment, in dem sich die Politikwissenschaft von der Politik als Entscheidungssystem (politics) abgewandt und verstärkt der Politik als materielles Ergebnis der Politik (policy) zugewandt hat, immer neue Politikfelder (Wirtschaftspolitik, Sportpolitik, Sozialpolitik, Arbeitsmarktpolitik, Rechtspolitik etc.) geschaffen wurden. Damit wurde nach seiner Ansicht eine ähnliche „Zerfaserung" wie bei der Soziologie (Bindestrichsoziologien) herbeigeführt. Durch die „Zerfaserung" schwindet seiner Ansicht nach auch die Bedeutung der Politologen. Das Politikfeld „Kunst und Kultur" spielt seiner Einschätzung nach durch diese Entwicklungen erst recht eine marginale Rolle.[20]

Der Versuch einer Begriffsbestimmung der Politikwissenschaften führt gleich zu mehreren überraschenden Erkenntnissen. Zum einen gibt es im deutschsprachigen Raum eine Vielzahl von Bezeichnungen für dieses Fach (politische Wissenschaft, Wissenschaft von der Politik, Politologie, Politikwissenschaft etc.), zum anderen wird die Politikwissenschaft gleichzeitig als „alte" und „sehr junge" Wissenschaft beschrieben. Für das Argument einer „alten" Wissenschaft spricht die systematische Form der philosophischen Zeitkritik (etwa bei Platon, Aristoteles, Machiavelli, Hobbes, Rousseau, Hegel, Weber).[21] *Voegelin* nennt Platon und Aristoteles als Begründer der politischen Wissenschaft (episteme politike). Ihre integrale Theorie der Politik wurde durch die Krise der hellenischen Gesellschaft begründet. Er sieht die Tätigkeiten und Errungenschaften der politischen Wissenschaft seit der Antike auf die bloße Beschreibung und Verteidigung der jeweils bestehenden Institutionen der herrschenden Mächte reduziert.[22]

Aufgrund ihrer Empirie zählt die Politikwissenschaft zu den Sozialwissenschaften.[23] Die Lehre von der Politik an den Universitäten ist de facto so alt ist wie die Universitäten selbst. Sie überstand die Zeiten bis in die erste Hälfte des 19. Jahrhunderts in Gestalt einer philosophisch oder historisch orientierten liberal-bürgerlichen Verfassungslehre (Höhepunkt war die Mitarbeit von Politikprofessoren an der verfassungsgebenden Nationalversammlung von 1848/49). Gegen Ende des 19. Jahrhunderts verschwand sie als Universitätsdisziplin aber weitgehend aus dem akademischen Fächerkanon.[24]

In Österreich sah die Studienreform der Rechtswissenschaften 1804 im 4. Jahrgang den Teil „Politische Wissenschaften" vor und war bis 1872 Teil der Rigorosenordnung. Auch eine Professur für Politische Wissenschaften gab es

---

[19] Ucakar, Karl/Gschiegl, Stefan, Das politische System Österreichs und die EU, 2009, S. 14.
[20] Von Beyme, Klaus, Die Kunst der Macht und die Gegenmacht der Kunst, 1998, S. 8.
[21] Berg-Schlosser, Dirk/Stammen, Theo, Einführung in die Politikwissenschaft, 2003, S. 1ff.
[22] Voegelin, Eric, Die neue Wissenschaft der Politik, 1977, S. 20.
[23] Pelinka, Anton, Der Beitrag der Politikwissenschaft zur Entwicklung kritischer Öffentlichkeit in Österreich, 2007, S. 50.
[24] Bleek, Wilhelm, Politikwissenschaft, 2009, S. 541ff.

über einen längeren Zeitraum hinweg in Wien (z.B. 1763 durch Joseph von Sonnenfels,[25] Lorenz von Stein 1855).[26]

Aus heutiger Sicht gesehen ist Politikwissenschaft in Deutschland und Österreich eine sehr junge Disziplin. Vorläufer der Politikwissenschaften sind in Österreich in der I. Republik verortet (etwa bei Hans Kelsen, Ludwig von Mieses und Othmar Spann).[27]

In Deutschland gab es in den 50er- und 60er-Jahren des 20. Jahrhunderts noch Probleme mit der Akzeptanz. Besonders kritisch zeigten sich damals die Juristen und Historiker über die „neue Disziplin" Politikwissenschaften. Anders sah die Situation im angloamerikanischen Raum aus. So gab es bereits 1888 Lehrstühle für Politikwissenschaften in Kanada. In den USA gab es im Jahr 1900 etwa ein halbes Dutzend davon. In Großbritannien gibt es Lehrstühle seit 1912.[28] Neben den amerikanischen Lehrstühlen verfügt auch die 1872 gegründete École libre des sciences politiques in Paris über eine lange Tradition und hohes Ansehen.[29]

Akzeptanzprobleme und große Ressentiments gab es zu Beginn auch in Österreich. Die Politikwissenschaften wurden bei ihrer akademischen Einführung etwa von Juristen und Medizinern als „Revolutionswissenschaft" bezeichnet.[30]

Der erste Lehrgang für Politikwissenschaft am Institut für Höhere Studien in Wien 1964 war ein wichtiger Ausgangspunkt, um die Politikwissenschaften in Österreich als Fach einzuführen.[31] Bemerkenswert ist, dass der Anstoß und die Anschubfinanzierung dieses Institutes von außen, genauer gesagt durch die Ford Foundation erfolgte. Ziel war es, die österreichischen Sozialwissenschaften und insbesondere die Politikwissenschaft zu fördern und zu stärken.[32]

Im Jahr 1968 wurde in Salzburg das „Interfakultäre Institut für Politikwissenschaft" gegründet[33] und in Wien wurde eine Professur für Philosophie der Politik- und Ideologiekritik eingerichtet.[34] Die Etablierung als Studienrichtung erfolgte 1971 (in Salzburg und Wien). Gegenwärtig wird die Studienrichtung an den Universitäten Wien, Salzburg und in Innsbruck gelehrt.[35]

Bezüglich der Probleme, die es gab, reflektiert *Pelinka*: *In einem Schreiben von 1970 argumentierte der Verfassungsdienst des BKA, eine universitär etablierte Politikwissenschaft würde einen Umsturz anarchistischer oder*

---

[25] Österreichischer Bundestheaterverband (Hrsg.), Burgtheater eine Chronik in Bildern, 1985, S. 41; Weigel, Wolfgang, Warum „Josef von Sonnenfels Center", http://www.univie.ac.at/sonnenfels/txt_dt/Der%20Verein.html, 07.04.2010.
[26] Reiter, Ilse, JuristInnenausbildung an der Wiener Universität, 2007, S. 9.
[27] Sickinger, Hubert, Die Entwicklung der Österreichischen Politikwissenschaft, 2004, S. 28.
[28] Mols, Manfred, Politikwissenschaft: Eine Einführung, 2003, S. 25ff.
[29] Klose, Alfred, Kleines Lexikon der Politik, 1983, S. 105.
[30] Kramer, Helmut, Politikwissenschaft und professionelle Politikberatung. Eine Bilanz, 2007, S. 240.
[31] Kramer, Helmut, Demokratie und Kritik – 40 Jahre Politikwissenschaft in Österreich, 2004, S. 5.
[32] Pelinka, Anton, Nach der Windstille, 2009, S.194.
[33] Kramer, Helmut, Demokratie und Kritik – 40 Jahre Politikwissenschaft in Österreich, 2004, S. 5.
[34] Segert, Dieter/Wöhl, Stefanie, http://politikwissenschaft.univie.ac.at/institut, 7.10.2009.
[35] Pelinka, Anton, Der Beitrag der Politikwissenschaft zur Entwicklung kritischer Öffentlichkeit in Österreich, 2007, S. 47.

marxistischer Provenienz provozieren. Die Befürchtungen erwiesen sich in Folge als maßlos übertrieben und haben sich als schlichtweg falsch erwiesen.[36]

Vorbehalte gegen die Politikwissenschaften als Fach, wenn auch in stark geminderter Form, finden sich auch mehr als ein Jahrzehnt danach etwa bei *Adamovich/Funk*. Sie definieren die Politikwissenschaften: *Über den Gegenstand, die Methoden und Forschungsinteressen der Politikwissenschaft gibt es ebenfalls unterschiedliche und zum Teil kontroversielle Vorstellungen. Das Hauptinteresse der Politikwissenschaft gilt jedenfalls der Beschreibung, Erklärung und Kritik von Herrschafts- und Machtausführung im öffentlichen Leben.*[37] Nachvollziehbar wird diese Haltung, wenn man bedenkt, dass die Politikwissenschaften, wie schon erwähnt, über lange Zeit im Fachbereich der Rechtswissenschaften, genauer gesagt, bei der Staatslehre angesiedelt waren. Dazu führt *Jellinek* aus: *Die angewandte oder praktische Staatswissenschaft ist die Politik, d.h. die Lehre von der Erreichung bestimmter staatlicher Zwecke und daher die Betrachtung staatlicher Erscheinungen unter bestimmten teleologischen Gesichtspunkten, die zugleich den kritischen Maßstab für die Beurteilung der staatlichen Zustände und Verhältnisse liefern.*[38]

In einer Analyse der Politikwissenschaft in Österreich kommt *Pelinka* zum Ergebnis, dass nach dem 2. Weltkrieg in der Wissenschaftspolitik ein restaurativer Charakter vorherrschend war. Er begründet diese These damit, dass die Republik Österreich die ersten 20 bis 25 Jahre die Politikwissenschaften nicht förderte und diese zunächst sogar verhinderte.[39]

Überträgt man diesen Gedanken auf die Situation Kulturpolitikforschung in Österreich, stellt sich die Frage, warum es bis ins 21. Jahrhundert hinein in Österreich keinen einzigen Lehrstuhl für Kulturpolitik gibt und dies obwohl österreichische Politikerinnen und Politiker nicht müde werden bei medialen Ereignissen zu betonen, dass Österreich eine Kulturnation ist.

1.3.1 Politik

Es gibt keine Politiker, sondern höchstens Menschen, die unter anderem auch politisch tätig sind.[40]

Nach *Plutarch* hat Politik folgende Bedeutungen: Die Gemeinschaft des Rechts, die Art und Weise ein Gemeinwesen einzurichten und dieses zu verwalten und die Ordnung und Verfassung einer Stadt, die alle Handlungen der Bürger lenkt und leitet. Darauf aufbauend definiert *Althusius* Politik als die Kunst, die Menschen zusammenzuschließen, damit sie untereinander ein gesellschaftliches Leben begründen, pflegen und erhalten (Lehre vom symbiotischen Leben). Gegenstand der Politik ist diese Lebensgemeinschaft, in der sich die daran Beteiligten in einem ausdrücklichen oder stillschweigenden

---

[36] Pelinka, Anton, Nach der Windstille, 2009, S. 195.
[37] Adamovich, Ludwig/Funk, Bernd-Christian, Österreichisches Verfassungsrecht, 1985.
[38] Jellinek, Georg, Allgemeine Staatslehre, 1959, S. 13.
[39] Pelinka, Anton, Nach der Windstille, 2009, S. 194.
[40] Bourdieu, Pierre, Die feinen Unterschiede, 1987, S. 620.

Vertrag untereinander zur wechselseitigen Teilhabe und zu all jenem verpflichten, was zum gemeinsamen Zusammenleben einerseits notwendig und andererseits nützlich ist.[41]

Politik kann auch als die Kunst, in Herrschaftsverbänden, besonders im Staat, durch Macht eine gesellschaftliche Ordnung zu verwirklichen und diese gegenüber anderen zu erhalten, bezeichnet werden.[42]

In die Gegenwart transformiert, lässt sich Politik wie folgt definieren: Sie bezeichnet allgemein das Handeln von Menschen, Interessengruppen, Parteien, und Organisationen. Ihr Ziel ist die gesellschaftliche Entwicklung zu beeinflussen, also die Gesellschaft, ihre normative Ordnung und ihr Recht zu gestalten.[43]

Politik selbst ist ein Feld, das im Alltagsverständnis in hohem Maß von „kulturellen Codes" bestimmt ist. Beispielsweise von den Wahlkampfritualen, von symbolischer Politik, von einer eigentümlichen, zum Teil substanzlosen Politikersprache oder der Vergemeinschaftungsform der „politischen Klasse".[44]

Politik ist von folgenden konstanten Parametern bestimmt: Durch **Knappheit** (Güter, die für eine Gesellschaft von Bedeutung sind, sind nicht in unbeschränkter Form verfügbar und zugänglich), daher kommt es zu Verteilungsproblemen. Dies führt zwingend aufgrund konkurrierender Interessenlagen und/oder Wertvorstellungen zu Konflikten. Konflikte sind von der Politik auszutragen und zu entscheiden. Um die Entscheidung mit Verbindlichkeit durchzusetzen und in Folge aufrechtzuerhalten, bedarf es **Macht**. In der Politikwissenschaft ist der Terminus Macht nicht negativ besetzt, sondern gilt als elementarer Bestandteil politischen Wirkens.[45]

Beck kritisierte bereits in den 1980er-Jahren, dass Politik immer stärker in die Rolle einer legitimatorischen Schirmherrschaft für Fremdentscheidungen gedrängt wird. Die logische Folge dieser Entwicklung wäre die Selbstentmachtung der Politik. Seiner Ansicht nach ist Politik in ihrer „demokratischen Machtfülle" von amtlicher Schönfärberei und der steten Werbung für eine Entwicklung geprägt. Folge dieser Auffassung wäre, dass Risiken, die vorhanden sind, nicht wahrgenommen werden bzw. erst gar nicht vorhanden sein dürften. Es entsteht im gleichen Maße, wie die öffentliche Risikosensibilität steigt, ein politischer Bedarf nach *Verharmlosungsforschung*. Diese soll die legitimatorische Statthalterrolle der Politik wissenschaftlich absichern.[46]

Da Politik ein integrierender Bestandteil der Gesamtkultur ist, umfasst Kulturpolitik auch die Sorge um eine politische Kultur. Daher müssen sowohl der politische Stil als auch die Form der politischen Auseinandersetzungen mit der geistig-kulturellen Entwicklung im Einklang stehen. Politische Entscheidungen und politische Institutionen sind wesentliche Elemente der Kultur eines Staates.[47]

---

[41] Althusius, Johannes, Politik, 2003, S. 24ff.
[42] Herder Verlag (Hrsg.), Der große Herder, Band 7, 1958, S. 510.
[43] Ucakar, Karl/Gschiegl, Stefan, Das politische System Österreichs und die EU, 2009, S. 9.
[44] Mergel, Thomas, Kulturwissenschaft der Politik: Perspektiven und Trends, Band 3, 2004, S. 413.
[45] Pelinka, Anton, Grundzüge der Politikwissenschaft, 2004, S. 21ff.
[46] Beck, Ulrich, Risikogesellschaft, 1986, S. 360ff.
[47] Klose, Alfred, Kleines Lexikon der Politik, 1983, S. 78.

Lachmayer vertritt die These, dass in der heutigen Politik Kunst und Kultur mehr dem Konsumbereich als dem der Bildung zugeordnet werden. Dadurch wird verkannt, dass über den Weg der Kultur maßgeblich Weltorientierung und moralische Wertbildung vermittelt werden.[48]

1.3.2 Kulturpolitik

Mit Politik kann man keine Kultur machen; vielleicht kann man mit Kultur Politik machen.[49]

Begriffsbestimmung der Kulturpolitik

Wie der Begriff Kultur entzieht sich auch die Kulturpolitik einer endgültigen und präzisen Definition, da sie wie die Gesellschaft einem ständigen Veränderungsprozess unterworfen ist.

Erste Nennungen des Begriffs in der deutschsprachigen Literatur lassen sich bis zu Beginn des 19. Jahrhunderts zurückverfolgen (Culturpolitik/ Culturpolizey).[50] Kontinuierlich kommt der Begriff Kulturpolitik in den 1840er-Jahren in einer „Pädagogischen Revue" vor, die den Untertitel *„Zentralorgan für Pädagogik, Didaktik und Kulturpolitik"* trug. Dennoch wurde der Begriff Kulturpolitik noch viele Jahre lang nicht von der Wissenschaft oder Politik aufgegriffen.[51]

Oppermann verweist auf eine Differenzierung der Begriffe Kulturpolizei und Kulturpflege aus dem Jahr 1857, die seiner Ansicht nach Gültigkeit bis ins 20. Jahrhundert hat. Kulturpolizei wird demnach meist von der allgemeinen inneren Verwaltung mit wahrgenommen, während sich die speziellen Kulturbehörden mehr mit der Kulturpflege beschäftigen.[52] Über Kulturpflege als Aufgabe des Staates schreibt auch *Jellinek* im Jahr 1900: *Je mehr durch einheitliche, umfassende Organisation, d.h. durch Zentralisation, das in Frage stehende Kulturinteresse befriedigt werden kann, desto größer ist der Anspruch des Staates und an den Staat, es ausschließlich oder doch überwiegend zu versorgen. Daraus ergibt sich, dass der Staat auf dem Gebiet der Kulturpflege die individuelle freie Tätigkeit teils zu ersetzen, teils zu ergänzen bestimmt ist.*[53]

Eine erste knapp gehaltene Definition zum Begriff Kulturpolitik findet man im Herderschen Staatslexikon von 1929. Dort heißt es: *Kulturpolitik ist der Einsatz geistiger und kultureller Mittel durch den Staat.*[54] Zahlreiche Philosophen beschäftigten sich ebenfalls mit dem Thema Kulturpolitik. Exemplarisch genant seien hier *Nietzsche* und *Benjamin*. *Nietzsche* ging davon aus, dass an der Kultur

---

[48] Lachmayer, Herbert, Kultur ist ein Umweg, der sich lohnt – besonders für Diplomat(Inn)en, 2008, S. 29.
[49] Heuß, Theodor, Kräfte und Grenzen einer Kulturpolitik, 1951, S. 18.
[50] Schwenke, Olaf, Staatsziel Kultur – Abriss einer Ideen-Geschichte der Kulturpolitik in der Bundesrepublik Deutschland, 2009, S. 11.
[51] Abelein, Manfred, Die Kulturpolitik des Deutschen Reiches und der Bundesrepublik Deutschland, 1968, S. 193.
[52] Oppermann, Thomas, Kulturverwaltungsrecht, 1969, S. 14.
[53] Jellinek, Georg, Allgemeine Staatslehre, 1959, S. 260ff.
[54] Schwenke, Olaf, Staatsziel Kultur – Abriss einer Ideen-Geschichte der Kulturpolitik in der Bundesrepublik Deutschland, 2009, S. 11.

zu arbeiten besagt schlicht und einfach am „Umschaffen" der Überzeugungen zu arbeiten.[55] Beide waren der Ansicht, *dass historische Objektivität weder möglich noch wünschenswert wäre, denn Kulturpolitik könne und solle nichts anderes sein als agitatorische Kulturpolitik.* Während sich *Nietzsche* stets eher „angriffig" der Thematik näherte, nahm *Benjamin* dabei eher eine auf Verteidigung bedachte Position ein. So war er der Auffassung, *dass Kultur und Barbarei historisch unentwirrbar ineinander verwoben sind und Kultur auch immer auch die Kultur der Unterdrücker wäre.*[56]

Wie sehr verschiedene Sichtweisen und Thesen polarisieren, zeigt sich alleine schon an diesem Beispiel.

In den meisten Staaten ist eine Einteilung der Kultur in „Hochkultur", „Volkskultur" und „Subkultur" erkennbar. Staatliche Kulturpolitik darf sich dabei nicht nur auf eine dieser Ebenen beschränken.[57]

Um den gegenwärtigen Stand des Begriffs Kulturpolitik greifbarer zu machen, sind in weiterer Folge Definitionsversuche vor allem aus österreichischer und deutscher Literatur angeführt.

Definitionen in österreichischer Literatur

Kulturpolitik in Österreich erachtet *Brix* von folgenden Prinzipien bestimmt: dem Selbstbild Österreichs als Kulturnation. Demnach wird Kultur in Österreich eine besondere Bedeutung zugeschrieben und ist wichtig für seine Identität.

Aufgrund seiner geschichtlichen Situation orientiert sich Kulturpolitik in Österreich am Staat. Dahinter steht die Erwartungshaltung, dass alles Neue, wie etwa die Modernisierung der Gesellschaft, von diesem ausgeht.[58]

Marboe hinterfragt die Gewichtung des Verhältnisses von Kultur und Politik zueinander und kommt zum Ergebnis, dass es mehr Kultur in der Politik und weniger Politik in der Kultur bedarf. Dies wäre wichtig, um zu einer Entdogmatisierung der Kulturpolitik zu gelangen und den benötigten Freiraum für Kultur und Kulturschaffende zu ermöglichen.[59]

Wie jede Politik beschäftigt sich auch Kulturpolitik mit Gütern, mit Produkten menschlicher Phantasie und mit der Umwelt der Menschen. Darum ist ein weiteres Leitmotiv die Erhaltung oder Mehrung und Verbesserung solcher Güter.[60] Kulturpolitik ist zielorientiertes Handeln zur ordnenden Tätigkeit in den als Kultur verstandenen Teilbereichen des Gemeinwesens (Bildung, Wissenschaft, Kunst).[61]

Allgemeiner formuliert ist Kulturpolitik nicht die Verwaltung von Bestehendem, sondern Entwicklung neuer Visionen auf Basis des bereits Existierenden.[62] Ähnlich sieht es auch *Koren*, der Tradition und ihre Inhalte

---

[55] Kittler, Friedrich, Eine Kulturgeschichte der Kulturwissenschaft, 2000, S. 161.
[56] Reclam, Phillipp jun. (Hrsg.), Texte zur Kulturtheorie und Kulturwissenschaft, 2010, S. 145.
[57] Pernthaler, Peter, Föderalistische Kulturpolitik, 1988, S. 9.
[58] Brix, Emil, Volk begnadet für das Schöne. Anmerkungen zur österreichischen Kulturpolitik, 2007, S. 43ff.
[59] Marboe, Peter, Kulturpolitik ohne Widerspruch?, 1997, S. 729.
[60] Jungwirth, Kurt, Steirische Kulturpolitik: Das Motiv: Mehr Kultur!, 1975, S. 1.
[61] Korinek, Karl/Potz, Richard/Bammer, Armin/Wieshaider, Wolfgang (Hrsg.), Kulturrecht im Überblick, 2004, S. 45.
[62] Straßl, Karl-Gerhard, Kulturpolitik des Bundes, 2001, S. 84.

niemals als Ziel einer Kulturpolitik erachtet, sondern immer nur als deren Ausgangspunkt.[63]

Schediwy erachtet Kulturpolitik per se als „heikles Pflaster" für die verantwortlichen Akteure, auf dem man rasch in peinliche Situationen kommen kann und man von einem Moment auf den anderen massiver Kritik ausgesetzt sein kann. Er führt die Brisanz, die Kulturpolitik offenbar hat, auf einen seit Jahrzehnten geführten Konflikt zwischen einer mehr oder minder stillen Mehrheitsauffassung auf der einen Seite und einer sich eher engagiert deklarierenden elitären Minderheitsauffassung zurück.[64]

Seit den 1990er-Jahren zweigeteilt sieht *Kravagna* die öffentliche Diskussion in Österreich zum Thema Kulturpolitik. Einerseits moniert er einen Klagediskurs, der die „Kunst" als Opfer einer verfehlten, einseitigen oder mangelhaften Politik darstellt und andererseits das Zusammenziehen der Begriffe Kunst und Politik zu Kunstpolitik aber auch Kulturpolitik. Kunst wird als etwas grundsätzlich Gutes und Lebensnotwendiges, somit Schützenswertes und Förderungswürdiges gesehen. Politik nimmt hingegen eine ambivalente Rolle ein, zum einen als Bedrohung (Zensur, mangelhafte Förderpraxis), zum anderen als Helfer (finanzielle, ideelle Zuwendungen). Unter diesen Rahmenbedingungen wird Kunst selten differenziert betrachtet.[65] Diese Einschätzung hat offenbar auch nach der Jahrtausendwende nichts an ihrer Aktualität verloren.

Im von Österreich ratifizierten UNESCO-Übereinkommen zum Schutz und zur Förderung der Vielfalt kultureller Ausdrucksformen gibt es folgende Definition: *Kulturpolitik und kulturpolitische Maßnahmen beziehen sich auf die Politik und die Maßnahmen im Zusammenhang mit Kultur auf lokaler, nationaler, regionaler oder internationaler Ebene, die entweder Kultur als solche zum Gegenstand haben oder darauf abzielen, sich unmittelbar auf die kulturellen Ausdrucksformen von Einzelpersonen, Gruppen oder Gesellschaften auszuwirken, einschließlich des Schaffens, der Herstellung, der Verbreitung und des Vertriebs kultureller Aktivitäten, Güter oder Dienstleistungen sowie des Zugangs zu ihnen.*[66]

Definitionen in deutscher Literatur

Kulturpolitik ist die Gesamtheit der Maßnahmen zur Planung und Koordination der Bereiche Kunst, Forschung und Wissenschaft, Erziehung und Bildung. Ferner zählt man auch den Bereich der Medien und der Religionsgemeinschaften zum Gebiet der Kulturpolitik.[67]

Weiter gefasst ist die Definition für Kulturpolitik im Knaur Lexikon, sie umfasst neben der Gestaltung und Pflege im kulturellen Bereich durch staatliche auch jene durch nichtstaatliche Institutionen.[68]

---

[63] Koren, Hanns, Reden, 1996, S. 588.
[64] Schediwy, Robert, Fallstricke der Kulturpolitik – am Beispiel Museumsquartier, 1993, S. 755ff.
[65] Kravagna, Christian, Zur Politisierung des künstlerischen Feldes in den neunziger Jahren, 1999, S. 65.
[66] BGBl. 34, 2007, S. 8.
[67] Lenz, Casten/Ruchlak, Nicole, Kleines Politik-Lexikon, 2001, S. 123.
[68] Lexikografische Gesellschaft, Knaurs Lexikon, Band 10, 1975, S. 3487.

Für *Wagner* bedeutet Kulturpolitik *staatliches bzw. kommunales Handeln im Bereich von Kunst und Kultur in Form ihres Schutzes und ihrer Förderung, sowie der Gestaltung von Rahmenbedingungen*. Ergänzend dazu weist er auf das Zusammenwirken und die Bedeutung von Kultur- und Kunstverbänden, Kirchen und anderen gesellschaftlichen Organisationen, sowie auf das Kulturengagement einzelner Akteure hin. Jedoch hängt die Begriffsbestimmung von Kulturpolitik vom jeweiligen Verständnis von Kultur bzw. Politik ab.[69]

Kulturpolitik ist immer auch Gesellschaftspolitik. *Scheytt* differenziert weiter, dass Kulturpolitik nicht nur auf die Gesellschaft als Ganzes abzielt, sondern auch auf das einzelne Individuum, um dessen freie Entfaltung es schlussendlich geht, sei es in der Rolle als Rezipient und Rezipientin von Kulturangeboten oder als Kulturschaffende.[70]

Grundlagen und Aufgaben öffentlicher Kulturpolitik

Kultur ist kein Ornament.
Sie ist das Fundament, auf dem unsere Gesellschaft steht und auf das sie baut.
Es ist Aufgabe der Politik, dieses zu sichern und zu stärken.[71]

Öffentliche Kulturpolitik erfolgt im Auftrag gewählter politischer Mandatare. Sie agiert im Namen der beschlossenen und mehrheitlich akzeptierten kulturpolitischen Programme. Dabei ist sie in Hinsicht auf ihre finanziellen Ressourcen voll von den von den Körperschaften bewilligten Budgets abhängig. Öffentliche Kulturpolitik hat die Aufgabe eines Mittlers zwischen den kulturellen Kräften und der Politik. Zur Umsetzung bedient sie sich dabei der Bürokratie und der Verwaltung.[72] Legitimation öffentlicher Kulturpolitik beruht auch auf den Annahmen der ökonomischen Theorie (Funktionieren des Marktes) und am Konzept der meritorischen Güter. Würde es im Kulturbereich einen sich selbst tragenden Markt geben, so müsste der gesamte Nutzen eines Gutes (z.B. Museumsbesuch) in der Nachfrage (z.B. Eintrittskartenerlöse) Widerhall und Kostendeckung erfahren. Das hieße, die Kulturgüterproduktion müsste sich selbst finanziell tragen. Da dies grundsätzlich nicht der Fall ist, muss der Staat korrigierend eingreifen, um wesentliche gesellschaftliche Leistungen, wie sozialen Nutzen (Konzerte, Opern- und Theateraufführungen als gesellschaftliches Ereignis) oder Weiterbildung der Bevölkerung durch Auseinandersetzung mit Kunst erst zu ermöglichen.[73]

In einer Analyse des Werkes von *Blaukopf* definiert *Harauer* die Aufgaben der Kulturpolitik darin, *mittels legistischer Interventionen einen Interessenkonsens zwischen der Logik des künstlerischen Schaffens und Lebens und jener der industriell organisierten Werkverbreitung und Werkaneignung zu vermitteln*. Er übt dahingehend Kritik, dass die österreichische Kulturpolitik als wesentliche strukturpolitische Aufgabe, wenn überhaupt, nur eine untergeordnete

---

[69] Wagner, Bernd, Fürstenhof und Bürgergesellschaft, 2009, S. 25.
[70] Scheytt, Oliver, Aufgaben der Kulturpolitik, 2006, S. 119ff.
[71] Connemann Gitta, Kultur in Deutschland, 2008, S. 8.
[72] Hoffmann, Hilmar/Kramer, Dieter, Kulturämter und -behörden, 1994, S. 351ff.
[73] Smekal, Christian, Förderung von Kultur und Kunst aus der Sicht der neueren Subventionstheorie, 1992, S. 74ff.

Rolle spielt. *Blaukopf* sah im Besonderen die Marktkorrektur als Aufgabe der Kulturpolitik und warnte früh vor einer übertriebenen Deregulierung, da diese die innere Logik und Notwendigkeiten des Kunstschaffens ignoriert und dem historischen Irrtum aufsitzt, dass es einen freien Markt ohne Regulative geben könnte.[74]

Kulturpolitik erfüllt in einem demokratischen Rechtsstaat aber noch zahlreiche weitere Aufgaben, etwa die Schaffung von Rahmenbedingungen, die freies Kulturschaffen ermöglichen und den Zugang und Erleichterung der Rezeption von Kunst.[75] Nach *Scheytt* entscheidet Kulturpolitik über die öffentliche Förderung von Kultur und über Rahmenbedingungen der kulturellen Gestaltung.[76] Dabei verkommt seiner Einschätzung nach Kulturpolitik ohne Ideale, ohne Konzepte und ohne Programmatik zur Beliebigkeit. Ist alles Kultur, gibt es Kultur für alles und von allen. Er sieht es daher als zwingend an, einen öffentlichen Kulturauftrag zu erarbeiten, der Zielsetzungen, Leitlinien und Rahmenbedingungen für die Entwicklung von Kunst und Kultur absteckt.[77] Dabei ist die Kulturpolitik immer von der jeweiligen politischen und sozialen Situation in einem Staat abhängig.[78] Auf den mehrmaligen Wechsel kulturpolitischer Praktiken in den letzten Jahren weist auch das BMUKK hin, diese können sich etwa durch Regierungswechsel oder aufgrund der wirtschaftlichen Lage ergeben.[79]

Schambeck sieht Kulturpolitik als eine besondere Verpflichtung, da vom kulturellen Fortschritt die wirtschaftliche Kraft und soziale Sicherheit im Land abhängen. Die Förderung von Kultur, Wissenschaft und Bildung ist somit eine existenzsichernde Aufgabe von allgemeiner Bedeutung. Alle zur Verfügung gestellten Mittel sind Investitionen und Garanten für eine gesicherte Zukunft.[80]

Morak sieht die zentrale Aufgabe der Kulturpolitik darin, Mittel bereitzustellen, die es Künstlerinnen und Künstlern erlaubt, zwischen den Anforderungen der Ökonomie und den Zwängen der Selbstvermarktung das wichtige Gut der künstlerischen Autonomie zu bewahren.[81]

Die Bedeutung der Ressourcenfrage spricht *Matejka* schon 1938 an. Er verweist dabei auf die Bedeutung, die in einer sinnvollen und gerechten Mittelverteilung für Kultur liegt. Er sieht Kulturpolitik zwar auch als eine Aufgabe des Staates, allerdings innerhalb der Grenzen, die das Werden und den Segen der Kultur nicht einengen.[82] *Widmer* warnt davor, Kulturpolitik lediglich auf die Tätigkeit der Kunstfinanzierung zu reduzieren.[83]

Nach *Flecker* darf Kulturpolitik, wie jede andere Politik, sehr viel aufgrund ihrer demokratiepolitischen Legitimation. Er warnt vor Enthaltsamkeit oder

---

[74] Harauer, Robert, Die ordnende Dimension der Kulturpolitik, 2000, S. 11ff.
[75] Smekal, Christian, Förderung von Kultur und Kunst aus der Sicht der neueren Subventionstheorie, 1992, S. 74ff.
[76] Scheytt, Oliver, Kulturstaat Deutschland, 2008, S. 19.
[77] Scheytt, Oliver, Kommunales Kulturrecht, 2005, S. 2.
[78] Weinzierl, Erika, Österreichische Kulturpolitik in den dreißiger Jahren, 1997, S. 14.
[79] BMUKK (Hrsg.), Kunstbericht 2008, S. 174.
[80] Schambeck, Herbert, Kulturpolitik für Österreich, 1966, S. 5.
[81] Morak, Franz, Kunstbericht 2000, S. 5.
[82] Matejka, Viktor, Grundlinien der Kulturpolitik in Österreich, 1938, S. 11.
[83] Widner, Sigmund, Kulturpolitik ist nicht nur Kunstfinanzierung, 1977, S. 289.

Verweilen in reiner Verwaltung, da diese dem Gestaltungsauftrag der Politik widersprechen.[84]

Kritisch sieht *Mokre* die Entwicklung der Kulturpolitik in Österreich, die sie am Beispiel der Kulturhauptstädte Graz 03 und Linz 09 festmacht. Sie kritisiert dabei, dass sich gegenwärtig die Kulturpolitikerinnen und Kulturpolitiker in steigendem Ausmaß ihrer ureigensten Aufgabe, nämlich Kulturpolitik zu betreiben, entledigen, indem sie diese durch ausgegliederte Unternehmungen (in diesen Fällen GmbHs) durchführen lässt. Ein Motiv dafür ortet sie darin, dass sich Politikerinnen und Politiker durch dieses Vorgehen vor Kritik schützen und gleichzeitig durch die Großereignisse in den Genuss der medialen Aufmerksamkeit kommen. Sie kritisiert weiters den Wechsel bei den Rahmenbedingungen, die seit ca. 15 Jahren verstärkt zu Ausgliederungen geführt haben. Durch diese Entwicklungen sieht sie in Österreich die Tradition einer über lange Zeit gewachsenen öffentlichen Kulturfinanzierung gefährdet.[85]

Was nicht Aufgabe der Kulturpolitik sein soll, definiert ein ehemaliger österreichischer Kulturminister: Er ist der Auffassung, dass es nicht das ausschließliche Ziel einer konzeptiven Kulturpolitik sein kann, alljährlich das Kunstbudget zu erhöhen und mehr Kunst mit mehr Geld zu fördern. Folgende qualitative Maßnahmen einer Förderpolitik des Bundes wären aber für ihn von Bedeutung: Bereits geschaffenen Freiraum für die Kunst auch in Zukunft zu erhalten und die staatliche Förderung ohne staatliche Einmischung längerfristig mit gewissen Garantien zu versehen.[86]

Ministerin Schmied erachtet *Kunst- und Kulturpolitik nicht nur als Förderpolitik*. Sie will sich *verstärkt um eine Partnerschaft mit anderen Politikfeldern bemühen* und denkt dabei an *Möglichkeiten der Zusammenarbeit von Wirtschaft mit Kunst und Kultur*.[87] Eine weitere Position vertrat sie anlässlich der UNESCO-Generalkonferenz 2009. Dort bezeichnete die Ministerin *die Ermöglichung kultureller Vielfalt, die Bewahrung des kulturellen Erbes in all seiner Vielfalt und den Dialog der Kulturen als Österreichs höchste Priorität*.[88]

Bast übt an der Kunst- und Kulturpolitik des Staates Kritik. Er wirft ihm vor, dass er sich kunstpolitisch auf die kunsthistorische Nachlassverwaltung und die rechtliche Funktion des Protektors der Freiheit der Kunst zurückgezogen hat und dabei die Unterstützung der Gegenwartskunst vernachlässigt.[89]

Bemerkenswert ist die Kontinuität der Definition des Begriffs Kulturpolitik in den Kunstberichten des Bundes seit 1996[90]. Bis zum Kunstbericht 2009[91] ist die Definition nahezu gleich geblieben, obwohl sich kulturpolitisch Wesentliches verändert hat.

---

[84] Flecker, Kurt, Kulturpolitik oder: Das dressierte Meerschweinchen – Etwas gegen Unbemerkbarkeit, 2007, S. 96.
[85] Mokre, Monika, Graz 2003 und Linz 09 oder: Die schleichende Privatisierung der Kulturpolitik, 2009, S. 34ff.
[86] BMUK (Hrsg.), Kunstbericht 1992, S. I.
[87] Schmied, Claudia, Im Auge der Politik – Ausgewählte Reden 2007/2008, 2008, S. 150.
[88] BMUKK, Pressemitteilung: BM Schmied nimmt an der UNESCO-Generalkonferenz teil, 08.10.2009.
[89] Bast, Gerald, Wa(h)re Kunst, 2007, S. 7ff.
[90] BKA (Hrsg.), Kunstbericht 1996, S. 40.
[91] BMUKK (Hrsg.), Kunstbericht 2009, S. 181.

Abschließen möchte ich die österreichische Sichtweise mit einer mehr als 20 Jahre alten Aussage der ehemals für Kultur zuständigen Ministerin Hawlicek, *die die Kulturpolitik in ihren Aufgabenstellungen* stets mit wiederkehrenden Fragen konfrontiert sah. Dazu gehören ihrer Ansicht nach: *das Spannungsverhältnis zwischen Tradition und Innovation, zwischen Institution und Künstlerpersönlichkeit und zwischen etablierten Strukturen und neuartigen künstlerischen Initiativen.*[92] Daran hat sich bis heute in Österreich nichts geändert, da diese Problemstellungen nach wie vor nicht gelöst sind.

Bezogen auf die Situation in **Deutschland** spricht Wiesand zwar vom Zustand einer Vergesellschaftung von Kulturpolitik, die zusehends zu einer Querschnittsaufgabe wird (beeinflusst von wirtschaftlichen, sozialen, rechtlichen, bildungs- und außenpolitischen Handlungsfeldern). Er erkennt in dieser Entwicklung allerdings keine Gefahr eines Bedeutungsverlustes der Kulturpolitik. Vielmehr sieht er darin zum einen die Möglichkeit eines Bedeutungsgewinns und zum anderen die einer weiteren Ausdifferenzierung. Bedingungen dafür sieht er allerdings in der Begleitung dieser Entwicklung durch empirisch gestützte Evaluierungen und entsprechender wissenschaftlicher Begleitung der Kulturpolitik.[93] *Heinrichs* vertritt die Auffassung, dass das Kulturangebot der öffentlichen Hand von der Kulturpolitik bestimmt wird. Am Beginn eines jeden kulturellen Handelns der öffentlichen Hand sieht er ein politisches Ziel und eine politische Entscheidung stehen.[94]

Schulze sieht den dezentralen Charakter, den Kulturpolitik aufweist, als Grund dafür, dass sie noch zu keinem beherrschenden nationalen Thema wurde. Gleichzeitig sieht er aber deren Einfluss und Bedeutung sukzessive steigen und wertet die Klage über unzureichende Kuluretats nicht als Zeichen eines kulturpolitischen Untergangs, sondern ganz im Gegenteil als Ausdruck eines Booms in diesem Bereich.[95]

Von Beyme warnt davor, *dass überall dort, wo Kunst und Kultur schon als dominante Faktoren der Entwicklung postmoderner Gesellschaften gefeiert worden sind, sich zunehmend zeigt, dass der Satz „alles ist Kunst" um den Satz „alles ist zugleich Wirtschaft" ergänzt werden muss.* Die „Kunst der Macht" nimmt in dem Maße ab, wie die Politik ihre Fähigkeit verliert, andere gesellschaftliche Teilbereiche zu steuern. Seiner Ansicht nach muss das politische System versuchen, die Autonomie der Kunst gegen die Dominanz der Wirtschaft zu schützen.[96]

Dass die Kulturpolitik abgesehen von ihrer Brisanz und Polarisierung generell vor großen Herausforderungen steht, zeigt sich am Beispiel der Bundesländer, die im Osten Deutschlands liegen. Aufgrund des demografischen Wandels wurden dort in den letzten Jahren ca. 2.000 Schulen geschlossen. Das Fehlen von Jugendlichen wird sich zeitlich verzögert auch auf Musikschulen, Museen, Theater und weitere Kulturbetriebe auswirken. Es wird in wenigen

---

[92] BMUK (Hrsg.), Kunstbericht 1989, S. IV.
[93] Wiesand, Andreas, Partnerschaft ohne Illusionen – Neue Aufgaben öffentlicher und privater Kulturförderung, 2001, S. 47.
[94] Heinrichs, Werner, Kulturpolitik und Kulturfinanzierung, 1997, S. 41.
[95] Schulze, Gerhard, Die Erlebnisgesellschaft, 1996, S. 495.
[96] Von Beyme, Klaus, Die Kunst der Macht und die Gegenmacht der Kunst, 1998, S. 34.

Jahren keinen politisch plausiblen Grund mehr geben, weshalb es zur Schließung von Kindergärten und Schulen kommt und im Gegensatz dazu kulturelle Infrastruktur unangetastet bleiben soll.[97]

Hoffmann warnt davor, Kulturpolitik auf Dauer unspezifisch ausgebildeten Freizeit-Animateuren, kulturell dilettierenden Politikern oder angeblich politisch agierenden Kulturspezialisten zu überlassen.[98]

Kulturpolitikforschung

Die Analyse der Kulturpolitik ist in Österreich ein traditionell wenig beachtetes Feld der Politikforschung.[99] *Wimmer* zeigt sich vom Desinteresse der politikwissenschaftlichen Forschung auf dem Politikfeld Kulturpolitik verwundert, zumal Kunst und Kultur in Österreich von politischer Seite intensiv und häufig instrumentalisiert werden.[100] Eine Voraussetzung für eine verstärkte Forschungstätigkeit wären etwa Forschungsaufträge der großen Gebietskörperschaften, die bislang eher spärlich vorhanden sind.

Ähnlich wie in Österreich stellt sich die Situation im übrigen deutschsprachigen Raum dar.

Auch in der Schweiz ist Kulturpolitik im Gegensatz zu anderen Politikfeldern ein wenig erforschtes Gebiet. Besonders über die Entscheidungsfindung und die öffentliche Kommunikation in der Kulturpolitik ist wenig bekannt. *Wenzler* sieht die Gründe dafür in den vorherrschenden gesellschaftlichen Rahmenbedingungen und in der öffentlichen Wahrnehmung, die offensichtlich auf mangelnder gesamtgesellschaftliche Relevanz beruht.[101]

Fuchs hält die Situation in Deutschland für paradox, da die Politikwissenschaft die Kulturpolitik und deren Forschung vorwiegend anderen Wissenschaftsdisziplinen überlässt. Kulturpolitik als Teildisziplin der Politikwissenschaft gibt es bis dato nicht.[102] Der Terminus Kulturpolitik wird überwiegend von Kulturwissenschafterinnen und Kulturwissenschaftern verwendet.[103] *Höpel* ergänzt, dass sich neben Kulturwissenschaftern vor allem auch Kulturpolitikerinnen und Kulturpolitiker ad personam meist aufgrund tagespolitischer Fragestellungen mit Kulturpolitik befassen. Demgegenüber wird in der Kulturpolitikforschung in Frankreich mit der Verknüpfung von politik- und sozialwissenschaftlichen Perspektiven ein eigenständiger Weg beschritten. Dadurch entstanden zahlreiche interdisziplinäre Arbeiten, an welchen vor allem Kulturhistorikerinnen bzw. Kulturhistoriker, Soziologinnen bzw. Soziologen und Politikwissenschafterinnen bzw. Politikwissenschafter beteiligt waren und

---

[97] Sievers, Norbert, Herausforderungen und Handlungsoptionen für die Kulturpolitik angesichts des demografischen Wandels, 2009, S. 59.
[98] Hoffmann, Hilmar, Kultur für alle, 1979, S. 13.
[99] Straßl, Karl-Gerhard, Kulturpolitik des Bundes, 2001, S. V.
[100] Wimmer, Michael, Österreichische Kulturpolitik seit 2000, 2006, S. 293.
[101] Wenzler, Michel, Journalisten und Eliten, 2009, S. 23.
[102] Fuchs, Max, „Kultur" in Kulturpolitik und Kulturpädagogik, 2008, S. 143.
[103] Von Beyme, Klaus, Kulturpolitik und nationale Identität, 1998, S. 7.

sind.[104] Kulturpolitik darf nicht isoliert betrachtet werden, sondern ist im Verbund mit weiteren Politikfeldern zu sehen.[105]

1.4   Kulturrecht als Teil der Rechtswissenschaften

Wie bereits im Kapitel über die Entwicklung der Politikwissenschaften dargelegt, entstanden diese aus dem Fachgebiet der Staatslehre als Teilbereich der Rechtswissenschaften. Da die rechtlichen Rahmenbedingungen nach wie vor wesentlicher Teilbereich der Politikwissenschaften sind, sind die Rechtswissenschaften, im Besonderen Kulturrecht, besonders relevant für das Politikfeld Kulturpolitik.

Der Begriff Kulturrecht (bei dem es sich um die Bezeichnung einer Querschnittsmaterie handelt) als Beschreibung eines rechtswissenschaftlichen Faches in Österreich ist noch jung.[106] Kulturrecht ist der Inbegriff sämtlicher Rechtsnormen, die den „Gegenstand Kultur" betreffen, definieren und regeln. In der juristischen Fachliteratur wird neben dem Begriff Kulturrecht auch der Begriff Kunstrecht verwendet. Kunstrecht hat die rechtlichen Rahmenbedingungen für Kunst, Künstler und Künstlerinnen zum Inhalt. Kunstrecht beschäftigt sich somit lediglich mit einem Teil des Kulturrechts.[107]

Eine weitere Abgrenzung findet sich bei *Oppermann*. Er weist darauf hin, dass Kulturrecht (Kulturverwaltungsrecht) nicht mit Kulturpolitik gleichgesetzt werden kann, es hat vielmehr die staatliche in Rechtsform organisierte Besorgung der kulturellen Angelegenheiten zum Gegenstand und geht dabei grundsätzlich von einer bereits bestehenden gesetzlichen Normierung aus. Im Wesentlichen beschränkt sich Kulturrecht, wie überhaupt das Recht im Verhältnis zur Politik, auf die Erläuterung der bereits bestehenden Ordnung und ihrer zweckmäßigen, richtigen und gerechten Verwirklichung.[108]

Die Rechtswissenschaften gehen für gewöhnlich von einem engen Kulturbegriff aus, der sich vorwiegend auf die Bereiche Bildung, Wissenschaft und Kunst bezieht.[109]

Ein Fehlen kulturrechtlicher Rahmenbedingungen in einem Rechtsstaat hätte dramatische Folgen. Sie würde beispielsweise dazu führen, dass keine öffentlichen Mittelvergaben auf rechtlicher Basis möglich wären. Die Bedeutung von kulturrechtlichen Rahmenbedingungen und Normierungen auf Kunst- und Kulturschaffende ist daher eminent. Zahlreiche Publikationen, die sich mit Kulturmanagement und Kulturförderung befassen, lassen den für Kultur immanenten rechtlichen Teil allzu oft unerwähnt oder behandeln diesen nur

---

[104] Höpel, Thomas, Von der Kunst zur Kulturpolitik, 1998, S. 14ff.
[105] Zimmermann, Olaf/Schulz, Gabriele, Strukturen der Kulturpolitik in der Bundesrepublik Deutschland, 2006, S. 2.
[106] Korinek, Karl/Potz, Richard/Bammer, Armin/Wieshaider, Wolfgang (Hrsg.), Kulturrecht im Überblick, 2004, S. 9.
[107] Scheytt, Oliver, Systematik des Kulturrechts, 2006, S. 1.
[108] Oppermann, Thomas, Kulturverwaltungsrecht, 1969, S. 11.
[109] Häberle, Peter, Verfassungslehre als Kulturwissenschaft, 1998, S. 2.

oberflächlich. Was die Forschung und Lehre betrifft, gibt es gegenwärtig in Österreich zwei universitäre Institutionen, die sich intensiver mit der Thematik Kulturrecht beschäftigen (das Kompetenzzentrum für Kunst- und Kulturrecht an der Karl-Franzens-Universität Graz und das Institut für Rechtsphilosophie, Religions- und Kulturrecht am Juridicum der Universität Wien).

2 Definition und Abgrenzung

2.1 Werte

Werte haben nach *Kluckhohn* eine Orientierungs- und Selektionsfunktion, die dem „Werteträger" (Individuum oder Gruppe) nicht unbedingt bewusst sein müssen. Werte sind maßgeblich für die „doppelte" Verankerung – in Individuen selbst und in sozialen Kollektiven. Werte sind seiner Ansicht nach „relativ stabil".[110]

Nach *Porter* sind Werte neben Einstellungen und Überzeugungen, die in ihrer Gesamtheit „Kultur" genannt werden, für das menschliche Verhalten und den menschlichen Fortschritt von Bedeutung.[111]

Der Begriff „Grundwerte" entstammt der politischen Diskussion. In Parteiprogrammen stehen regelmäßig Formulierungen für Ziele wie Freiheit, Gerechtigkeit und Solidarität. Ab den 1970er-Jahren und nachdem die Kirchen massiv über einen Werteverlust klagten, griffen in Deutschland alle Parteien die Grundwerte-Diskussion auf und verarbeiteten diese in ihren Programmen. Dabei stellten sie sich in die Tradition der französischen Revolution und erweiterten die seinerzeitige Trias von Freiheit, Gleichheit und Brüderlichkeit.[112]

Bei Grundwerten handelt es sich um Gemeinsamkeiten, die die unverzichtbare Basis einer Demokratie bilden – eine „eiserne Ration an sittlicher Substanz" einer Gesellschaft. Sie sind Gegenstand des notwendigen Konsenses in einer Gesellschaft. Eine Grundwertediskussion wird über das Fundament gemeinsamer inhaltlicher Wertüberzeugungen geführt. Ein pluralistisches Gemeinwesen beruht auf solch einem Fundament. Es ist Voraussetzung für sein langfristiges Bestehen.[113]

Auch für *Khol* halten Grundwerte die Gesellschaft zusammen. Sie sind der „Kitt", der aus den Einzelnen die Gesellschaft macht. Als weitere Grundwerte nennt er etwa: Respekt vor dem Leben, Redlichkeit, Treue und Verlässlichkeit, Fleiß, Toleranz, Respekt, Gesetzestreue, Bürgerbeteiligung und Selbstorganisation. Seiner Ansicht nach befinden wir uns in einer Zeit des Wertewandels bzw. einer Zeit, in der das Wertefundament zu erodieren beginnt. Diese Entwicklung sieht er nicht nur auf Österreich beschränkt.[114]

Exemplarisch für ein verstärktes Interesse an der Wertediskussion steht der Bundespräsidentenwahlkampf 2010 in Österreich. Der zur Wiederwahl anstehende Amtsinhaber bestritt seinen Wahlkampf mit dem Spruch: *„Unser Handeln braucht Werte"*. Seine Gegenkandidatin betrieb ihren Wahlkampf unter dem Motto *„Ohne Mut keine Werte"*. Beim männlichen Gegenkandidaten standen zum Teil „fundamentalistisch" christliche Werte am Programm.

---

[110] Wolf-Csanády, Elisabeth Charlotte, Wertewandel und Kulturpolitik in der Bundesrepublik Deutschland und Österreich, 1995, S. 24ff.
[111] Porter, Michael, Einstellungen, Werte, Überzeugungen und die Mikroökonomie des Wohlstandes, 2004, S. 43.
[112] Fees, Konrad, Werte und Bildung, 2000, S. 86ff.
[113] Ebenda, S. 94.
[114] Khol, Andreas, Vom Staat, den niemand wollte, zur österreichischen Nation als Teil der europäischen Friedensordnung, 1998, S. 122.

Bezeichnend ist, dass bei allen Wahlwerbern der Verweis auf Werte zwar plakativ verwendet wurde, sie aber in ihrer inhaltlichen Aussage allesamt vage und an der Oberfläche blieben.[115]

2.2 Identität und Nation

Identität ist in zahlreichen Disziplinen wie Soziologie, Philosophie, Sozial-, Geschichts- und Kulturwissenschaften sowie für viele interdisziplinäre und transdisziplinäre Debatten ein wissenschaftlicher Grundbegriff. So eindeutig diese These ist, so schwierig ist die Begriffsbestimmung. Es gibt dabei zahlreiche Faktoren zu berücksichtigen, die unser gegenwärtiges Leben, die Identitätsfrage und deren Definition beeinflussen: Enttraditionalisierung, Differenzierung, Pluralisierung, Individualisierung, Dynamisierung sind aktuelle Schlagworte. Ein erster Ansatz zur Begriffsbestimmung wäre Identität als Konstrukt und stets vorläufiges Resultat einer lebenslangen Entwicklung anzusehen.[116]

Identitätsbildung ist ein Prozess der Selbstdeutung des Menschen. Es geht um die fundamentale Tatsache, dass Menschen, um gemeinsam miteinander leben zu können, sich von anderen unterscheiden müssen. Selbstsein ist ein kontinuierlicher Prozess der Auseinandersetzung mit anderen und der Reflexion von den anderen auf einen selbst. Zweierlei Faktoren sind somit von Bedeutung: das für unsere gesellschaftliche Natur entscheidende Bewusstsein der Zusammengehörigkeit mit anderen und die davon bedingte Unterscheidung zu jenen, die nicht dazu gehören.[117]

Weidenfeld erachtet die Frage nach Identität als ein elementares Problem moderner Gesellschaften, zumal in der Vormoderne kollektive Identität durch Milieu, geschlossenes Weltbild und Transzendenzbezug de facto vorgegeben war. Durch die Auflösung vorgefundener Interpretationsmuster etwa durch Mobilität, Pluralität und Differenzierung steigt der Bedarf an Orientierung. Jedes Individuum lebt heute in einer komplizierten Gemengelage von divergierenden Gemeinschaftsbezügen. Es gibt den Bezug zur sozialen Gruppe, zur Heimatgemeinde, zur Region, in der man wohnt, zum Staat bzw. zur Nation, zu den europäischen Strukturen und zur Weltgemeinschaft.[118]

Die Nationsbildung ist ein aktiver Prozess, in dem kulturellen, sozialen und politisch-administrativen Eliten ein wesentlicher Stellenwert zukommt. Dieser Prozess setzte in Österreich erst spät ein. Gelegenheiten zur Bildung einer österreichischen Nation gab es in der Geschichte mehrere. Gegen Ende des 18. Jahrhunderts war auf dem Gebiet Cisleithaniens (westliche und nördliche Gebiete Österreich-Ungarns) ein modernes Staatswesen vorhanden. Patriotische Bewegungen gab es auch im Widerstand gegen Napoleon, jedoch setzten sich diese nicht durch und wurden von den Habsburgern eher halbherzig unterstützt. Eine weitere verpasste Gelegenheit gab es nach der Revolution 1848, als der

---

[115] Kappacher, Stefan, Wahlkampf ohne Themen, http://oe1.orf.at/artikel/243096 vom 22.04.2010.
[116] Straub, Jürgen, Identität, 2004, S. 277ff.
[117] Rüsen, Jörn, Europäische Identitätsbildung durch Kultur?, 2008, S. 215ff.
[118] Weidenfeld, Werner, Was ist nationale Identität?, 1997, S. 45.

Kremsierer Reichstag aufgelöst und seine auf gleichberechtigte Teilnahme aller Nationen abzielende Konzeption verworfen wurde.[119]

Österreich bezieht sein Selbstverständnis vorrangig aus seiner historischen Bedeutung und aus seinen kulturellen Leistungen der Vergangenheit. Entsprechend wird die Frage nach der eigenen Identität häufig mit einem Verweis auf in der Vergangenheit liegende Ereignisse beantwortet. Mit einem österreichischen Bewusstsein befasste man sich nicht erst seit dem 20. Jahrhundert, sondern schon Anfang des 19. Jahrhunderts. Einer der Hintergründe waren die historischen Veränderungen des Begriffs „Österreich". Österreich war unter der Herrschaft der Habsburger lange ein Vielvölkerstaat[120]. Im Gegensatz zu den westeuropäischen Nationalstaaten wurde er durch die Dynastie und ein absolutistisches Regierungskonzept zusammengehalten.[121] Die deutschsprachigen Österreicher hatten eine Vorzugsstellung inne, obwohl sie in Bezug auf die Gesamtbevölkerung in der Minderheit waren. Zunächst wurde Österreich als ein aus vielen Teilen konstruiertes Kaiserreich (1804) gesehen. Ab 1867 sah man sich als Doppelmonarchie Österreich-Ungarn, wobei die nicht-ungarischen Teile der Monarchie als Österreich bezeichnet wurden. Je stärker das Selbstbewusstsein der nicht deutschsprachigen Völker der Donaumonarchie wurde, desto stärker wurde auch der Deutschnationalismus. Dies führte nach dem Zusammenbruch der Monarchie 1918 dazu, dass sich die junge Republik zunächst als Deutsch-Österreich bezeichnete.[122] Die Mehrheit der Bevölkerung in Österreich wollte damals den Anschluss an Deutschland, da viele befürchteten, dass das kleine Land nicht lebensfähig wäre. Der Anschluss an Deutschland wurde von den Siegermächten nicht akzeptiert, ebenso wenig die Bezeichnung Deutsch-Österreich.[123] Bezeichnenderweise sprach man damals von Österreich als „Staat, den niemand wollte".

Exemplarisch für diese Sichtweise stehen zwei getroffene Aussagen des Bundespräsidenten Karl Renner: *„Die besondere Nation des Österreichers, wirtschaftlich, politisch und kulturell gesehen, ist eine Illusion und eine traurige dazu."* oder: *Wir sind keine Nation, waren es nie und können es niemals werden.*[124]

1955 sprach der Historiker Böhm folgenden Wunsch aus: *Hoffen wir also, dass Österreich, das schon seit 1776 ein Nationaltheater, seit 1816 eine Nationalbank und seit 1921 einen Nationalrat hat, bald auch eine Nation haben wird.*[125]

---

[119] Tributsch, Svila/Ulram, Peter, The Building of the Austrian Nation, 2004, S. 47ff.
[120] Kóth, Markus, Österreich: Einleitende Anmerkungen zur Alpenrepublik und ihrer Identität, 2007, S. 9ff.
[121] Raffler, Marlies, Museum – Spiegel der Nation?, 2007, S. 138.
[122] Kóth, Markus, Österreich: Einleitende Anmerkungen zur Alpenrepublik und ihrer Identität, 2007, S. 9ff.
[123] Mayerhofer-Grünbühel, Ferdinand, Ernstes und Heiteres zur österreichischen Identität, 2007, S. 15.
[124] Heer, Friedrich, Der Kampf um die Österreichische Identität, 1981, S. 337.
[125] Ebenda, S. 11.

Heer ist der Auffassung, dass es kein geschichtliches Gebilde in Europa gibt, dessen Existenz so sehr mit den Identitätsproblemen seiner Mitglieder verbunden ist wie Österreich.[126]

Nationale Identität ist vom subjektiven Zusammengehörigkeitsgefühl eines Volkes geprägt, das sich aus historischen, wirtschaftlichen, religiösen und sonstigen soziokulturellen Unterschieden zu anderen Nationen herausbildet.[127]

Für die nationale Identität sind Erinnerungs- und Gedächtnistage, die ein Staat auswählt, von Bedeutung. So gab es seit der 1. Republik folgende exemplarische Feier-, Staats- bzw. **Nationalfeiertage** in Österreich:

1919 wurde der 12. November zum Gedenken an die Ausrufung des Freistaates Deutschösterreich im Jahr davor als allgemeiner Ruhe- und Festtag erklärt.[128] 1933 wurde *zur Erinnerung an die 250. Wiederkehr des Tages, an dem Wien von der Belagerung des Türkenheeres entsetzt wurde,* der 12. September 1933 für Behörden und öffentliche Körperschaften als Feiertag bestimmt.[129]

In der 2. Republik wurde 1965 anlässlich der Erklärung der Neutralität Österreichs am 26. Oktober 1955 dieser Tag als Nationalfeiertag bestimmt. Zunächst wurde dieser Tag zwar festlich begangen, er war aber noch kein gesetzlicher Feiertag.[130] Erst 1967 wurde der 26. Oktober als gesetzlicher Feiertag dauerhaft festgelegt.[131]

Pelinka sieht neben den subjektiven auch objektive Komponenten, die in unterschiedlicher Form miteinander verbunden werden können und historisch wandelbar sind. Objektiv im europäischen Kontext wäre der stärkere Charakter einer politischen Dimension („**Staatsnation**") oder der Charakter einer kulturellen Dimension („**Kulturnation**"). Bei der „Kulturnation" wären etwa Sprache und Religion von einheitsstiftendem Charakter. Subjektiv ist die beschriebene historische Wandelbarkeit. Beispielsweise wurde die Deutschsprachigkeit in Österreich nach dem Zusammenbruch der Monarchie 1918 dahingehend gewertet, dass Österreicherinnen und Österreicher Deutsche wären und ein Deutschnationales Bewusstsein entwickelten (Republik Deutsch-Österreich). Nach dem Ende des 2. Weltkrieges 1945 trat jedoch an Stelle des deutschnationalen ein österreichnationales Bewusstsein sowie das Bild der Kulturnation.[132]

Auch zu Zeiten des autoritären Ständestaates gab es keine spezifisch österreichische Identität, wie es die Abschiedsworte von Kanzler *Schuschnigg* vom 11.03.1938 zeigen, in denen er seinen Ausspruch „Gott schütze Österreich" als „deutsches Wort" bezeichnet und in seiner Rede weiters vom „deutschen Blut" sprach.[133]

Bevor es zu einer Identifikation der Österreicherinnen und Österreicher mit ihrem eigenen Land und dem Verständnis als eigene Nation kam, bedurfte es also geraumer Zeit. Zunächst war es für die von der österreichischen Politik gleich

---

[126] Ebenda, S. 9.
[127] Behrens, Antje, Kultur in der Europäischen Union, 1999, S. 29.
[128] Staatsgesetzblatt für den Staat Deutschösterreich 246/1919.
[129] BGBl. 376/1933.
[130] BGBl. 298/1965.
[131] BGBl. 263/1967, BGBl. 264/1967.
[132] Pelinka, Anton, Nationale Identität, 1995, S. 28ff.
[133] Pelinka, Anton, Österreichische und Jüdische Identität, 2008, S. 15.

nach dem Krieg 1945 gebildete „Staatsnation" (Summe aller Staatsbürgerinnen und Staatsbürger) bis zum Abschluss des Staatsvertrages und der Unabhängigkeit 1955 nicht von primärem Interesse, ob bereits eine „Willensnation" mit einem persönlichen Bekenntnis der Bevölkerung zu Österreich vorlag. Noch 1956 waren 46% der Bevölkerung in Österreich der Meinung, dass sie zum deutschen Volk gehören und nur 49% bekannten sich damals zu einer österreichischen Nation. Gleichzeitig war Österreich gleich nach 1945 erstmals ein „westlicher" Staat, in dem nicht mehr zwischen Nation und Staat unterschieden wurde. Dies geht aus den Parteiprogrammen der ÖVP und SPÖ der damaligen Zeit hervor, die verdeutlichten, dass die praktische Gleichsetzung von Staat und Nation zu den Gründungstatsachen der Zweiten Republik gehörte.[134] Den langen Weg, den die Bürgerinnen und Bürger Österreichs nach dem Zweiten Weltkrieg zurücklegten, ehe Österreich als Nation in ihr Bewusstsein gerückt ist, zeigt sich anhand einer Studie der Sozialwissenschaftlichen Studiengesellschaft, die ab 1964 durchgeführt wurde. So sahen 1964 lediglich 47% der Bevölkerung Österreich als Nation. Seit 1987 liegt die Zustimmung meist über 70% und ist relativ stabil bzw. steigend.[135] In einer Studie der Universität Graz im Jahr 1995 bezeichneten 88% der Befragten ihre Nation als „österreichisch", lediglich 9% als „deutsch". Bei einer weiteren Befragung 2003 erklärten 75% der Befragten, dass Österreich eine Nation sei.[136] Zu einem ähnlichen Ergebnis gelangen *Tributsch/Ulram* bei einer Analyse von Befragungen zum Österreichbewusstsein. Bei sechs auf den Zeitraum 1964 bis 2007 verteilte Befragungen stieg der Anteil der Personen, die der Ansicht waren, dass „die Österreicher eine Nation sind" von 47% kontinuierlich auf 82% an.[137]

Auf die identitätsstiftende Wirkung historischer Objekte macht *Rauch* anhand von zwei Beispielen aufmerksam, zum einen beschreibt er die Bedeutung des Penacho für die kulturelle Identität und als Nationalsymbol Mexikos (dieser altmexikanische Federschmuck befindet sich seit dem 16. Jahrhundert in Österreich und ist seit 1928 Sammlungsbestand des Völkerkundemuseums Wien) und zum anderen auf die Madonna von Admont, die sich zwar nach wie vor in der Steiermark, nicht aber in Admont befindet, wo sie fast 700 Jahre lang zentrales Kultobjekt des Stiftes war.[138]

Schließlich ist die Vorstellung, sich eindeutig von anderen abgrenzen zu wollen, von Relevanz. Österreich hat sich im Laufe seiner Geschichte dabei entweder in Bezug auf den deutschsprachigen Raum oder auf seine mitteleuropäische Identität definiert. Unabhängig von seiner Größe und der jeweiligen historischen Entwicklung bleiben diese Positionen für Österreich bestimmend.[139]

---

[134] Brix, Emil, Widersprüche und Wandlungen im Österreichbewußtsein der Zweiten Republik, 1998, S. 453 ff.
[135] Kienzl, Heinz, Die starke Republik, 1998, S. 472.
[136] Köth, Markus, Österreich: Einleitende Anmerkungen zur Alpenrepublik und ihrer Identität, 2007, S. 10.
[137] Tributsch, Svila/Ulram, Peter A., Das österreichische Geschichtsbewusstsein und seine Geschichte, 2008, S. 47.
[138] Rauch, Wolf, Die Heimat der Dinge, 2002, S. 29.
[139] Brix, Emil, Volk begnadet für das Schöne. Anmerkungen zur österreichischen Kulturpolitik, 2007, S. 43.

Vor dem EU-Beitritt wurden Befürchtungen einer Vereinnahmung durch die Europäische Gemeinschaft durch Herausstreichen der österreichischen Identität zerstreut. Dabei wurde auf die besondere Rolle Österreichs als „kulturelle Großmacht" verwiesen. Paradox war und ist in diesem Zusammenhang, dass die EU mit der Versicherung um neue Mitgliedsstaaten wirbt, dass deren nationale Identitäten unangetastet bleiben.[140]

Die Zielsetzung der EU, ein gemeinsames kulturelles Erbe hervorzuheben, steht auf derselben Ebene wie die Aufgabe der Wahrung der nationalen und regionalen Vielfalt und steht somit nicht in Widerspruch. Die Hervorhebung des gemeinsamen kulturellen Erbes hat die Funktion der Stiftung und Förderung einer europäischen Identität. Die Festlegung auf ein kulturelles Erbe sichert dabei die Vereinbarkeit gemeinschaftlicher Maßnahmen mit der Verpflichtung zur Wahrung der nationalen und regionalen Vielfalt.[141] *Lammert* gibt zu bedenken, dass die europäische Identität für die Bürgerinnen und Bürger real, aber in der Regel nicht bewusst ist, hingegen sind die lokale und nationale Identität für sie sehr wohl bewusst, aber immer weniger real.[142]

Einen interessanten rechtlichen Aspekt führt *Häberle* an, indem er auf rechtliche Normierungen von Staaten verweist, die sich mit Klauseln für „kulturelles Erbe" und Identität befassen. Solche Normierungen sind seiner Ansicht nach ein Charakteristikum von „Entwicklungsländern", die auf diesem Wege ausdrücklich schützen, was für Nationen der alten Verfassungsstaaten selbstverständlich ist und daher häufig ungeschrieben bleibt. Beispiele sind die Verfassungen von Peru, Brasilien und Guatemala. In der Verfassung von Guatemala von 1985 steht beispielsweise zum Thema „kulturelle Identität": *Der Staat erkennt das Recht der Person und der Gemeinschaft an einer Identität ihrer Kultur und an der Bewahrung ihrer Werte, ihrer Sprache und Gebräuche an.*[143]

2.2.1 Kulturnation?

Volk, begnadet für das Schöne.[144]

Beim Begriff Kulturstaat handelt es sich um eine Selbstbezeichnung der europäischen Staaten unter Berufung auf ihre humanitären Sitten. Ein Staat ist dann ein Kulturstaat, wenn er Kulturpolitik betreibt.[145]

Ausgehend von vor allem in Deutschland stattfindenden Entwicklungen im 18. und 19. Jahrhundert kam es zu unterschiedlichen Sichtweisen zum Begriff Nation. Es gab die Sicht
- der Nation als ethisch homogene Einheit (**Volksnation**),
- der Nation als Gemeinsamkeit der Verhaltensweisen im Allgemeinen,
- der Nation der Sprache, der Literatur, der Musik udgl. (**Kulturnation**),

---

[140] Wodak, Ruth/de Cilla, Rudolf/Reisigl, Martin/Liebhart, Karin/Hofstätter, Klaus/Kargl, Maria, Zur diskursiven Konstruktion nationaler Identität, 1998, S. 272ff.
[141] Sparr, Jürgen, EGV Artikel 151, 2009, S. 1423.
[142] Lammert, Norbert, Vorwort – Die Idee der Kulturhauptstadt Europas, 2008, S. 8.
[143] Häberle, Peter, Verfassungslehre als Kulturwissenschaft, 1998, S. 10ff.
[144] Preradović, Paula, Österreichische Bundeshymne, 1. Strophe.
[145] Herder Verlag (Hrsg.), Der große Herder, Band 5, 1957, S. 882.

- des Konzeptes einer **Staatsnation**, der eine staatliche Verbandsordnung zu Grunde liegt und die keine sonstigen spezifischen Kriterien erfordert und abschließend
- der Nation als **Legitimation durch die Staatsbürger**, die über Gleichheitsrechte und Verfahren der demokratischen Legitimation die Herrschaft über den Staat ausüben.[146]

Eine Kulturnation ist eine Gemeinschaft von Menschen, die sich durch eine gemeinsame Sprache, Kultur, Tradition und Religion miteinander verbunden fühlt. Demgegenüber ist eine Staatsnation eine auf ein bestimmtes Territorium bezogene Rechtsgemeinschaft, deren allgemeine und höchste Grundlage die Verfassung bildet. Als neues Element stellt *Wagner* der Kulturnation den Begriff Nationalkultur gegenüber. Diese wird durch einen Nationalstaat mit eigenen Institutionen, die der Vermittlung von Kunst und Bildung dienen (öffentliche Museen, Theater und weitere Kulturbetriebe, sowie Akademien, Universitäten, Volkshochschulen) betrieben und gefördert.[147]

Zusätzlich sind auch der Wille des Volkes in einem staatlichen Gemeinwesen zusammenleben zu wollen und der gemeinsame Besitz eines reichen Erbes an Erinnerungen, etwa an Anstrengungen, Opfern und Hingabe von Bedeutung.[148]

Für *Nohlen* machen folgende Merkmale einen modernen Staat zum Kulturstaat: die Autonomie der Kultur vom Staat, eine entsprechende Neutralität des Staates gegenüber der Kultur, die Förderung der Kultur durch den Staat (Schutz und Pflege des Kulturguts und des Kulturgeschehens bzw. der Künstler), die Teilhabe der Bevölkerung an der Kultur.[149]

In der Realität vermischen sich allerdings die Kriterien, die für eine Kulturnation bzw. für eine Staatsnation herangezogen werden. Beispielsweise setzt sich die Schweiz als Staatsnation aus Angehörigen von vier Kulturnationen zusammen.[150] Stellten die Bundesrepublik Deutschland (BRD) und die Deutsche Demokratische Republik (DDR) gemeinsam trotz ihrer Trennung de facto eine Kulturnation dar, so ist Deutschland seit seiner Wiedervereinigung als eine Staatsnation[151] zu bezeichnen.

Besonders nach 1945 hat die Selbstzuschreibung „Kulturland Österreich" stark an Bedeutung gewonnen. Es ist eines der am häufigsten zitierten Selbstbilder Österreichs sowie eines der am häufigsten erfahrbaren Fremdbilder.[152]

Beachtenswert ist, dass alle derzeit im österreichischen Parlament vertretenen politischen Parteien den Begriff „Kulturnation" verwenden und Österreich als solche erachten.[153]

---

[146] Bala, Christian, Nation, 2009, S. 448ff.
[147] Wagner, Bernd, Kulturnation, Staatsnation und die Aufgaben von Kulturpolitik, 2010, S. 34ff.
[148] Schäuble, Wolfgang, Nationale Identität und die innere Einheit Deutschlands, 1997, S. 293.
[149] Nohlen, Dieter, Kleines Lexikon der Politik, 2001, S. 273.
[150] Alter, Peter, Kulturnation und Staatsnation – Das Ende einer langen Debatte?, 1997, S. 33.
[151] Thierse, Wolfgang, Kultur als das Gemeinsame in den vierzig Jahren der Trennung und das Trennende in den zwanzig gemeinsamen Jahren?, 2010, S. 40.
[152] Bruckmüller, Ernst, Nation Österreich, 1996, S. 120 ff.
[153] exemplarisch: Glawischnig, Eva, Nationalrat, XXI. GP, 12. Sitzung, S. 29; Schmied, Claudia, Bundesrat, XXIII. GP, 759. Sitzung 25.07.2008, S. 106; Pröll, Josef, Nationalrat, XXIV. GP, 19.

Scholten ist der Auffassung, dass Österreich zu Recht für sich in Anspruch nimmt, eine Kulturnation ersten Ranges zu sein und einen guten Teil seiner Identität aus Leistungen der zeitgenössischen Künstlerinnen und Künstler sowie aus der Bewahrung des kulturellen Erbes unseres Landes bezieht. Er sieht es daher als essentiell an, dass die Förderung von Kunst und Kultur mit einer gewissen für alle Verantwortlichen unbezweifelbaren Priorität ausgestattet sein muss.[154]

Burger macht sich dazu folgende Gedanken: Ein Staat wird nicht allein schon dadurch, dass er sich politisch zur Förderung der Kultur (Künste und der Wissenschaft) entschließt, zum „Kulturstaat", ebenso wenig wie er durch die Förderung des Sportes zum „Sportstaat" werden würde. Voraussetzung zum Kulturstaat wäre, wenn er seine politische Identität kulturell definiert, sei es über die tatsächliche oder behauptete Hegemonialstruktur der Gesellschaft, die er politisch formiert, sei es über einen wie immer normativ gefassten Kulturbegriff, den er über Elitenbildung durchzusetzen gedenkt. Er plädiert auch für eine strikte Trennung von Staat und Kultur (in Analogie zur Trennung Staat und Religion).[155]

Mit der Sichtweise Österreichs als Kulturnation setzten sich zahlreiche Autoren kritisch auseinander:

Österreichs Phantomschmerz nach dem Verlust des Imperiums führte zur Ausrufung einer imaginären Kulturnation. Ein virtuelles Traumland wurde rund um das Zentrum Wien erbaut, der Mythos einer Welt umspannenden Hegemonie, konstruiert unter Aufbietung aller kulturellen und intellektuellen Größen der ehemaligen Kronländer und Kolonien. Zunächst als „notwendige" Illusion zur Konstruktion einer Nation erfunden und in weiterer Folge als „Touristenfalle" ausgebaut, entwickelte sich zwangsläufig eine marktwirtschaftliche Ökonomisierungslogik.[156]

Wiesand warnt vor der leichtfertigen Verwendung des Begriffs „Kulturstaat", wenn darunter ein „Anspruch des Staats auf Kulturhoheit" und mit ihr eine „herrschaftliche Kulturzuständigkeit und Kulturgestaltungsmacht" verstanden wird. Damit dies nicht geschieht, plädiert er dafür, nichtstaatliche Kräfte voll in den kulturpolitischen Entscheidungsprozess einzubeziehen.[157]

Pragmatisch sah es *Busek*, der während seiner Zeit als für Kultur verantwortlicher Minister von einem eigentümlichen Widerspruch sprach, der *zwischen dem Anspruch der „Kulturnation" gegenüber der Wirklichkeit und den Ergebnissen deutlich auffällt.*[158]

Eine Publikation des Bundeskanzleramtes aus dem Jahr 1998 beginnt mit der Feststellung: *Österreich gilt gemeinhin als Kulturnation. Bei der Thematisierung österreichischer „Identität" („Österreich-Bewusstsein") spielen Kultur und Kulturpolitik in der wechselvollen Geschichte Österreichs, 1918 zum Kleinstaat geworden, bis zum heutigen Tag eine Rolle.* Ergänzend dazu führte der damalige

---

Sitzung, S. 49; Kurzmann, Gerhard, Nationalrat, XXIV. GP, 19. Sitzung, S. 112; Strutz, Martin, Nationalrat XXIV. GP, 23. Sitzung, S. 660.
[154] BMUK (Hrsg.), Kunstbericht 1992, S. I.
[155] Burger, Rudolf, Über den Begriff des Kulturellen und die Freiheit der Kunst, 1998, S. 98.
[156] Becker, Konrad/Wassermair, Martin, Editorial. Kultur und Fiktion im Jahrhundert der Stadt, 2009, S. 10.
[157] Wiesand, Andreas, Vom Kulturstaat zum Sponsor?, 1994, S. 36.
[158] Busek, Erhard, Österreich und seine Museen, 1996, S. 100.

Bundeskanzler *Klima* im Vorwort dazu aus: *Bei der Konstituierung einer österreichischen Identität kommt der Kultur und damit der Kulturpolitik eine entscheidende Rolle zu.*[159]

An dieser Positionierung hat sich aus Sicht der Bundesregierung bis dato nichts geändert. So heißt es unter anderem im Regierungsprogramm der XXIV. Legislaturperiode (2008–2013): *Die Aufrechterhaltung der lebendigen, zeitgemäßen Nutzung der Kulturbauten des Bundes, aber auch der sie umgebenden Gärten, bleibt Aufgabe und Verantwortung der Kulturnation Österreich, die Fortführung des Konzepts „Welt der Habsburger" leistet dazu einen wichtigen Beitrag.*[160]

Diese beiden Zitate sind bemerkenswert, da sich die Republik Österreich selbst nach mehr als 90 Jahren nach Ende der Monarchie noch immer über das kulturelle Erbe der Habsburgerzeit (bis 1918) definiert.

Das Thema Kulturnation findet kontinuierlich Erwähnung bei Spitzenrepräsentanten der Regierung und war Bestandteil der Budgetrede 2009/2010 des Finanzministers: *Wir sind eine Kulturnation und wir wollen auch in Zukunft den Erhalt und Ausbau unserer kulturellen Vielfalt sowie des offenen kulturellen Klimas sicherstellen. Das Kulturbudget für 2009 beträgt 447 Mio. Euro – fast eine halbe Milliarde Euro.*[161] Kurz vor dieser Aussage hatte schon die für Kultur zuständige Ministerin versichert, *dass sich die gesamte Bundesregierung zu Österreichs Identität als Kunst- und Kulturnation bekennt.* Sie bezog sich dabei auf das bereits erwähnte Regierungsprogramm.[162]

Nicht nur innenpolitisch wird der Begriff Kulturnation häufig verwendet, auch die aktuelle österreichischen Auslandskulturpolitik wäre ohne Rückgriff auf die Bedeutung der Kulturnation nicht denkbar, wie das folgende Beispiel aus dem gültigen Auslandskulturkonzept zeigt: *Österreich ist keine klassische ethnische Nation, keine Nation, die sich nur über die Sprache begründet, sondern eine historisch gewachsene Kulturnation.*[163]

Relativierend zu den eben beschriebenen Sichtweisen und Lobpreisungen durch die Politik ist exemplarisch eine Stellungnahme von *Menasse* zu erwähnen, der neulich massive Kritik an der österreichischen Auslandskulturpolitik und dem Verkauf von Gebäuden (zum Stopfen von Budgetlöchern), die ehemals österreichische Kulturinstitute beherbergt hatten, äußerte. Er eröffnete seine Kritik mit den Worten: *Wenn eine Kulturnation sparen muss – wo spart sie? Bei der Kultur. Wo sonst? Sie hat ja sonst nichts. Darum heißt sie ja Kulturnation.*[164]

Interessant ist, dass zwar der Kulturbegriff einer permanenten Veränderung unterliegt, aber der Begriff der Kulturnation Österreich seit dem Ende der Monarchie von Repräsentanten der Republik durchgehend Verwendung findet und noch immer als Fundament eines Österreichbewusstseins fungiert.

---

[159] BKA (Hrsg.), Kulturpolitik – Kulturverwaltung in Österreich, 1998, S. 8ff.
[160] O.V., Regierungsprogramm, XXIV. GP, 2008, S. 19.
[161] Nationalrat, XXIV. GP, Parlamentskorrespondenz Nr. 324, 21.04.2009. Dieser Betrag entspricht den Kulturausgaben des BMUKK. Nicht enthalten sind die Kulturausgaben weiterer Ministerien. (siehe S.126.).
[162] Schmied, Claudia, Anfragebeantwortung 329/AB XXIV. GP, 2009, S. 1.
[163] BMAA (Hrsg.), Auslandskultur Neu – Das Konzept vom 12.03.2001, 2001, S. 2.
[164] Menasse, Robert, Wie eine Kulturnation ihre Kultur verkauft, 2009, S. 1.

Definition und Abgrenzung

Die innere und äußere Darstellung eines Staates als „Kulturnation" ist jedoch kein österreichisches Spezifikum. Auch Deutschland sieht sich als „Kulturnation", so heißt es im Koalitionsvertrag 2009: *Deutschland ist eine europäische Kulturnation.*[165] Auch im Einigungsvertrag von 1990 gibt es ein Bekenntnis zum Kulturstaat, mit dem vor allem das kulturelle Erbe Ost- und Mitteldeutschlands gesichert werden sollte.[166]

2.3 Der Begriff „Kultur"

2.3.1 Soziologisch-philosophischer Kulturbegriff

Eine Kulturtheorie erkennt man daran, dass sie ausweicht.[167]

Über Jahrhunderte hinweg prägte *Vico* die Sichtweise des Kulturbegriffs. Seine These ist, dass *alles Kultur ist, was nicht Natur ist. Natur ist wiederum all dies was der Mensch nicht geschaffen hat – ergo umfasst die Kultur all die Dinge und Einrichtungen der Welt, die die Menschheit selbst geschaffen hat.*[168]

Im Laufe der Zeit unterlag der Kulturbegriff zahlreichen Veränderungen, die eine „einfache Begriffsbestimmung" unmöglich erscheinen lassen. *Baecker* bringt die Problematik, die allen bis dato unzählbaren Versuche den Begriff Kultur zu definieren innewohnt, auf den Punkt: *Wenn es ein bestimmendes Merkmal des Begriffs der Kultur gibt, dann die verbreitete Auffassung, dass dieser Begriff nicht zu definieren ist.* Trotz dieser negativen Feststellung gibt er sich nicht geschlagen. Er schlägt vor, angelehnt an Techniken der Erkenntnistheorie den Kulturbegriff zu einem Begriff zweiter Ordnung zu machen. Somit ließe sich Kultur als Terminus auf der Ebene erster Ordnung nicht definieren, auf der Ebene zweiter Ordnung kann er jedoch durch genau diese Unmöglichkeit der Definition definiert werden. Angelehnt an *Heinz von Foerster* führt er aus, dass wir ja schon wissen müssen, was Kultur ist, sonst wären wir gar nicht „kultiviert" genug, danach zu fragen Ähnliches gilt für die Frage: was ist Leben? Zur Beantwortung müssen wir bereits leben. Zur Frage nach dem Bewusstsein müssen wir bereits denken.[169]

Liessmann spricht sich für eine andere Sicht der Fragestellung aus: Nicht *was ist eine Kultur?* ist die Frage, sondern *Was bedeutet es zu wissen, dass man eine Kultur ist?* Er weist gleichzeitig auf die Problematik hin, dass dem Wissen um eine eigene kulturelle Verfasstheit gleichzeitig eine fundamentale Abgrenzung zu anderen innewohnt.[170]

---

[165] Koalitionsvertrag zwischen CDU, CSU und FDP, 2009, S. 86.
[166] Thierse, Wolfgang, Kultur als das Gemeinsame in den vierzig Jahren der Trennung und das Trennende in den zwanzig gemeinsamen Jahren?, 2010, S. 38ff.
[167] Baecker, Dirk, Nie wieder Vernunft, 2008, S. 541.
[168] Müller-Funk, Wolfgang, Kulturtheorie, 2006, S. 69.
[169] Baecker, Dirk, Wozu Kultur, 2003, S. 33.
[170] Liessmann, Konrad Paul, Europa – eine Leitkultur?, 2002, S. 81.

Eagleton vertritt die Auffassung, *dass der Begriff Kultur gleichzeitig zu weit gefasst und zu eng ist, um besonders nützlich zu sein.*[171] Gleichzeitig meint er auch, *dass Kultur nicht nur das ist, wovon wir leben –* in erheblichem Maße ist es seiner Ansicht nach *auch das, wofür wir leben.*[172] Im angelsächsischen Raum wird der Begriff Kultur auch mit dem Begriff Zivilisation gleichgesetzt. Dies ist etwa bei einer Definition von *Tylor* ersichtlich: *Kultur oder Zivilisation sind jenes komplexe Ganze, das Kenntnis, Glauben, Kunst, Moral, Gesetz, Sitten und andere Fähigkeiten und Gewohnheiten, die sich der Mensch als Mitglied der Gesellschaft erworben hat, einschließt.*[173] Es gilt aber darauf zu achten, dass der Begriff Zivilisation in verschiedenen Nationen eine völlig andere Bedeutung hat. Eine große Diskrepanz besteht vor allem zwischen der britischen und französischen Sichtweise auf der einen Seite und der deutschen auf der anderen Seite. Der Begriff steht für die erste Gruppe als eine Art Zusammenfassung *für den Stolz auf die Bedeutung der eigenen Nation, auf den Fortschritt des Abendlandes und der Menschheit in einem Ausdruck.* Die deutschsprachige Sichtweise des Begriffs Zivilisation erkennt in diesem eher *etwas ganz Nützliches, aber doch nur einen Wert zweiten Ranges, nämlich etwas das nur die Außenseite des Menschen, nur die Oberfläche des menschlichen Daseins umfasst.* Das eigentliche Wort, das dann den Stolz auf die eigene Leistung ausdrücken würde, ist im Deutschen eben nicht Zivilisation, sondern „Kultur".[174]

Malinowski sieht den Kulturbegriff stets unter dem Paradigma der *gleichen Ausgangssituation: Egal ob wir uns mit einer ganz einfachen, primitiven Kultur oder mit einer außerordentlich komplizierten und entwickelten befassen, immer treffen wir auf einen großen, teils materiellen, teils personellen und teils geistigen Apparat, der es dem Menschen ermöglicht, mit den besonderen konkreten Problemen, denen er gegenübersteht, fertig zu werden.*[175]

Malinowski ergänzt seine Aussage noch um den Faktor Zeit, der auf einen permanenten Veränderungsprozess hinweist.[176] Auf die permanente Veränderung weist auch *Cassirer* in seiner Feststellung hin, dass *Kultur in einen ununterbrochenem Strom ständig neue sprachliche, künstlerische, religiöse Symbole schafft. Die Wissenschaft und die Philosophie haben dabei die Aufgabe diese Symbolsprache in ihre Elemente zu zerlegen, um sie verständlich zu machen.*[177]

Nach *Hayek* ist Kultur weder natürlich noch künstlich, weder genetisch übermittelt noch mit dem Verstand geplant. Vielmehr ist sie Tradition erlernter Verhaltensregeln, die niemals erfunden wurden und deren Zweck das handelnde Individuum für gewöhnlich nicht versteht.[178]

Reckwitz, bezieht sich in seinen Beschreibungen auf die seiner Ansicht nach vier wirkungsmächtigsten Versionen dessen, was Kultur sein kann:

---

[171] Eagleton, Terry, Was ist Kultur?, 2009, S. 48.
[172] Ebenda, S. 182.
[173] Zit. in: Häberle, Peter, Verfassungslehre als Kulturwissenschaft, 1998, S. 2ff.
[174] Müller-Funk, Wolfgang, Kulturtheorie, 2006, S.9.
[175] Malinowski, Bronislaw, Eine wissenschaftliche Theorie der Kultur, 2005, S. 75.
[176] Ebenda, S. 79.
[177] Cassirer, Ernst, Zur Logik der Kulturwissenschaften, 1994, S. 86.
[178] Hayek, Friedrich August, Die drei Quellen der menschlichen Werte, 1996, S. 40.

- **Normativer Kulturbegriff:** *Kultur stellt in dieser Bedeutung nichts Wertfreies, rein Deskriptives dar, sondern umschreibt eine in irgendeiner Weise ausgezeichnete, erstrebenswerte menschliche Lebensweise. Der Begriff eignet sich damit zur Affirmation wie zur Selbst- und Fremdkritik.*[179]
- **Totalitätsorientierter Kulturbegriff:** *Kultur ist keine ausgezeichnete Lebensform mehr, sondern die spezifische Lebensform eines Kollektivs in einer historischen Epoche.* Kultur bezeichnet nun wertneutral die gesamte, historisch-spezifische Lebensweise einer sozialen Gruppe im Unterschied zu anderen sozialen Gruppen.[180]
- **Differenzierungstheoretischer Kulturbegriff:** Dabei wird der Kulturbegriff von seinem Bezug auf „ganze Lebensweisen" abgekoppelt und nun alleine auf jene intellektuellen und künstlerischen Aktivitäten bezogen, die einer normativen Ausdeutung noch würdig erscheinen. *Kultur ist nichts anderes als ein soziales Teilsystem, das sich in institutionalisierter Form auf den Umgang mit Weltdeutungen spezialisiert hat.*[181]
- **Bedeutungs- und wissensorientierter Kulturbegriff:** *Kultur erscheint hier vielmehr nun als jener Komplex von Sinnsystemen oder, wie häufig formuliert wird, von „symbolischen Ordnungen", mit denen sich die Handelnden ihre Wirklichkeit als bedeutungsvoll erschaffen und die in Form von Wissensordnungen ihr Handeln ermöglichen und einschränken.*[182]

Einen Teilaspekt des Kulturbegriffs sieht *Vietta in einem nachträglichen reflexiven Bewusstsein der Gesellschaft von sich selbst.*[183] Im fundamentalen Sinn umfasst Kultur für ihn *alle Kulturleistungen wie: ökonomische Praxis, Vorstellung von Religion, Arbeitswelt, Freizeitverhalten, Denken, Fühlen, Sprechen, Wissenschaft, Künste, politische Organisationen des Zusammenlebens und die private Form der Existenzgestaltung*. Daraus folgert er: Wenn so ein Mensch als kulturelles Wesen definiert ist, so verändert er durch sein Tun wiederum die Praxis der kulturellen Kontexte. Somit ist Kultur ein dynamischer Prozess der permanenten Kodierung und Umkodierung von Bedeutungszusammenhängen. Durch den beschriebenen Prozess der Bildung und Umbildung von Kultur entsteht Geschichte in Form der Kulturgeschichte.[184]

Moebius weist auf die laufend stattfindende abänderliche Bedeutung des Begriffs Kultur hin. Exemplarisch führt er aus, dass sich dieser alleine seit Wilhelm von Humboldt vollkommen von dem unserer Tage unterscheidet, und dies betrifft lediglich einen Zeitraum von nicht einmal 200 Jahren.[185]

Spiegl setzt beim Gedanken der Vergegenwärtigung eines nationalen Kulturbegriffs an. Er leitet ab, dass ein solcher nur über den Mythos historischer Traditionsbildung herstellbar ist. Dadurch kommt es zur Vermittlung eines kulturellen Erbes, mit einer spezifischen Charakteristik, die sich von „anderen Kulturen" als Identität und Differenz abgrenzen lässt. Er zeigt auf, dass wer

---

[179] Reckwitz, Andreas, Die Transformation der Kulturtheorien, 2006, S. 65ff.
[180] Ebenda, S. 72.
[181] Ebenda, S. 79.
[182] Ebenda, S. 84.
[183] Vietta, Silvio, Europäische Kulturgeschichte, 2007, S. 29.
[184] Ebenda, 2007, S. 32ff.
[185] Moebius, Stephan, Kultur, 2009, S. 14.

immer sich gegen ein solches kulturelles Erbe und die kulturelle Identität ausspricht, als „Nestbeschmutzer" öffentlich angegriffen wird. Seine Argumentation schließt er mit dem Beispiel Thomas Bernhard (Theaterstück Heldenplatz).[186]

Hasitschka formuliert aus dem Blickwinkel der Kulturbetriebslehre Kultur als die *Summe (geteilter) Werte und Normen (Ideen, Mentefakte), die symbolisch über Artefakte (menschliche Handlungen und Produkte) kommuniziert werden.*[187]

Im Cultural Studies-Ansatz wird Kultur als die symbolische-praktische Ordnung des Sozialen bezeichnet, das permanent in Praktiken des „doing culture" (re-produzierbare und transformierbare Material, mit dem die Menschen ihren materiellen und sozialen Erfahrungen Ausdruck verleihen, Sinn und Bedeutung geben) und das wiederum neue Erfahrungen möglich machen kann.[188]

Zum Abschluss folgt eine Polemik von *Burger*, der den Begriff „Kultur" semantisch verwahrlost nennt – demzufolge bezeichnet dieser lobend alles und jedes und ist daher nur eines – eine sinnentleerte Phrase. Er erinnert daran, dass die „alten" Griechen zwar das freie Denken und die Demokratie hervorbrachten und heute aufgrund ihrer Kultur hoch geachtet sind. Dennoch war ihnen der Begriff Kultur fremd. Er folgert daraus: *Wer Kultur hat, der redet nicht davon!*[189]

2.3.2 Rechtlicher Kulturbegriff

In den österreichischen Rechtswissenschaften herrscht gegenwärtig die Auffassung, dass Kultur nicht definierbar, sondern lediglich beschreibbar ist.[190] *Wimmer* meint dazu kritisch: *Da aber nun ein operationaler Kulturbegriff fehlt, ist es wohl ehrlicher, ein zugegebenermaßen unreflektiertes allgemeines Kulturverständnis der Auswahl und Vorstellung der staatlich-rechtlichen Rahmenbedingungen der Kultur zugrunde zu legen.*[191] *Pernthaler*, der ebenfalls auf die Problematik einer Definition verweist, beschreibt Kultur aus rechtlicher Sicht wie folgt: *Sie ist der Bestand von gemeinsamen Wertvorstellungen, von künstlerischen, wissenschaftlichen, religiösen und gesellschaftlichen Werken und Errungenschaften eines bestimmten Volkes in einer bestimmten Zeitepoche.*[192]

Auf Ebene der österreichischen Bundesverfassung gibt es keine Beschreibung, was unter Kultur zu verstehen ist. Aber auf Ebene der Landesgesetzgebung gibt es in Kulturförderungsgesetzen einzelner Bundesländer Beschreibungen, was aus Sicht des jeweiligen Landes unter Kultur zu verstehen wäre.

Beispielsweise enthält die Präambel des oberösterreichischen Gesetzes folgende Auszüge: *Kultur umfasst jede schöpferische Leistung, die darauf*

---

[186] Spiegl, Andreas, Österreich 1987–1997: Von der Kulturnation zur geopolitischen Zone, 1999, S. 21.
[187] Hasitschka, Werner, Kulturbetriebslehre und Kulturmanagement, 1997, S. 17.
[188] Moebius, Stephan, Kultur, 2009, S. 189.
[189] Burger, Rudolf, Festvortrag Auslandskulturtagung 2007 – Das Elend des Kulturalismus, 2008, S. 75ff.
[190] Korinek, Karl/Potz, Richard/Bammer, Armin/Wieshaider, Wolfgang (Hrsg.), Kulturrecht im Überblick, 2004, S. 24.
[191] Wimmer, Norbert, Kulturauftrag im staatlichen Gemeinwesen Österreichs, 1984, S. 84.
[192] Pernthaler, Peter, Kulturpolitik in Österreich, 1988, S. 9.

Definition und Abgrenzung

gerichtet ist, die Welt, in der wir leben, zu gestalten, zu vermenschlichen und auf eine lebenswerte Zukunft hin weiterzuentwickeln. (...) Kulturelle Tätigkeit ist jener aus der Tiefe menschlicher Fähigkeiten schöpfende Prozeß, der in der persönlichen Leistung seinen Höhepunkt und Abschluß findet. Ihre wesentliche Grundlage liegt in der Unabhängigkeit und Freiheit des einzelnen einerseits und in der Notwendigkeit der Wechselbeziehungen und des Dialoges andererseits.[193]

In der Steiermark versteht man rechtlich unter Kultur: *Kultur im Sinne dieses Gesetzes ist ein offener, durch Vielfalt und Widerspruch gekennzeichneter gesellschaftlicher Prozess von kultureller und künstlerischer Produktivität und Kommunikation.*[194]

Im Burgenland bezeichnet man Kultur als *die Gesamtheit der menschlichen Bestrebungen, die Lebensbedingungen und Lebensformen der Gesellschaft nach ethischen, ästhetischen und humanen Werten zu gestalten und zu verbessern.*[195]

In Niederösterreich sieht man den Kulturbegriff im Gesetz wie folgt: *Kultur sollte ein auf individueller Kreativität und gesellschaftlicher Toleranz beruhender offener Prozeß sein, durch den menschliche Lebensbedingungen, Verhaltensweisen und Lebensformen vermittelt, gestaltet oder zukunftsbezogen entwickelt werden.*[196]

Hofstetter ist, in Hinblick der „Definitionsversuche" zum Kulturbegriff in den Kulturfördergesetzen der Länder der Auffassung, dass sich aufgrund der Verschiedenheit und vor allem durch die vorwiegend regional gefärbten Kulturdefinitionen für den Gesamtstaat Österreich keine geeignete Legaldefinition zum Begriff Kultur ableiten lässt.[197]

Straßl kommt in einer Analyse des gesamten österreichischen Rechtsbestandes zum Ergebnis, dass es in der gesamten derzeit gültigen österreichischen Rechtsordnung keine für den Kulturbegriff geeignete Legaldefinition gibt.[198]

Internationale und völkerrechtliche Normierungen

Art 151 EGV verwendet zwar Kultur und kulturelles Erbe als Begriffe, definiert diese aber nicht, sondern setzt diese vielmehr voraus. Eine Legaldefinition des Begriffs Kultur findet sich auch im restlichen Gemeinschaftsrecht nicht.[199] Der EU-Kulturbegriff ist zudem ein eingeschränkter, da die Bereiche Bildung, Forschung und technologische Entwicklung gesondert geregelt wurden. Um dennoch zu einer Begriffsbestimmung zu gelangen, liegt ein pragmatischer Ansatz nahe. Es besteht die Möglichkeit daran anzuknüpfen, was in den Mitgliedsstaaten traditionell unter Kultur verstanden wird. Generell sind dies die Bereiche Bildung, Wissenschaft und Kunst. Die Subsidiarität und Komplementarität der Kulturkompetenz, die Art 151 EGV ermöglicht, lässt für

---

[193] OÖ LGBl. 77/1987 idF. LGBl. 58/2000.
[194] Stmk. LGBl. 80/2005.
[195] Bgld. LGBl. 9/1981.
[196] NÖ Stammgesetz 90/1996.
[197] Hofstetter, Alwine, Politische und rechtliche Aspekte von Kunst und Kultur in Österreich, 2004, S. 48.
[198] Straßl, Karl-Gerhard, Staatsziel Kultur, 2010, S. 94.
[199] Holthoff, Jan, Kulturraum Europa, 2008, S. 90.

die Zukunft auch Raum für die notwendige Offenheit gegenüber etwaigen neuen Kulturformen.²⁰⁰

Die Beschreibung mit der größtmöglichen Allgemeinwirkung ist wohl die der UNESCO, so orientiert man sich etwa bei der Erstellung des Kulturfinanzberichts in Deutschland sehr stark an dieser Definition. Die derzeit gültige UNESCO Definition für den Kulturbegriff geht auf die Weltkonferenz zur Kulturpolitik 1982 in Mexico City zurück und lautet: *Kultur in ihrem weitesten Sinne kann als die Gesamtheit der einzigartigen geistigen, materiellen, intellektuellen und emotionalen Aspekte angesehen werden, die eine Gesellschaft oder eine soziale Gruppe kennzeichnen. Dies schließt nicht nur Kunst und Literatur ein, sondern auch Lebensformen, die Grundrechte des Menschen, Wertesysteme, Traditionen und Glaubensrichtungen.*²⁰¹

2.4 Der Begriff „Kunst"

Es ist leicht über Kunst zu reden, aber schwer, ihre Eigenart präzise zu definieren.²⁰² Kunst ist ein abstrakter Begriff, ihre Erscheinungsform ist das Kunstwerk, ein Artefakt, das sich von anderen menschlichen Artefakten unterscheidet, indem ihm eine besondere Eigenschaft – Kunst zu sein – zugesprochen wird. Dabei bedarf es einer Reihe von befugten Individuen, Gruppen, Interessenten und Institutionen, die häufig erst nach widersprüchlichen Diskursen darin übereinkommen, dass einem bestimmten Artefakt das Prädikat Kunst zu verleihen ist.²⁰³

Für *Tietze* hat Kunst folgende Eigenschaften: sie erfreut, belehrt, erhebt, befreit – aber immer nur den einzelnen, auf den das Kunstwerk seine Wirkung ausübt. All dies zusammengerechnet ergeben diese Wirkungen eine bedeutende Summe, die im Gesamtbilde einer Kultur nicht belanglos ist. Er kommt bei seiner Analyse zum Ergebnis, dass Kunst auch eine soziale Dimension hat.²⁰⁴

Hingegen beginnt für *Ammann* Kunst dort, wo der Geschmack aufhört. Er sieht die Aufgabe der Kunst und der damit verbundenen Kunstwerke nicht darin zu gefallen, sondern ein sinnlich wahrnehmbarer Denkgegenstand zu sein.²⁰⁵

Jedes Kunstwerk ist dabei ein Kind seiner Zeit. Jede Kulturperiode bringt ihre eigene Kunst zustande, sie kann nie wieder in ihrer ursprünglichen Form wiederholt werden.²⁰⁶

Für *Liessmann* besteht Kunst aus den Kunstgattungen Literatur, Musik, bildende Künste, Tanz, neue Kunstformen, Photografie, Film, Medien-Kunst sowie jenen Formen, die der Entwicklung der Moderne selbst entsprungen sind.²⁰⁷

---

[200] Sparr, Jürgen, EGV Artikel 151, 2009, S. 1421.
[201] UNESCO, Mexico City Declaration on Cultural Policies, Wold Conference on Cultural Policies, Mexico City, 26. Juli – 26. August 1982.
[202] Hauskeller, Michael, Was ist Kunst?, 1998, S. 45.
[203] Warnke, Martin, Gegenstandsbereiche der Kunstgeschichte, 1988, S. 19.
[204] Tietze, Hans, Lebendige Kunstwissenschaft, 2007, S. 187.
[205] Ammann, Jean-Christophe, Bei näherer Betrachtung, 2007, S. 11.
[206] Kandinsky, Wassily, Über das Geistige in der Kunst, 1952, S. 21.
[207] Liessmann, Konrad Paul, Philosophie der modernen Kunst, 1999, S. 11.

Die Auswirkungen neuer Techniken auf die Kunst und deren Verständnis untersuchte *Benjamin*, der darauf hinwies, dass Kunstwerke (was von Menschen gemacht wurde, konnte immer von Menschen nachgemacht werden) immer reproduzierbar gewesen sind.[208] Demgegenüber stellte er die technische Reproduktion von Kunstwerken, die im Laufe der Geschichte zwar ebenfalls gehandhabt wurde (etwa durch Guss und Prägung) aber durch Einführung des Buchdrucks und vor allem durch die neue Technik der Lithographie eine ungeheure Veränderung erfahren hat. Mit einem Schlag war es möglich, scheinbar mühelos eine beliebig hohe Anzahl von Kopien anzufertigen, die es erlaubten, Millionen von Menschen an ein und demselben Erlebnis teilhaben zu lassen bzw. die Illusion der Teilnahme zu vermitteln. Nach Ansicht von Benjamin geht dadurch allerdings das Einmalige verloren – selbst bei einer vollendeten Reproduktion fällt ein wesentliches Kriterium weg: das Hier und Jetzt des Kunstwerks, sein einmaliges Dasein an dem Ort, an dem es sich befindet. Dadurch wird der Unterschied zwischen Kopie und Original bedeutungslos.[209]

Für *Fraser* dient Kunst im Sinne einer legitimierten kulturellen Produktion in erster Linie als vergegenständlichte Form der Kompetenzen und Dispositionen einerseits ihrer Konsumenten, andererseits ihrer Produzenten und derjenigen, die über sie Diskurse führen.[210]

Plato wollte einst die Dichter aus einem Staat, in dem Ordnung und Gesetz herrschen, verbannen.[211] Im Gegensatz dazu vermeinte Shelley in den Dichtern die eigentlichen Gesetzgeber zu erkennen. Auf diese lange Tradition der Überpolitisierung der Künste in Europa weist *McGuigan* hin und mahnt davor, dass diese sowohl von der politisch Linken (von der dies weitläufig angenommen wird) aber auch von der politisch Rechten (z.B. in der NS-Zeit) betrieben wird.[212]

Burger interpretiert die Aussage *Adornos, dass nichts was die Kunst betrifft, mehr selbstverständlich ist, weder in ihr noch in ihrem Verhältnis zum Ganzen, nicht einmal ihr Existenzrecht,* dahingehend, dass dieses Diktum nach wie vor Gültigkeit hat, mit Ausnahme des Zweifels am Existenzrecht der Kunst. Dazu meint er, *dass gerade das Existenzrecht der Kunst zum Apriori der Kultur wurde und damit ebenso wenig in Frage steht wie diese selbst – oder* (doch einschränkend dazu) *allenfalls ebenso sehr.* Er geht davon aus, dass die Begrifflichkeiten Kunst und Kultur ineinander verschmelzen, und führt dazu aus: *Kunst und Kultur scheinen heute aufs Engste liiert, ökonomisch, politisch und ästhetisch, so sehr, dass die Begriffe schon als Synonyme fungieren.*[213]

Wie eben gezeigt sind die Sichtweisen und Definitionsversuche mannigfaltig und kontrovers. Dieser kleine Auszug zeigt aber, dass es wohl niemals zu einer finalen allgemein anerkannten Definition kommen können wird.

---

[208] Benjamin, Walter, Das Kunstwerk im Zeitalter seiner technischen Reproduzierbarkeit, 1972 – 1989, Ausgabe 2006, S. 9ff.
[209] Hauskeller, Michael, Was ist Kunst?, 1998 S. 69ff.
[210] Fraser, Andrea, Es ist Kunst, wenn ich sage, dass es das ist, oder..., 1995, S. 36.
[211] Platon, Der Staat, Ausgabe 1993, S. 337.
[212] McGigan, Jim, Die kulturelle Öffentlichkeit, 2005, S. 143
[213] Burger, Rudolf, Form und Sinn – Kultur ist keine Kunst, 1996, S. 7.

2.4.1 Rechtlicher Kunstbegriff

Dem österreichischen Staat ist untersagt zu definieren, was Kunst ist und was nicht. Es ist ihm demnach beispielsweise nicht möglich, Kunst auf bestimmte Kunstrichtungen einzugrenzen oder Qualitätsmerkmale auf diesem Gebiet festzuschreiben. Ein „staatliches Kunstrichtertum" auf rechtlicher Basis ist somit ausgeschlossen.[214]

Aus dem Schutz vor Eingriffen des Staates ergibt sich eine rechtspolitisch bedeutsame Problematik. *Luf* warnt davor, dass sich der Staat nicht der Aufgabe einer Begriffsdefinition entziehen darf. *Denn das, was der Staat nicht definieren kann, kann er auch nicht schützen.* Es sollten also Kriterien für einen „offenen Kunstbegriff", der nicht auf inhaltliche Kriterien abzielt, getroffen werden.

Auf dem Gebiet der Rechtswissenschaften gibt es von verschiedenen Autorinnen und Autoren zahlreiche Lösungsansätze. Exemplarisch dafür ein Beispiel: Kunst wird vom Gesichtspunkt des Künstlers gesehen Ausdruck seines künstlerischen Wollens und vom gesellschaftlichen Standpunkt aus gesehen wird sie der Ausdruck der Überzeugung sein, dass das Werk das Wollen des Künstlers in der von ihm gewollten künstlerischen Weise zum Ausdruck bringt. Es bedarf bei dieser Deutung also sowohl des subjektiven Wollens des Künstlers als auch einer (gegebenenfalls noch zu erringenden) gesellschaftlichen Anerkennung in der Überzeugung vom künstlerischen Gehalt des Werkes.[215] Dabei ist allerdings nicht die Meinung des „Durchschnittsbürgers" relevant, da neue Kunstrichtungen geschützt werden sollen. Die Kunstfreiheit bezieht sich auch auf Werke, die provozieren oder gar schockieren wollen, gerade weil diese einen besonderen verfassungsrechtlichen Schutz brauchen.[216] Weitere Ausführungen zu dieser Thematik siehe Kapitel 6.1.2 Kunstfreiheit und 6.4.2 Soziale Situation der Kunst- und Kulturschaffenden.

Ähnlich wie in Österreich stellt sich die Situation in **Deutschland** dar. Es herrscht die Meinung vor, dass Kunst als Rechtsbegriff nicht definierbar ist und eine juristische schlüssige Fixierung daran scheitere, dass Kunst sich allen normativen Begriffsbestimmungen entzieht. Auch der BVerfG geht von einer Unmöglichkeit, Kunst generell zu definieren aus. Allerdings daraus zu schließen, dass Kunst als Rechtsbegriff endgültig undefinierbar wäre, wäre zu kurz gegriffen. Es gibt zwar keinen für Kunsttheorie und Rechtswissenschaft gleichermaßen gültigen Kunstbegriff, dennoch lassen sich rechtswissenschaftlich relevante Kriterien formulieren, die allerdings auf relativ einfachem Niveau angesiedelt sind. So wird eine Kombination von subjektiv erkennbaren künstlerischen Gestaltungswillen mit minimalen objektiven Kriterien, also eine irgendwie geartete Realisierung dieses Willens als ausreichend angesehen werden.[217]

Eine völlig andere rechtliche Sichtweise gibt es beispielsweise in den **Vereinigten Staaten von Amerika**. Dort gibt es in mehreren Bundesstaaten einen rechtlich definierten Kunstbegriff sowie auch Definitionen, was ein

---

[214] Kröll, Thomas, Kulturelle Rechte, 2009, RZ 45.
[215] Luf, Gerhard, Rechtsphilosophische Aspekte der Kunstfreiheit, 2007, S. 72ff.
[216] Öhlinger, Theo, Verfassungsrecht, 2005, RZ 930.
[217] Mihatsch, Michael, Öffentliche Kunstsubventionierung, 1988, S. 13ff.

Kunstwerk ist. Beispielsweise gibt es in Kalifornien seit 1979 den California Art Preservation Act. Seit damals wurden zwei Fälle entschieden. Im Fall *Botello* versus *Shell Oil Company* ging es um eine von Botello geschaffene Wandmalerei in einem Bürogebäude des Shell Konzerns. Nach einiger Zeit wollte die Firma das Bild übermalen lassen. Dagegen wehrte sich der Künstler. Das Erstgericht kam zum Ergebnis: *A mural is not a painting and therefore not a work of fine art.* In der nächsten Instanz kam man allerdings zum Ergebnis: *What else is a mural than a painting onto the wall?* Das genannte Gesetz ist das erste Gesetz in den Vereinigten Staaten, das die Persönlichkeitsrechte eines Künstlers anerkannt hat. Dabei beschränken sich diese Rechte allerdings auf den eng gefassten Begriff „work of art". So wurden in dem anderen bisher vorliegenden Fall *H. Jacobs Inc.* versus *Realtors Inc.* die Entwürfe eines Architekten nicht als „work of fine art" anerkannt. Dies führte dazu, dass große öffentliche Projekte mit architektonischen Komponenten nicht als Kunst anerkannt werden (anders als etwa in den Niederlanden).

Wie schwer die rechtliche Definition für Kunst oder ein Kunstwerk ist, zeigt sich an einem weiteren Beispiel aus **Frankreich**. Bei einer Auktion wurde 1993 ein Kunstwerk von Daniel Spoerri verkauft. Auf der Rückseite des Kunstwerkes befand sich ein Etikett, das darauf schließen ließ, dass es sich um ein Originalwerk von Spoerri handle. Im Nachhinein stellte sich allerdings heraus, dass es sich bei dem Kunstwerk um ein Werk eines Elfjährigen handelte. *Spoerri* hatte bei einer Ausstellung Besucher aufgefordert, eigene Kunstwerke mitzubringen und hatte diese dabei mit seinen Originaletiketten auf der Rückseite quasi als „blanko Garantiebeweise" versehen. Der Käufer klagte, nachdem er davon erfahren hatte auf Auflösung des Vertrags wegen Irrtums. In erster Instanz wurde er mit der Begründung abgewiesen: *Es sei nie die Rede von Irrtum gewesen, der Käufer habe bekommen, was er gesehen hat – darum habe er auch keinerlei falsche Vorstellung von der Sache gehabt.* Die nächste Instanz gab dem Kläger allerdings Recht. Dieses Beispiel wirft eine weitere wichtige Frage auf: Was ist für Kunst bzw. ein Kunstwerk wirklich ausschlaggebend: Die Authentizität oder die Signatur des Künstlers bzw. der Künstlerin.[218]

---

[218] Schrage, Eltjo, Die Regeln der Kunst, 2009, S. 24ff.

3 Das politische System in Österreich

3.1 Grundsätze und Prinzipien

Jede Verfassung beruht auf Grundprinzipien, die die Masse an einzelnen Regelungen zu einer systematischen Einheit zusammenfassen. Für Österreich sind heute folgende Prinzipien von Relevanz:

Das **demokratische Prinzip** bringt zum Ausdruck, dass das Recht vom Volk ausgeht. Deshalb müssen sowohl der politische Entscheidungsprozess als auch das Zustandekommen verbindlicher Normen grundsätzlich auf das Volk zurückgeführt werden können. Der Nationalrat wird als Vertretungskörper des Volkes durch dieses nach den Grundsätzen des Verhältniswahlrechtes gewählt.

Im Gegensatz zur heutigen Regelung in Österreich ging beispielsweise die Verfassung zur Zeit des Ständestaates (1934–1938) davon aus, dass das Recht von Gott und nicht vom Volk ausgeht.[219]

Das **republikanische Prinzip**, es wird als Negativdefinition beschrieben, wonach es sich um eine Staatsform handelt, die keine Monarchie ist. Ersichtlich wird dieses Prinzip besonders in der Stellung des Staatsoberhauptes (Bundespräsidenten). Der Charakter Österreichs als Republik ergibt sich im Detail aus der zeitlich begrenzten, politisch und rechtlich verantwortlichen Position des Bundespräsidenten.[220] Es handelt sich also um einen direkt vom Volk gewählten Präsidenten und nicht um ein Staatsoberhaupt, dass durch Erbfolge und von Gottes Gnaden bestimmt wird (wie bis 1918).[221]

Das **bundesstaatliche Prinzip**, wonach Österreich ein Bundesstaat ist, bestehend aus neun Bundesländern. Die Staatsfunktionen werden demgemäß auf den Bund als Gesamtstaat und die Länder als Teilstaaten aufgeteilt. Gesetzgebung und Vollziehung sind zwischen Bund und Ländern aufgeteilt.[222] Die Länder haben auch die Möglichkeit, an der Bundesgesetzgebung durch ihre Repräsentanten im Bundesrat mitzuwirken. Zudem verfügen die Länder über eine Verfassungsautonomie, die allerdings begrenzt ist.[223] Die Verfassungsautonomie der Länder wird später bei der Staatszieldiskussion noch von Bedeutung sein.

Das **rechtsstaatliche Prinzip**, Kern dieses Prinzips ist die Bindung der Verwaltung an das Gesetz. Kontrolliert wird dessen Einhaltung durch den Verwaltungs- und Verfassungsgerichtshof. Bedeutend für das rechtsstaatliche Prinzip ist auch die Existenz unabhängiger Gerichte (Zivil- und Strafrecht).[224]

Das **gewaltentrennende Prinzip**, dadurch soll der Schutz des Einzelnen vor Willkür und Übergriffen staatlicher Organe gewährleistet werden. Verfassungsrechtlich ist die organisatorische Trennung der Staatsfunktionen Gesetzgebung, Gerichtsbarkeit und Verwaltung vorgegeben.[225]

---

[219] Ucakar, Karl, Verfassung – Geschichte und Prinzipien, 2006, S. 125ff.
[220] Walter, Robert/Mayer, Heinz, Grundriß des österreichischen Bundesverfassungsrechts, 1992, RZ 159.
[221] Öhlinger, Theo, Verfassungsrecht, 2005, RZ 67.
[222] Ucakar, Karl, Verfassung – Geschichte und Prinzipien, 2006, S. 132.
[223] Öhlinger, Theo, Verfassungsrecht, 2005, RZ 70ff.
[224] Ebenda, RZ 74.
[225] Ucakar, Karl, Verfassung – Geschichte und Prinzipien, 2006, S. 133.

3.2 Kompetenzverteilung zwischen Bund, Ländern und Gemeinden

Die geltende Kompetenzverteilung in Österreich, die immer wieder als unübersichtlich und nicht zeitgemäß kritisiert wird, geht in ihren Grundzügen auf die Verfassung von 1920 zurück. Die Kompetenzordnung stammt weitgehend sogar noch aus Zeiten der Monarchie, also aus der Zeit vor 1918.[226]

Der **Bund** spielt in Österreich auf dem Gebiet der Kultur eine bedeutende Rolle. Er normiert für den Kulturbereich wesentliche Rechtsbereiche wie: Denkmalschutzrecht, Urheberrecht, Kunstförderung, Filmförderung, Regelungen für den ORF etc.[227]

Er ist Träger der akademischen Ausbildung zukünftiger Künstlerinnen und Künstler an den Musik- und Kunstuniversitäten. Weiters ist der Bund Eigentümer der größten Kulturbetriebe des Landes, wie Bundestheater, ausgegliederte und nicht ausgegliederte Bundesmuseen, Schönbrunn und Marchfeldschlösser. Hintergrund dafür ist vor allem die Übernahme der ehemals kaiserlichen Besitzungen durch den Bund nach dem Untergang der Monarchie in der 1. Republik.

Darüber hinaus hat der Bund die Kompetenz für die österreichische Auslandskulturpolitik.[228] Details dazu siehe Kap. 7 Aufgaben der Kulturpolitik auf Bundesebene.

Im internationalen Vergleich von Bundesstaaten zeigt sich häufig, dass es eine „Kulturhoheit der Länder bzw. der Kantone" gibt. Von einer solchen Kulturhoheit der **Länder** kann in Österreich aus kompetenzrechtlicher Sicht nicht die Rede sein.[229] Im hoheitlichen Bereich umfasst die kulturpolitische Kompetenz der Länder gemäß Art 15 B-VG all jene Bereiche, die nicht vom Bund kompetenzrechtlich erfasst sind, beispielsweise Volkskultur und Heimatpflege, außerschulische Musikerziehung, Landes- und Heimatmuseen, Veranstaltungswesen und Teile der Denkmalpflege.[230]

Auf Friedrich Koja geht die Theorie der „relativen Verfassungsautonomie" (1988) zurück. Demnach ist dem Landesverfassungsgesetzgeber alles erlaubt, was nicht ausdrücklich dem B-VG widerspricht. Als Ergebnis kam es in den Folgejahren zu einem regelrechten Aufblühen des Landesverfassungsrechtes, das sich einerseits vor allem an den zahlreichen Staatszielen und Grundrechten und andererseits im Bereich der direkten Demokratie manifestierte. In weiterer Folge wurden nahezu alle Landesverfassungen neu erlassen bzw. wiederverlautbart. Allerdings sind im Vergleich zu den Normierungen in Deutschland, der Schweiz oder etwa den Vereinigten Staaten von Amerika die repräsentativen und

---

[226] Berka, Walter, Lehrbuch Verfassungsrecht, 2008, RZ 397.
[227] Potz, Richard/Moser-Zoundjiekpon, Birgit/Wieshaider, Wolfgang (Hrsg.), Kulturrecht, 2006, S. 1ff.
[228] Wolf-Csanády, Elisabeth Charlotte, Wertewandel und Kulturpolitik in der Bundesrepublik Deutschland und Österreich, 1995, S. 58.
[229] Pernthaler, Peter, Kulturpolitik in Österreich. Verfassungsrechtliche und verfassungspolitische Rahmenbedingungen, 1988, S. 15ff.
[230] Korinek, Karl/Potz, Richard/Bammer, Armin/Wieshaider, Wolfgang (Hrsg.), Kulturrecht im Überblick, 2004, S. 51.

direktdemokratischen Ausformungen der Landesverfassungen durch das B-VG äußerst detailliert vorgegeben und lassen einen eher geringen Spielraum zu.[231]

Die Landesverfassungen in Österreich beruhen auf unterschiedlichen normativen Grundlagen. So wurden anlässlich der Republikwerdung 1918 für die Verfassungen von Niederösterreich, Oberösterreich, Salzburg und Tirol die ehemaligen Landesordnungen der Monarchie aus dem Jahr 1861 übernommen und novelliert. Hingegen gaben sich die Steiermark und Vorarlberg neue Landesverfassungen. Besonders interessant ist, dass die Landesverfassung Vorarlbergs aus dem Jahr 1919 bereits Grundrechte enthielt.[232]

Nach Art 17 B-VG können Bund und Länder auch als Träger von Privatrechten auftreten. Beispielsweise können sie in diesem Fall Verträge abschließen und Betriebe führen. Dabei unterliegen sie wie Privatpersonen den für solche Tätigkeiten geltenden Vorschriften, etwa der Einhaltung der Gewerbeordnung.[233]

Sofern die Gebietskörperschaften privatwirtschaftlich auftreten, kommen die Kompetenzbestimmungen des B-VG (Art 10 bis 15) nicht zum Tragen. Dies bedeutet, dass sie jeweils Maßnahmen setzen können, die im hoheitlichen Bereich in die Zuständigkeit der jeweils anderen Gebietskörperschaft fallen würden. Als Träger von Privatrechten können Bund und Länder unabhängig voneinander tätig werden (etwa Gewährung von Förderungen), aber auch gemeinsam aktiv werden.[234] Sowohl Bund als auch Länder sind befugt, ihre eigene Privatwirtschaftsverwaltung durch so genannte „Selbstbindungsgesetze" zu normieren. Diese Gesetze dürfen nur das Verhalten der Organe des Rechtsträgers regeln.[235] Die Privatwirtschaftsverwaltung zählt zum Privatrecht. Etwaige Streitigkeiten sind daher vor ordentlichen Gerichten auszutragen.[236]

Kunst- und Kulturförderungsgesetze sind klassische Beispiele der auf Art 17 B-VG beruhenden Privatwirtschaftsverwaltung und gleichzeitig Beispiele für Selbstbindungsgesetze, da sie lediglich eine interne Bindung der jeweiligen Gebietskörperschaft und ihrer Verwaltung begründen, dabei aber keinerlei Rechte und Pflichten für die Rechtsunterworfenen haben. Würden sie außenwirksame Rechte und Pflichten normieren, dürfte dies nur auf dem Wege von hoheitlichen Regelungen erfolgen und dies könnte wiederum nur im Rahmen der klassischen Kompetenzverteilung erfolgen.[237] Mehrere Kunst- und Kulturförderungsgesetze der Länder enthalten Passagen, die die Gemeinden verpflichten, das örtliche Brauchtum zu fördern. Diese gesetzliche Verpflichtung ist rechtlich bedenklich, da entsprechend Art 116 Abs 2 B-VG den Gemeinden die freie Verfügung über ihre Haushaltsmittel obliegt, sofern keine verfassungsrechtliche Sonderregelung besteht.[238]

---

[231] Marko, Joseph/Poier, Klaus, Die Verfassungssysteme der Bundesländer: Institutionen und Verfahren repräsentativer und direkter Demokratie, 2006, S. 943.
[232] Brauneder, Wilhelm, Österreichische Verfassungsgeschichte, 2009, S. 206.
[233] Öhlinger, Theo, Verfassungsrecht, 2005, RZ 238.
[234] Donner, Cordula, Planungskonflikte zwischen den Gebietskörperschaften, 2007, S. 18ff.
[235] Mayer, Heinz, Das österreichische Bundes-Verfassungsrecht, 2007, S. 126.
[236] Bydlinski, Peter, Grundzüge des Privatrechts, 1991, RZ 9.
[237] Berka, Walter, Lehrbuch Verwaltungsrecht, 2008, RZ 396.
[238] Neuhofer, Hans, Gemeinderecht, 1998, S. 288.

Die **Gemeinden** sind Gebietskörperschaften mit Recht auf Selbstverwaltung. Sie haben unter anderem das Recht, Vermögen aller Art zu besitzen, wirtschaftliche Unternehmungen (z.B. Kulturbetriebe) zu betreiben und im Rahmen ihres Finanzhaushaltes selbständig zu disponieren. Gemeinden haben keine formelle Gesetzgebungsbefugnis, haben aber ein gesetzergänzendes Verordnungsrecht.[239] Die Gemeindeautonomie ist in Österreich verfassungsrechtlich verankert und detailliert geregelt. Die Grundsätze der Gemeindeselbstverwaltung reichen in die Zeit der Revolution von 1848 zurück. Die Forderungen des Bürgertums nach kommunaler Autonomie führten in Folge zu der in den Gemeindegesetzen determinierten Ideologie von einer freien Gemeinde als einer Grundfeste des freien Staates. Darauf baut noch heute das duale System auf: das Verwaltungshandeln einerseits im eigenen Wirkungsbereich der Gemeinde und andererseits im übertragenen Wirkungsbereich, in dem die Gemeinde staatliche Aufgaben wahrnimmt.[240]

Wesentliche Bedeutung haben die Gemeinden im Kulturbereich bei den Musikschulen (trotz Zuständigkeit der Länder), für die sie häufig Gebäude und Instrumente zur Verfügung stellen.

3.3 Kontrolle

In einem Staat als politisches System ist Macht nach definierten Grundsätzen verteilt. Die Machtausübung muss im Rahmen von komplexen Prozessen, die demokratisch legitimiert sind, kontrolliert werden. Dabei erfüllt Kontrolle folgende Aufgaben: Sicherung von Recht und Freiheit, Verhinderung missbräuchlicher Machtausübung, Sichtbarmachung von Leistungen und der Erreichung definierter Ziele.[241] (Siehe auch 6.6 Legitimation, Transparenz und Evaluierung)

3.3.1 Parlamentarische Kontrolle

Auf Bundesebene gibt es ein Zweikammernsystem, den Nationalrat (NR) und den Bundesrat (BR). Beide Kammern nehmen auch parlamentarische Kontrolle wahr. Den Abgeordneten des NR stehen umfassende Kontrollinstrumente zur Verfügung: Interpellationsrecht, Resolutionsrecht, Recht auf Einsetzung von Untersuchungsausschüssen, Abhaltung und Einsetzung parlamentarischer Enqueten und das Misstrauensvotum. Darüber hinaus kann er dem Rechnungshof (RH) Prüfaufträge erteilen. Beispielsweise fand 2008 die parlamentarische Enquete „Zukunftsmusik. Aktuelle Herausforderungen und musikalische Entwicklungsperspektiven in Österreich" statt.[242]

Im Gegensatz dazu verfügt der BR über eingeschränkte Kontrollmöglichkeiten: Seine Mitglieder haben das Interpellationsrecht

---

[239] Schäffer, Heinz, Die Kompetenzverteilung im Bundesstaat, 1997, S. 8off.
[240] Ucakar, Karl/Gschiegl, Stefan, Das politische System Österreichs und die EU, 2009, S. 122.
[241] Neisser, Heinrich, Die Kontrolle der Verwaltung, 2006, S. 381.
[242] Nationalrat, XXIII. GP, 2/VER, 03.06.2008.

einschließlich Abhaltung einer Fragestunde, das Recht, Entschließungen zu fassen und parlamentarische Enqueten durchzuführen.[243]

3.3.2 Rechnungshof und Kontrollämter

Aufgabe des Rechnungshofes (RH) ist die Kontrolle der Gebarung des Bundes, der Länder, der Gemeindeverbände, der Gemeinden und anderer durch das Gesetz bestimmter Rechtsträger. Darüber hinaus prüft er Stiftungen, Anstalten und Fonds mit eigener Rechtspersönlichkeit, wenn diese von Organen des Bundes oder von Personen verwaltet werden, die von Organen des Bundes bestellt sind (beispielsweise Bundesmuseen). In seine Prüfkompetenz fallen auch selbständige Rechtsträger, die der Vollziehungskompetenz des Bundes zuzuordnen sind, beispielsweise der ORF. Darüber hinaus prüft er Unternehmungen, die der Bund allein oder gemeinsam mit anderen der Kontrolle des RH unterliegenden Rechtsträgern betreibt, an denen er zu mindestens 50% am Kapital beteiligt ist, bzw. an Unternehmungen, die er wirtschaftlich oder organisatorisch beherrscht. Er hat auch Prüfkompetenz bei Tochterunternehmungen, die die oben genannten Voraussetzungen erfüllen und bei öffentlich-rechtlichen Körperschaften, die mit Mitteln des Bundes ausgestattet sind. Grundsätzlich gelten diese Regelungen auch bei der Prüfkompetenz des RH auf Ebene der Länder und Gemeinden.[244]

2008 wurden etwa die Spanische Hofreitschule – Bundesgestüt Piber, die Marchfeldschlösser Revitalisierungs- und BetriebsgesmbH und die Volkstheater GmbH vom RH geprüft. 2009 erfolgte neben Nachprüfungen die Prüfung des ORF und der Bundesmobilienverwaltung. Im Jahr 2010 wurden bisher der Verleih von Sammlungsgut durch Bundesmuseen sowie die Umsetzung der Prüfergebnisse zu den Vorbereitungslehrgängen der Musikuniversitäten geprüft.[245]

Gegenstand der Prüfung der Rechnungshöfe und Kontrollämter sind vorwiegend die rechnerische Richtigkeit, Zweckmäßigkeit, Sparsamkeit und Wirtschaftlichkeit der überprüften Institutionen bzw. Unternehmungen.

Auf Ebene der Länder gab es als Landeskontrolleinrichtungen zunächst die Kontrollämter, die in den letzten Jahren zu Landesrechnungshöfen umgewandelt wurden. Damit bestehen in allen Ländern mit Ausnahme von Wien (Kontrollamt der Stadt Wien) Landesrechnungshöfe. Der erste Landesrechnungshof entstand 1982 durch ein Landesrechnungshof-Verfassungsgesetz in der Steiermark[246]. Zur besseren Koordination und Zusammenarbeit gibt es seit 2004 eine Resolution des Rechnungshofes mit allen Landeskontrolleinrichtungen.[247] Beispielsweise überprüfte der Landesrechnungshof Steiermark 2009/10 die Landesmuseum Joanneum GmbH.[248]

Auf Gemeindeebene gibt es in einer Reihe von Gemeinden eigene **Kontrollämter bzw. Stadtrechnungshöfe**, die zur Kontrolle der Gebarung

---

[243] Neisser, Heinrich, Die Kontrolle der Verwaltung, 2006, S. 385ff.
[244] Öhlinger, Theo, Verfassungsrecht, 2005, RZ 328ff.
[245] Rechnungshof, Reihe Bund, 2008/1 und 10, 2009/1 und 2, 2010/2 und 7.
[246] Stmk. LGBl. 59/1982 idgF.
[247] Rechnungshof und Landeskontrolleinrichtungen, Resolution, 12.11.2008.
[248] LRH Steiermark, 20J 3/2008-55.

eingerichtet sind.[249] Die Einrichtung von Kontrollämtern (z.B. in Linz[250]) bzw. Stadtrechnungshöfen (z.B. in Graz[251]) erfolgt ebenfalls auf gesetzlicher Basis.

3.4 Medien

Politische Realität ist zum überwiegenden Teil eine massenmedial konstruierte und vermittelte Wahrnehmung. Gesellschaftspolitisch kommt den Medien eine wichtige Rolle zu. Sie können als vierte Gewalt im Staat (neben Legislative, Exekutive und Gerichtsbarkeit) bezeichnet werden, indem sie eine Art Kontrollfunktion wahrnehmen.[252] Darüber hinaus nehmen sie eine entscheidende Vermittlerrolle ein, indem sie den kulturpolitischen Diskurs nicht nur wiedergeben, sondern auch aktiv begleiten und anregen.[253]

Die Vermittlung von Politik (Themensetzung, Positionierung, Diskurs etc.) unterwirft sich den Präsentations- und Aufmerksamkeitsregeln der Medien. Politik wird dabei nicht nur von Politikerinnen und Politikern, sondern auch von Medien selbst (z.B. Tageszeitungen) gemacht.[254] Dies betrifft Politik im Allgemeinen und somit auch die Kulturpolitik.

Steinert meint diesbezüglich pointiert, *dass das Fernsehen durch eine falsch erzeugte Nähe die Politik grundsätzlich verändert hat.* Seiner Ansicht nach wurden Berufspolitiker zu Schauspielern gemacht (und Berufsschauspieler zu Politikern). Politik muss sichtbar und darstellbar sein. Als Werkzeuge nennt er etwa: bedeutungsschwere Gespräche auf höchster Ebene, Presseaussendungen, Pressekonferenzen, Einzelinterviews, politische Talkshows. Dazu kommen erzeugte Konflikte und Kontroversen, persönliche Rivalitäten, Ankündigungen mit anschließendem Kampf um Verwirklichung. Dies alles hat die Funktion Politik in der Öffentlichkeit spannend zu erhalten.[255]

Politikerinnen und Politiker brauchen Medien, um sich und Themen, Pläne und Leistungen den Wählerinnen und Wählern zu vermitteln, damit sie und ihre Fraktion bei der nächsten Wahl wieder gewählt werden.[256] Wie groß die Macht und der Einfluss medialer Berichterstattung ist und wie es um die damit verbundenen Möglichkeiten zu plötzlichen Richtungsänderungen und überraschenden Wendungen steht, zeigt das Beispiel der jahrelangen Streitigkeiten vor und während der Umgestaltung des Museumsquartiers in Wien.[257]

---

[249] Mayer, Heinz/Walter, Robert, Grundriß des österreichischen Bundesverfassungsrechts, 1992, RZ 1241.
[250] OÖ LGBl. 7/1992 idgF.
[251] Stmk. LGBl. 130/1967 idgF.
[252] Wenzler, Michel, Journalisten und Eliten, 2009, S. 28.
[253] Scheytt, Oliver, Aufgaben der Kulturpolitik, 2006, S. 125.
[254] Plasser, Fritz, Politik in der Medienarena, 2010, S. 7.
[255] Steinert, Heinz, Kulturindustrie, 2008, S. 148ff.
[256] Fidler, Harald, Österreichs Medienwelt von A bis Z, 2008, S. 348.
[257] Waldner, Wolfgang, Kulturpolitik im Spannungsfeld von staatlicher Hegemonie und bürgerlicher Freiheit, 2001, S. 618ff.

3.5 Politikerinnen und Politiker

Der Terminus „Politiker" hatte über lange Zeit einen pejorativen Charakter und bleibt bis ins 17. Jahrhundert ein Schimpfwort. Der entsprechend positive und sprachlich aus derselben Wurzel stammende Begriff lautete einst „Polizey".[258]

Es gibt keine normierte oder verpflichtende Ausbildung für Politikerinnen und Politiker. Man spricht auch davon, dass Politik eine Kunst ist, die nur in der Praxis erlernt werden kann. Sofern dies für die Qualität des Berufsstandes relevant ist, wurde nachgewiesen, dass der Anteil der Akademikerinnen und Akademiker im österreichischen Nationalrat von 39,3% im Jahr 1978 auf heute 44,3% gestiegen ist. Damit liegt der Anteil weit über dem österreichischen Durchschnitt. Bei der Analyse der „Spitzenpolitikerinnen und Spitzenpolitiker" liegt der Akademikeranteil noch höher und zwar bei etwa 50%. Der Annahme, dass ein Universitätsabschluss in der 2. Republik fast so etwas wie eine Grundvoraussetzung für ein „höchstes Politikeramt" ist, widerspricht der Lebenslauf des gegenwärtigen Bundeskanzlers. Ein Hochschulabschluss stellt für kein einziges gewähltes Amt in Österreich eine formale Voraussetzung dar.[259]

In Österreich gab es im Jahr 2003 mehr als 43.000 in öffentliche Funktionen gewählte Politikerinnen und Politiker. Der überwiegende Teil davon, mehr als 98%, ist auf Gemeindeebene beschäftigt und arbeitet nebenberuflich in dieser Funktion. Schätzungen ergeben, dass es rund tausend politische Positionen in Österreich gibt, die als hauptberufliche Tätigkeit gewertet werden können.[260]

Max Weber definierte drei „Qualitäten", die eine Politikerin bzw. einen Politiker beschreiben: Leidenschaft, Verantwortungsgefühl und Augenmaß.[261]

Brix vertritt die Auffassung, dass für Politikerinnen und Politiker latent die Versuchung gegeben ist, möglichst unbeschränkt in die Kultur hineinzuregieren bzw. hineinzuagieren. In Österreich werden große Kunst- und Kulturereignisse (z.B. Eröffnungen von Festspielen) traditionell durch Politiker und Politikerinnen wahrgenommen, in Großbritannien hingegen von Künstlerinnen und Künstlern.[262]

Eine Analyse, wie die österreichische Bevölkerung mit der politischen Arbeit im Lande zufrieden ist und dieser Vertrauen entgegenbringt, liefert Grund darüber nachzudenken: So sank im Beobachtungszeitraum von 1999 bis 2008 das Vertrauen der österreichischen Bevölkerung in das Parlament von 39% auf 28%. Noch schlechter ist es um das Vertrauen in die politischen Parteien bestellt, dieses sank im Vergleichszeitraum von 17% auf 14%.[263]

---

[258] Reinhard, Wolfgang, Vom italienischen Humanismus bis zum Vorabend der Französischen Revolution, 1996, S. 296.
[259] Wolf, Armin, Image-Politik, 2007, S. 142.
[260] Ebenda, 2007, S. 138.
[261] Radkau, Joachim, Max Weber – Die Leidenschaft des Denkens, 2005, S. 787ff.
[262] Brix, Emil, Volk begnadet für das Schöne. Anmerkungen zur österreichischen Kulturpolitik, 2007, S. 43.
[263] Friesl, Christian/Polak, Regina/Hamachers-Zuba, Ursula, (Hrsg.), Die Österreicherinnen – Wertewandel 1990 – 2008, 2009, S. 216.

3.6 Politische Parteien

In erster Linie verdanken die politischen Parteien in Österreich ihre Entstehung dem Aufkommen des Parlamentarismus und der damit verbundenen schrittweisen Ausdehnung des Wahlrechts auf immer weitere Schichten der Bevölkerung. Die politischen Parteien entstanden als Gruppierungen mit dem Ziel der Mitbestimmung an der staatlichen Tätigkeit, vor allem an der Gesetzgebung. Erstmals kam es in Österreich 1861 anlässlich der Reichsratswahl zur Bildung von Parteien, wobei diese in Form von parlamentarischen Fraktionen auftraten, die eine eher lose Zusammenfassung von Gesinnungsgenossen ohne jedwede weitere Organisation darstellten. Durch die Wahlrechtsreform 1882, durch die die Wahlberechtigung ausgedehnt wurde, kam es zu einem ersten Aufschwung der Parteien. Die Bildung der Parteien wies einerseits eine ideologische Konstanz und andererseits einen einheitlichen Grund für die Entstehung der Parteien auf. So gibt es bis heute eine Dreiteilung in der ideologischen Ausprägung der Parteien, die sogenannten drei Lager (christlich-konservativ, sozialistisch und national). Sie alle hatten dieselben Entstehungsgründe, die in der Gegnerschaft zum seinerzeitigen Liberalismus, im Versuch, die drängenden sozialen Probleme sowie die nationalen Fragen des Vielvölkerstaates zu lösen, zu sehen sind. Die Herangehensweise an diese Problemstellungen ist naturgemäß bei allen drei Ausrichtungen verschieden gewesen. Darin liegt auch der Grund für die nach wie vor andauernde Gegnerschaft, trotz der gleichen historischen Wurzeln.[264]

Bei einer Analyse der Parteienlandschaft kam *Wandruszka* in den 1950er-Jahren zum Ergebnis, dass die gesamte soziale, ideelle und kulturelle Struktur Österreichs seit 1918 durch das Neben-, Gegen- und Miteinander der drei großen Lager gekennzeichnet ist. *Pelinka* vertrat hingegen Mitte der 1970er-Jahre die These, dass sich Österreich zu einem Zweiparteienstaat entwickeln würde.[265]

Heute ist die Parteienlandschaft in Österreich mit fünf im Parlament vertretenen Parteien weit von einem Zweiparteiensystem entfernt, obwohl besonders zwei Parteien die Regierungstätigkeit nach 1945 maßgeblich geprägt haben. Die Grundstruktur der drei politischen Lager ist aber trotz aller Veränderungen und Parteineugründungen nach wie vor erkennbar.

3.6.1 Österreichische Volkspartei

Die Österreichische Volkspartei (ÖVP) wurde im April 1945 neu gegründet und war dabei bedacht, sich von ihrer Vorgängerpartei, der Christlichsozialen Partei, und deren Vergangenheit abzugrenzen.[266] Als Gründungsjahr der Christlichsozialen Partei wird von Lueger das Jahr 1891[267] genannt. Andere Quellen nennen das Jahr 1893.[268] Beispiele für diese Abgrenzung waren etwa das eindeutige Bekenntnis zur parlamentarischen Demokratie, der Verzicht auf

---

[264] Berchtold, Klaus, Österreichische Parteiprogramme 1868 – 1966, 1967, S. 11ff.
[265] Kriechbaumer, Robert, Österreichs Innenpolitik 1970 – 1975, 1981, S. 3.
[266] Müller, Wolfgang, Die Österreichische Volkspartei, 2006, S. 341.
[267] Zit. in: Berchtold, Klaus, Österreichische Parteiprogramme 1868 – 1966, 1967, S. 50.
[268] Bundespressedienst (Hrsg.), Das politische System in Österreich, 2000, S. 24.

religiöse Etikettierung sowie ein eindeutiges Bekenntnis zur österreichischen Nation. Dabei stützte sich die ÖVP jedoch bei ihrer Gründung vorwiegend auf das ehemalige Personal der Vorgängerpartei. Auch strukturell gab es in weiten Teilen Überschneidungen.[269] Von den ersten Nationalratswahlen 1945 bis 1970, stellte die ÖVP stets den Kanzler. Danach war die Partei 17 Jahre in Opposition. In der Zeit von 1987 bis 2000 stellte sie jeweils den Vizekanzler[270] und von 2000 bis 2007 erneut den Kanzler. Seither stellt sie wiederum den Vizekanzler.[271]

3.6.2 Sozialdemokratische Partei Österreichs

Die Wurzeln der Sozialdemokratischen Partei Österreichs (SPÖ) reichen in die Zeit der industriellen Revolution und der Arbeiterbewegung.[272] Erste Anfänge der Arbeiterbewegung gehen auf das Jahr 1848 zurück.[273]

1874 wurde die Sozialdemokratische Arbeiterpartei Österreichs gegründet, zu der sich allerdings noch nicht alle Strömungen der österreichischen Arbeiterbewegung bekannten. Die Vereinigung aller relevanten Strömungen gelang erst durch Viktor Adler beim Parteitag im Jahr 1888/89. Im Bürgerkrieg von 1934 wurde die Arbeiterbewegung zerschlagen und verboten. Im April 1945 kam es zur Neugründung als Sozialistische Partei Österreichs (mit dem Zusatz Sozialdemokraten und Revolutionäre Sozialisten, der aber bereits 1945 wieder gestrichen wurde).[274] Beim Parteitag 1991 wurde die SPÖ in Sozialdemokratische Partei Österreichs umbenannt.[275] Abgesehen von den Jahren 1966 bis 1970 trug die SPÖ bis ins Jahr 2000 immer Regierungsverantwortung. In dieser Zeit stellte sie für 30 Jahre (1970–2000) den Bundeskanzler.[276] Seit 2007 stellt sie erneut den Bundeskanzler.[277]

3.6.3 Freiheitliche Partei Österreichs

Die Freiheitliche Partei Österreichs (FPÖ) wurde 1956 als Nachfolgepartei des Verbands der Unabhängigen (VdU) gegründet.[278]

Die Wurzeln der national-liberalen Bewegung gehen ähnlich wie bei der Arbeiterbewegung auf das Revolutionsjahr 1848 zurück. Von einer Parteiwerdung der zahlreichen Gruppierungen kann erst 1920 (als Großdeutsche Volkspartei) ausgegangen werden. 1934 kam es zur Selbstauflösung der Partei. Nach 1945 war die nationale Bewegung in Österreich durch die vorangegangene Herrschaft des Nationalsozialismus schwer diskreditiert und von der

---

[269] Müller, Wolfgang, Die Österreichische Volkspartei, 2006, S. 341.
[270] Bundespressedienst (Hrsg.), Das politische System in Österreich, 2000, S. 24.
[271] BKA (Hrsg.), Regierungen seit 1945, http://www.bka.gv.at/site/3355/default.aspx, 30.06.2010.
[272] Ucakar, Karl, Sozialdemokratische Partei Österreichs, 2006, S. 322ff.
[273] Berchtold, Klaus, Österreichische Parteiprogramme 1868–1966, 1967, S. 13.
[274] Ucakar, Karl, Sozialdemokratische Partei Österreichs, 2006, S. 322ff.
[275] Pelinka, Peter, Eine kurze Geschichte der SPÖ, 2005, S. 75.
[276] Bundespressedienst (Hrsg.), Das politische System in Österreich, 2000, S. 23.
[277] BKA (Hrsg.), Regierungen seit 1945, http://www.bka.gv.at/site/3355/default.aspx, 30.06.2010.
[278] Luther, Kurt Richard, Die Freiheitliche Partei Österreichs (FPÖ) und das Bündnis Zukunft Österreich (BZÖ), 2006, S. 364.

Nationalratswahl 1945 ausgeschlossen. 1949 wurde kurz vor der Nationalratswahl die VdU gegründet.[279] 1999 kam es zur Abspaltung einzelner Parlamentarier, die zur Gründung des Liberalen Forums (LIF) führte. Das LIF ist nicht mehr im österreichischen Parlament vertreten.[280]

2005 kam es erneut zu einer Abspaltung, die zur Gründung des Bündnis Zukunft Österreich (BZÖ) führte.[281]

Die FPÖ trug nach den Wahlen der Jahre 1983 mit der SPÖ, ab 2000 und 2003 mit der ÖVP jeweils als „Juniorpartner" Regierungsverantwortung.[282]

3.6.4 Die Grünen

Erste Wurzeln der Grünen gehen auf die 1970er-Jahre zurück. Die erste bundesweit vertretene Grün-Partei waren ab 1982 die Vereinten Grünen Österreichs (VGÖ). Kurz danach, 1983, wurde die Alternative Liste Österreichs (ALÖ) gegründet. Nachdem beide Gruppierungen bei der Nationalratswahl 1983 den Einzug ins Parlament verfehlten, wurde 1986 der Grundsatzvertrag zur gemeinsamen Kandidatur und Zusammenarbeit geschlossen. Dies führte in der Folge zur Gründung einer neuen Partei mit dem Namen Die Grüne Alternative (Grüne).[283] Die Partei ist seit 1986 ununterbrochen im Nationalrat vertreten. Seit den Kärntner Landtagswahlen 2004 sind die Grünen auch in sämtlichen Landtagen der Bundesländer Österreichs vertreten.[284] Auf Bundesebene trugen die Grünen bislang keine Regierungsverantwortung.

3.6.5 Bündnis Zukunft Österreich

Das Bündnis Zukunft Österreich ging wie bereits erwähnt 2005 aus einer Abspaltung von der FPÖ hervor.[285] Sie ist derzeit die jüngste der im österreichischen Nationalrat vertretenen Parteien.

3.6.6 Klein(st)parteien

Kurz erwähnt sollen hier auch noch Parteien werden, die nicht bzw. nicht mehr im österreichischen Nationalrat vertreten sind. Seit 1945 sind mehr als 40 Klein(st)parteien zu den Nationalratswahlen angetreten und haben jeweils zwischen null und sechs Prozent der Stimmen auf sich vereinigen können.[286]

Beispiele sind die Kommunistische Partei Österreichs und das Liberale Forum, die in der Vergangenheit bereits im österreichischen Parlament vertreten waren.

---

[279] Berchtold, Klaus, Österreichische Parteiprogramme 1868–1966, 1967, S. 69ff.
[280] Liegl, Barbara, Kleinparteien, 2006, S. 407.
[281] Luther, Kurt Richard, Die Freiheitliche Partei Österreichs (FPÖ) und das Bündnis Zukunft Österreich (BZÖ), 2006, S. 364.
[282] Neisser, Heinrich/Loibelsberger, Gerhard/Strobl, Helmut, Unsere Republik auf einen Blick, 2005, S. 128.
[283] Dachs, Herbert, Grünalternative Parteien, 2006, S. 390ff.
[284] Neisser, Heinrich/Loibelsberger, Gerhard/Strobl, Helmut, Unsere Republik auf einen Blick, 2005, S. 129.
[285] Luther, Kurt Richard, Die Freiheitliche Partei Österreichs (FPÖ) und das Bündnis Zukunft Österreich (BZÖ), 2006, S. 364.
[286] Liegl, Barbara, Kleinparteien, 2006, S. 402.

Die Kommunistische Partei Österreichs (KPÖ) wurde 1918 von Linksoppositionellen der Sozialdemokratischen Arbeiterpartei Österreichs gegründet, blieb aber in weiterer Folge in der 1. Republik erfolglos.[287] Im Mai 1933 wurde die Partei verboten.[288] Nach dem Wiedererstehen Österreichs 1945 war die KPÖ eine der drei zugelassenen Parteien.[289] 1945 übernahm sie kurz Verantwortung in der Konzentrationsregierung und war danach etwa 15 Jahre im Nationalrat vertreten.

Das Liberale Forum (LIF) wurde 1993 nach der Gründung eines parlamentarischen Klubs durch die Abspaltung von fünf Abgeordneten von der Freiheitlichen Partei gegründet. Die Partei schaffte sowohl 1994 als auch bei den vorgezogenen Wahlen von 1995 den Einzug in den Nationalrat. 1999 scheiterte das LIF allerdings an der 4%-Marke und seither ist es nicht mehr als Partei im Parlament vertreten.[290]

3.7 Entwicklung der Parteien seit 1945

Die folgende Grafik zeigt die Entwicklung der Wahlergebnisse der zu Nationalratswahlen angetretenen Parteien und sonstiger wahlwerbender Gruppierungen seit 1945. Die derzeit im Parlament vertretenen Parteien sind durch eine dickere Linie hervorgehoben.

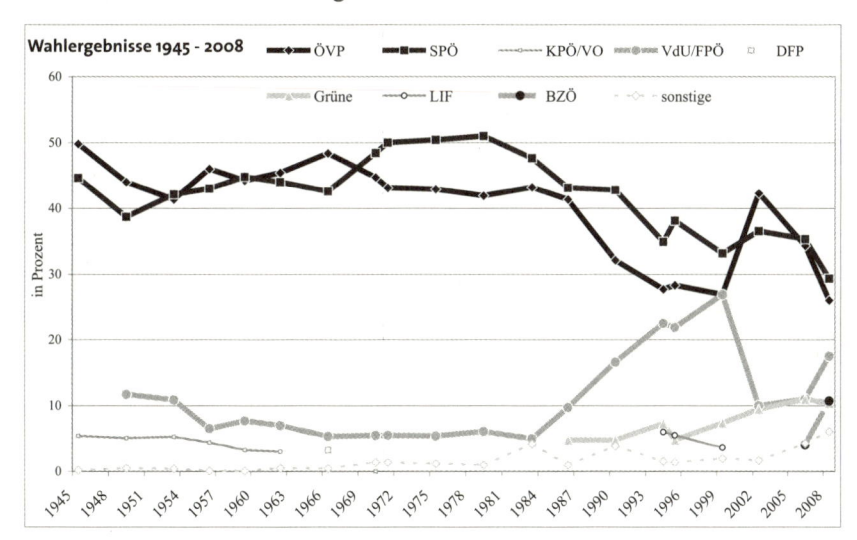

Abb. 1 Wahlergebnisse der Nationalratswahlen seit 1945

Quelle: BMI, Nationalratswahlen seit 1945, 2010.

---

[287] Ebenda, S. 403.
[288] Berchtold, Klaus, Österreichische Parteiprogramme 1868–1966, 1967, S.102.
[289] Liegl, Barbara, Kleinparteien, 2006, S. 403.
[290] Ebenda, S. 407ff.

Bislang gelang es nur der SPÖ (bei den Wahlen 1971, 1975 und 1979) die 50%-Marke zu erreichen. Im Zeitraum von 1945 bis 1986 lagen sowohl die ÖVP als auch die SPÖ bei einem Stimmenanteil von über 40%. In diesem Zeitraum hatte die FPÖ zumeist einen Anteil von knapp über 5%. Seit dem erstmaligen Einzug einer „Grünen Partei" 1986 (und ihrem Aufstieg zu einer Partei mit einem zuletzt konstanten Anteil von ca. 10%) und dem starken Anstieg der FPÖ (unterbrochen bei den Wahlen 2002 und 2006), veränderten sich die Kräfteverhältnisse im Parlament nachhaltig. Mittlerweile liegen sowohl SPÖ als auch ÖVP (letztere deutlich) unter 30%. Bei den Wahlen 2008 erreichte das BZÖ (eine Abspaltung der FPÖ) einen Anteil von etwa 10%.

4 Entwicklung kultureller Themen in der Parteipolitik

Als ehemaliger Unterrichts- und Kulturminister und späterer Bundeskanzler ging *Sinowatz* davon aus, dass die Bedeutung der Kulturpolitik in seiner Partei nicht immer erkannt wurde. Gründe sah er darin, dass es, solange wesentliche soziale Fragen nicht weitgehend bewältigt sind, weder parteiintern noch in der Gesellschaft eine intensive Beschäftigung und Diskussion mit dem Thema Kultur geben kann. Er kritisierte weiters, dass auf dem Gebiet der Kulturpolitik häufig brillant über Kultur gesprochen wird, wodurch sich die Beteiligten bereits damit zufrieden geben und sich in weiterer Folge gar keine politischen Konsequenzen erwarten.[291]

Diese Kritik dieses ehemaligen Kulturpolitikers veranschaulicht nicht nur die Sichtweise innerhalb einer Partei, sondern lässt sich auf nahezu alle anderen im Parlament vertretenen Parteien erweitern und bis heute aufrecht halten.

4.1 Funktionen und Arten von Parteiprogrammen

Parteiprogramme erfüllen interne und externe Funktionen. Als **interne Funktionen** von Parteiprogrammen sollen etwa unterschiedliche innerparteiliche Positionen durch einen gemeinsamen Nenner geeint werden. Gleichzeitig sollen sie die Basis (Parteifunktionäre) motivieren, an die Partei binden und die Autorität der Parteispitze stärken.[292]

Als **Externe Funktionen** dienen Parteiprogramme als Grundlage, um im wechselnden Konkurrenzkampf mit anderen Parteien gegenüber neuen Aspekten und Argumenten gerüstet zu sein. Dabei sollen sie der eigenen Partei ein klares Profil und ein möglichst positives Erscheinungsbild geben. Weiters sollen sie der Partei neue Anhänger zuführen und diese langfristig an die Partei binden. Darüber hinaus sollen sie der eigenen Partei ein Instrument geben, um dem politischen Mitbewerb die Sympathie bei den Wählerinnen und Wählern zu entziehen und diese für die eigene Partei zu begeistern.

Die Beobachtung der Entwicklungen und Veränderungen, denen die Parteiprogramme der Parteien im Laufe der Zeit unterliegen, ermöglichen es, Rückschlüsse in Bezug auf die Glaubwürdigkeit der jeweiligen Aussagen, Hauptforderungen der Parteien, deren Grundwertebekenntnis und getroffene Zielsetzungen zu ziehen. Darüber hinaus gibt eine historische Betrachtung Aufschluss über die Veränderungen und etwaige Brüche in der jeweiligen Programmatik.

Zusätzlich zu den bislang genannten Rückschlüssen lassen sich auch Erkenntnisse über den Grad von Übereinstimmungen, Ähnlichkeiten, Verschiedenartigkeiten und Zielsetzungen der Parteiprogramme zwischen den einzelnen Parteien ziehen.[293]

---

[291] Sinowatz, Fred, Kulturpolitik für alle, 1996, S. 106.
[292] Kadan, Albert/Pelinka, Anton, Die Grundsatzprogramme der österreichischen Parteien, 1979, S. 8ff.
[293] Kadan, Albert, Vergleichende Darstellung der Grundsatzprogramme, 1979, S. 30.

Parteien in demokratischen Ländern stehen vor der Notwendigkeit, ihren Mitgliedern und Wählerinnen und Wählern zu vermitteln, welche Poltik sie zu betreiben gedenken und wofür sie stehen. Aus diesem Grunde gibt es die verschiedensten Parteiprogramme. Dennoch gibt es mehrere Charakteristika, die allen gemein sind.

Sie sind ein Angebot der jeweiligen Partei an eine bestimmte Zielgruppe, ein Versprechen, für eine gewisse Politik einzustehen und diese zu verfolgen. Gleichzeitig haben sie für diese Zielgruppen die Funktion eines Kontrollinstruments und Maßstabs, die Parteien auch nach den Wahlen auf ihre Glaubwürdigkeit hin zu überprüfen. Grundsätzlich werden zwei Arten von Programmen unterschieden:

Grundsatzprogramme formulieren den Wertekodex der Partei sowie deren Gesellschaftsverständnis.

Davon zu unterscheiden sind **Aktionsprogramme**, die konkrete Aussagen über das politische Handeln geben. Aktionsprogramme sind sozusagen Ausführungsformulierungen von Grundsatzprogrammen. Sie sind eher für einen kürzeren Zeitraum gedacht und lassen sich wie folgt unterteilen:

1. **Wahlprogramme** geben Aufschluss darüber, was eine Partei nach einem Wahlsieg zu tun gedenkt.
2. **Regierungsprogramme** hingegegen enthalten Aussagen, was eine Partei bzw. Parteien in einer Koalition in der Regierungsfunktion umsetzen möchte.
3. **Spezialprogramme** sind detaillierter und behandeln politische Teilbereiche.[294]

Die genannten Programmformen lassen sich weiter in Bezug auf Konkretheit der politischen Ziele, den Grad der Handlungsorientierung, ihre Verbindlichkeit, den gegebenen Zeithorizont und die Anzahl der behandelten Politikfelder differenzieren.[295] All diese Kriterien haben nicht nur Informationscharakter für ihre Adressaten (internen für Parteifunktionäre bzw. externen für Wählerinnen und Wähler), sondern stellen wichtige Parameter für vergleichende Forschungen und Analysen dar.

Ein Vergleich von Parteiprogrammen ist mit Schwierigkeiten in mehrfacher Hinsicht verbunden. Zunächst stellt sich die Frage nach der zu wählenden Methode. Darüber hinaus besteht die Gefahr, in der Analyse Vorbehalte und Parteilichkeiten ersichtlich zu machen, dies würde den wissenschaftlichen Ansprüchen jedoch widersprechen.[296] Aus diesen Gründen wurde in diesem Buch die **Analyse der Häufung von Schlüsselworten** durchgeführt (siehe Kapitel 4.4.1 bis 4.4.5). Durch die jeweilige Häufung bzw. das Fehlen von bestimmten Begriffen ist ersichtlich und objektiv messbar, ob diese für die jeweilige Partei von Bedeutung sind oder nicht. Der Übersichtlichkeit halber sind die Ergebnisse jeweils grafisch dargestellt.

---

[294] Pelinka, Anton, Analyse, 1979, S. 7ff.
[295] Marcelo, Jenny, Programme: Parteien im politischen Wettbewerbsraum, 2006, S. 305.
[296] Kadan, Albert, Vergleichende Darstellung der Grundsatzprogramme, 1979, S. 30ff.

4.2 Kulturpolitische Themen um 1900

Für *Magris* war die Zeit um 1900 in Österreich von einem übernationalen kulturellen Kosmopolitentum geprägt. Er bezeichnet diese auf der habsburgischen Idee basierenden Ausdrucksform des Übernationalen als einen Versuch der Kultur, sich vor dem Ausbruch des Nationalismus zu retten. Er betont dabei, dass diese kosmopolitische Einstellung nicht von politischen, sondern ausschließlich von kulturellen Kräften getragen wird und mit Ausbruch des Weltkrieges in sich zusammenbricht.[297]

Im „Wiener Programm" der Sozialdemokratischen Arbeiterpartei aus dem Jahr 1901 sind noch keine direkten Anhaltspunkte einer Kunst- bzw. Kulturpolitik enthalten. Jedoch gibt es Forderungen nach *Abschaffung aller Gesetze, die das Recht auf freie Meinungsäußerung einschränken; insbesondere Erfüllung voller Pressefreiheit durch Aufhebung des objektiven Verfahrens und der Einschränkung der Kolportage von Druckschriften; Aufhebung aller Gesetze, die das Vereins- und Versammlungsrecht einschränken.*[298]

Johnston vertritt die Auffassung, dass es im Habsburgerreich der Donaumonarchie bis 1918 keine Kulturpolitik im heutigen Sinn gab. Seiner Ansicht nach entstand jede Idee, jedes Kunstwerk, jedes Stück Kultur abgetrennt von der Politik. Er bezieht sich dabei auch auf Aussagen von Robert Musil, der im Jahr 1913 den Mangel an Beziehungen zwischen der Politik und der Kultur beklagte.[299]

Zu einer völlig anderen Einschätzung der damaligen Situation kommt *Van Heerde*, der von einer überlegten Kunst- und Kulturpolitik in der damaligen Zeit berichtet, die auch gezielt politisch eingesetzt wurde. Als Beispiel aktiver Kulturpolitik nennt er den Kaiser-Huldigungs-Festzug von 1908, bei dem jede im Habsburgerreich ansässige Nationalität in ihrer traditionellen Tracht vertreten war sowie durch 20 Statuen vor der Neuen Burg in Wien dargestellt wurde. Dadurch sollte dem In- und Ausland die Vielfalt, die das Habsburgerreich zu bieten hatte, gezeigt werden.[300]

Die Kunstförderung im heutigen Sinn dürfte ab 1825 mit der Bewilligung von Kaiser Franz I. eine eigene Summe zum Erwerb von Kunstwerken auszugeben, begründet worden sein.[301] Unter Kaiser Franz Josef war Kunstförderung einerseits seinem Repräsentationsdenken unterworfen[302] und andererseits wurde sie als öffentliches Bildungsmittel eingesetzt.[303]

Der Nutzen von Kultur als Wirtschaftsfaktor wurde von den Habsburgern bereits im 18. Jahrhundert erkannt. Die Vorläuferinstitution der Akademie der bildenden Künste hatte das Ziel, Österreich von der Produktion des Auslandes unabhängig machen zu können.[304] Ein Beispiel dafür nach 1900 ist die Wiener

---

[297] Magris, Claudio, Der habsburgische Mythos in der modernen österreichischen Literatur, 2000, S. 212.
[298] Konecny, Albrecht K., Modelle für die Zukunft, 1993, S. 33ff.
[299] Johnston, William, Überlegungen zur Identitätsdebatte in Österreich, 2010, S. 333.
[300] Van Heerde, Jeroen Bastiaan, Staat und Kunst, 1993, S. 16.
[301] Wagner, Walter, Zur Kunstförderung in Österreich, 1982, S. 340.
[302] Springer, Elisabeth, Geschichte und Kulturleben der Wiener Ringstraße, 1979, S. 3.
[303] Fliedl, Gottfried, Überlegungen zur Geschichte der Kunstförderung in Österreich, 1979, S. 44.
[304] Wagner, Walter, Die Geschichte der Akademie der bildenden Künste in Wien, 1967, S. 32ff.

Musikfestwoche 1912 (eine Vorläuferin der heutigen Wiener Festwochen). Das vorrangige Ziel der Veranstalter war, *dass Wien endlich den ihr gebührenden Platz unter den Zentren des großen Reiseverkehrs dadurch einnehmen* möge.[305]

Für *Blaukopf* stellt sich die kulturelle Situation der Jahrhundertwende wie folgt dar: *In der bildenden Kunst und in der Literatur machte sich in der Zeit um die Jahrhundertwende das Bestreben geltend, österreichische Eigenständigkeit zu finden und zu manifestieren. Die Vereinigung der bildenden Künstler Österreichs verkündete das Ziel „Österreich als selbständigen künstlerischen Faktor erscheinen zu lassen".* Im Bereich der Musik war ein solches Bestreben nach eigener Identität erst gar nicht notwendig, sondern wurde als selbstverständlich gegeben erachtet.[306] Im Zeitraum 1910 bis 1914 kommt es seiner Einschätzung nach zu Brüchen im System. Diese gipfeln 1918 in der Niederlage im 1. Weltkrieg, dem Zusammenbruch Österreichs als Kaiserreich und der Reduktion auf ein kleines Land mit neuer Regierungsform. *Wagner* beschreibt den damaligen Zustand als sichtbaren Stillstand kulturellen Handelns.[307]

Khol sieht im Rückblick den Untergang der Monarchie auch darin begründet, dass es nicht gelungen ist, in einem multikulturellen Staat mit 23 Nationen und 21 Sprachen eine Kulturnation zu entwickeln.[308] Anzumerken ist, dass es in der Monarchie keine österreichische Nationalität gab.[309]

4.3 Kulturpolitische Themen in der 1. Republik

4.3.1 Kulturpolitische Positionierung Österreichs nach 1918

Bereits in der 1. Republik versuchte man, Österreich in der öffentlichen Wahrnehmung als **Kulturnation** darzustellen. Bezeichnend für diese Sichtweise ist die Rede über Österreich von Wildgans: *(...) Jetzt aber, da wir, wieder einmal von vorne beginnend, eine Erbschaft an Kultur übernommen haben, wie sie bedeutsamer nicht sein kann, jetzt aber, da wir im Begriffe sind, dieses kostbare Inventar in unser neues, wenn auch kleineres Haus einzubauen und es zu verwalten, nicht als engherzige Eigentümer, sondern gleichsam als Treuhänder der gesamten kultivierten Menschheit, in diesem wichtigen und hoffnungsvollen Augenblick ist es an der Zeit, der Unart falscher Bescheidenheit und allzu unbedenklicher Selbstpreisgabe zu entsagen und in uns allmählich ein anderes heranzubilden, nämlich das historische Bewusstsein und den Stolz des Österreichers!*[310]

Insbesondere in der Öffentlichkeit wurden **Österreich und Wien** von politischer Seite als **Musikland** bzw. als **Musikstadt** dargestellt. Durch den Hinweis auf eine ruhmreiche musikalische Vergangenheit wollte man einerseits

---

[305] Nußbaumer, Martina, Musikstadt Wien, 2007, S. 285.
[306] Blaukopf, Kurt, Musik und Musik-Theater, 1984, S. 211.
[307] Wagner, Manfred, Kultur und Politik – Politik und Kunst, 1991, S. 42.
[308] Khol, Andreas, Vom Staat, den niemand wollte, zur österreichischen Nation als Teil der europäischen Friedensordnung, 1998, S. 119.
[309] Pelinka, Anton, Nation und nationale Identität in Österreich, 2008, S. 6.
[310] Wildgans, Anton, Rede über Österreich, 1935, S. 21ff.

die kulturelle Legitimation und andererseits die touristische Positionierung der jungen Republik bekräftigen.[311]

Auch in den Bundesländern gab es wichtige kulturelle Entwicklungen. 1920 wurden die **Salzburger Festspiele** von Hugo von Hofmannsthal und Max Reinhardt gegründet. Karl Kraus äußerte massive Kritik an den damaligen Festspielen und warf den Initiatoren nicht nur ihren Geschäftssinn vor, sondern beklagte auch das mangelnde Taktgefühl in dieser Zeit. So mahnte er, man könne nicht auf den Leichenfeldern des 1. Weltkriegs Festspiele veranstalten. Festspiele wären seiner Ansicht nach für die Nachkriegszeit völlig unangemessen.[312]

Erwähnenswert ist die **Einführung des Schauspielergesetzes** (Bundesgesetz 1922 über den Bühnendienstvertrag), das bis heute noch im Wesentlichen unverändert in Geltung ist.[313] Bis 2011 soll dieses Gesetz novelliert werden, da es einerseits nicht mehr den bühnenrechtlichen und schauspielerischen Erfordernissen und andererseits in einigen Bereichen nicht mehr den Vorgaben der EU entspricht.[314]

Welche Bedeutung die großen Bühnen der ehemaligen Monarchie in Wien für die junge Republik hatten, zeigt sich daran, dass der Staatsnotar als Exekutor der Monarchie noch im November 1918, also im Monat des Untergangs der Donaumonarchie, verkündete, dass die **Staatstheater** (Burgtheater und Staatsoper) in vollem Umfang von der Republik (damals noch Deutsch-Österreich) weitergeführt werden.[315] Gesetzlich fixiert wurde die Übernahme durch das Gesetz betreffend die Landverweisung und die Übernahme des Vermögens des Hauses Habsburg-Lothringen im Frühjahr 1919.[316]

Die Finanzierung erfolgte nun nicht mehr durch einen Staat von mehr als 50 Mio., sondern von einem Kleinstaat mit etwa sieben Mio. Einwohnern und den damit verbundenen finanziellen Problemen.[317] So gab es 1931 äußerst kontrovers geführte Debatten über eine drohende Schließung des Burgtheaters. Gelöst wurde diese Krise mit der Absetzung des Burgtheaterdirektors und der Besetzung eines Nachfolgers, dem der Ruf eines „Theatersanierers" vorauseilte.[318]

Die Kulturstätten der untergegangenen Monarchie wurden auch im Parteiprogramm der Wiener Christlichsozialen aus dem Jahr 1919 thematisiert. Dort ist zu lesen: *Die Kunststätten Wiens sollen getreu den großen künstlerischen Überlieferungen unserer Stadt erhalten und gepflegt werden.*[319] Grundtenor der christlichsozialen Kulturbestrebungen gleich nach dem 1. Weltkrieg war, den alten Glanz der Donaumonarchie und deren Ideale zu erhalten und weiter zu vertreten. Demgegenüber standen die Positionen der Sozialdemokratie, die in ihrer Ausrichtung zukunftsorientiert war und im Kernbereich darauf abzielte, die Bildungspolitik zu forcieren und ein dichtes Netz an Kulturorganisationen zu etablieren.

---

[311] Nußbaumer, Martina, Musikstadt Wien, 2007, S. 11.
[312] Janke, Pia, Hugo von Hofmannsthals Konzept der Salzburger Festspiele, 1999, S. 489.
[313] Kock, Sabine, Prekäre Freiheiten, 2009, S. 11ff.
[314] Nationalrat, XXIV. GP, Ministerialentwurf 182/ME, 19.07.2010, S. 1ff.
[315] Rathkolb, Oliver, Aktion Ottokar, 2005, S. 5.
[316] Gundacker, Harald, Nicht um die Burg, 1992, S. 20.
[317] Rathkolb, Oliver, Aktion Ottokar, 2005, S. 5.
[318] Hüttner, Johann, Die Staatstheater in den dreißiger Jahren, 1997, S. 63ff.
[319] Berchtold, Klaus, Österreichische Parteiprogramme 1868–1966, 1967, S. 366.

Beispielsweise wurde 1919 die **Sozialdemokratische Kunststelle** gegründet, die Veranstaltungen durchführte und verbilligte Konzert- und Theaterkarten an Werktätige vermittelte.

Nach 1933 blieb die Kulturpolitik der christlichsozialen Partei in wesentlichen Zügen unverändert, währenddessen durch die Auflösung der sozialdemokratischen Partei auch deren kulturpolitische Aktivitäten ihre Wirkung verloren. Der Ständestaat (1934–1938) war durch eine „rückwärtsgewandte" Geisteshaltung gekennzeichnet, die gleichzeitig von einer Nichtförderung und Ausgrenzung der Moderne geprägt war.[320]

4.3.2 Beispiele aus politischen Programmen in der 1. Republik

Bei einer Analyse der Parteiprogramme auf relevante Bestimmungen zu den Bereichen Kultur und Kulturpolitik der in der Zwischenkriegszeit im österreichischen Parlament vertretenen Parteien kam *Weinzierl* zu folgenden Ergebnissen: Am ausführlichsten widmete sich die Großdeutsche Volkspartei in ihrem Salzburger Programm 1920 dem Thema Kulturpolitik. Dabei stellte sie Kultur gegen Zivilisation und trat für eine Verbreitung und Vertiefung der Kulturgemeinschaft ein (Hebung der Bildung, Volksbüchereien, Volkskonzerte[321]). Gleichzeitig vertrat sie Positionen gegen eine „jüdische Geisteshaltung" in Wissenschaft und Schulbildung.[322]

Im sozialdemokratischen Linzer Programm 1926, das in seiner Wortwahl zum Teil äußerst kämpferisch gehalten war – *Weinzierl* bezeichnet eine Passage daraus sogar als „Kriegserklärung" gegenüber der Demokratie – gibt es nur eine Passage mit kulturpolitischem Inhalt. Diese beschäftigt sich vorwiegend mit der Förderung der Erziehungsorganisationen.[323] *(...) Sie unterstützt alle Anstrengungen, sich die Errungenschaften vorgeschrittenster Schichten der Arbeiterklasse, sich die Errungenschaften der Wissenschaft und der Kunst anzueignen und sie mit den sich allmählich aus den Lebensbedingungen der Arbeiterklasse selbst zu entwickelnden, vom Geiste ihres Befreiungskampfes erfüllten Kulturelementen der werdenden proletarisch-sozialistischen Kultur zu verschmelzen.*[324]

Das christlichsoziale Gegenprogramm, ebenfalls aus dem Jahr 1926, weist keinen kulturpolitischen Teil auf.

In den „allgemein politischen Grundsätzen" des Heimatblocks wird ausführlich zu kulturpolitischen Grundsätzen Position bezogen. Allerdings wird dort Kulturpolitik ausschließlich auf das Verhältnis zwischen Religion und Staat reduziert. Nach der Ausschaltung des Parlaments 1933 ging Dollfuß in einer Rede zum Thema Kultur wie folgt ein: *Wir glauben, dass wir ehrliche deutsche Kultur in diesem christlichen Teil zu erhalten und zu hüten und in österreichischer Form die christlich-deutsche Kultur in diesem Land zu gestalten*

---

[320] Fröhlich, Susanne, Kulturpolitik 1888/89 – 1939 und ihre Auswirkungen auf Inszenierungen im Wiener Burg- und Volkstheater, 1994, S. 29ff.
[321] Berchtold, Klaus, Österreichische Parteiprogramme 1868 – 1966, 1967, S. 452.
[322] Weinzierl, Erika, Österreichische Kulturpolitik in den dreißiger Jahren, 1997, S. 14ff.
[323] Ebenda, S. 14ff.
[324] Kadan, Albert/Pelinka, Anton, Die Grundsatzprogramme der österreichischen Parteien, 1979, S. 88.

haben. Durch den Bürgerkrieg 1934 und der Errichtung des autoritären Ständestaates kam es in Österreich in allen Bereichen von Kunst und Kultur zu einer Zäsur.[325]

Wie sehr Österreich als nunmehriger Kleinstaat damals seine Legitimation und Identität im Verweis auf seine kulturelle Stellung suchte, machen Äußerungen des ehemaligen Kulturministers und späteren Bundeskanzlers Schuschnigg aus dem Jahr 1936 deutlich: *Wenn in Europa von Kultur gesprochen wird, tritt alles vor das geistige Auge, was die Besten der Menschheit wertgehalten haben, der Arbeit und Mühe, des Ringens und Kämpfens, der Opfer und selbst des Lebens; das bedarf keiner Erklärung in einem Lande, das in der Weite und Universalität seiner Kultur von keinem anderen Lande übertroffen wird (...).*[326]

Auch *Hanisch* kommt bei einer Analyse der politischen Lager in Österreich in dieser Ära auf das Thema der außergewöhnlichen Wortwahl zu sprechen: *Die militarisierte Sprache leuchtet ein politisches Modell aus, das mehr dem Schlachtfeld und dem Feindbild als dem ökonomischen Modell des Marktplatzes und der friedvollen Konkurrenz verpflichtet war.* Er führt dies auf ein „Lagerparadigma" zurück (konservativ/christlichsozial, sozialistisch/kommunistisch, liberal/deutsch-national), das für ihn bis in die 1970er-Jahre Bestand hatte und für die Sachlage große Erklärungskraft ausstrahlt.[327]

Zusammenfassend kann gesagt werden, dass großzügige Kulturpolitik in jener Zeit einen geringen Stellenwert hatte. Dies geht klar aus den Aussagen der Parteiprogramme der damals im österreichischen Parlament vertretenen Parteien hervor. Am deutlichsten manifestierte sich die Kulturpolitik in der Arbeit von Künstlervereinen und einzelnen Organisationen, die auf der einen Seite die Interessen ihrer Mitglieder vertraten und auf der anderen Seite ideologisch-politische Gemeinschaften darstellten.[328]

4.4 Kulturpolitische Themen in der 2. Republik

Wagner kommt bei einer Analyse verschiedener Parteiprogramme zum Ergebnis, dass die Kulturbegriffe in den österreichischen Parteiprogrammen alle Arten von Vermischungen und Verwischungen mit beliebigen Positiv- und Negativattributen aufweisen.[329]

In den nachfolgenden Abschnitten werden die kulturpolitisch relevanten Programme seit 1945 in Auszügen dargestellt. Ihre Reihenfolge geschieht entsprechend der Ergebnisse der Nationalratswahl 2008 (SPÖ 29,3%, ÖVP 26,0%, FPÖ 17,5%, BZÖ 10,7%, Grüne 10,4%).[330]

---

[325] Weinzierl, Erika, Österreichische Kulturpolitik in den dreißiger Jahren, 1997, S. 14ff.
[326] Duchkowitsch, Wolfgang, Kult um „Kultur"?, 1997, S. 308.
[327] Hanisch, Ernst, Österreichische Geschichte 1890 – 1990, 2005, S. 117.
[328] Weinzierl, Erika, Österreichische Kulturpolitik in den dreißiger Jahren, 1997, S. 15ff.
[329] Wagner, Manfred, Zur Unseligkeit der Begriffsvermischung/-verwischung von Kunst und Kultur, 2004, S. 158.
[330] BMI, Nationalratswahl 2008 Endergebnis, http://wahl08.bmi.gv.at, 21.06.2010.

4.4.1 Beispiele politischer Programme der SPÖ

Parteiprogramme im engeren Sinn des Wortes stammen aus den Jahren 1888/89, 1901, 1926, 1958, 1978 und 1998. Daraus lässt sich ableiten, dass die Programme über lange Zeit gültig sind.[331]

Das **Aktionsprogramm** der SPÖ aus dem Jahr **1947** enthält zur Thematik Kulturpolitik ein Bekenntnis *zur Förderung der Sport-, Bildungs- und Kulturorganisationen als Ausgleich gegen die schädliche Wirkung der Arbeitsmechanisierung* sowie zur Auslese der Lehrer an Hochschulen und Kunstinstitutionen. Abschließend gibt es die Zielformulierung zur *staatlichen und kommunalen Förderung der privaten Bestrebungen zur Pflege von Wissenschaft und Kunst.*[332]

In ihrem **Zehn-Punkte-Programm** setzt sich die SPÖ **1952** einerseits für die *Würdigung der volkswirtschaftlichen und kulturellen Bedeutung der geistigen Arbeit und Verbesserung ihrer Lebensbedingungen* ein. Andererseits forderte sie die Einführung von Luxussteuern, zur Förderung von Kunst, Wissenschaft, Volksbildung und körperlicher Ertüchtigung.[333]

Das **Kommunalprogramm** der SPÖ **1953** enthält bezüglich der Gemeinden einen ausführlichen Teil mit dem Titel: *Gewissenhafte Pflege der kulturellen Interessen.* Unter anderem werden folgende Themen genannt: Förderung der Volksbildung, Wissenschaft und Kunst. Errichtung von Volksbüchereien und Musikschulen sowie von Einrichtungen der bildenden und darstellenden Kunst. Bekenntnis des Eintretens, dass jede Gemeinde alljährlich die notwendigen finanziellen Leistungen für kulturelle Zwecke bereitstellt.[334]

Im „**Neuen Parteiprogramm**" der SPÖ von **1958**, das umfangreich ausfällt, findet sich unter Punkt 4 ein eigener Bereich für Kultur. Darin setzt sich die SPÖ *den kulturellen Aufstieg des gesamten Volkes zum Ziel.* Sie ruft *Bund, Länder und Gemeinden dazu auf, insbesondere durch Widmung eines bestimmten Anteils ihres jährlichen Aufwands zur Kunstförderung beizutragen.* Dabei sollen auf allen Gebieten der Kunst Monopole vermieden werden. Darüber hinaus gibt es ein Bekenntnis *für die volle Freiheit des künstlerischen Schaffens als unerlässliche Voraussetzung kultureller Blüte.*[335] *Die Künstler sollen dabei alle materiellen und ideellen Voraussetzungen zum freien künstlerischen Schaffen für das ganze Volk erhalten. Ein lebendiges Verhältnis von Kunst und Volk verlangt aber in steigendem Maß Finanzierung und Subventionierung wertvoller künstlerischer Arbeit. (...) Die Förderung soll nicht nur dem anerkannten Künstler, sondern auch dem noch um Geltung Ringenden zuteil werden.*[336]

Für eine umfassende Kulturpolitik trat die SPÖ im **1978** beschlossenen **Parteiprogramm** ein. Darin wird ein weiter Kulturbegriff formuliert: *Kultur umfasst alle schöpferischen Äußerungen des Menschen, vom Alltagsverhalten bis zu den Spitzenleistungen in Wissenschaft und Kunst.* Die Sozialdemokratie sieht sich selbst als eine Kulturbewegung, die durch den Aufbau einer sozialen,

---

[331] Ucakar, Karl, Sozialdemokratische Partei Österreichs, 2006, S. 333.
[332] Berchtold, Klaus, Österreichische Parteiprogramme 1868 – 1966, 1967, S. 388ff.
[333] Kriechbaumer, Robert, Parteiprogramme im Widerstreit der Interessen, 1990, S. 849.
[334] Berchtold, Klaus, Österreichische Parteiprogramme 1868 – 1966, 1967, S. 284ff.
[335] Ebenda, S. 304ff.
[336] Konecny, Albrecht K., Modelle für die Zukunft, 1993, S. 121.

gerechten Gesellschaftsordnung die Entfremdung des Menschen in allen Lebensbereichen überwinden und seine Entfaltung fördern will.[337]

Im Programm wird angestrebt, dass alle Menschen ihren Neigungen und Fähigkeiten entsprechend voll daran teilnehmen können, die Möglichkeit der Selbstverwirklichung der Menschen in allen Lebensphasen. Dies sollte schlussendlich zur Einsicht in die gesellschaftlichen Zusammenhänge, zur Mitgestaltung und Verantwortung gegenüber der Gemeinschaft und zu höherwertigen Formen des Zusammenlebens führen.[338]

Im „Programm für Österreich" aus dem Jahr **1996** bekennt sich die SPÖ zu einer besonderen Förderung und Beachtung der kulturellen Außenpolitik. Unter Punkt 47 *Freiheit der Kunst – Freiheit der Meinung* gibt es einen umfangreichen Katalog zur Förderung von zahlreichen namentlich aufgelisteten Kunstbereichen und Kulturinstitutionen. Des Weiteren gibt es Forderungen zur Verlängerung der Öffnungszeiten für die Bundesmuseen, die Einführung einer Rechnungshofkontrolle für den Filmfonds sowie einheitliche Maßnahmen gegen unerwünschte Ausfuhr österreichischer Kunstschätze.[339]

Grundsatzprogramm der SPÖ von 1998

Das derzeit gültige Parteiprogramm, ein Grundsatzprogramm, stammt aus dem Jahr 1998. Dort stehen unter *III.10 Identität und kritische Öffentlichkeit – Kunst und Medien* unter anderem folgende sozialdemokratische Positionen geschrieben:

(...) Wir verstehen unter Kultur nicht bloß den engeren Bereich der Kunst, sondern die gesamte Vielfalt an Ausdrucksformen des menschlichen Zusammenlebens und der Auseinandersetzung der Menschen mit ihren Lebensbedingungen.

Ziel sozialdemokratischer Kulturpolitik ist es, allen Menschen zu ermöglichen, ihr schöpferisches Potential zu entwickeln und zur Geltung zu bringen, um im Rahmen einer toleranten und solidarischen Gesellschaft die eigenen Lebensbedingungen mitzugestalten. Sozialdemokratische Kulturpolitik sorgt dafür und schafft die erforderlichen Freiräume, dass Tendenzen gesellschaftlicher Entwicklungen erkannt, gezeigt, benannt und öffentlich diskutiert werden. Sie fördert und unterstützt daher nicht nur Kunst, sondern sämtliche kreativen Milieus. In diesem Sinne sind daher unter anderem auch Bildung, Wissenschaft und Medien Felder der Kulturpolitik, da auch sie wesentlich zum Selbstverständnis einer Gesellschaft und dessen kritischer Reflexion sowie zur Alltagskultur beitragen.

(...) Wir bekennen uns zum Grundsatz der Freiheit der Kunst und zu künstlerischer Vielfalt. Kunstpolitik hat sich nicht in künstlerisches Schaffen einzumischen, sie soll vielmehr Rahmenbedingungen und Möglichkeiten schaffen, damit sich die Künste frei entfalten können.

(...) Die Pflege der künstlerischen Tradition Österreichs darf sich nicht auf die Vermarktung großer künstlerischer Leistungen der Vergangenheit beschränken.

---

[337] Ebenda, S. 163.
[338] SPÖ-Zentralsekretariat, Das neue Programm der SPÖ, 1978, S. 70.
[339] Berchtold, Klaus, Österreichische Parteiprogramme 1868 – 1966, 1967, S. 311ff.

(...) Wir wollen eine künstlerische Landschaft, in der das Experimentelle neben dem bereits Akzeptierten Platz findet. Dies gilt auch für die Darstellung österreichischer Kunst im Ausland.

(...) Sozialdemokratische Kulturpolitik arbeitet für einen breitestmöglichen Zugang zur Vielfalt des künstlerischen Lebens. Sie setzt sich für den Abbau von Barrieren ein, die sich z.B. durch Preisgestaltung, regionale Gegebenheiten oder Bildungsdefizite ergeben können. Kulturelle Vielfalt muss über Ballungsräume und eine kaufkräftige Bildungselite hinausreichen.

(...) Der Kunstvermittlung kommt ein besonderer Stellenwert zu, um ein reiches kulturelles Leben zu schaffen.[340]

Anmerkungen zum Grundsatzprogramm der SPÖ

Das derzeit gültige Parteiprogramm der SPÖ ist rund zwölf Jahre alt und hat einen Umfang von 31 Seiten, unterteilt in vier Bereiche und insgesamt zwölf Unterkapitel. Der Themenbereich Kultur wird hauptsächlich im Unterkapitel 10 mit dem Titel „Identität und kritische Öffentlichkeit" – Kunst und Medien behandelt. Zehn Absätze (etwa eine Seite) davon beschäftigen sich mit Kultur, fünf Absätze mit Medien.

Die Analyse der kulturpolitischen Schlüsselwörter ergab folgendes Ergebnis:

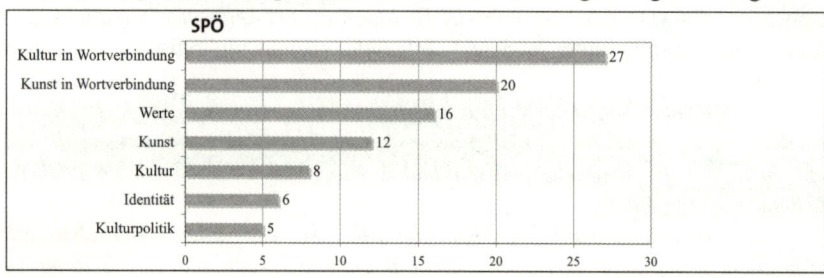

SPÖ

Schlüsselwort	Anzahl
Kultur in Wortverbindung	27
Kunst in Wortverbindung	20
Werte	16
Kunst	12
Kultur	8
Identität	6
Kulturpolitik	5

Abb. 2 Analyse kulturpolitischer Schlüsselwörter im Grundsatzprogramm der SPÖ
Quelle: Eigene Analyse und Darstellung.

4.4.2 Beispiele politischer Programme der ÖVP

Als **erstes Parteiprogramm** nach dem Krieg wurde jenes der ÖVP **Mitte Juni 1945** verabschiedet. Darin steht unter *II: In kulturpolitischer Hinsicht* ein Bekenntnis für *Freiheit der Wissenschaft, der Presse, des Literatur- und Kunstschaffens sowie der Vereins- und Versammlungstätigkeit, unter Bedachtnahme auf die Lebensinteressen und die Sicherheit des unabhängigen österreichischen Staates*. Darüber hinaus finden sich Passagen über: *zielbewusste Pflege des österreichischen Geistes und schärfste Betonung des eigenständigen österreichischen Kulturgutes. Freie Entfaltungsmöglichkeit für die Kirche und die Religionsgemeinschaften als vornehmliche Kulturträger*, Schutz ihrer Kultureinrichtungen und Kulturdenkmäler und Rückgabe des von den Nationalsozialisten geraubten kirchlichen Vermögens. Grundlegende Neugestaltung der Lehrerbildung und rascheste Herausgabe österreichischer

---

[340] SPÖ, Grundsatzpapier, 1998, S. 24 ff.

Lehrbücher. Intensivste Arbeit am Aufbau der österreichischen Nation, die starkes stolzes österreichisches Staats- und Kulturbewusstsein formen muss. Abschließend gibt es noch ein Bekenntnis *zur kulturellen Autonomie für nationale Minderheiten.*[341]

Im Programm der ÖVP aus dem Jahr **1952** mit dem Titel „Alles für Österreich" stehen unter *II. Kulturpolitik* folgende Aussagen: *Eintritt für eine zielbewusste Pflege des österreichischen Geistes und des eigenständigen österreichischen Kulturgutes.* Die Forderung, dass *auf allen Gebieten von Kunst und Wissenschaft der Grundsatz der Freiheit bedingungslos zu gelten hat, da jede Knebelung dieser Kulturgebiete durch Eingriffe der Staatsgewalt zwangläufig zu Erstarrung und schließlich zum Rückschritt führen muss.* Das bedeutet jedoch nicht, dass sich der Staat jeder Einflussnahme auf kulturellem Gebiet enthalten soll. Die ÖVP verlangt in diesem Programm, *in Anbetracht der schwierigen finanziellen Lage des Staates die möglichste Konzentration der vorhandenen Mittel für kulturelle Zwecke, auf die Förderung des wissenschaftlichen Nachwuchses und der wissenschaftlichen Forschungsarbeit sowie auf den Wiederaufbau und die Besserausstattung der hierfür notwendigen Einrichtungen.*[342]

Im Programm **1958** der ÖVP mit dem Titel „Was wir wollen" heißt es unter anderem unter der Überschrift „*Der Mensch braucht Freiheit und bleibende Werte*": *Die Kulturpolitik ist jener Bereich der Politik, der über die Besserung äußerer Lebensumstände hinaus dem Menschen auch die Möglichkeit zur inneren Bereicherung und Vervollkommnung geben kann. Die Kulturpolitik hat nicht nur die bleibenden Werte zu pflegen, sondern auch für die volle Entfaltung aller künstlerischen Neigungen und schöpferischen Begabungen unseres Volkes zu sorgen.* Es gibt ein Bekenntnis zum einen *zum Vätererbe unserer christlichen-abendländischen Kultur* und zum anderen *auf allen Gebieten der Kunst und der Wissenschaft bedingungslos zum Grundsatz der Freiheit.*[343]

Im „Klagenfurter Manifest" aus dem Jahr **1965** macht die ÖVP folgende kulturpolitische Aussagen: *Da Bildung nicht nur ein Mittel der Berufsvorbereitung, sondern auch der Lebenserfüllung ist, hat sie in Anbetracht der wachsenden Bedeutung der Freizeit mehr denn je die Aufgabe, einer sinnvollen Nutzung der Freizeit zu dienen.* Die Österreichische Volkspartei betrachtet daher eine aktive Kulturpolitik als eine ihrer vornehmsten Aufgaben. Die Schöpfung der kulturellen Werte selbst steht für sie unter dem Gesetz der Freiheit. Geisteskultur, Leibeserziehung und Sport sollen von öffentlicher und privater Seite durch zweckentsprechende Einrichtungen und ausreichende Mittel gefördert werden.[344]

Mit Verweis auf das Klagenfurter Manifest präzisiert die ÖVP **1969** die „Grundsätze zur Kulturpolitik" in einem 43-seitigen Beitrag zur politischen Bildung unter anderem wie folgt: *Die ÖVP bekennt sich zum Begriff des Kulturstaates,* lehnt aber das *Prinzip der Staatskultur* ab. Zu den Aufgaben eines Kulturstaates zählen: Schutz der religiösen, sittlichen, geistigen und sachlichen

---

[341] Berchtold, Klaus, Österreichische Parteiprogramme 1868 – 1966, 1967, S. 377ff.
[342] Ebenda, S. 381ff.
[343] Ebenda, S. 484ff.
[344] Kriechbaumer, Robert, Parteiprogramme im Widerstreit der Interessen, 1990, S. 738.

Kulturwerte des Volkes gegen Zerstörung von außen und Zersetzung von innen. Die Sicherung des Freiheitsraumes der kulturell tätigen Menschen im Inland und Mitwirkung bei Maßnahmen der Sicherung auf überstaatlicher Ebene. Förderung des Kulturschaffens durch Bereitstellung der nötigen materiellen Mittel und durch Unterstützung der kulturell Tätigen, sowie die Werbung und Sorge für die ständige Ausweitung der höheren Bildung des Volkes.[345]

In einer Diskussionsgrundlage für ein Grundsatzprogramm aus dem Jahr 1971 mit dem Titel „Das Österreich von morgen – Modell für eine bessere Welt" vertrat die ÖVP folgende Position: *Für die Erholungssuchenden aus dem In- und Ausland soll Österreich, durch das Zusammenwirken von Fremdenverkehrsförderung, Kulturförderung und Sportförderung zu einem Erholungsraum für den ganzen Menschen werden, der sowohl der Gesundheit als auch der geistigen Anregung dient. (...) Es muss unser Ehrgeiz sein, durch Forschungsergebnisse, Erfindungen, technische Neuerungen und künstlerische Neuschöpfungen zum Ideenvorrat und zu den Kunstschätzen der Welt einen Beitrag zu leisten, der unseren Anteil an der Weltbevölkerung weit übersteigt.*[346]

Im „Salzburger Programm" der ÖVP aus dem Jahr **1972** finden sich unter anderem folgende Aussagen zur Kunst und Kunstpolitik: *Kunst ist die schöpferische Interpretation und Gestaltung der Welt und des Welterlebens. Der Künstler wirkt für die Gesellschaft, die Gesellschaft braucht das Wirken des Künstlers. Der Künstler braucht für sein Schaffen geistige Freiheit und materielle Sicherheit. Künstlerförderung muss deshalb bestrebt sein, ihm diese materielle Sicherheit zu bieten, ohne seine geistige Freiheit einzuschränken. Kunstpolitik hat Altes, das als wertvoll anerkannt wird, zu bewahren und für Neues offen zu sein. Die Präsentation österreichischer Kunst im In- und Ausland und ausländische Kunst in Österreich ist eines ihrer Hauptziele. Die Bereitschaft der Öffentlichkeit, sich mit Kunst und Künstlern auseinander zu setzen, ist durch verstärkte Information über das Bildungssystem und die Massenmedien zu heben. Im Sinne der Aufgabenteilung soll nicht nur die öffentliche Hand fördernd auftreten. Erleichterungen für die private Kunstförderung vermehren die Chancen der Künstler.*[347]

1985 beschloss die ÖVP ihr Zukunftsmanifest mit dem Titel „Österreich hat Zukunft". Darin gibt es folgende kulturpolitische Aussagen: *Kultur, Kunst, schöpferische Freizeit und Sport gehören freilich genau so zum Wesen des Menschen wie die Arbeit, Verkürzung des einen wie des anderen verkürzt das Menschsein. Auch schöpferische Freizeitbetätigung ist Sinn gebendes Tun. Es weckt und entfaltet Fähigkeiten und Begabungen, verstärkt zwischenmenschliche Beziehungen.*[348]

---

[345] Huber, Othmar, Kulturpolitik der ÖVP, 1969, S. 3ff.
[346] Kriechbaumer, Robert, Parteiprogramme im Widerstreit der Interessen, 1990, S. 757.
[347] Ebenda, S. 772ff.
[348] Ebenda, S. 785.

Grundsatzprogramm der ÖVP von 1995

Das gegenwärtig aktuelle Parteiprogramm der ÖVP (Grundsatzprogramm) stammt aus dem Jahr 1995. Unter Punkt 7 „Kunst und Kultur" heißt es unter anderem: *Kunst und Kultur sollten ein integraler Bestandteil der Bildung sein, der die Horizonte unserer Kinder erweitert und unser kulturelles Erbe weiterentwickelt. Wenn Österreich seine Stellung als bedeutende Kulturnation sichern will, muss es seine wertvollen Ressourcen und Talente fördern und fordern.*

(...) In diesem Sinne bekennen wir uns dazu, dass Kulturpolitik eine freie kulturelle Entwicklung garantieren soll. Kulturpolitik soll den bestehenden kulturellen Pluralismus wie auch die Momente des Widerstandes und Eigensinns im künstlerischen Schaffen und das Aufreiben gesellschaftlicher Konflikte akzeptieren und unterstützen.

(...) Kulturausgaben sind sinnvolle Investitionen in die Kreativität und die Innovationsfähigkeit der Gesellschaft.

Unsere Kultur prägt die Identität unseres Landes und seiner Menschen. Kultur ist sowohl historisch überlieferte Tradition als auch Lebensäußerung von Menschen der Gegenwart.

(...) Das Zusammenleben in einem größeren Europa und in einer enger verflochteneren Welt zwingt uns zu neuen kulturellen Reflexionen. Wichtiges inhaltliches Ziel der österreichischen Kulturpolitik muss die Verdeutlichung von Österreichs Identität in Europa sein, die Sichtbarmachung der geistigen Kräfte unseres Landes.

(...) Wir setzen uns dafür ein, dass Kunst nicht als Luxus für sich immer wieder neu formulierende „Kultureliten" isoliert wird, sondern, dass allen die aktive und passive Kunstausübung ermöglicht und die Teilhabe an unseren Kulturgütern zugänglich gemacht wird. Die öffentliche Kulturförderung muss dies berücksichtigen (...)

(...) Staatliche Kulturförderung darf nicht zu Abhängigkeiten der Kulturschaffenden führen. Kulturförderung ist nicht allein staatliche Aufgabe. Wir wollen private Sponsoren unterstützen und durch steuerliche Erleichterungen ermutigen. Private Künstlerinitiativen sind für die Lebendigkeit und Vielfalt des Kulturbereiches unentbehrlich.[349]

Anmerkungen zum Grundsatzprogramm der ÖVP

Das derzeit gültige Parteiprogramm der ÖVP ist etwa eineinhalb Jahrzehnte alt und besteht aus 28 Seiten Text, untergliedert in neun Bereiche. Der Themenbereich Kultur wird im Bereich 8 „Bildung und Kultur" näher ausgeführt. Dieser Bereich ist in sieben Unterbereiche gegliedert, wobei der Bereich Kultur als letzter Bereich abgehandelt wird. Insgesamt macht der Themenbereich Bildung und Kultur vier Seiten Text aus, von denen eine Seite dem Bereich Kunst und Kultur gewidmet ist.[350]

Die Analyse der kulturpolitischen Schlüsselwörter ergab folgendes Ergebnis:

---

[349] ÖVP Grundsatzprogramm, 1995, S. 25ff.
[350] Ebenda, S. 1ff.

ÖVP

Schlüsselwort	Anzahl
Kultur in Wortverbindung	37
Kultur	10
Kunst in Wortverbindung	9
Werte	12
Kunst	6
Kulturpolitik	3
Kulturelles Erbe	2
Identität	8
Volkskultur	1
Kulturnation	1

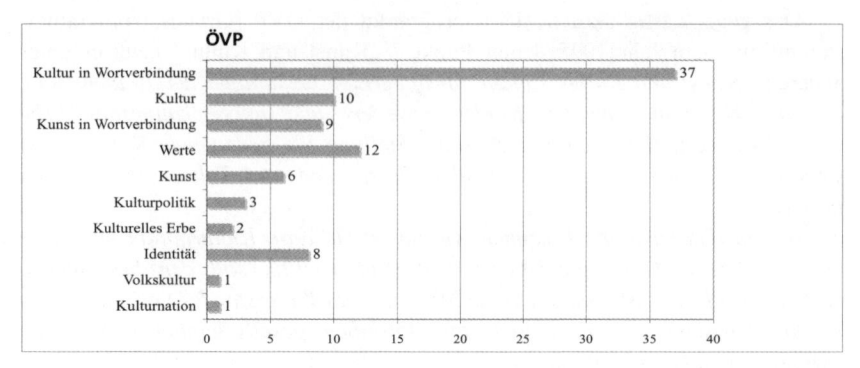

Abb. 3 Analyse kulturpolitischer Schlüsselwörter im Grundsatzprogramm der ÖVP
Quelle: Eigene Analyse und Darstellung.

4.4.3 Beispiele politischer Programme der FPÖ

Im Programm des VdU **1949** (Vorgängerorganisation der FPÖ) heißt es zum Thema Kulturpolitik: Aufgabe unserer Kulturpolitik muss es sein, unsere überlieferte Kultur zu pflegen und organisch weiterzuentwickeln und unsere Kultur dem ganzen Volk zu erschließen. Im „Ausseer Programm **1954**" des VdU heißt es unter anderem: Nur eine gerechte Wertung der geistigen Leistung und eine allmähliche Erhöhung des zurückgebliebenen Kulturbudgets können Österreichs kulturelle Sendung vor dem Untergang bewahren. Die **VdU** vertrat unter anderem die Position, dass Kunst das ist, was der einfache Bürger darunter versteht und deshalb hat er auch für die Kosten dafür aufzukommen.[351]

Im Kurzprogramm nach der Konstituierung der FPÖ 1955 finden sich bezüglich Kultur eine Forderung nach Förderung aller schöpferischen Kräfte unseres Volkes (Art 8) und ein Bekenntnis zur deutschen Volks- und Kulturgemeinschaft (Art 14).

1957 werden im Klagenfurter Programm die vorläufigen Regelungen des Jahres 1955 ersetzt. Beide im Kurzprogramm 1955 zum Thema Kultur enthaltenen Aussagen finden sich in leicht geänderter und ergänzter Fassung wieder. Eine weitere Änderung erfährt das freiheitliche Parteiprogramm durch das „Salzburger Bekenntnis" 1964, dort heißt es unter anderem unter der Überschrift „Österreich hat seine Aufgabe": *Als ein Zentrum deutscher Kultur muss es an der Verteidigung und Entfaltung des Abendlandes mitwirken.*[352]

Im „Bad Ischler Programm" der FPÖ von 1968 steht die Forderung: *Wissenschaft und Kunst, Forschung und Lehre müssen frei sein.* Zur Kulturpolitik findet sich die Formulierung: *Eine besondere Aufgabe der Kulturpolitik ist die Erhaltung und Weiterentwicklung der deutschen und aller abendländischen Kulturwerte.* Bezüglich Kunstförderung wird folgende Aussage getroffen: *Die*

---

[351] Bergmann, Ingrid, Die Kulturpolitik nach 1945 aus Sicht des österreichischen Nationalrates im Vergleich mit dem 3. Reich im Umfeld des Zeitgeschehens, 1989, S. 159ff.
[352] Berchtold, Klaus, Österreichische Parteiprogramme 1868 – 1966, 1967, S. 484ff.

Kunstförderung hat der Entwicklung aller schöpferischen Talente zu dienen und muss von zeitabhängigen einseitigen Wertungen frei sein.[353]

Ausführlichere Ausführungen gibt es im „Freiheitlichen Manifest zur Gesellschaftspolitik 1973". In insgesamt 16 Absätzen (etwa 2 Seiten) gibt es im *Kapitel III „Der Mensch in der Bildungs- und Kulturgesellschaft"* Ausführungen zu den Bereichen *Kultur und innere Freiheit, Kunstförderung, Kulturraum aus Volkskultur und Hochkultur* und *Kulturpolitik weltweit.* Exemplarisch für die genannten Bereiche finden sich folgende Aussagen: *Aufgabe freiheitlicher Kulturpolitik muss es daher sein, allen kulturellen Betätigungen den größtmöglichen Freiraum zu sichern und es allen Menschen zu ermöglichen, ihre kulturellen Bedürfnisse nach eigenem Wollen und Verständnis zu befriedigen.*

(...) Überall dort wo die finanziellen Mittel der an einer kulturellen Leistung interessierten Gruppe nicht ausreichen, die Gesellschaft jene Hilfestellung leisten soll, die notwendig ist, dieses Kulturgut zu erhalten oder zu fördern.

(...) Privatpersonen oder Institutionen, die Mittel für kulturelle Zwecke aufbringen, sollen dafür steuerlich begünstigt werden. Kulturgüter, die durch steuerliche Begünstigung erhalten oder geschaffen werden, sollen allgemein zugänglich gemacht werden.

(...) Die Sprache ist nicht nur Verständigungsmittel, sondern das wertvollste Kulturgut, über das ein Volk verfügt. Es ist daher Aufgabe der Kulturpolitik, dafür zu sorgen, dass die Sprachkultur nicht verflacht.

(...) Aufgabe der kulturellen Außenpolitik ist es, die Werte der heimischen Kultur auch anderen Menschen zu vermitteln sowie die Kulturwerte anderer Menschen dem Bürger zu erschließen.

(...) Für Österreich bietet sich in Fortsetzung seiner Jahrhunderte alten Erfahrung vor allem die große Aufgabe an, weltweit zu einem Träger und Mittler deutscher und europäischer Kultur zu werden.[354]

Im liberal gehaltenen Parteiprogramm von 1985, in dem das freiheitliche Moment in den Vordergrund vor das nationale Element rückte, wurde im „Kulturkapitel" die „volle innere und äußere Freiheit" des Kulturlebens an den Anfang gestellt. Als Aufgabe der Kulturpolitik wurde formuliert: *Ein Klima der geistigen Offenheit zu schaffen, in dem alle kulturellen Tätigkeiten, von der Pflege der Volkskultur und des Brauchtums bis zu den Formen des experimentellen Kulturschaffens ermuntert und gefördert werden.*[355] Nach dem innerparteilichen Machtwechsel erfolgte 1986 in den „Blauen Markierungen 2001" eine Neupositionierung auch in der Kulturpolitik. Kultur wurde dabei wie folgt definiert: *Sache aller und daher in ihrem innersten Wesen der Toleranz, dem Pluralismus und dem demokratischen Verständnis verpflichtet.*[356]

Aktuelles Parteiprogramm der FPÖ in der Fassung 2005

Das aktuelle Parteiprogramm der FPÖ geht auf das Jahr 1997 zurück, wobei es Adaptierungen aus dem Jahr 2005 gibt. Im Kapitel XV mit der Überschrift

---

[353] Kadan, Albert/Pelinka, Anton, Die Grundsatzprogramme der österreichischen Parteien, 1979, S. 214ff.
[354] Ebenda, S. 231ff.
[355] Wimmer, Michael (Hrsg.), Kulturpolitik in Österreich, 1995, S. 152.
[356] Ebenda.

„Weite Kultur – Freie Kunst" finden sich unter anderem folgende Positionen: *Kultur ist die Gesamtheit aller zivilisatorischen Ausdrucksformen. Ihre höchste schöpferische Ausdrucksform ist die Kunst, die in einer freiheitlichen Gesellschaft keiner Beschränkung unterliegt. Kultur ist nach freiheitlichem Verständnis ein Überbegriff, der die künstlerische Betätigung und ihre Ergebnisse einschließt. (...) Kunst lässt sich im materiellen Sinne nicht allgemeingültig und ausschließlich definieren. (...) Der unverzichtbare Anspruch auf volle innere und äußere Freiheit der Kunst wird nur durch die allgemeingültige Rechtsordnung eingeschränkt. (...) Aus Ehrfurcht vor den künstlerischen Leistungen und kulturellen Errungenschaften früherer Generationen ist es eine gesamtgesellschaftliche und staatliche Aufgabe, das vielfältige und große kulturelle Erbe Österreichs zu bewahren. Dabei kommt den Bundesländern als Träger einer Kulturautonomie eine besondere Verantwortung zu. (...) zum kulturellen Erbe gehören neben der Hochkultur auch die vielfältigen Ausprägungen der Volkskultur. Der gesamtgesellschaftlichen und staatlichen Aufgaben der Erhaltung dieses kulturellen Erbes und der Sicherung der zumeist regionalen kulturellen Identität stehen alle Bestrebungen kultureller Nivellierung oder verordneter Multikultur entgegen und werden daher abgelehnt. (...) Kunst ist Privatsache. (...) Der Staat hat seine Kunstförderung auf die Schaffung von Rahmenbedingungen und infrastrukturellen Einrichtungen zu beschränken. (...) Eine zeitgemäße Kulturpolitik kann sich nicht nur auf das Bewahren der traditionellen Kulturgüter beschränken.*[357]

Anmerkungen zum Parteiprogramm der FPÖ

Das derzeit gültige Parteiprogramm der FPÖ in aktualisierter Form ist etwa fünf Jahre alt. Es hat einen Umfang von 33 Seiten und ist in 17 Kapitel und 76 Artikel unterteilt. Der Themenbereich Kultur wird vorwiegend im Kapitel 15 „Weite Kultur – Freie Kunst" beschrieben. Vom Umfang her umfasst dieser Teil etwa eineinhalb Seiten und insgesamt vier Artikel.

Die Analyse der kulturpolitischen Schlüsselwörter ergab folgendes Ergebnis:

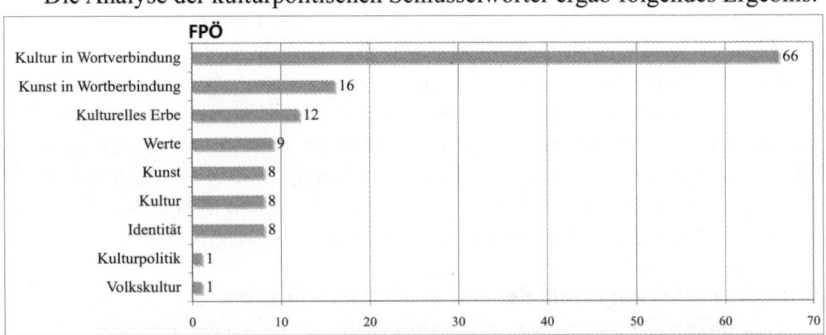

FPÖ

Schlüsselwort	Anzahl
Kultur in Wortverbindung	66
Kunst in Wortberbindung	16
Kulturelles Erbe	12
Werte	9
Kunst	8
Kultur	8
Identität	8
Kulturpolitik	1
Volkskultur	1

Abb. 4 Analyse kulturpolitischer Schlüsselwörter im Parteiprogramm der FPÖ
Quelle: Eigene Analyse und Darstellung.

---

[357] FPÖ, Das Parteiprogramm der Freiheitlichen Partei Österreichs, 1998/2005, S. 27ff.

4.4.4 Beispiele politischer Programme des BZÖ

Bis 2010 hatte das BZÖ kein Parteiprogramm im herkömmlichen Sinn. Es gab zwar Positionen der Partei, die auch kommuniziert wurden, aber eher Überblickscharakter aufwiesen. Unter der Überschrift „Kunst für alle" finden sich unter anderem folgende Positionen:

(...) Kunst muss dort gefördert werden, wo Bedarf besteht. Die Aufgabe des Staates ist, für die Erhaltung und die Sammlung des kulturellen Erbes zu sorgen. Österreichische Kunst und Kultur haben ihre Größe und Schönheit aus der Freiheit als Folge der regionalen Vielfalt gewonnen. Darum halten wir an den Grundsätzen der Regionalisierung und Dezentralisierung in der Kulturpolitik fest.[358]

Ergänzend dazu steht: Ziele, Ideen und Visionen unter der Überschrift „Die orange Position zum Thema Kultur" unter anderem folgende Inhalte: *Kultur heißt Identität. Daher ist die Freiheit der Kunst verfassungsrechtlich zu garantieren.*

(...) Wir wollen den Missbrauch der Kunst durch die Politik verhindern. Unser Ziel ist eine offene und freie Kultur entgegen der politischen Geiselhaft in Form der staatlichen Kulturverwaltung und Gefälligkeitssubventionierung. Wir sind für eine Gleichstellung von Hochkultur und Volkskultur. Denn beide bedingen einander und sind Ausdruck der kulturellen Vielfalt Europas.[359]

Aktuelles Parteiprogramm des BZÖ von 2010

2010 wurde das erste Parteiprogramm des BZÖ mit dem Titel „Programm des Bündnis Zukunft Österreich – BZÖ" beschlossen. In der Präambel findet sich ein erster Bezug zum Thema Kultur *(...) Recht und Ordnung und soziale Absicherung, ein eindeutiges Bekenntnis zu unserer Kultur und Heimat, ein schlanker und kontrollierter Staat (...).* Der nächste Bezug zum Thema Kultur findet sich in der Einleitung unter der Überschrift *„Zukunft braucht Heimat"* dort steht: *Identität für Staat und Volk. Nur aus starken Wurzeln kann eine gute Zukunft entstehen. Unser Werteverständnis fußt auf diesem Fundament.*
Schutz und Wahrung von Heimat, Kultur, Tradition und Identität sind daher für uns politische Konstanten.[360]

Der Hauptteil der Ausführungen zum Thema Kultur findet sich im Kapitel 6, das den Titel *Bildung, Wissenschaft, Kunst und Kultur* trägt, unter dem Unterpunkt 6.3. *Kunst, Kultur und Medien.* Dort heißt es unter anderem:

Die Funktion von Kunst und Kultur besitzt einen engen Zusammenhang zur Bildung: Ohne Bildung kein Zugang zur Kultur, ohne Kultur fehlt ein entscheidender Aspekt der Bildung – und damit auch das Zeugnis des großen kulturellen Erbes Österreichs, das uns zeigt, woher wir kommen, und Einfluss darauf hat, wohin wir gehen.

(...) bekennt sich zu den kulturellen Traditionen Österreichs, zur kulturellen Vielfalt und zur Mannigfaltigkeit unseres kulturellen Erbes, zu Identität und Eigenständigkeit unserer Heimat.

---

[358] BZÖ, Bündnispositionen, 2009, http://www.bzoe.at/index.php?content=bzoe_programm, 20.12.2009.
[359] Ebenda.
[360] BZÖ, Programm des Bündnis Zukunft Österreich, 2010, S. 6ff.

(...) stehen für ein weltoffenes kulturelles Verständnis und für das gegenseitige und friedvolle Miteinander der Kulturen. Österreich ist eine der führenden Kultur- und Kunstnationen der Welt – diesen Status wollen wir erhalten und fördern. Die Freiheit der Kunst ist zu Recht verfassungsmäßig verankert. Diese Freiheit gilt es zu schützen und zu verteidigen. Weder Staat noch Politik sind für künstlerische Inhalte oder Erscheinungsformen zuständig, wohl aber dafür, passende Rahmenbedingungen für die kulturelle und künstlerische Entwicklung zu schaffen. Eine rein staatliche Kulturverwaltung kann dem Wesen der freien und offenen Kunst und Kultur nicht gerecht werden.

(...) steht für umfassende Entpolitisierung des Kunst- und Kulturwesens und für die größtmögliche, wenngleich nicht grenzenlose künstlerische Freiheit. Freilich muss jede Kunst, die sich politisch äußert bzw. eine sich parteipolitisch gerierende oder verpolitisierte Kunst es akzeptieren, dass der kritische Diskurs mit ihren Inhalten, Standpunkten und Meinungen nicht nur auf kultureller, sondern eben auch auf politischer Ebene geführt wird. (...) steht für den Erhalt und die Bewahrung der vielfältigen kulturellen Traditionen Österreichs und bekennt sich zur Stärkung der österreichischen Hoch- und Volkskultur gleichermaßen. Unsere kulturelle Geschichte und Tradition sind nicht nur wesentlicher Bestandteil unserer Identität, sondern auch zentraler Bestandteil der kulturellen Entwicklung und Vielfalt Europas. Vor allem unsere Volkskultur ist eine wichtige Stütze der regionalen Identität, das aktive Partizipieren fungiert als Brauchtumspflege über Generationen. Volkskultur in Form von Gesangs- oder Musikvereinen sowie Trachtengruppen oder Laiengruppen wird gelebt, existiert durch das freiwillige Engagement der Mitglieder und reflektiert die Bedürfnisse der Bevölkerung. Die Grundlagen, Traditionen und Eigenarten unserer abendländisch geprägten Kulturnation in Staatsordnung und Gesellschaftswesen haben primäre Bedeutung und Stellenwert. Diese zu erhalten, zu bewahren und zu verteidigen ist integraler Bestandteil unserer politischen Überzeugung.[361]

Anmerkungen zum Parteiprogramm des BZÖ

Das BZÖ Programm ist das jüngste aller vorliegenden Parteiprogramme. Es hat einen Umfang von 90 Seiten und ist in zehn Kapitel unterteilt. Es weist eine Präambel und eine Einleitung mit zehn Grundsatzpositionen auf. Der Themenbereich Kultur wird im Kapitel 6 „Bildung, Wissenschaft, Kunst und Kultur" beschrieben. Der eigentliche Bereich Kultur macht etwas mehr als eine Seite aus.

Die Analyse der kulturpolitischen Schlüsselwörter ergab folgendes Ergebnis:

---

[361] Ebenda, S. 66ff.

BZÖ

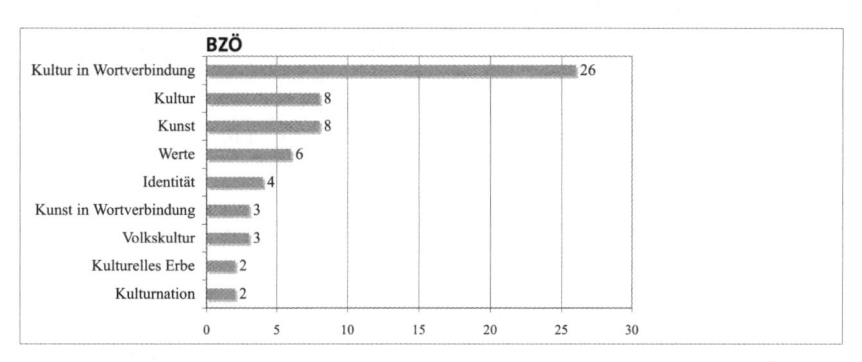

Schlüsselwort	Anzahl
Kultur in Wortverbindung	26
Kultur	8
Kunst	8
Werte	6
Identität	4
Kunst in Wortverbindung	3
Volkskultur	3
Kulturelles Erbe	2
Kulturnation	2

Abb. 5 Analyse kulturpolitischer Schlüsselwörter im Parteiprogramm des BZÖ
Quelle: Eigene Analyse und Darstellung.

4.4.5 Beispiele politischer Programme der Grünen

In den Leitlinien Grüner Politik, die die Grüne Alternative im Jahr 1990 verabschiedete, gibt es zwar zahlreiche Hinweise zur Kultur, aber jeweils im Kontext zu anderen Politikfeldern, wie Baukultur, Multikulturelles Österreich, Landwirtschaft oder Umweltpolitik. Exemplarisch steht zum Thema Umweltpolitik: *Grüne Politik ist kultureller Widerstand, der auf allen Ebenen der Gesellschaft geleistet werden muss. Er soll die Hegemonie einer brutalisierten, ausschließlich ökonomisch bestimmten Kultur brechen, um die ganze Wirklichkeit des Menschen und der Natur zurück zu gewinnen und die Politik zu deren Wahrnehmung zu zwingen.*[362] Sieht man vom Bereich der Sozialversicherung für Künstlerinnen und Künstler ab, fehlt ein eigener Themenbereich zur Kunst- und Kulturpolitik. Im Nachwort des Programmkongresses wird auf den Umstand, dass die Kunst- und Kulturpolitik nicht behandelt wurde, eingegangen und auf einen Text zur Kunst- und Kulturpolitik von Gerhard Ruiss verwiesen. Es gibt einen Hinweis darauf, dass sich der nächste Programmausschuss mit diesem Thema beschäftigen soll. Es wird auch auf eine intensive zukünftige Auseinandersetzung zur Definition von Kunst und Kultur verwiesen: *Die Definitionen von Kunst und Kultur bzw. der geschichtliche Abriss über ihre gesellschaftliche Bedeutung und Funktion bedürfen einer tiefer gehenden kritischen Auseinandersetzung als dies bislang geschehen ist.*[363]

Anlässlich der Nationalratswahl 2008 gaben die Grünen ein Teilprogramm mit dem Titel „was sich jetzt ändern muss! kulturpolitisches Programm " im Umfang von sechs Seiten heraus. In diesem Programm wurde vor allem die Kulturpolitik der SPÖ Ministerin (ehemals von den Grünen als Hoffnungsträgerin erachtet) und die Regierung angegriffen. Nach einer Zusammenfassung der Kritikpunkte wurden auch konkrete Forderungen, wie *Neuordnung der Bundesmuseen und Gratiseintritt, Neustrukturierung der Kunstförderung, Öffentliche Sitzungen aller Jurys und Beiräte* gestellt.[364]

---

[362] Die Grüne Alternative, Leitlinien Grüner Politik, 1990, S. 5ff.
[363] Ebenda, S. 82.
[364] Die Grünen, Was sich jetzt ändern muss! Kulturpolitisches Programm der Grünen, 2008, S. 2ff.

Grundsatzprogramm der Grünen von 2001

Im derzeit gültigen Grundsatzprogramm der Grünen, das aus dem Jahr 2001 stammt, finden sich unter Abs 3.2 „Kunst und Kultur" unter anderem folgende Positionen:

Der Kunstbegriff ändert laufend seine Bedeutung. Für allgemein gültige, verbindliche Definitionen lassen sich weder notwendige noch hinreichende Bedingungen finden.

(...) Wichtig für grüne Kunstpolitik bleibt daher, dass die Wahlmöglichkeiten gewährleistet bleiben und keine Macht allein Kunst definiert.

(...) Der Freiraum, der Künstlerinnen und Künstler vom Staat gewährt wird, ist ein Maßstab für dessen Liberalität und dessen Wunsch nach Pluralität.

(...) Die Grünen setzen sich für eine Kunst ein, die sich ihrer aktiven gesellschaftspolitischen Rolle bewusst ist und die ihr zustehenden Freiheiten nutzt.

(...) Heterogene Interessen (etwa im Nationalstaat oder im Staatenverband der EU) lassen sich nicht ins enge Korsett einer verordneten Identität pressen. Die Rede von „der Kultur" einer Gesellschaft dient lediglich dazu, hegemoniale Ansprüche einer mächtigen Gruppe in dieser Gesellschaft festzuschreiben.

(...) Der Begriff „Kultur" enthält also immer zugleich die Tatsache mehrerer „Kulturen" sowie die sich aus dem Nebeneinander ergebenden Wechselwirkungen und Spannungen, Regeln und Vereinbarungen.

(...) Die Grünen betonen die starken Zusammenhänge zwischen kulturellen und ethischen Ausprägungen, zwischen Daseinsentwürfen und Stilformen. Mit Kultur kann nicht nur, sondern wird immer Gesellschaftspolitik gemacht. Grüne Kulturpolitik setzt besonders auf Offenheit gegenüber neuen Strömungen und den vorurteilsfreien Umgang mit Andersdenkenden. Ziel grüner Kulturpolitik ist es, die unterschiedlichen Funktionen kultureller Praktiken bewusst zu machen und Kunst und Kultur nicht nur aus bildungsbürgerlicher Sicht als eine Ansammlung von Namen, Wissen und Daten zu vermitteln, sondern unter den Gesichtspunkten: wer macht unter welchem Kulturbegriff was, für wen, mit wem und warum?

(...) Eine Kulturpolitik, der die Differenzierung wichtiger ist als die Uniformierung wird gerade die Skepsis und das kritische Potenzial gegenüber dem jeweils als „normal" und verbindlich Bezeichneten stärken.

(...) Staatliche Kulturpolitik besteht nicht allein aus der Vergabe von Geldern.

(...) Die öffentliche Hand ist gefordert, ihre Aufgabe dort wahrzunehmen, wo Interessen der Gemeinschaft Vorrang gegenüber privaten Interessen haben. Dazu gehört die Stärkung von kulturellen Aktivitäten, die sich mit öffentlichen Phänomenen und Problemen auseinander setzen, die Verwirklichung von Minderheitenprogrammen sowie die experimentelle Entwicklung neuer kultureller Praktiken, die nicht marktwirtschaftlichen Bedingungen gehorchen. Diese kulturellen Aktivitäten brauchen Investitionen, die der Markt auf Grund seiner Gesetzmäßigkeiten nicht tätigt.

Nachdem die Auseinandersetzung mit Kultur zunehmend über die Neuen Medien erfolgt (und erfolgen wird), muss diesen Bereichen besondere Aufmerksamkeit von Seiten der Kulturpolitik zuteil werden.

(...) Im öffentlichen Interesse und mit öffentlichen Mitteln bewahrte oder produzierte Kultur muss für alle zugänglich sein. Grüne Kulturpolitik fordert daher freien Zutritt zu öffentlichen Einrichtungen wo immer das möglich ist.[365]

Anmerkungen zum Grundsatzprogramm der Grünen

Das derzeit gültige Parteiprogramm der Grünen ist neun Jahre alt und weist einen Umfang von 88 Seiten auf. Es besteht aus zwei Teilen (Grundsätzliches und Politische Perspektiven), gegliedert in fünf Bereiche und 29 Teilbereiche (Teil Politische Perspektiven). Zusätzlich weist das Programm eine Präambel auf. Der Themenbereich Kultur wird vorwiegend im Teil 3.2 „Kunst und Kultur" behandelt. Der Bereich Kultur ist sechs Absätze lang (etwa eine Seite), die staatliche Kulturpolitik wird in vier Absätzen und Kunst in drei Absätzen behandelt. In Summe wird der Themenbereich auf etwas mehr als zwei Seiten beschrieben.

Die Analyse der kulturpolitischen Schlüsselwörter ergab folgendes Ergebnis:

GRÜNE	
Kultur in Wortverbindung	51
Werte	30
Kultur	20
Kunst	7
Kulturpolitik	6
Identität	6
Kunst in Wortverbindung	4
Kulturelles Erbe	1

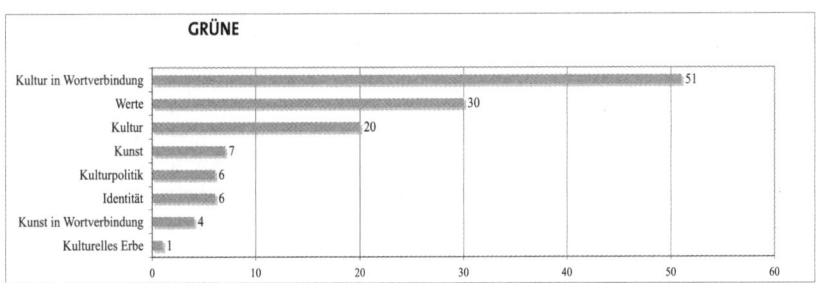

Abb. 6 Analyse kulturpolitischer Schlüsselwörter im Grundsatzprogramm der Grünen
Quelle: Eigene Analyse und Darstellung.

4.4.6 Exkurs: KPÖ

Für wenige Monate in der Zeit der Übergangsregierung (1945) trug die KPÖ die Verantwortung für die Kulturagenden der Republik. Sie verfügte zu jener Zeit über kein eigenes Kulturprogramm, aber dennoch gab es eine klare Positionierung. Von *Matejka* sind Schriften zur Kulturpolitik kurz vor dem 2. Weltkrieg entstanden.[366] Die KPÖ lehnte nach ihrer Diktion jede Form der Repräsentativkunst ab. Dies wurde damit begründet, dass Repräsentativkunst zwar durch die Massen des Volkes finanziert werde, aber für diese nicht zugänglich wäre. Sie übte Kritik am damaligen Kulturbegriff, der sich an den großen Meistern der Vergangenheit orientierte. Sie vertritt den Standpunkt, es müsse endlich etwas für die jungen, lebenden Künstlerinnen und Künstler getan werden.[367] Nach dem Ausscheiden aus der Regierung wurde 1949 ein Kulturprogramm veröffentlicht, das sich auf zahlreiche Sparten (Film, bildende Kunst, Literatur, Musik, Theater etc.) sowie auf die Bereiche Wissenschaft, Erziehung, Unterricht, Rundfunk und Sport bezog. Zu jeder einzelnen Sparte und

---

[365] Die Grünen, Grundsatzprogramm der Grünen, 2001, S. 44ff.
[366] Matejka, Viktor, Grundlinien der Kulturpolitik in Österreich,1938, S. 1ff.
[367] Bergmann, Ingrid, Die Kulturpolitik nach 1945 aus Sicht des österreichischen Nationalrates, im Vergleich mit dem 3. Reich und im Umfeld des Zeitgeschehens, 1989, S. 144ff.

zu jedem Bereich wurden Vorschläge ausgearbeitet. Allgemeine Aussagen zur Kulturpolitik waren nicht Bestandteil dieses Programms.[368]

4.5 Das Thema Kultur in Regierungserklärungen

Eine Regierungserklärung entsteht aus bestimmten geschichtlich-gesellschaftlichen Konstellationen und erfüllt die Funktionen der Kommunikation mit allen, um zu motivieren und zu integrieren. Unter ihren zahlreichen Adressaten befinden sich Wähler, Anhänger, Andersdenkende, Massenmedien, das Ausland, Politiker, Funktionäre (Interessenvertreter), die Bürokratie und Experten. In ihrer Essenz ist sie als Schnittpunkt von politischem Programm und Regierungsprogramm zu sehen. Unter dem Gesichtspunkt, dass Regierung im Alltag Verwaltung bedeutet, könnte man Regierungserklärungen auch als politische Führungsmittel bezeichnen. Unter diesem Aspekt hätten sie eine große Bedeutung für den Verwaltungsstaat.[369]

Die nachfolgenden Ausführungen geben anhand von exemplarischen Beispielen einen Überblick über die sich wandelnde Sichtweise zu den Themen Kultur, Kulturpolitik, Kulturnation in Regierungserklärungen der jeweiligen Kanzler seit 1945.

Bereits kurz vor Ende des 2. Weltkriegs versuchte man in Österreich, vor allem in Wien, durch erste Konzerte und andere Kulturveranstaltungen Zuversicht, Aufbruchstimmung, Souveränität und den Anschein von ein wenig „Normalität" zu verbreiten. Man bediente sich damals gezielt dem „Anknüpfen" an ein großes kulturelles Erbe aus der Zeit der Habsburgermonarchie. Die Bedeutung von Kunst und Kultur in Österreich wurde von der Politik gezielt als Mittel der Identitätsstiftung und für die internationale Bedeutung Österreichs dargestellt. Mit der **Regierungserklärung von Leopold Figl im Dezember 1945** begann in Österreich eine „Tradition", die sich bis heute durchgängig nachweisen lässt – der Selbstdarstellung Österreichs als „Kulturnation" bzw. „Kulturgroßmacht".Exemplarisch für diese These dienen Beispiele aus den Regierungserklärungen seit 1945. *(...) unser neues Österreich ist ein kleiner Staat, aber er will dieser großen Tradition, die vor allem eine Kulturtradition war, treu bleiben als Hort des Friedens im Zentrum Europas.*[370] In Figls Regierungserklärung vom April 1953 betont er: *(...) Die Leistungen unseres Volkes in Wissenschaft und Kunst, besonders in der Musik waren immer unsere wertvollsten Güter. Sie haben den Namen Österreichs in alle Welt hinausgetragen.*[371]

Die **Regierungserklärung von Julius Raab vom Juli 1956** war die erste Regierungserklärung seit der Unabhängigkeit Österreichs 1955. Sie widmet sich umfangreich dem Thema Kultur und Kulturpolitik: *(...) Österreich verdankt derzeit seine Anziehungskraft für das Weltinteresse vor allem auch seiner überragenden kulturellen Tradition. (...) Die Wiedereröffnung der Wiener*

---

[368] Jirik, Otto, Ein Kulturprogramm der Kommunistischen Partei, 1949, S. 3ff.
[369] Welan, Manfried, Regierungserklärungen in Recht und Politik, 1989, S. 83ff.
[370] Gottschlich, Maximilian/Panagl, Oswald/Welan, Manfried (Hrsg.), Was die Kanzler sagten, 1989, S. 100.
[371] Ebenda, S. 114.

Staatsoper und des Burgtheaters hat das kulturelle Leben in Österreich in den Mittelpunkt des Weltinteresses gerückt. Die österreichischen Bundestheater müssen auch weiterhin noch in die Lage versetzt werden, den damit gestellten Anforderungen des Weltstandards zu entsprechen.[372] Raab zitiert am Ende in seiner Rede den Schriftsteller Friedrich Hebbel: *Dies Österreich ist eine kleine Welt, in der die große ihre Probe hält. Und waltet erst bei uns das Gleichgewicht, so wird's auch in der andern wieder licht.* Dadurch bringt er zum Ausdruck, dass Österreich flächenmäßig ein Kleinstaat geworden ist, aber seine politische und insbesondere kulturelle Bedeutung damit nicht verschwunden ist. Er sieht Österreich sogar in einer Vorbildrolle für die restliche Welt und knüpft dadurch an die Rolle und Bedeutung Österreichs vor 1918 an. Indem er auf die oben beschriebenen Weltstandards bei den Kulturbetrieben hinweist, würdigt bzw. überhöht er die Rolle Österreichs als „Kulturnation" in dieser Welt.[373]

Bundeskanzler **Alfons Gorbach** sprach sich in seiner **Regierungserklärung von 1961** für das Prinzip *Sachförderung ohne Sachbeeinflussung aus*[374]. In seiner **Regierungserklärung von 1963** sieht er neben der Außen-, Wirtschafts- und Finanzpolitik die Kulturpolitik als wesentlich für die Integrationspolitik Österreichs in Europa. Er leitet die Rolle Österreichs dabei wie folgt ab: *(...) Eine Integration des geistigen Lebens Österreichs hat nicht erst stattzufinden, das geistige Leben Europas ist ohne den aktuellen Beitrag Österreichs nicht denkbar, das geistige Leben Österreichs ist nur in einem integralen Zusammenhang mit dem in Europa möglich.* Er warnt gleichzeitig vor *(...) einem Ausverkauf des geistigen Lebens unseres Landes und damit der Gefahr einer Auslaugung des Wurzelbodens unserer Kultur.* Um dies zu verhindern, warnt er abschließend vor einer Kürzung im Kulturbudget. Er sah Kulturpolitik auch als Teil der Entwicklungshilfe an, da er daran erinnert, dass jeder zehnte Studierende aus einem Entwicklungsland stammt.[375] Die genannten Passagen aus der Regierungserklärung Gorbachs folgen somit den Erklärungen Figls und Raabs, indem die Bedeutung Österreichs für Europa und der Welt herausgestrichen wird. Dieser Tradition werden auch **Josef Klaus 1964** – *(...) Österreich ist ohne den innigen Kontakt mit dem geistigen Leben aller Kulturvölker ebenso wenig denkbar wie Europa ohne den geschichtlichen und aktuellen Beitrag des geistigen Lebens in Österreich* – und die Regierungen nach dem großen politischen Wechsel 1970 im Wesentlichen folgen, obwohl die Formulierungen zum Teil weniger und vor allem kürzer gefasst werden.

Bruno Kreisky führt in seiner **Regierungserklärung von 1970** unter anderem wie folgt aus: *Eine initiative Kunstpolitik muss sowohl die Förderung des zeitgenössischen Kunstschaffens als auch die Wahrung des großen kulturellen Erbes Österreichs* unter Wahrung des Freiheitsraums des künstlerischen Schaffens umfassen. In seiner Rede befasste er sich mit folgenden Themen: Neuordnung der Theater, Koordination der kulturellen Einrichtungen, Förderung der/des zeitgenössischen Musik/Tanzes, Filmförderung und Analysen der

---

[372] Ebenda, S. 124ff.
[373] Ehtreiber, Ewald, „Alles für unser Österreich!", 2003, S. 92ff.
[374] Wagner, Manfred, Die bildende Kunst im Parlament, 1997, S. 308.
[375] Gottschlich, Maximilian/Panagl, Oswald/Welan, Manfried (Hrsg.), Was die Kanzler sagten, 1989, S. 159.

Kultursituation in Österreich. Diese Themen wurden in den darauf folgenden Jahren in zahlreichen Debatten aufgenommen und tauchten immer wieder in Regierungserklärungen seiner Nachfolger auf.[376] Kreisky kündigte auch die Einführung eines jährlich erscheinenden Kunstberichtes an.[377]

In seiner **Regierungserklärung von 1979** sprach **Bruno Kreisky** unter anderem vom *(...) kulturellen Erbe* Österreichs.[378]

Auf einen anderen Aspekt der Kultur wies **Fred Sinowatz** in seiner **Regierungserklärung 1983** hin: *Die Stellung zur eigenen Kultur und zur eigenen Geschichte macht erst den wahren Menschen aus, und einer, der um diese Quellen weiß, der sie sich anzueignen versteht, wird niemals unmündig oder unfrei sein.*[379]

Franz Vranitzky legte in seinen Regierungserklärungen großen Wert auf die Bewertung der Kultur als bestimmenden Faktor für die österreichische Identität. Beispiele dafür sind seine **Regierungserklärungen 1987**: *(...) Die Erneuerung kultureller Liberalität ist unverzichtbare Voraussetzung für die intellektuelle Weiterentwicklung unserer Gesellschaft. (...) Generelles Ziel der Kulturpolitik wird es sein, für die Chancengleichheit auf kulturellem Gebiet zu sorgen und gemeinsam mit der Bildungspolitik regionale und schichtspezifische Unterschiede auszugleichen.*[380] *(...) der international ausgezeichnete Ruf Österreichs als Kulturnation, beruht im wesentlichen Maße auf seinen intellektuellen Leistungen*[381]; **1990**: *(...) zur österreichischen Kulturidentität;* **1994**: *(...) Österreich als Kulturnation;* **1996**: *(...) ein relativ kleines Land wie Österreich mit seiner vielfältigen Kultur und Identität.*[382]

Viktor Klima legte anlässlich seiner Regierungserklärung **1997** folgendes Bekenntnis ab: *An Kunst besteht öffentliches Interesse. Die öffentliche Hand hat eine Verpflichtung, die materiellen Grundlagen für ein spannendes, kontroversielles und auch unbequemes Kunstschaffen in Österreich zu ermöglichen. Ich bekenne mich dazu, dass Kunst zweckfrei stattfinden können muss und nicht als bloßes Mittel zum Zweck dient.*[383]

Wolfgang Schüssel sprach in seiner **Regierungserklärung 2000** von dem *besonderen Stellenwert von Kunst und Kultur in Österreich und davon, dass Bildung, Wissenschaft und Kultur die Grundlage unserer Zukunft bilden. Weiters bemerkte er, dass Künstler keine politische Bevormundung, sondern stimulierende Rahmenbedingungen für ihr Schaffen brauchen. Er sprach sich für neue Absetzmöglichkeiten von Förderungen für die Unterstützung von Kunst und Kultur, aber durch neue Bedingungen für die Institutionen der Bürgergesellschaft* aus. Ebenfalls setzte er sich für die Einrichtung einer Österreichischen Nationalstiftung ein.[384]

---

[376] Wagner, Manfred, Die bildende Kunst im Parlament, 1997, S. 308.
[377] BMUK (Hrsg.), Kunstbericht 1970–71, S. 1.
[378] Gottschlich, Maximilian/Panagl, Oswald/Welan, Manfried (Hrsg.), Was die Kanzler sagten, 1989, S. 310.
[379] Ebenda, S. 281.
[380] Nationalrat, XVII. GP, 2. Sitzung, SGP, 28.01.1987, S. 4.
[381] Ebenda.
[382] Ehtreiber, Ewald, „Alles für unser Österreich!", 2003, S. 114ff.
[383] Nationalrat, XX. GP. 60. Sitzung, SGP, 29.01.1997, S. 24ff.
[384] O.V., Regierungserklärung vom 09.02.2000, S. 25ff.

In der **Regierungserklärung 2003** sprach **Wolfgang Schüssel** davon, *in der Kunst- und Kulturpolitik den bewährten Weg fortzusetzen, das Kreative zu stimulieren und für Künstler gute Rahmenbedingungen zu schaffen.* Er legte ein Bekenntnis *zur Förderung des großen kreativen und künstlerischen Potentials in unserem Land und seiner Darstellung im Ausland ab.* Weiters sprach er *von der Einrichtung einer finanziell großzügig dotierten „Nationalstiftung Österreich", mit der wir künftig den Erhalt historischer Gebäude und Denkmäler, aber auch ihre wirtschaftliche Nutzung sichern.*[385]

Nach dem Regierungswechsel erklärte **Alfred Gusenbauer 2007** *(...) Kunst und Kultur haben einen hohen Stellenwert in Österreich, und die Bundesregierung bekennt sich zu einem offenen kulturellen Klima, das eine kritische Auseinandersetzung sowohl mit der Geschichte als auch mit der aktuellen Entwicklung ermöglicht. Die öffentliche Finanzierung von Kunst und Kultur ist eine notwendige Investition in die Zukunft. Besonderen Stellenwert hat für uns die Förderung des zeitgenössischen Kunst- und Kulturschaffens, aber auch die soziale Absicherung von Künstlerinnen und Künstlern.* Weiters sprach er sich für eine Stärkung des Medien- und Filmstandortes aus und wies auf die Absicht der Einführung eines eintrittsfreien Tages pro Monat in die Bundesmuseen hin, um den Besuch in diese Einrichtungen ermöglichen zu können. Er betonte auch die zentrale Rolle, die der ORF für die kulturelle Identität und die gesellschaftliche Integration in Österreich einnimmt.[386]

Eine Besonderheit stellt die **Regierungserklärung** von **Werner Faymann 2008** dar, in der Aussagen zur Kulturpolitik gänzlich fehlen.[387]

4.6 Kulturpolitik als Wahlkampfthema?

Eine aktuelle Analyse der Themenfelder der Nationalratswahlkämpfe von 1970 bis 2008 kam zum Ergebnis, dass Kulturpolitik nicht auf wesentlichen Ebenen der Parteiagenden vorkam. Dieses Schicksal der mangelnden Beachtung teilt sie unter anderem mit der Universitäts- und Forschungspolitik, die es im Wahlkampf 2008 durch die Streitfrage um die Streichung der Studiengebühren zu einer gewissen Aufmerksamkeit gebracht hat. Zentrale Themen der Wahlkämpfe zwischen 1970 und 2008 waren vorwiegend Wirtschaft, Finanzen, Arbeit Familie/Jugend, innere und soziale Sicherheit.[388]

Diese Analyse zeigt die Diskrepanz zwischen der kontinuierlich stattfindenden medialen Darstellung Österreichs als „Kulturnation" durch die Politik und der Bedeutung von Kulturpolitik für Politiker und Politikerinnen in Zeiten von Wahlkämpfen, die sich bestenfalls nahe bzw. meist unter der Wahrnehmungsgrenze befindet.

Die oben genannten Beispiele und Analysen bedeuten aber nicht, dass es keine Vorstöße von verschiedenen Parteien gibt, Kultur bzw. Kulturpolitik zu

---

[385] Nationalrat, XXII. GP, 7. Sitzung, SGP, 06.03.2003, S. 24ff.
[386] Nationalrat, XXIII. GP, 9. Sitzung, SGP, 16.01.2007, S. 31.
[387] Nationalrat, XXIV. GP, 6. Sitzung, SGP, 03.12.2008, S. 31ff.
[388] Melischek, Gabriele/Rußmann, Uta/Seethaler, Josef, Agenda Building in österreichischen Nationalratswahlkämpfen 1970–2008, 2010, S. 119ff.

Wahlkampfthemen zu machen. So gingen die Grünen bei den Nationalratswahlen 2008 mit einem eigenen kulturpolitischen Programm mit dem Titel „was sich jetzt ändern muss!"[389] in den Wahlkampf.

Ein Beispiel auf Landesebene wäre der Versuch der Wiener SPÖ im Landtagswahlkampf 2010 mit einem eigenen Kongress, Positionspapier und mit interaktiven Internetseiten(-foren) Kultur und Kulturpolitik thematisch als Wahlkampfthema zu besetzten (offenbar gegen die Grünen). Inhaltlich geht es dabei beispielsweise um eine Neupositionierung der Kulturpolitik („gerechte" Kulturpolitik), um einen Aufruf um einen verstärkten Diskurs zur Kulturpolitik und um ein Ende der Repräsentationskultur.[390]

---

[389] Die Grünen (Hrsg.), Kulturpolitisches Programm der Grünen, 2008, S. 1ff.
[390] Stadt Wien Geschäftsgruppe Kultur und Wissenschaft, Wien denkt weiter – Der Kongress, 16.06.2010, S. 1ff.

5 Kulturpolitik in Österreich nach 1945

5.1 Kulturpolitische Aktivitäten auf Bundesebene

*Wollen wir Kultur erhalten,
dann müssen wir Kultur schaffend vorangehen.*[391]

Die Entwicklung der Politik in Österreich nach dem 2. Weltkrieg wird generell in vier Abschnitte unterteilt:

- Die Phase des Wiederaufbaus (1945–1960),
- die Phase der Reform und des Protests (1960–1975),
- die Phase der Kontinuität (1975–1989) und
- die gegenwärtige Phase der Umorientierung nach dem „Zeitenbruch" (1989–heute).[392]

Diese gängige Unterteilung wird in der folgenden Analyse aus kulturpolitischer Sicht noch weiter aufgeschlüsselt. Anhand von Beispielen werden wesentliche Elemente, Charakteristika und Ergebnisse der Kulturpolitik auf österreichischer Bundesebene nach 1945 dargestellt.

5.1.1 Regierungen und Ressortzuteilung für Kunst und Kultur

*Laudamus veteres sed
nostris utimur annis.*
Ovid

Die folgende Tabelle gibt einen Überblick, über die Kanzler, die für Kunst und Kultur zuständigen Ministerinnen und Minister für Unterricht (seit 1945), jene für Wissenschaft (ab 1970) und über die beiden Staatssekretäre für Kunstangelegenheiten.

Weiters veranschaulicht sie die unterschiedlichen Benennungen und Zuständigkeiten beider Ministerien.

Aus den ehemals für Kultur und Wissenschaft zuständigen Ministern gingen ein Bundespräsident und ein Kanzler hervor.

---

[391] Huizinga, Johan, Im Schatten von morgen, 1935, S. 28.
[392] Mantl, Wolfgang, Aktuelle Transformationsprobleme Österreichs, 2008, S. 334.

Kulturpolitik in Österreich nach 1945

Regierung	Kanzler	Amtszeit	Unterrichtsministerium	Minister/in	Amtszeit
Übergangsregierung ÖVP/SPÖ/KPÖ	RENNER Karl (SPÖ)	27.04.45-20.12.45	Staatssekretär für Volksaufklärung, für Unterricht und Erziehung und für Kulturangelegenheiten	FISCHER Ernst (KPÖ)	27.04.45-20.12.45
FIGL I (ÖVP/SPÖ/KPÖ bis 24.11.1947)	FIGL Leopold (ÖVP)	20.12.45-08.11.49	Bundesministerium (BM) für Unterricht	HURDES Felix (ÖVP)	20.12.45-23.01.52
FIGL II (ÖVP/SPÖ)		08.11.49-28.10.52			
FIGL III (ÖVP/SPÖ)		28.10.52-02.04.53	BM für Unterricht	KOLB Ernst (ÖVP)	23.01.52-31.10.54
RAAB I (ÖVP/SPÖ)	RAAB Julius (ÖVP)	02.04.53-29.06.56	BM für Unterricht	DRIMMEL Heinrich (ÖVP)	01.11.54-02.04.64
RAAB II (ÖVP/SPÖ)		29.06.56-16.07.59			
RAAB III (ÖVP/SPÖ)		16.07.59-03.11.60			
RAAB IV (ÖVP/SPÖ)		03.11.60-11.04.61			
GORBACH I (ÖVP/SPÖ)	GORBACH Alfons (ÖVP)	11.04.61-27.03.63			
GORBACH II (ÖVP/SPÖ)		27.03.63-02.04.64			
KLAUS I (ÖVP/SPÖ)	KLAUS Josef (ÖVP)	02.04.64-19.04.66	BM für Unterricht	PIFFL-PERCEVIC Theodor (ÖVP)	02.04.64-02.06.69
KLAUS II (ÖVP)		19.04.66-21.04.70	BM für Unterricht	MOCK Alois (ÖVP)	02.06.69-21.04.70
KREISKY I (SPÖ)	KREISKY Bruno (SPÖ)	21.04.70-04.11.71	BM für Unterricht bis 24.07.70, dann BM für Unterricht und Kunst	GRATZ Leopold (SPÖ)	21.04.70-04.11.71
KREISKY II (SPÖ)		04.11.71-28.10.75	BM für Unterricht und Kunst	SINOWATZ Fred (SPÖ)	04.11.71-24.05.83
KREISKY III (SPÖ)		28.10.75-05.06.79			
KREISKY IV (SPÖ)		05.06.79-24.05.83	BM für Unterricht und Kunst	ZILK Helmut (SPÖ)	24.05.83-10.09.84
SINOWATZ (SPÖ/FPÖ)	SINOWATZ Fred (SPÖ)	24.05.83-16.06.86	BM für Unterricht und Kunst bis 01.01.85, dann BM für Unterricht, Kunst und Sport	MORITZ Herbert (SPÖ)	10.09.84-21.01.87
VRANITZKY I (SPÖ/FPÖ)	VRANITZKY Franz (SPÖ)	16.06.86-21.01.87			
VRANITZKY II (SPÖ/ÖVP)		21.01.87-17.12.90	BM für Unterricht, Kunst und Sport	HAWLICEK Hilde (SPÖ)	21.01.87-17.12.90
VRANITZKY III (SPÖ/ÖVP)		17.12.90-29.11.94	BM für Unterricht, Kunst und Sport bis 01.02.91, dann BM für Unterricht und Kunst	SCHOLTEN Rudolf (SPÖ)	17.12.90-29.11.94
VRANITZKY IV (SPÖ/ÖVP)		29.11.94-12.03.96	BM für Unterricht und kulturelle Angelegenheiten	BUSEK Erhard (ÖVP)	29.11.94-04.05.95
VRANITZKY V (SPÖ/ÖVP)		12.03.96-28.01.97	BM für Unterricht und kulturelle Angelegenheiten bis 04.02.00, dann BM für Bildung, Wissenschaft und Kultur	GEHRER Elisabeth (ÖVP)	04.05.95-11.01.07
KLIMA (SPÖ/ÖVP)	KLIMA Viktor (SPÖ)	28.01.97-04.02.00			
SCHÜSSEL I (ÖVP/FPÖ)	SCHÜSSEL Wolfgang (ÖVP)	04.02.00-28.02.03			
SCHÜSSEL II (ÖVP/FPÖ bzw. BZÖ)		28.02.03-11.01.07			
GUSENBAUER (SPÖ/ÖVP)	GUSENBAUER Alfred (SPÖ)	11.01.07-02.12.08	BM für Bildung, Wissenschaft und Kultur bis 01.03.07, dann BM für Unterricht, Kunst und Kultur	SCHMIED Claudia (SPÖ)	seit 11.01.07
FAYMANN (SPÖ/ÖVP)	FAYMANN Werner (SPÖ)	seit 02.12.08			

Kulturpolitik in Österreich nach 1945

Wissenschaftsministerium	Minister/in	Amtszeit	Bundes-kanzleramt	Staats-sekretär	Amtszeit
BM für Wissenschaft und Forschung	FIRNBERG Herta (SPÖ)	26.07.70-24.05.83			
BM für Wissenschaft und Forschung	FISCHER Heinz (SPÖ)	24.05.83-21.01.87			
BM für Wissenschaft und Forschung	TUPPY Hans (ÖVP)	21.01.87-24.04.89			
BM für Wissenschaft und Forschung	BUSEK Erhard (ÖVP)	24.04.89-29.11.94			
BM für Wissenschaft und Forschung und Kunst bis 01.05.96, dann BM für Wissenschaft, Verkehr und Kunst	SCHOLTEN Rudolf (SPÖ)	29.11.94-28.01.97			
BM für Wissenschaft, Verkehr und Kunst bis 15.02.97, dann BM für Wissenschaft und Verkehr	EINEM Kaspar (SPÖ)	28.01.97-04.02.00	Kunstsektion	WITTMANN Peter (SPÖ)	28.01.97-04.02.00
BM für Wissenschaft und Verkehr	SCHMID Michael (FPÖ)	04.02.00-01.04.00		MORAK Franz (ÖVP)	04.02.00-11.01.07
BM für Bildung, Wissenschaft und Kultur	GEHRER (ÖVP)	01.04.00-11.01.07			
BM für Wissenschaft und Forschung	HAHN Johannes (ÖVP)	11.01.07-26.01.10			
BM für Wissenschaft und Forschung	KARL Beatrix (ÖVP)	seit 26.01.10			

Tab. 1 Regierungen, Unterrichts- und Wissenschaftsminister und -ministerinnen, Kunststaatssekretäre

Quellen: BKA (Hrsg.), Kanzler und Regierungen seit 1945, BMUKK (Hrsg.), Unterrichts- und Wissenschaftsminister/innen seit 1945.

5.1.2 Kulturpolitik von 1945 bis 1970

Symbolträchtig für den Neubeginn Österreichs nach dem Krieg war das erste Konzert der Wiener Philharmoniker, das noch im April 1945 unmittelbar nach den letzten Kampfhandlungen in Wien stattfand. Auch das Theater erlebte wenige Tage danach seine Wiedergeburt, als das Ensemble des Burgtheaters (das Burgtheater war damals schwer beschädigt und unbespielbar) im Ausweichquartier Ronacher seine erste Vorstellung gab.[393]

Während der Zeit der provisorischen Staatsregierung (Ende April bis Dezember 1945) war Ernst Fischer von der KPÖ als Staatssekretär auch für die Kulturangelegenheiten zuständig. Nach den Nationalratswahlen ging die Zuständigkeit an die ÖVP.[394] Die KPÖ, die Teil der Konzentrationsregierung war, bezog Position gegen jede Art von Repräsentativkunst. Sie sprach sich gegen jeden Missbrauch von Kultur aus, etwa durch wirtschaftliche Einflüsse.[395] Der Einfluss der KPÖ auf die Kulturpolitik, die zunächst im Konsens mit allen Parteien (Konzentrationsregierung ÖVP/SPÖ/KPÖ 1945 bis 1947) erfolgt war, schwand in weiterer Folge.[396] Im November 1947 verließ die KPÖ schließlich die Konzentrationsregierung. ÖVP und SPÖ bildeten in Folge die erste große Koalition der 2. Republik.[397] Dies führte zu einer **„staatstragenden Kulturpolitik"** der Koalition ÖVP/SPÖ unter Führung der ÖVP.[398]

In der Zeit unmittelbar nach Ende des Krieges war ein kurzes Aufkeimen kultureller Pluralität zu beobachten. Einer der Gründe dafür lag im „Aufbruch einer jungen Generation", die das vorhandene Vakuum zu füllen versuchte. Eine Generationsablöse fand schließlich aber nicht statt. Diese Phase dauerte etwa bis 1948.[399] Exemplarisch für die kurze, aber intensive Blüte unmittelbar nach dem Krieg stehen die Theater in Wien. Es gab 21 Theater mit 18.000 Sitzplätzen, die damals sehr gut besucht waren, da das Theater eine der wenigen Vergnügungsmöglichkeiten bot. Mit heutiger Diktion würde man von einem „Theaterboom" sprechen, der jedoch durch die Währungsreform und die Wirtschaftsreformen von 1947 schwer getroffen wurde. Es kam zu einer veritablen Theaterkrise, in die sich neben der österreichischen Innenpolitik sowohl die amerikanische als auch die russische Besatzungsmacht mit Reformthesen einbrachten.[400]

Im Gegensatz zur **SPÖ**, die vor allem auf die **wirtschaftliche Bedeutung** der Kultur etwa durch ihre Auswirkung auf den Fremdenverkehr (z.B. durch die

---

[393] Österreichischer Bundestheaterverband (Hrsg.), Burgtheater eine Chronik in Bildern, 1985, S. 4.
[394] BMUKK (Hrsg.), Unterrichts- und Wissenschaftsminister/innen seit 1945, 2009, S. 1ff.
[395] Bergmann, Ingrid, Die Kulturpolitik nach 1945 aus Sicht des österreichischen Nationalrates, im Vergleich mit dem 3. Reich und im Umfeld des Zeitgeschehens, 1989, S. 147.
[396] Binder, Dieter, Kontinuität – Diskontinuität. Notizen zur österreichischen Kultur nach 1945, 1998, S. 736.
[397] Chorherr, Thomas, Eine kurze Geschichte der ÖVP, 2005, S. 17.
[398] Binder, Dieter, Kontinuität – Diskontinuität. Notizen zur österreichischen Kultur nach 1945, 1998, S. 736.
[399] Sillaber, Alois, Nicht Rot und nicht Schwarz, sondern Weiss-Grün ist die Losung, 1999, S. 41.
[400] Deutsch-Schreiner, Evelyn, Theaterland Österreich – Theater im verdeckt geführten Kulturkampf um eine österreichische Identität von 1945 bis 1955, 2006, S. 145ff.

Salzburger Festspiele) abzielte[401], setzte die **ÖVP** Kultur gezielt als Mittel zur Findung eines **Nationalbewusstseins** und zur Herstellung und Pflege von **Beziehungen zu anderen Staaten** ein. In Folge wurden mehrere Kulturabkommen geschlossen, beispielsweise 1947 mit Frankreich.[402]

Dass sich die SPÖ nach 1945 zunächst nicht sonderlich aktiv in die Kulturpolitik einbrachte, lag auch in ihrer Historie begründet. Die Partei war zwölf Jahre verboten gewesen und die vor 1934 vorhandene „austromarxistische Sichtweise" auf Kultur und Kulturpolitik musste im Zuge einer Neudefinition der Ziele und Werte erst für die SPÖ über- bzw. erarbeitet werden. Diese Kulturdiskussion fand ab 1954 statt und mündete im Parteiprogramm der SPÖ von 1958. Im Gegensatz zur SPÖ wurde allerdings der ÖGB kulturpolitisch insbesondere auf dem Theatersektor sehr aktiv. Dies gipfelte im Erwerb des Wiener Volkstheaters. Der ÖGB sicherte sich die absolute Einflussnahme über eine juristische Konstruktion. Damit wollte man der ebenfalls im Theaterbereich aktiven Kulturpolitik der KPÖ begegnen.[403]

Die Bedeutung, die der Kultur in jener Zeit generell entgegengebracht wurde, zeigt sich an dem 1946 beschlossenen **Kunstförderungsbeitragsgesetz**[404] und am 1949 beschlossenen **Kulturgroschengesetz**, die beide zur Finanzierung kultureller Aktivitäten verabschiedet wurden.[405]

Die Mittel aus dem Kunstförderungsbeitragsgesetz stammten von den Rundfunkteilnehmern und beliefen sich zunächst auf die Höhe einer monatlichen Rundfunkteilnahmegebühr. Die Mittel daraus flossen in voller Höhe dem Bundesministerium für Unterricht zu und waren für Zwecke der Kunstförderung zweckgebunden.[406] Zur Beratung des Ministeriums stand ein Beirat zur Verfügung.[407]

Das Kulturgroschengesetz war zunächst auf fünf Jahre befristet und wurde in Folge bis zum Jahr 1964 immer wieder verlängert. Die Beträge wurden von den Filmverleihern eingehoben und über die Kinokarten erlöst. Die Erträge daraus gingen zu 25% an den Bund und zu 75% an die Länder und waren für Unternehmungen, Einrichtungen oder Betätigungen auf kulturellem Gebiet, die im Interesse des Bundes oder einzelner Bundesländer lagen, zweckgebunden.[408]

Die kulturpolitischen Aktivitäten wurden vor allem auf die sogenannte „Hochkultur" fokussiert.

---

[401] Bergmann, Ingrid, Die Kulturpolitik nach 1945 aus Sicht des österreichischen Nationalrates, im Vergleich mit dem 3. Reich und im Umfeld des Zeitgeschehens, 1989, S. 156.
[402] BGBl. 220/1947
[403] Deutsch-Schreiner, Evelyn, Theaterland Österreich – Theater im verdeckt geführten Kulturkampf um eine österreichische Identität von 1945 bis 1955, 2006, S. 156ff.
[404] Die Abgabe wird bis heute als Abgabe zur Förderung zeitgenössischen Kunstschaffens parallel zur ORF–Gebühr abgeführt. Die Erträge werden zwischen Bund, Ländern und Gemeinden aufgeteilt. Der Anteil des Bundes fließt zu 85% an die Kunstsektion. Siehe BMUKK (Hrsg.), Kunstbericht 2008, S. 175.
[405] Bergmann, Ingrid, Die Kulturpolitik nach 1945 aus Sicht des österreichischen Nationalrates, im Vergleich mit dem 3. Reich und im Umfeld des Zeitgeschehens, 1989, S. 230ff.
[406] BGBl. 213/1946, BGBl. 131/1950, BGBl. 301/1968.
[407] Kolb, Ernst, Das Förderungswesen unter dem Blickwinkel des Legalitätsprinzips, 1964, S. 80.
[408] BGBl. 191/1949, BGBl. 16/1955, BGBl. 238/1955, BGBl. 280/1963.

Anlässlich der 950-Jahre-Ostarrichi-Feiern im Jahr 1946 präsentierte sich Österreich wieder als „Kulturgroßmacht".[409] Das Land der Musen wurde propagiert und fand öffentlichen Niederschlag auch durch die Wiedereröffnung bzw. Eröffnung der **Salzburger und Bregenzer Festspiele 1946**. Fortgesetzt wurde dies in den Folgejahren durch die Eröffnungen der **Wiener Festwochen 1951**, der **Mozartwoche Salzburg 1956** und der **Seefestspiele Mörbisch 1957**.[410] Darüber hinaus fanden in diesem Zeitraum ein Bach-Fest 1950, ein Haydn-Fest 1954 und im Jahr 1956 ein Mozart-Fest statt. Die Propagierung des **Musiklandes Österreich** bzw. Österreich als ein Land der „Tänzer und Geiger" wurde zu einem zentralen Sozialisationsfaktor der wieder erstandenen Republik, indem er das Selbstbewusstsein stärkte, und gleichzeitig einen nicht unwesentlichen Wirtschaftsfaktor darstellte.[411] 1950 kam es zur Wiedereinführung der Österreichischen Staatspreise. Der Kunstsenat, der sich aus den Staatspreisträgern zusammensetzte, war schon 1945 gegründet worden.[412]

1951 wurde die **Landeskulturreferentenkonferenz** ins Leben gerufen, die bis in die Gegenwart Bestand hat. Sie beschäftigt sich seither regelmäßig mit der Koordination der Zusammenarbeit auf dem Gebiet der Kulturangelegenheiten zwischen den einzelnen Bundesländern und dem Bund.[413]

Generell waren die 1950er-Jahre vom kulturpolitischen Versuch, an die österreichische Tradition vor 1918 (Erbe der Habsburger) anzuknüpfen, geprägt. Es wurde immer wieder auf diese verwiesen. Diese Vorgehensweise hatte mehrere Ursachen:

- Man versuchte, ein **österreichisches Nationalbewusstsein** zu schaffen bzw. zu stärken.
- Eine unangenehme Beschäftigung und notwendige kritische Aufarbeitung der Zeit zwischen 1938 und 1945 wurde unter Hinweis auf die **Opferrolle** Österreichs weitestgehend ausgeblendet.
- Die zu Repräsentationszwecken verfolgte **Hochkulturförderung** hatte positive Auswirkungen auf den aufkeimenden Tourismus.

Die genannten Positionen, vor allem der Rückgriff auf die große Kulturtradition, waren in dieser Zeit offenbar parteiübergreifend dominierend. Die SPÖ nahm damals jedenfalls keinen davon abweichenden Standpunkt ein.[414]

1955 erlangte Österreich seine volle staatliche Souveränität wieder. Diesmal war es ein Staat, den (fast) alle wollten.[415] Als Staatsakte mit hoher Symbolkraft, die die neue Souveränität Österreichs darstellten, wurde die **Wiedereröffnung der Staatsoper und des Burgtheaters** in Wien im Herbst **1955** gefeiert.[416]

---

[409] Rásky, Béla, Österreich – ein Landstrich, von dem die Geschichte Abschied genommen hat?, 2007, S. 63.
[410] Binder, Dieter, Kontinuität – Diskontinuität. Notizen zur österreichischen Kultur nach 1945, 1998, S. 737.
[411] Sillaber, Alois, Nicht Rot und nicht Schwarz, sondern Weiss-Grün ist die Losung!, 1999, S. 48.
[412] Hofinger, Andreas, Aspekte der ÖVP-Kulturpolitik zwischen 1945 und 1955, 1988, S. 13ff.
[413] Knapp, Marion, Kulturpolitik, 2006, S. 771.
[414] Sillaber, Alois, Nicht Rot und nicht Schwarz, sondern Weiss-Grün ist die Losung, 1999, S. 42ff.
[415] Ulram, Peter/Tributsch, Svila, Kleine Nation mit Eigenschaften, 2004, S. 57.
[416] Panagl, Oswald, Musik als Spiegel von Politik und Geistesgeschichte, 1992, S. 902ff.

Die politischen Diskurse über Kulturpolitik in Österreich beschränkten sich damals (übrigens genauso wie heute, wie Beispiele zeigen werden) keineswegs auf Plenar- und Sitzungssäle. Die Streitigkeiten wurden nicht nur zwischen den politischen Lagern, sondern auch innerhalb derselben geführt. In die Führung einzelner Kulturbetriebe wurde direkt eingegriffen, so z.B. bei Fragen, die den Wiederaufbau des Burgtheaters betrafen. Dabei sprach sich die Politik für eine „historisierende" Wiederherstellung des Hauses aus, während aus dem Architekturwettbewerb ein modernes Architekturkonzept mit völlig neuer Innenraumkonzeption hervorging. Dieses Projekt hätte im Theater für etwa 500 Personen mehr Platz geboten, wurde jedoch von der Politik abgelehnt. Die Politik griff aber auch in künstlerischen Fragen massiv ein. Zu einem politischen Streit führte die Frage, mit welchem Stück das Burgtheater 1955 wieder zu eröffnen wäre. Zur Diskussion standen Grillparzers „König Ottokars Glück und Ende" mit traditionellem Österreichbild und katholischem Habsburgerreich auf der einen Seite und Goethes „Egmont" als Befreiungsstück mit Kritik an Kirche und Monarchie auf der anderen Seite. Schlussendlich wurde das Burgtheater mit dem Stück von Grillparzer wiedereröffnet, was als Rückbruch auf das „alte Österreich" mit dem Zweck der Identitätsstiftung gesehen werden kann.[417] Wie das Beispiel zeigte, hatten der Wiederaufbau und die Wiedereröffnung der Theater für die Regierung große Bedeutung.

Im Gegensatz dazu gingen die Reparaturarbeiten und Wiedereröffnungen bei den Bundesmuseen deutlich langsamer voran. Erst 15 Jahre nach Ende des Krieges konnte das Publikum das Kunsthistorische Museum wieder in vollem Umfang besichtigen.[418]

Noch dramatischer sah die Situation bei der Unterstützung junger Literaturschaffender aus, da es in dieser Phase kaum Interesse an der Förderung von Gegenwartsliteratur gab. So mussten in dieser Zeit viele aufstrebende Literatinnen und Literaten mangels angemessener Verdienstmöglichkeiten und Förderungen Wien bzw. Österreich verlassen. Eine weitere Problematik bestand darin, dass die Buchproduktion danieder lag, da man sich vor allem auf die Produktion von Zeitschriften konzentrierte.[419]

Gesamtpolitisch brachten die Nationalratswahlen des Jahres 1966 eine wesentliche Veränderung mit sich. Es kam zur ersten Alleinregierung nach dem 2. Weltkrieg. Die Zeiten der Großen Koalitionen von ÖVP und SPÖ waren vorerst beendet.[420]

---

[417] Rathkolb, Oliver, „Aktion Ottokar", 2005, S. 6ff.
[418] Haupt, Herbert, Das Kunsthistorische Museum – Die Geschichte des Hauses am Ring, 1991, S. 199.
[419] Schmidt-Dengler, Wendelin, Österreich vor 60 Jahren: Der Krieg und die Folgen, 2007, S. 117.
[420] Kriechbaumer, Robert, Österreichs Innenpolitik 1970 – 1975, 1981, S. 3.

5.1.3 Kulturpolitik von 1970 bis 1983

Nach einem Vierteljahrhundert Regierungsverantwortung der ÖVP kam es 1970 zur ersten und bisher einzigen Gesamtablöse einer österreichischen Regierung nach 1945.[421] Die Nationalratswahlen von 1970 führten zunächst zu einer SPÖ-Minderheitsregierung unter „Duldung" der FPÖ. Diese Konstellation war allerdings nur von kurzer Dauer und von wenig Stabilität gekennzeichnet.[422] Bereits im Herbst 1971 kam es erneut zu Nationalratswahlen, die der SPÖ die absolute Mehrheit bescherte[423], die sie mehr als ein Jahrzehnt behalten sollte.

Unter der neuen Regierung begann ein politisch gewünschter Ausdifferenzierungsprozess von Politikbereichen, die als gesellschaftlich relevant erachtet wurden. Seit damals wurden die Bezeichnungen der Ministerien häufig geändert. Das Politikfeld Kultur hatte seit 1970 die verschiedensten Bezeichnungen: Kunst, Kulturelle Angelegenheiten, Kunst und Kultur etc. (siehe auch Tab. 1).[424] Die Kompetenzen für die Kunstpolitik, die Bundestheater und die Auslandskulturpolitik blieben vorerst beim Unterrichtsministerium. Die Agenden für die Kunsthochschulen, die Bundesmuseen und der Denkmalschutz wurden dem **neu gegründeten Wissenschaftsministerium** übertragen.[425] 1971 kam es zu einer Organisationsänderung bei den Österreichischen Bundestheatern, die bislang bestehende Bundestheaterverwaltung wurde in den **Bundestheaterverband** umgewandelt.[426] Das Jahr 1973 brachte erneut eine weit reichende Kompetenzänderung mit sich: die Kompetenzen für die **Auslandskulturpolitik** gingen vom Unterrichtsministerium auf das Außenministerium über. Durch die genannten Änderungen kam es zum größten kompetenzrechtlichen Umbruch seit Bestehen des Unterrichtsministeriums 1848 (weder der Zusammenbruch der Monarchie noch das Ende der 1. Republik hatten für diesen Bereich annähernd so gravierende Auswirkungen).[427]

Prägend für die Kulturpolitik in der Regierungszeit Kreiskys sollte die Implementierung sozialdemokratischer Leitbegriffe wie **Demokratie** und **soziale Gerechtigkeit** werden, flankiert vom Versuch einer Verwissenschaftlichung in diesem Bereich.[428] Der Ankündigung in der Regierungserklärung Kreiskys von 1970, in der er sich unter anderem für die Einführung eines jährlich erscheinenden Kunstberichtes aussprach, der über Kunstpolitik und künstlerische Aktivitäten in Österreich Rechenschaft abgeben soll, wurde im Folgejahr Rechnung getragen.[429] Seither erscheint der **Kunstbericht jährlich** in ununterbrochener Folge.

Gleichzeitig wollte man durch Grundlagenforschung im kulturellen Bereich verkrustete Strukturen aufzeigen und eine neue Basis für künftige

---

[421] Melischek, Gabriele/Rußmann, Uta/Seethaler, Josef, Agenda Building in österreichischen Nationalratswahlkämpfen 1970 – 2008, 2010, S. 105ff.
[422] Kriechbaumer, Robert, Österreichs Innenpolitik 1970 – 1975, 1981, S. 36.
[423] Ebenda, S. 75.
[424] Melischek, Gabriele/Rußmann, Uta/Seethaler, Josef, Agenda Building in österreichischen Nationalratswahlkämpfen 1970–2008, 2010, S. 105ff.
[425] Meissnitzer, Heidi, Die Rückkehr der Kunstagenden ins Unterrichtsministerium, 2007, S. 6.
[426] Springer, Georg/Stoss, Othmar, Privatisierung Museen, Theater, 2006, S. 565.
[427] Meissnitzer, Heidi, Die Rückkehr der Kunstagenden ins Unterrichtsministerium, 2007, S. 6.
[428] Mattl, Siegfried, Kultur und Kulturpolitik in der Ära Kreisky, 2007, S. 131ff.
[429] BMUK (Hrsg.), Kunstbericht 1970 – 71, S. 1.

Entscheidungen schaffen. Ziel war es, die vorhandenen Mittel objektivierbarer einzusetzen[430]. In Folge wurden Studien in Auftrag gegeben (darunter **Studie „Kultur in Österreich"**).[431] Interessante Details dazu führt *Rauch-Keller* näher aus: Für die Ausarbeitung der Studie bewarb sich lediglich ein der Sozialdemokratie nahestehendes Institut, das in Folge auch den Auftrag erhielt. Die Studie kam unter anderem zum Ergebnis, dass *bei einem Großteil der österreichischen Bevölkerung materielle und seelische Hemmnisse verschiedener Art, vor allem sozialer, bildungsmäßiger und regionaler Natur bestehen, die die Teilnahme der Mehrzahl der Staatsbürger am Kulturleben erschweren.* Die Ergebnisse der Studie wurden anschließend von Politikerinnen und Politikern mit großer Leidenschaft besprochen. Von vielen Seiten hagelte es Kritik bezüglich Aussagekraft und Methodik, auch von Seiten der Wissenschaft z.B. durch *Hasitschka*, der die empirische Vorgangsweise anzweifelte.[432]

Die Ergebnisse der Studien flossen jedenfalls in den **Kulturpolitischen Maßnahmenkatalog 1975** ein, der eine längerfristige Strategie der Ausgabenpolitik zum Inhalt hatte. Schwerpunktthemen waren unter anderem ein Ausbau des Musikschulwesens, Steigerung des kulturellen Angebots für junge Menschen, ein Kulturstättenplan zur besseren Versorgung der Landbevölkerung und ein verbesserter Zugang zu den Bundestheatern.[433] Der Kulturpolitische Maßnahmenkatalog wurde von der Opposition unter anderem mit der Begründung vor drohendem Zentralismus abgelehnt. Er beschäftigte in Folge Jahre lang das Parlament, erreichte aber in der Öffentlichkeit wenig Resonanz.[434]

Zur Objektivierung und zur Wahrung der verfassungsmäßig festgelegten Ministerverantwortlichkeit wurden zur Entscheidungsfindung ab 1972 verstärkt Beiräte, zunächst für bildende Kunst, Kleinbühnenwesen und Filmförderung, eingesetzt.[435]

1974/75 wurde die lange Aufschwungphase der Nachkriegsjahre durch den ersten Ölschock und die darauf folgende Wirtschaftskrise beendet. In den Jahren danach stiegen die Finanzschulden des Bundes rapide an.[436] Die prekäre finanzielle Situation, in der sich Österreich damals befand, mag ein wesentlicher Umstand sein, dass die großen Erwartungen und hohen kulturpolitischen Ansprüche, die an die Kreisky-Ära gerichtet wurden, schlussendlich doch nicht wie geplant umgesetzt werden konnten.

1978 trat die SPÖ in ihrem neuen Parteiprogramm weiterhin für einen Demokratisierungsprozess im kulturellen Bereich ein[437] – mit dem Schlagwort **„Kultur für alle"**.[438] *Kreisky* stellte die Linie der Partei wie folgt fest: *Ich habe*

---

[430] BMUK (Hrsg.), Kunstbericht 1972, S. 1.
[431] BMUK (Hrsg.), Kunstbericht 1975, S. 34.
[432] Rauch-Keller, Reingard, Kunstförderung, 1981, S. 58ff.
[433] BMUK (Hrsg.), Kunstbericht 1975, S. 34.
[434] Rauch-Keller, Reingard, Kunstförderung, 1981, S. 65ff.
[435] BMUK (Hrsg.), Kunstbericht 1973, S. 1.
[436] Kriechbaumer, Robert, Zeitenwende, 2008, S. 33.
[437] Kreisky, Bruno, Soziale Demokratie verwirklicht die humane Gesellschaft, Die Grundsatzrede beim SPÖ Parteitag, 1978, S. 6.
[438] „Kultur für alle" definiert Hoffmann wie folgt: Damit sollten alle Bürger die Möglichkeit haben, kulturelle Angebote aller Sparten und aller Spezialisierungsgrade wahrzunehmen, und zwar mit zeitlichem Aufwand und einer finanziellen Beteiligung, die so bemessen sein

kein Verständnis dafür, dass deshalb, weil der Genuss dieser kulturellen Schöpfungen nur wenigen zuteil wird, diese Großtaten der Menschheit, wie sie etwa in den Kompositionen der Musik oder den Schöpfungen der bildenden Künste vollbracht wurden, bagatellisiert werden. Hier geht es um die Überwindung eines Privilegs und die sozialistische Kulturpolitik muss, will sie ihren Namen verdienen, hiezu bereit sein. Zu den Voraussetzungen der Demokratisierung im kulturellen Bereich gehört jedenfalls unsere politische Vorstellung, wonach der freie und materiell unbehinderte Zugang zum kulturellen Leben einer Nation in immer stärkerem Maße zu einem substantiellen Element der Lebensqualität wird.[439]

Die Ära Kreisky wird noch heute besonders von Kulturschaffenden als Zeit der Aufbruchstimmung gesehen. Schon 1979 wurde jedoch auch Kritik an der staatlichen Kunstpolitik geäußert. Der Staat sei in seinen Möglichkeiten vermehrt auf dem Rückzug und reduziere seine Aktivitäten in diesem Bereich zusehends auf materielle Unterstützung und Gratifikation. Er überließe dadurch dem Kunstmarkt das Feld und begnüge sich mit der Funktion eines „sozialpolitischen Absicherns der Opfer" dieser Entwicklung und der Garantie für die Rahmenbedingungen, unter denen sich der Kunstmarkt enfalten könne. Insgesamt wird die Kunst- und Kulturpolitik der 1. Republik von *Fliedl* progressiver eingeschätzt.[440]

Sinowatz äußerte sich 1980 als verantwortlicher Minister zu zehn Jahren sozialistischer kulturpolitischer Verantwortung: *Kulturpolitik ist ein zentraler Bestandteil und eine Fortsetzung der Sozialpolitik. Es war und ist mein immer wieder erklärtes Ziel, alle Bemühungen zu unternehmen und zu einer Verbesserung des kulturellen Verständnisses der österreichischen Bevölkerung zu kommen.*[441]

Im gleichen Jahr wurde ein eigenes **Filmförderungsgesetz** verabschiedet. Dadurch blieben Experimental- und Avantgardefilme weiterhin Angelegenheiten des schon 1973 gegründeten Filmbeirates, während der „künstlerische Film mit der Zielsetzung einer kommerziellen Verwertung" dem Österreichischen Filmförderungsfond zugewiesen wurde.[442]

Verfassungsrechtlich von Bedeutung war **1982** die Einführung des **Rechts auf Kunstfreiheit** in Österreich in Art 17a StGG, die auf breiteste parlamentarische Zustimmung (einstimmiger Beschluss) stieß.[443]

Im Rückblick betrachtet verzeichneten Kulturausgaben in dieser Phase (vor allem bis Mitte der 1970er-Jahre) nominell hohe Wachstumsraten. Im Vergleich zu den Gesamtausgaben des Staates sind die Kulturausgaben prozentuell

---

muss, dass keine einkommensspezifischen Schranken aufgerichtet werden. Hoffmann, Hilmar, Kultur für alle, 1979, S. 11.

[439] Kreisky, Bruno, Soziale Demokratie verwirklicht die humane Gesellschaft, Die Grundsatzrede beim SPÖ Parteitag, 1978, S. 6.

[440] Fliedl, Gottfried, Überlegungen zur Geschichte der Kunstförderung in Österreich, 1979, S. 59ff.

[441] BMUK (Hrsg.), Kunstbericht 1980, S. 1.

[442] Schwanda, Herbert, Kulturpolitische Grundsätze am Beispiel der Film-, Video- und Fotografieförderung, 1983, S. 1.

[443] Hofstetter, Alwine, Politische und rechtliche Aspekte von Kunst und Kultur in Österreich, 2004, S. 21.

allerdings nicht gestiegen. Auch die ungleiche Verteilung der Kulturausgaben zwischen den großen traditionellen Kulturbetrieben und der freien Szene wurde in dieser Zeit perpetuiert bzw. nur in Ansätzen verändert. Die Zielsetzung der SPÖ, unter ihrer Regierung die kulturelle Vielfalt zu fördern, war nur unter der Voraussetzung eines wirtschaftlichen Wachstums möglich. Ab Mitte der 1970er-Jahre war an deren Umsetzung in geplantem Ausmaß nicht mehr zu denken.[444]

5.1.4 Kulturpolitik von 1983 bis 1986

Helmut Zilk, ehemaliger Wiener Kulturstadtrat und ab 1983 Bundesminister für Unterricht und Kunst, war gleich nach Amtsantritt mit beträchtlichen **Budgetrestriktionen** konfrontiert. Er meinte dazu: *Es kommen schwere Zeiten, gespart werden muss überall.* Die Debatte über die Bedeutung und Notwendigkeit der Höhe der Kulturfinanzierung wurde nicht mit gesellschafts- bzw. kulturpolitischen Argumenten geführt, sondern vorwiegend um Arbeitsplätze, die durch den Kulturbereich geschaffen werden sollten. Die Deckung des finanziellen Abgangs der Staatsoper, der damals jährlich mehrere Mio. EUR betrug, wurde ebenfalls mit der Bedeutung der Staatsoper für den Fremdenverkehr begründet. Helmut Zilk argumentierte äußerst plakativ, dass der Abgang der Staatsoper finanziell gleichzusetzen ist mit dem Bau von sechs Kilometern Autobahn: *und sechs Kilometer Autobahn muss uns unsere Staatsoper wert sein.*

Um die finanziellen Schwierigkeiten zu lindern, wurde die Akquisition von **privaten Finanzmitteln** vom Minister gefördert und damit einer langjährigen Forderung der ÖVP Rechnung getragen. Zilk verteilte sogar persönlich und medienwirksam Werbezettel eines Förderers des Wiener Schauspielhauses. Begründet wurde dies mit den Worten: *Der Sponsor dürfe zwar auf die künstlerische Freiheit keinen Einfluss nehmen, aber es gehe jetzt darum, Private verstärkt in den Entstehungsprozeß kultureller Leistungen – wie in den USA üblich – einzubinden.*[445] Mitte der 1980er-Jahre wurden die Probleme bei der öffentlichen Finanzierung von Kunst und Kultur immer virulenter. Auffallend dabei ist immer wieder der bis heute herrschende Konkurrenzkampf zwischen der Förderung großer Kulturbetriebe (v.a. großer Bundes- und Landestheater) auf der einen Seite und der Förderung der freien Szene auf der anderen Seite.[446]

Ein weiteres bis heute aktuelles Thema war schon damals sozialer Brennpunkt, nämlich dass die Einkommen eines Großteils der selbständigen Künstlerinnen und Künstler sehr gering waren und zum Teil unter dem Existenzminimum lagen.[447]

Eine wesentliche Verbreiterung der Basis zur Kunstförderung sollte durch die im Jahr **1985** beschlossene Aktion „**Kunst am Bau**" erzielt werden.[448] Ein Prozent des Nettohochbauaufwandes im Bundesbereich steht dabei für die

---

[444] Knapp, Marion, Kulturpolitik, 2006, S. 775.
[445] Wimmer, Michael, Zur Kulturpolitik in Österreich zwischen 1966 und 1985, 1985, S. 96.
[446] BMUKS (Hrsg.), Kunstbericht 1985, S. 2.
[447] Flener, Harald, Staatliche Kunstförderungspolitik in Österreich, 1990, S. 140.
[448] Moritz, Herbert, Kunstbericht 1985, S. 2.

künstlerische Ausstattung von staatlichen Bundeshochbauten zur Verfügung. Die Vorgangsweise wird durch einen Fachbeirat entschieden.[449]

Auf ein Ereignis des Jahres 1984 soll noch beispielgebend für die zunehmende Abkehr der Kulturschaffenden von der SPÖ hingewiesen werden. Der damals amtierende Innenminister, der gleichzeitig auch Kuratoriumsvorsitzender der Österreichischen Gesellschaft für Kulturpolitik war, ließ durch einen Polizeieinsatz die Hainburger Au von ihren Besetzern (Gegner eines geplanten Wasserkraftwerkes an der Donau nahe Wien) räumen. Daraufhin fand etwa die jährlich abgehaltene Veranstaltung „Kulturkontakte" nicht mehr statt.

Die Reformkraft, mit der die SPÖ in den frühen 1970er-Jahren auch kulturpolitisch angetreten war, erlahmte zusehends. Abgesehen von den bereits beschriebenen ökonomischen Problemen, mit denen der Staat zu kämpfen hatte, ging auch die ideologische Überzeugungskraft verloren. Kulturpolitik reduzierte sich wieder auf reine Ressortpolitik und ordnete sich den Zwängen der realen wirtschaftlichen Verhältnisse unter.[450]

5.1.5 Kulturpolitik von 1986 bis 2000

Das Jahr 1986 war gekennzeichnet durch massive politische Umbrüche in Österreich (Waldheim–Affäre, Haider wurde Parteivorsitzender der FPÖ, die kleine Koalition SPÖ/FPÖ zerbrach, bei den Neuwahlen kamen die Grünen erstmals ins österreichische Parlament, es folgte eine große Koalition SPÖ/ÖVP).[451] Damit waren zum ersten Mal seit 27 Jahren wieder vier Parteien im Nationalrat vertreten.[452]

Nach dieser Wahl begann auch die Erosion der bis dahin klassischen Machtblöcke und Großparteien SPÖ und ÖVP. Sie gerieten in Folge zunehmend durch egalitäre, individualistische, fatalistische und autonome gesellschaftliche Strömungen unter Druck. Die damit verbundene Veränderung führte zu einer kulturellen Pluralisierung. Die genannten Strömungen konnten nicht mehr von den bestehenden Parteien abgedeckt werden, sondern führten in der Folge zur Entstehung neuer Parteien und damit zu einer Veränderung des davor bestehenden politischen Systems.[453]

Bestrebungen zu einer Stärkung der privaten Kunstförderung waren Bestandteil des Arbeitsübereinkommens der Regierungsparteien im Jahr 1987. Dabei sollten Staat, Wirtschaft und Kunst verstärkt zusammenarbeiten. Eine stärkere private Kunstförderung sollte aber keinesfalls zu einem Rückzug des Staates führen. Ganz im Gegenteil sollte eine stärkere Kunstförderung durch die öffentliche Hand private Förderer verstärkt anziehen und damit auch die Attraktivität für die Wirtschaft stärken.[454]

Zum zentralen Thema der Debatten wurde **Kultur-Sponsoring**. Überlegungen zu einer stärkeren Marktorientierung, vor allem in den Bereichen

---
[449] BKA (Hrsg.), Kunstbericht 1996, S. 46.
[450] Wimmer, Michael (Hrsg.), Kulturpolitik in Österreich, 1995, S. 147.
[451] Ullmann, Iris, Causa Austria, 2010, S. 75ff.
[452] Nationalrat, XVII. GP, 2. Sitzung, SGP, 28.01.1987, S. 4.
[453] Ullmann, Iris, Causa Austria, 2010, S. 75ff.
[454] BMUK (Hrsg.), Kunstbericht 1987, S. II.

der Repräsentationskultur (Musical, populäre Opernaufführungen und Museen) wurden angestellt. Dies sollte zu einer im internationalen Vergleich höheren Eigenmittelaufbringung führen.[455]

Besonders prekär war die damalige Situation der österreichischen Bundesmuseen. In den 1980er-Jahre war das Budget, das der Bund für die Bundestheater zur Verfügung stellte, etwa sechsmal höher als jenes für die Bundesmuseen. Ein Verantwortlicher des Ministeriums meinte dazu: Der politische Wille zum Theater ist in Österreich demnach sechsmal so groß wie jener zum Museum.[456]

Vergleicht man die Ausgaben des Bundes 2008 (und 2009) für museale Aufgaben, so stellte der Bund 134,74 Mio. EUR (bzw. 160 Mio. EUR), davon für die ausgegliederten Bundesmuseen als Basisabgeltung 96,51 Mio. EUR (bzw. 105,01 Mio. EUR), zur Verfügung. Für die Bundestheater standen 138,60 Mio. EUR[457] (bzw. 142,15 Mio. EUR[458]) zur Verfügung.

Die Politik dachte erst um, als es im Frühjahr 1987 zu einem Wassereintritt im Kunsthistorischen Museum kam.[459] Als dann noch im Sommer mitten zur Hauptsaison desselben Jahres 120 Mitarbeiter der Bundesmuseen von der Arbeitsverwaltung abgezogen wurden, standen unhaltbare Personalnotstände unter den Aufsehern bevor. Dies nahmen die Direktoren der Museen zum Anlass, die Politik massiv unter Druck zu setzen. In den Jahren **1987** und **1990** kam es zu den beiden **Museumsmilliarden** (2 bzw. 3 Mrd. ATS – in Summe also etwa 363,4 Mio. EUR), die zur Verfügung gestellt wurden, um die ärgsten Mängel zu beheben.[460]

1988 trat das **Kunstförderungsgesetz** des Bundes in Kraft, mehr als ein Jahrzehnt später als das erste Gesetz auf Länderebene. Es enthält die Verpflichtung des Bundes, das künstlerische Schaffen sowie dessen Vermittlung in Österreich zu fördern und zu diesen Zwecken im Bundesfinanzgesetz Mittel bereitzustellen. Bei der Förderung ist die Vielfalt der zeitgenössischen Kunst zu berücksichtigen, daraus ergibt sich ein offener Kunstbegriff. Die damals zuständige Ministerin Hilde Hawlicek meinte dazu: *Dass die Kunst ein Wert an sich ist, dass sie im Wesentlichen der freie nur an Gesetzen des entstehenden Werkes verpflichtete Gestaltungswille besonders begabter und besonders schöpferischer Menschen ist, wurde erst relativ spät erkannt. Dass Kunst in dieser Form bestehen und sich entfalten kann, dafür hat dieser Staat Sorge zu tragen und dies auch zu dokumentieren.*[461]

In ihren Zielsetzungen verpflichtete sich die Große Koalition 1990 zu einer budgetären Bevorzugung von Kunst und Kultur. Die kulturelle Infrastruktur und das Verlags- und Filmwesen sollten verbessert werden. Das Urheberrecht sollte novelliert werden. Weiters gab es eine Absichtserklärung, ein „effizientes Kulturmanagement" einzuführen. An Stelle des Terminus „Subventionierung"

---

[455] BKA (Hrsg.), Kulturverwaltung in Österreich, 1998, S. 15.
[456] Öhlinger, Theo, Die Museen und das Recht, 2008, S. 29.
[457] BMUKK (Hrsg.), Kulturbericht 2008, S. 8.
[458] BMUKK (Hrsg.), Kulturbericht 2009, S. 8.
[459] Öhlinger, Theo, Die Museen und das Recht, 2008, S. 29ff.
[460] Konrad, Heimo, Museumsmanagement und Kulturpolitik, 2008, S. 54.
[461] BMUK (Hrsg.), Kunstbericht 1988, S. IV.

sollte in Zukunft der Begriff „Finanzierung" von Kunst treten. Schwerpunktmäßig sollten „neue Kulturinitiativen" gefördert werden. Im BMUK wurde eine eigene **Abteilung zur Förderung von Kulturinitiativen** eingerichtet.[462] Die Errichtung dieser Förderstelle (Abteilung IV/8) samt Beirat war eine wesentliche Forderung der IG Kultur Österreich. Dem Entschließungsantrag stimmten 1990 alle im Parlament vertretenen Parteien zu.[463]

Bis 1994 (Ressorttausch zwischen SPÖ/ÖVP) blieb die Kompetenzaufteilung im Kulturbereich im Wesentlichen unverändert. Die Kompetenzen für Bundesmuseen, Denkmalschutz und Nationalbibliothek gingen an das Unterrichtsministerium. Die übrigen Kompetenzen gingen an das Ministerium für Wissenschaft, Forschung und Kunst. Es kam allerdings zur ersten Namensänderung seit 13 Jahren: aus dem BMUK wurde das **Bundesministerium für Unterricht, Kunst und Sport**.[464] Man war um Kontinuität in der Kulturpolitik bemüht, gleichzeitig wurde immer deutlicher auf die Knappheit der Mittel verwiesen, die es notwendig machte, die Effizienz und Wirkung aller Fördermaßnahmen im Kulturbereich auch im Einzelfall zu überprüfen.[465]

Wesentlich einschneidender waren die Änderungen, die durch die Kanzlerschaft von Viktor Klima (1997–1999) eingeleitet wurden. Die Kunstagenden wurden ab 1997 nicht mehr durch ein Ministerium wahrgenommen, sondern durch einen im Bundeskanzleramt angesiedelten Staatssekretär. Viktor Klima verwies auf die Notwendigkeit von Reformen und übernahm die Agenden für Kunst als Staatssekretariat direkt ins Bundeskanzleramt.[466] Diese Änderung führte zu massiven Protesten der Kulturschaffenden,[467] obwohl Klima ein Bekenntnis zur öffentlichen Kulturförderung abgab. Er argumentierte die Änderung der Kompetenzverteilung wie folgt: *Weil dieser Bereich so wichtig ist, ist es sinnvoll, Kunst und Medien im Bundeskanzleramt zusammenzufassen und damit der Kunst in der Informationsgesellschaft neue Chancen zu ermöglichen.* Gleichzeitig plädierte er für den Umbau des Hoheitsstaates zum Dienstleistungsstaat.[468] Sektionschef *Mailath-Pokorny* resümierend zum damaligen Konflikt: *Die Arbeit der Kunstverwaltung des Bundes war 1997 zunächst einmal vom Ressortwechsel und den diesbezüglichen Diskussionen in der Öffentlichkeit geprägt. Es gelang nur mit einiger Mühe, die Kunstschaffenden davon zu überzeugen, dass die tägliche Arbeit der Kunstförderung selbstverständlich weiter funktioniert, sogar vom selben Ort aus. Es werde in Zukunft unumgänglich sein, eine Ausweitung des Budgets vorzunehmen, will eine Kulturnation wie Österreich nicht gerade im zeitgenössischen Bereich zurückbleiben.*[469]

In Folge kam es zu gravierenden strukturellen Änderungen. Die Weichen für die **Ausgliederung der Bundestheater und der Bundesmuseen** wurden

---

[462] BKA (Hrsg.), Kulturverwaltung in Österreich, 1998, S. 16.
[463] Losenicky, Daniela, 10 Jahre IG Kultur Österreich, 2000, S. 5ff.
[464] BGBl. 439/1984, Novelle zum Bundesministeriengesetz 1973.
[465] BMUKS (Hrsg.), Kunstbericht 1984, S. 2.
[466] Nationalrat, XX. GP, 60. Sitzung, SGP, 29.01.1997, S. 24ff.
[467] Meissnitzer, Heidi, Die Rückkehr der Kunstagenden ins Unterrichtsministerium, 2007, S. 6.
[468] Nationalrat, XX. GP, 60. Sitzung, SGP, 29.01.1997, S. 24ff.
[469] Mailath-Pokorny, Andreas, Öffentliches Management für die Kunst, 1998, S. 7.

gestellt.[470] Die Kompetenzverteilung hatte auch zur Folge, dass die Bundestheater dem BKA (SPÖ) und die Bundesmuseen dem Unterrichtsministerium (ÖVP) unterstellt waren. Dies sollte erhebliche Auswirkungen auf die Rechtsform der ausgegliederten Institutionen mit sich bringen. So wurden die **Bundestheater 1999** vollständig in Form einer **Holdingkonstruktion mit eigenen GmbHs** ausgegliedert, während die **Bundesmuseen ab 1999** Schritt für Schritt als **Wissenschaftliche Anstalten öffentlichen Rechts** ausgegliedert wurden.

Gegen Ende der Regierungszeit Klimas sprach sich die ehemalige für Kultur zuständige Ministerin Hawlicek erneut für die Einrichtung eines eigenen Kunstministeriums aus, in dem sämtliche Kulturagenden zusammengefasst sein sollten. Damit könnte die herrschende Zersplitterung der Kompetenzen auf mehrere Ministerien beendet werden.[471]

Morak warf der sozialdemokratischen Kulturpolitik ebenfalls gegen Ende der Legislaturperiode ein zentrales Versagen vor. Er war der Ansicht, dass diese den wirtschaftlichen Aspekt kulturpolitischen Handelns nicht zu erkennen vermag. Er sprach sich dafür aus, *auf das wirtschaftliche Element von Kultur mit dem Instrumentarium wirtschaftspolitischen Handelns zu reagieren.*[472]

Exkurs: Beirat- und Kuratorenmodell

Bei Entscheidungen für oder gegen die Vergabe von Förderungen und Subventionen werden in Österreich auf allen Gebietskörperschaftsebenen oftmals Beiräte mit unabhängigen Expertinnen und Experten eingesetzt. **Beiräte** können lediglich Empfehlungen abgeben, doch wird diesen Empfehlungen in der Praxis häufig Rechnung getragen.[473] Dabei werden oft mehrere Personen, die auf demselben Gebiet Expertinnen bzw. Experten sind, herangezogen, wobei die Größe und Art der Zusammensetzung, die Geschäftsordnungen und Bestellungs- und Vorlagefristen unterschiedlich gestaltet sind.[474] Beiräte haben die Aufgabe, die Entscheidung „objektivierbarer" zu machen, das heißt die Entscheidungen sollen dadurch transparenter und nachvollziehbarer werden. Die Politik soll dadurch auch von immer wieder auftretenden Vorwürfen der Parteilichkeit und Gefälligkeit gegenüber wohlgestimmten Personen befreit werden.

Das **Kuratorenmodell**, das **1991** erstmals im Bereich bildende Kunst eingesetzt wurde (später auch für Musik), sollte keine Konkurrenz zum Beirätesystem sein, sondern diesem als Ergänzung beigestellt werden. Hintergrund der Einführung war, die bisherigen Schwachstellen des Systems (wie zum Beispiel die „passive Förderung – es bedurfte immer eines Anstoßes von außen) zu vermeiden. Es wurde daher ein neuer Ansatz zur aktiven Strukturarbeit gewählt, der auch das Umfeld der Kunstproduktion einbeziehen sollte. Hauptzielrichtung war nicht wie bisher die Einzelprojektförderung, es wurde eher auf längerfristige Vorhaben und Projektreihen abgezielt.[475] Beispielsweise

---

[470] Wimmer, Michael, Staatliche Kulturpolitik in Österreich seit 2000, 2006, S. 250.
[471] Hawlicek, Hilde, Zur Zukunft der Kulturpolitik, 1999, S. 7ff.
[472] Morak, Franz, Creative Industries und der Auftrag des Kulturpolitikers oder Die organisierte Kreativität, 1998, S. 297.
[473] BMUK (Hrsg.), Kunstbericht 2008, S. 163.
[474] BKA (Hrsg.), Weissbuch zur Reform der Kulturpolitik in Österreich, 1999, S. 129.
[475] BKA (Hrsg.), Kunstbericht 1999, S. 158.

erhielten die Kuratoren für bildende Kunst (2 Kuratoren) für die Laufzeit von 30 bzw. 33 Monaten ein Budget in Höhe von jeweils ca. 2,2 Mio. EUR. Über die Verwendung dieser Mittel konnten sie unabhängig voneinander und ohne ministerielle Weisungsgebundenheit entscheiden.[476] Damit sollte die Förderentscheidung von Personen getroffen werden, die sich jahrelang innerhalb des Kulturbetriebs bewegten, über deren Vorteile und Defizite Bescheid wussten und Strategien zur Beseitigung der Probleme umsetzen konnten.[477]

Als Bundeskuratoren fungierten seinerzeit unter anderen Stella Rollig, die Direktorin des Lentos Museums in Linz, und Wolfgang Zinggl, Kultursprecher der Grünen und gleichzeitig Kuratoriumsvorsitzender des Museums Moderner Kunst in Wien (MUMOK).[478]

5.1.6 Kulturpolitik von 2000 bis 2007

Trotz des Regierungswechsels (Koalition ÖVP/FPÖ) blieb die Kompetenzaufteilung im Wesentlichen unverändert: **Kunstagenden** (inklusive Bundestheater, Archive, Filmförderung) als Staatssekretariat im Bundeskanzleramt, **Kulturagenden** (Bundesmuseen, Denkmalschutz, Förderung von Schul- und Kulturfilmen etc.) im Ministerium für Bildung, Wissenschaft und Kultur.[479] Die erneute Trennung der Kunst- und Kulturagenden rief immer wieder Kritik hervor, beispielsweise auch im Kulturausschuss des Parlaments.[480] Zahlreiche Künstlerinnen und Künstler protestierten gleich zu Beginn der Legislaturperiode gegen die neue Regierung (insbesondere gegen die Regierungsbeteiligung der FPÖ) und drohten damit, Österreich zu verlassen. Die damalige Situation lässt sich gut mit Ausführungen von *Stadler* beschreiben: *With the theme „The Other Austria" (das andere Österreich), many artists campaigned for months against the so-called „Blue-Black" government, some of them engaging in political opposition, some of them even abandoning Austria altogether, such as the composers Olga Neuwirth and Georg Friedrich Haas, curator Robert Fleck, and architect Raimund Abraham.*[481]

Am Anfang der Regierungsarbeit traten das Künstler-Sozialversicherungsfondsgesetz[482] und das Gesetz zur Preisbindung bei Büchern[483] in Kraft. Ersteres wurde von SPÖ, ÖVP und FPÖ, zweiteres von allen Parlamentsparteien verabschiedet. Das Sozialversicherungsfondsgesetz, das zunächst als Schritt in die richtige Richtung bezeichnet wurde, führte ab der Zeit seiner Umsetzung zu heftigen Diskussionen und Streitigkeiten.[484] Ebenfalls in die Anfangsphase fällt die Neukonzeption der Galerienförderung. Statt wie davor an Galerien, wurden die Mittel im Zweijahresrhythmus an ausgewählte österreichische Museen unter Berücksichtigung der Interessen der Bundesländer

---

[476] BKA (Hrsg.), Kunstbericht 1998, S. 43.
[477] BMUK (Hrsg.), Kunstbericht 2008, S. 130.
[478] BKA (Hrsg.), Kunstbericht 1999, S. 158.
[479] BGBl. 16/2000.
[480] Nationalrat, XXII. GP, Parlamentskorrespondenz Nr. 891, 01.12.2004.
[481] Stadler, Andreas, The Schüssel Era in Austria, 2010, S. 354.
[482] BGBl. 131/2000.
[483] BGBl. 45/2000.
[484] BKA (Hrsg.), Kunstbericht 2000, S. 5.

vergeben. Ziel sollten Ankäufe aus laufenden Ausstellungen österreichischer Galerien für zeitgenössische Kunst sein.[485]

Generell führte die Kulturpolitik jener Zeit zu Auseinandersetzungen und Streitigkeiten. Einer der Gründe waren die vom Staatssekretär angekündigten Budgetkürzungen. Diese wurden einerseits mit dem Bestreben der Regierung, ein „Null-Defizit" zu erreichen und anderseits mit Kürzungen in diesem Bereich in vielen europäischen Ländern begründet. Um die Budgetkürzungen auszugleichen bzw. um neue Mittel zu lukrieren, wollte man von Seiten der Politik die Öffnung der Kunstförderung für Wirtschaft und Private und damit eine verstärkte Marktorientierung vorantreiben.[486] Darüber hinaus wurden die Budgetkürzungen auch mit der Kürzung der Ermessensausgaben in der Höhe von 20% durch den ehemaligen Finanzminister der Vorgängerregierung begründet und darauf hingewiesen, dass die neue Regierung die Kürzung der Ermessensausgaben auf 15% reduziert hat.[487]

Auch zwischen den Gebietskörperschaften kam es zusehends zu Spannungen, etwa als der Staatssekretär Franz Morak 2003 nach vielen Jahren der Fördergewährung durch den Bund der Stadt Wien die bis dahin gewährte Unterstützung für die Wiener Festwochen restlos strich (sie betrug zu diesem Zeitpunkt weniger als 3% der Gesamtsubventionen der Wiener Festwochen).[488]

Durch die Normierungen des UG 2002 wurden die sechs Kunstuniversitäten des Bundes in Analogie zu den Bestimmungen der übrigen Universitäten ab 2004 ausgegliedert.[489]

Ab 2004 wurden Staatshaftungen für Leihgaben, die durch Dritte den Bundesmuseen zur Verfügung gestellt wurden, übernommen. Das Haftungsvolumen betrug in Summe 1.000 Mio. EUR und im Einzelfall 100 Mio. EUR.[490]

Im Jahr 2004 kam es zu Änderungen im Filmbereich, nämlich zur Novellierung des aus dem Jahr 1980 stammenden Filmförderungsgesetzes[491]. Neben zahlreichen Anpassungen wurde mit dem Filmrat ein neues Sachverständigengremium eingeführt. Zusätzlich wurde auch das KommAustria-Gesetz[492] novelliert, mit dem ein neues Förderprogramm eingeführt wurde.[493]

2004/2005 führten internationale Experten eine Evaluierung der ausgegliederten Bundesmuseen durch. Diese zeigte zwar Handlungsbedarf auf, stellte aber weitestgehend die Ausgliederung als Erfolg dar.[494] Kritisiert wurde an der Studie unter anderem, dass sich die Museumsdirektoren die Gutachter großteils selbst aussuchen konnten und dass der Endbericht der Studie nicht

---

[485] BKA (Hrsg.), Kunstbericht 2001, S. 7.
[486] Wimmer, Michael, Österreichische Kulturpolitik seit 2000, 2006, S. 295.
[487] BKA (Hrsg.), Kunstbericht 2000, S. 5.
[488] Haider, Hans, Von Marboe zu Mailath-Pokorny, 2003, S. 522.
[489] BGBl. 120/2002.
[490] BGBl. 42/2003, BGBl. 133/2003.
[491] BGBl. 170/2004.
[492] BGBl. 97/2004.
[493] BKA (Hrsg.), Kunstbericht 2004, S. 7.
[494] Konrad, Heimo, Museumsmanagement und Kulturpolitik, 2008, S. 238.

einmal dem Parlament vollständig übergeben wurde. Veröffentlicht wurde nur eine Zusammenfassung.[495]

Die zuständige Ministerin war immer wieder mit heftigen Polemiken bezüglich der aufgetretenen Probleme bei den ausgegliederten Bundesmuseen befasst, beispielsweise nach dem Raub der Saliera aus dem KHM[496] oder der nicht genehmigten Ausfuhr von Leihgaben aus der Albertina ins Ausland[497]. Sie musste mehrere Direktoren der ausgegliederten Bundesmuseen immer wieder in der Öffentlichkeit und im Parlament vor Angriffen verteidigen. Gleichzeitig war sie aber häufig Kritik aus den Reihen der Museumsdirektoren wegen der Deckelung (Nichterhöhung) der Basisabgeltung für deren Häuser ausgesetzt.[498] Die Opposition forderte immer wieder ihren Rücktritt. Diese Forderungen erhielten aber keine parlamentarische Mehrheit.[499]

In einer kulturpolitischen Analyse der Ära Schüssel kommt *Wimmer* zum Ergebnis, dass retrospektiv betrachtet die Fassungslosigkeit zahlreicher Kunst- und Kulturschaffender über die neue Regierungskonstellation erstaunlich ist. Er begründet die damalige Bestürzung auch mit dem Bruch mit *langjährig gepflegten Kontinuitätsphantasien, die gepaart waren mit einem unausgesprochenen kulturpolitischen Deal, der den Ausschluss aus dem politischen Entscheidungsprozess in staatlicher Fürsorge zu kompensieren trachtete*. Er führt auch aus, dass in der Kulturpolitik die oft propagierte „Wende" nicht stattfand. Wesentliche Entscheidungen und Rahmenbedingungen, die erst unter Schwarz-Blau zum Tragen kamen, wurden schon unter Klima gesetzt und beeinflussten die Zeit nach ihm. In dieser Zeit war *eine Radikalisierung eines bereits voll in Gang gesetzten Prozesses* festzustellen.[500]

Knapp kommt zum Ergebnis, dass sowohl die ÖVP als auch die FPÖ in den 1990er-Jahren die Abhängigkeit der Künstler und Künstlerinnen vom Staat unter dem Motto „Entpolitisierung" kritisierten und gerade diese dann unter ihrer Regierungszeit forcierten, indem sie anstatt die kulturelle Infrastruktur zu fördern die direkte Förderung der Kunstschaffenden durch Auslobung von Preisen und Stipendien vorantrieben. Dadurch trat genau der zuvor kritisierte Zustand ein, dass der Staat verstärkt als „Gönner" in der Kunstförderung auftritt und dadurch politischen Einfluss auf die Förderentscheidung nehmen kann.[501]

---

[495] BMBWK (Hrsg.), Evaluierung der österreichischen Bundesmuseen, Kurzf., 2005, S. 1ff.
[496] Nationalrat, XXII. GP, Parlamentskorrespondenz Nr. 68, 02.02.2006.
[497] BMBWK (Hrsg.), Pressemitteilung der Ministerin: Dürer Hase, 11.03.2005.
[498] Köb, Edelbert, Der Sammlungs- und Bildungsauftrag des Museums in Zeiten der Eventkultur, 2007, S. 7.
[499] Nationalrat, XX. GP, 162. Sitzung, SGP, 24.03.1999, S. 53, 93.
[500] Wimmer, Michael, Staatliche Kulturpolitik in Österreich seit 2000, 2006, S. 250.
[501] Knapp, Marion, Kulturpolitik, 2006, S. 779.

5.1.7 Kulturpolitik von 2007 bis Herbst 2010

Zu Beginn der Amtszeit von Claudia Schmied wurden nahezu unerfüllbare Erwartungshaltungen an sie geknüpft. Ein wesentlicher Grund dafür war, dass die Kunstangelegenheiten vom Bundeskanzleramt wieder ins Unterrichts- und Kulturministerium gewandert sind. Vor allem die Kunst- und Kulturschaffenden erwarteten sich nach der Regierungszeit von Kanzler Schüssel eine Ära der kulturellen Aufbruchsstimmung.

Geschürt wurden diese Erwartungen auch von der Ministerin selbst, etwa durch Aussagen wie: *Die Kunstschaffenden erwarten von mir Formen der Ermutigung und des Dialogs. Ich fühle mich den Kunstschaffenden verpflichtet und ich möchte nicht, dass sie immer wieder in die Rolle der Bittsteller gedrängt werden. Folgende Projekte sind für mich in den nächsten Wochen vorrangig: Ich möchte die Künstlersozialversicherung reparieren; ich denke, dass wir vor allem der zeitgenössischen Kunst einen großen Stellenwert auch seitens der öffentlichen Hand einräumen sollen; und ich möchte ganz intensiv den Dialog mit den Kunstschaffenden beginnen.*[502]

Schon während der ersten Legislaturperiode der Ministerin nahm die anfängliche Begeisterung in der Kunstszene merklich ab. Exemplarisch dafür steht die Aussage von *Mießgang*, der von einer *Teilzeit-Kulturministerin* spricht, *die sich fast ausschließlich dem schiefen Turm der Bildungsmisere widmet.*[503]

Für Kritik sorgten auch Ankündigungen der Ministerin, denen innerhalb der angekündigten Fristen nicht immer Ergebnisse folgten. Beispielsweise wurden im Jahr 2007 **Rahmenzielvereinbarungen für die Bundesmuseen avisiert**. Diese wurden zunächst für 2008 angekündigt[504], dann für das Frühjahr 2009[505] und in weiterer Folge wurde der Sommer 2009 als neuer Termin fixiert.[506] Die mehrmals angekündigten Rahmenzielvereinbarungen, die individuelle Ziele beinhalten, wurden schließlich im Oktober 2010 für jedes einzelne ausgegliederte Bundesmuseum inkl. Nationalbibliothek abgeschlossen.[507] Auch der Rechnungshof thematisierte in einem Bericht die Problematik häufiger Verschiebungen und Verspätungen.[508]

Zu weiteren Kontroversen führten die bei Direktorinnen und Direktoren der Bundesmuseen in Analogie zur Wirtschaft eingeführten **variablen Gehaltsbestandteile,** die an Leistungskriterien gebunden sind. Solche Leistungsvereinbarungen gibt es auch bei den Bundestheatern, beispielsweise beim Vertrag des Volksoperndirektors.[509] Im Ministerium sieht man darin eine international übliche Praxis, um Leistungen zu honorieren. Kritiker dieser Praxis

---

[502] Schmied, Claudia, Es gilt das gesprochene Wort! – Ausgewählte Reden 2009, 2009, S. 192.
[503] Mießgang, Thomas, Kultur? Zurück in die Zukunft, 2008, S. 119.
[504] Nationalrat, XXIII. GP, Parlamentarische Anfragebeantwortung 1335/AB, 07.09.2007.
[505] Schmied, Claudia, Im Auge der Politik – Ausgewählte Reden 2007/2008, 2008, S. 4.
[506] Schmied, Claudia, Es gilt das gesprochene Wort! – Ausgewählte Reden 2009, 2009, S. 4.
[507] BMUKK Pressemeldung, Kulturministerin Claudia Schmied schließt Rahmenzielvereinbarungen mit Bundesmuseen und ÖNB ab, 22.10.2010.
[508] Rechnungshof, Bericht 2010/2, 2010, S. 149.
[509] APA, Leistungsbezogene Kulturmanager-Gehälter in Österreich im Vormarsch, 23.02.2010, S. 2.

werfen die Frage auf, wie Leistungen in Kulturbetrieben überhaupt gemessen werden bzw. ob diese überhaupt messbar sind?[510]

Schmied reagierte auf Vorwürfe, ihre kunst- und kulturpolitischen Agenden zu ökonomisch zu betrachten, unter anderem wie folgt: *Ich möchte jetzt nicht als jemand gesehen werden, der Kunst- und Kulturpolitik durch die neoliberale Brille betrachtet. Mir ist bewusst, dass ich als ehemalige Bankerin vielleicht ein bisschen gefährdet bin, in dieses Eck gedrängt zu werden, aber ich glaube, es ist einfach wichtig in einer Welt, in der das Ökonomische solch große Bedeutung hat, auch bei Kunst und Kultur die gesamtwirtschaftlichen Effekte zu betonen.*[511]

Die bereits erwähnten **Haftungsübernahmen für die Bundesmuseen** wurden und werden bislang Jahr für Jahr ins jeweils gültige Bundesfinanzgesetz übernommen.[512]

In ihrer bisherigen Amtszeit traf Schmied wichtige **Personalentscheidungen**: die Direktionen von Staatsoper, Albertina, des KHM, des MAK, des MUMOK, des TMW, NHM, der Nationalbibliothek wurden neu bzw. wieder bestellt.

Die Entscheidung für die Neubesetzung der Staatsoper wurde in weiten Kreisen sehr positiv aufgenommen, zumal sie sich dabei gegen die Besetzungsvorstellungen des damaligen Bundeskanzlers stellte und sich schließlich durchsetzte.[513]

Die Personalentscheidungen bei den ausgegliederten Bundesmuseen waren zum Teil Gegenstand mehrerer parlamentarischer Anfragen und Debatten: Nach der Vertragsverlängerung der Direktion des MAK wurde der Ministerin die künstlerische Beratung durch den Direktor des Museums bei der zuvor erfolgten Neugestaltung ihrer Büroräumlichkeiten vorgehalten und in einen möglichen Zusammenhang gestellt.[514]

Der Vertrag des Direktors des KHM wurde ein Jahr vor seiner Pensionierung nicht verlängert.[515] Bei der darauf erfolgten Nachbesetzung, die durch eine Mitarbeiterin des KHM erfolgte, wurde der Vorwurf erhoben, dass die Ausschreibungskriterien für diesen Posten nicht erfüllt wären.[516] Auch die Vereinbarung zwischen dem Ministerium und dem ausscheidenden Direktor des KHM über die entgeltliche Durchführung von zwei Studien wurde zum Gegenstand parlamentarischer Anfragen.[517] Bei der Nachbesetzung der Direktion des MUMOK wurde der Ministerin unter anderem Intransparenz bei der Entscheidungsfindung vorgeworfen.[518]

---

[510] Springer, Georg, Prämien-Systeme für Kulturmanagerinnen?, 23.02.2010.
[511] Bundesrat, XXIII. GP, 759. Sitzung, SGP, 25.07.2008, S. 105.
[512] Europäische Kommission, 2007, K (2007) 4322; BGBl. 22/2007, BGBl. 23/2007, BGBl. 49/2009, BGBl. 50/2009.
[513] O.V., Wiener Staatsoper: Dominique Meyer wird Direktor ab 2010, 06.06.2007.
[514] Nationalrat, XXIII. GP, Schriftliche Anfrage 4399/J, 21.05.2008.
[515] BMUKK Pressemeldung, Dr. Sabine Haag wird mit 01.01.2009 neue Generaldirektorin des KHM, 11.06.2008.
[516] Nationalrat, XXIII. GP, Schriftliche Anfrage 4798/J, 10.07.2008.
[517] Nationalrat, XXIV. GP, Schriftliche Anfrage 486/J, 12.12.2008; Schriftliche Anfrage 4138/J, 15.12.2009.
[518] Nationalrat, XXIV. GP, Schriftliche Anfrage 4982/J, 25.03.2010.

Auf derartige Vorwürfe reagierte die Ministerin wie folgt: *Es gibt immer eine Findungskommission, sie ist nur nicht formell eingerichtet. Ich habe ein Telefon, ich bin mit vielen Menschen in Kontakt. Auch wenn es eine formale Findungskommission gibt wie beim Naturhistorischen Museum, ist das persönliche Erleben der Person in ihrem Umfeld ausschlaggebend. Am Ende des Prozesses bin ich ganz sicher, die richtige Entscheidung zu treffen.*[519]

Das Ministerium versuchte zunächst die Umsetzung der im Regierungsprogramm 2007 fixierten *Einführung eines eintrittsfreien Tages 12 Mal pro Jahr für alle Bundesmuseen gegen Kostenersatz zur verstärkten Anbindung der Museen an das Publikum.*[520] Die Einführung des Gratistags scheiterte in weiterer Folge vor allem am Widerstand der Museumsdirektoren.[521]

Die Forderung nach Gratiseintritt in die Bundesmuseen wurde schon vor dem Regierungsprogramm allerdings von Teilen der Opposition erhoben. Der entsprechende Antrag wurde zu diesem Zeitpunkt im Kulturausschuss abgelehnt.[522]

2009 wurde schließlich der **Gratiseintritt für Jugendlichen unter 19 Jahren** in die ausgegliederten Bundesmuseen beschlossen.[523]

2008 und 2009 wurden die Kulturausgaben des Ministeriums erhöht. 2008 wurde die Basisabgeltung der ausgegliederten Bundesmuseen um 6 Mio. EUR[524] gesteigert und die der Bundestheater um 5 Mio. EUR.[525] 2009 folgte eine erneute Anhebung der Basisabgeltung bei den ausgegliederten Bundesmuseen um 8,5 Mio. EUR[526], bei den Bundestheatern stieg die Basisabgeltung um 3,5 Mio. EUR.[527]

2010 gab *Schmied* in Hinblick auf die Auswirkungen der Finanzkrise ein Bekenntnis zur Verantwortung des Staates für die Förderung der Kunst unter Wahrung der Autonomie von Kunst und Kultur ab. Sie sah es als zentrale Aufgabe des Ministeriums, die Rahmenbedingungen für Künstlerinnen und Künstler sowie für Kulturinstitutionen finanziell sicherzustellen. Dabei betonte sie, dass dem Staat in wirtschaftlich schwierigen Zeiten, vor allem im Kulturbereich besondere Bedeutung als verlässlicher, stabiler und der Sache verpflichteter Partner zukomme.[528]

---

[519] Schmied, Claudia, Es geht um das Ich im Wir und das Wir im Ich, 23.04.2010.
[520] O.V., Regierungsprogramm XXIII. GP, 2007, S. 157.
[521] O.V., Museumsdirektoren gegen monatlichen Gratis-Tag, in: Der Standard, 21.09.2007.
[522] Nationalrat, XXII. GP, Antrag 667/A(E), 05.04.2006.
[523] BMUKK (Hrsg.), Kulturbericht 2008, S. 5.
[524] Ebenda, S. 8.
[525] Ebenda, S. 13.
[526] Ebenda, S. 8.
[527] Ebenda, S. 12.
[528] BMUKK (Hrsg.), Kulturbericht 2009, S. 5.

5.2 Kulturpolitische Aktivitäten im Land Steiermark

5.2.1 Kulturpolitische Entwicklungen nach 1945

Von 1945 bis 1957 waren die kulturellen Agenden des Landes auf zwei Referate aufgeteilt, die sich unter anderem mit Wirtschaftsförderung und der Förderung des Fremdenverkehrs befassten.[529] Die Kulturagenden wurden durch Politiker der ÖVP wahrgenommen (Udo Illig, Tobias Udier).[530]

Coudenhove skizzierte die Jahre zwischen 1945 und 1957 als von einem sehr konservativen kulturpolitischen Verständnis geprägt. Folgende Ziele wurden damals primär verfolgt: *bewährte Traditionen lebendig mit dem Geist der Gegenwart zu verbinden und das kulturelle Erbe der heimatverbundenen Vorhaben so weiterzureichen, daß die Jugend auf solcher geistigen Grundlage ihr Leben sinnvoll neu zu gestalten vermag.*[531]

1952 wurde das **Künstlerhaus** Graz eröffnet. Es sollte für nahezu ein halbes Jahrhundert der einzige Neubau für bildende Kunst nach 1945 bleiben.[532] Erst 2003 folgte das Kunsthaus Graz.

Erst im Jahr **1957** wurde in der Steiermark ein universelles **Kulturreferat** geschaffen. Erster Landeskulturreferent wurde 1957 der Volkskundler Hanns Koren.[533] Möglich wurde dies, da die ÖVP bei den Wahlen vom März des Jahres einen fünften Regierungssitz gewinnen konnte.[534] In die Amtszeit Korens fiel unter anderem die Gründung des **Forum Stadtpark 1959**[535], die erste **Steirische Landesausstellung** anlässlich des 100. Todestages von Erzherzog Johann in Graz 1959 und die Gründung des **Steirischen Herbst 1968**[536], dessen ursprüngliche Säulen die Steirische Akademie, die internationalen Malerwochen auf Schloss Retzhof und die Kunstbiennale Trigon waren. Zudem befanden sich die seit 1958 in Graz stattfindenden Sommerspiele in einer Krise. Finanzielle Probleme und das schlechte Wetter sprachen damals für ein Festival im Herbst.[537]

Die steirische Kulturpolitik verfolgte seit den 1970er-Jahren *das Ziel, durch föderalistische und dezentrale Aktivitäten die Eigeninitiative der Bevölkerung bzw. der Kulturbetriebe zu ermöglichen und zu steigern.* Bestes Beispiel dafür ist der Bereich des Musikschulwesens. Aber auch im Bereich der freien Kulturinitiativen ist seit den 1980er-Jahren ein steter Anstieg festzustellen. Dies zeigt sich etwa in der Häufung der eingebrachten Subventionsansuchen. Diese Entwicklung ist einerseits erfreulich, da die Erweiterung in diesem Bereich im Sinne der oben beschriebenen Stärkung der Eigeninitiative erreicht wurde,

---

[529] Sillaber, Alois, Nicht Rot und nicht Schwarz, sondern Weiß-Grün ist die Losung, 1999, S. 53.
[530] Jungwirth, Kurt, Kulturpolitik in der Steiermark, 2005, S. 276.
[531] Sillaber, Alois, Nicht Rot und nicht Schwarz, sondern Weiß-Grün ist die Losung, 1999, S. 52.
[532] Nichols-Schweiger, Herbert/Klauser, Christoph (Hrsg.), Mehr als Soziokulturelle Chancen seit 1977, 2004, S. 47.
[533] Ebenda, S. 49.
[534] Hösele, Herwig/Lopatka, Reinhold/Mantl, Wolfgang/Piza, Hildegund/Prieschnig, Manfred/Schilcher, Bernd/Schnider, Andreas, Steirisches Jahrbuch für Politik 2005, 2006, S. 401.
[535] Reisinger, Max, Steirische Kulturpolitik 1965 bis 1975 – Der Steirische Herbst, 1994, S. 2.
[536] Nichols-Schweiger, Herbert/Klauser, Christoph (Hrsg.), Mehr als Soziokulturelle Chancen seit 1977, 2004, S.49ff.
[537] Reisinger, Max, Steirische Kulturpolitik 1965 bis 1975 – Der Steirische Herbst, 1994, S. 15.

andererseits ist durch die größere Anzahl der Kulturinitiativen der Finanzbedarf entsprechend angestiegen.[538]

In den 1970er-Jahren wurde die **Grazer Autorenversammlung** (1973) gegründet, in den 1980er-Jahren **Camera Austria** (1980) und die der **Styriarte** (1985).[539] **1985** trat das **Steiermärkische Kulturförderungsgesetz** in Kraft.[540]

1989 begann der **Ausgliederungsprozess** des **Landesmuseum Joanneum** (seit 01.01.2010 **Universalmuseum Joanneum**), der **2002** abgeschlossen wurde.[541] Nach der Ausarbeitung mehrerer Varianten wurde schließlich die Rechtsform einer wissenschaftlichen Anstalt öffentlichen Rechts empfohlen. Nach den Landtagswahlen 2000 und dem Wechsel im Kulturressort wurde erneut eine Studie durchgeführt und letztlich die Rechtsform einer gemeinnützigen GmbH als beste Form der Ausgliederung empfohlen. Diese Empfehlung wurde mit einstimmigem Regierungsbeschluss 2001 angenommen.[542]

Im Jahr 1998 fiel die Entscheidung zur Bewerbung als **Kulturhauptstadt 2003** und im Folgejahr wurde die historische Altstadt von Graz in die Liste des **UNESCO Weltkulturerbes** aufgenommen.[543]

Die **Vereinigten Bühnen Graz** waren bis zu ihrer **Ausgliederung 2004** eine Theaterholding, in der Rechtsform einer Gesellschaft bürgerlichen Rechts eingerichtet. Gesellschafter waren das Land Steiermark und die Landeshauptstadt Graz.[544] Bei der Ausgliederung orientierte man sich am Modell der Bundestheaterholding (1999), ohne dieses aber zu kopieren. Man sah die Möglichkeit vor, auch andere Kulturinstitutionen von Stadt und Land einfach in die Holding integrieren zu können.[545]

2005 beschloss der Landtag einstimmig die **Novelle des Kulturförderungsgesetzes** 1985. Das neue Steiermärkische Kultur- und Kunstförderungsgesetzt 2005 trat noch Ende 2005 in Kraft.[546] Eine der Besonderheiten des neuen Gesetzes ist die Festlegung einer Frist zur Erledigung der Föderansuchen. Demnach ist 14 Wochen nach Vorliegen der vollständigen Unterlagen eine Entscheidung fällig.[547]

2008 wurde das Steirische Heimatwerk umstrukturiert und in die **Volkskultur Steiermark GmbH** eingebracht.[548]

2010 beschloss das UNESCO-Komitee die Erweiterung der Weltkulturerbezone Graz um das Schloss Eggenberg.[549]

---

[538] Land Steiermark (Hrsg.), Kulturförderungsbericht 1999 – 2000, S. 4.
[539] Nichols-Schweiger, Herbert/Klauser, Christoph (Hrsg.), Mehr als Soziokulturelle Chancen seit 1977, 2004, S. 45ff.
[540] Stmk. LGBl. 87/1985.
[541] Landesrechnungshof Steiermark, Prüfbericht LRH 20 J 3/2008-55, 2010, S. 8,
[542] Muchitsch, Wolfgang, Vom innerösterreichischen „National-Musäum" zur GmbH. Eine Chronologie der Ausgliederung des Landesmuseums Joanneum, 2002, S. 455ff.
[543] Nichols-Schweiger, Herbert/Klauser, Christoph (Hrsg.), Mehr als Soziokulturelle Chancen seit 1977, 2004, S. 45ff.
[544] Rechnungshof, Reihe Steiermark 2004/1, S. 5.
[545] Steiermärkischer Landtag, XIV. GP, EZ 1705/1, 2004, S. 1ff.
[546] Land Steiermark (Hrsg.), Kulturförderungsbericht 2005, S. 9.
[547] Land Steiermark (Hrsg.), Kulturförderungsbericht 2006, o. S.
[548] Land Steiermark (Hrsg.), Landesrechnungsabschluss 2008, S. 416.
[549] O.V., Schloss Eggenberg wurde in die Liste aufgenommen, 01.08.2010.

5.2.2 Regierungen, Landeshauptmänner[550] und Kulturreferent/innen ab 1945

Mehrheit im Landtag	Landeshauptmann	Amtszeit	Kulturreferent/in	Amtszeit
Provisorische Landesregierung	MACHOLD Reinhard (SPÖ)	20.05.45- 28.12.45		
ÖVP	PIRCHEGGER Anton (ÖVP)	1945-48		
ÖVP	KRAINER Josef, sen. (ÖVP)	1948-71	KOREN Hanns (ÖVP)	1957-70
ÖVP	NIEDERL Friedrich (ÖVP)	1971-80	JUNGWIRTH Kurt (ÖVP)	1970-90
ÖVP	KRAINER Josef, jun. (ÖVP)	1980-96	KRAINER Josef, jun. (ÖVP)	1990-96
ÖVP	KLASNIC Waltraud (ÖVP)	1996-05	SCHACHNER-BLAZIZEK Peter (SPÖ)	1996-00
			HIRSCHMANN Gerhard (ÖVP)	2001-03
			KLASNIC Waltraud (ÖVP)	2003-05
SPÖ	VOVES Franz (SPÖ)	seit 2005	FLECKER Kurt (SPÖ)	2005-09
			VOLLATH Bettina (SPÖ)	2009-10
			SCHÜTZENHÖFER Hermann (Volkskultur) (ÖVP)	seit 2009
			BUCHMANN Christian (ÖVP)	seit 2010

Tab. 2 Regierungen, Landeshauptmänner[547] und Kulturreferent/innen der Steiermark seit 1945

Quellen: Nichols-Schweiger, Herbert/Klauser, Christoph (Hrsg.), Mehr als Soziokulturelle Chancen seit 1977, 2004; Landesrechnungshof Steiermark (Hrsg.), Prüfbericht LRH 20 J 3/2008-55, 2010; Land Steiermark Pressemeldung, Gemeinsam für eine zukunftsfähige Steiermark, 19.10.2010.

Die Kulturpolitik der Steiermark war über Jahrzehnte von der Politik der ÖVP geprägt. Erst 1996 wurden die Kulturagenden erstmals durch die SPÖ wahrgenommen. Dies erfolgte noch zu einer Zeit, als die ÖVP den Landeshauptmann stellte (Klasnic). Titz beschreibt die erste Phase sozialistischer Kulturpolitik in der Steiermark als den Versuch, etwas Neues zu machen, was sich vor allem durch Aktivitäten mit zahlreichen Großausstellungen auf dem Gebiet der Event-Kultur manifestierte, die seiner Ansicht nicht den gewünschten Erfolg brachten. Allerdings wurde diese Kulturpolitik auch von seinem Nachfolger (ÖVP) fortgesetzt. Die darauffolgende Situation der steirischen Kulturpolitik sieht er als wenig konkret, es fehlen klare Perspektiven und Strategien.[551]

Bemerkenswert ist, dass die Agenden der Kulturpolitik auf Landesebene zwei Mal durch den jeweils amtierenden Landeshauptmann (Krainer jun. /Klasnic) wahrgenommen wurden. Daran wurde zum Teil heftige Kritik geübt, da befürchtet wurde, dass die Kulturagenden nicht entsprechend wahrgenommen werden.[552] Erst 2005 kam es nach 1945 wieder zu einem Regierungswechsel von

---

[550] Waltraud Klasnic wurde in ihrem Amt als „Frau Landeshauptmann" angesprochen.
[551] Ebenda, S. 42.
[552] Titz, Walter, Kontinuität und Wandel, 2004, S. 41.

der ÖVP zur SPÖ (Voves). Entsprechend wanderten auch die Kulturagenden zunächst in die Verantwortung der SPÖ.

Seit 2009 gibt es eine kompetenzrechtliche Besonderheit. Die Agenden des Kulturressorts wurden aufgeteilt. Die Volkskultur wurde abgespalten und durch den Landeshauptmannstellvertreter (ÖVP) wahrgenommen. Auffallend ist, dass die persönliche Kontinuität in den letzten Jahren stark abgenommen hat. Dauerten die Amtszeiten der ersten Kulturreferenten zum Teil länger als ein Jahrzehnt, wurden die Amtszeiten spätestens ab 2000 kürzer bzw. wechselten die Verantwortlichen häufiger.

Ob dies der Kontinuität des Ressorts zuträglich ist, bleibt abzuwarten und zukünftigen Analysen vorbehalten.

Im bis Herbst 2010 gültigen Arbeitsübereinkommen der Landesregierungsfraktionen des Steiermärkischen Landtages heißt es zum Thema Kunst- und Kultur unter Punkt 11 der Vereinbarung: *Die lebendige steirische Kunst- und Kulturszene ist ausreichend zu sichern, um damit den Standort Steiermark unverwechselbar zu machen. Auf der Basis der gegebenen Struktur der Gesellschaften (Theaterholding, Landesmuseum Joanneum, Kulturservice GmbH und Cine Styria) wird die Organisationsstärke zu optimieren sein.*[553]

Für die XVI. Gesetzgebungsperiode (2010–2015) haben SPÖ und ÖVP in ihrem Regierungsübereinkommen mit dem Titel „Reformpartnerschaft für die Steiermark" im Bereich Kultur (IV. Bildung, Forschung, Wissenschaft, Kultur) folgende Ziele formuliert:

Vielfalt und Offenheit sind die Voraussetzungen für die Entwicklung und Entfaltung von Kreativität. Die Parteien bekennen sich zu einer Kultur des Ermöglichens, einem Freiraum, in dem sich Kunst und Kultur entwickeln können.

Die Parteien bekennen sich zur Stärkung der Kulturarbeit in den Regionen und leisten damit einen Beitrag zur Stärkung der regionalen Identität.

Die Internationalisierung junger steirischer Kulturarbeit wird forciert sowie eine aktive Kulturvermittlung, die einer breitestmöglichen Bevölkerungsschicht die Teilhabe an Kunst und Kultur ermöglicht, angestrebt. Es gilt besondere Zielgruppen, wie Kinder und Jugendliche, so früh wie möglich an Kultur heranzuführen. Der Benachteiligung von Künstlerinnen und weiblichen Kulturschaffenden ist entgegenzuwirken.

Für die landeseigenen Gesellschaften im Kulturbereich und großen Festivals ist eine Zukunftsperspektive und -strategie zu entwickeln.

Mit dem Fokus auf Synergie und Sparsamkeit sind die bestehenden Landeskulturpreise neu zu ordnen und um innovative Aspekte zu erweitern.[554]

Im neuen Regierungsübereinkommen 2010 gehen die politischen Zielsetzungen von SPÖ und ÖVP über die ihres Arbeitsprogrammes aus dem Jahr 2005 hinaus. Auffallend bleibt bei der Ressortverteilung, dass die Aufspaltung im Kulturressort nach wie vor bestehen bleibt. Sowohl die Agenden der Kultur als

---

[553] Steiermärkischer Landtag, XV. Gesetzgebungsperiode, EZ 105/1, 23.11.2005.
[554] O.V., Regierungsübereinkommen von SPÖ und ÖVP für die XVI. Gesetzgebungsperiode 2010 bis 2015, 2010, S. 12ff.

auch die der Volkskultur befinden sich diesmal im Verantwortungsbereich der ÖVP.[555]

Kapitalbeteiligungen des Landes Steiermark

In den letzten Jahren hat es in der Steiermark zahlreiche Ausgliederungen und Neugründungen von Kulturbetrieben gegeben. An folgenden als Kapitalgesellschaften organisierten Kulturbetrieben[556] ist das Land Steiermark mit Stand 2009 beteiligt:

Kulturbetriebe	Sitz	Anteil in %
Echte Beteiligungen		
Steirische Wissenschafts-, Umwelt- und Kulturprojektträger GmbH	Graz	100%
Landesmuseum Joanneum GmbH	Graz	85%
HLH Hallenverwaltung GmbH (Helmut List Halle)	Graz	66,67%
Theaterholding Graz/Steiermark GmbH	Graz	50%
Steirischer Herbst Festival GmbH	Graz	66,66%
Steirischer Landestiergarten GmbH	Stubenberg am See	100%
INSTYRIA Kultur Service GmbH	Graz	100%
Volkskultur Steiermark GmbH	Graz	100%
„regionale" Organisations GmbH (Zugang 2009)	Graz	100%
Stille Beteiligungen		**Kurs**
Veste Riegersburg Infrastruktur Errichtungs- und Betrieb GmbH (Kapitaleinlage 2.906.913,00)	Riegersburg	1.870.955,00
Wildpark Mautern GmbH (Kapitaleinlage 3.280.000)	Mautern	430.087,94
Kunsthaus Graz G.m.b.H. (früher Kunsthaus Graz AG) (Kapitaleinlage 14.534.566,83)	Graz	5.844.030,00

Tab. 3 Kapitalbeteiligungen der Steiermark

Quelle: Land Steiermark (Hrsg.), Landesrechnungsabschluss 2009, Band 2, S. 334ff.

---

[555] Land Steiermark Pressemeldung, Gemeinsam für eine zukunftsfähige Steiermark, 19.10.2010.
[556] Die Auswahl der Kulturbetriebe entspricht den definitorischen Kriterien für Kultur der UNESCO (bzw. LIKUS für Österreich).

Exkurs: Kapitalbeteiligungen der Landeshauptstadt Graz

Zum Vergleich werden die engen Verflechtungen zwischen Land und Landeshauptstadt dargestellt. An folgenden als Kapitalgesellschaften organisierten Kulturbetrieben[557] ist die Stadt Graz, mit Stand 31.12.2008, beteiligt:

Kulturbetriebe	Sitz	Beteiligung
Graz 2003-Kulturhauptstadt Europas Organisations GmbH	Graz	100%
Kunsthaus Graz GmbH	Graz	100%
KIMUS Kindermuseum GmbH	Graz	100%
Stadtmuseum Graz GmbH	Graz	100%
Theaterholding Graz/Steiermark GmbH	Graz	50%
Opernhaus Graz GmbH	Graz	50%
Schauspielhaus Graz GmbH	Graz	50%
Theaterservice Graz GmbH	Graz	50%
Steirischer Herbst Veranstaltungs GmbH	Graz	33%
Medienfabrik Graz Verlags- und VertriebsGmbH	Graz	20%
Landesmuseum Joanneum GmbH	Graz	15%

Tab. 4 Kapitalbeteiligungen der Stadt Graz
Quelle: Stadt Graz (Hrsg.), Geschäftsbericht 2008, S. 18.

Zu den Kulturausgaben der Steiermark und der Stadt Graz siehe Kap. 8.4 Steiermark bzw. 8.5 Stadt Graz.

---

[557] Die Auswahl der Kulturbetriebe entspricht den definitorischen Kriterien für Kultur der UNESCO (bzw. LIKUS für Österreich).

6 Rahmenbedingungen

6.1 Verfassungsrechtliche Rahmenbedingungen

Für demokratische Staaten mit politischer Richtungsvielfalt darf als gesichert gelten, dass eine föderative Verfassung gleichsam inhärent eine kulturelle Freiheit gewährleistet.[558]

Grund- und Freiheitsrechte machen das Wesen jeder rechtsstaatlich demokratischen Verfassung aus. Dennoch gibt es historisch bedingt bis heute in **Österreich** keinen genuin österreichischen Grundrechtskatalog. Die Übernahme der Normierungen des kaiserlichen Staatsgrundgesetzes stellen bis heute eine verfassungsrechtliche „Notlösung" dar.[559]

Historisch beachtenswert ist, dass es schon zu Zeiten der 1. Republik (1919) Überlegungen gab, eine Regelung zur Förderverwaltung in das B-VG aufzunehmen. Es war geplant in Art 17 (Privatrechtsfähigkeit) einen Abs 2 einzufügen *(...) zur Förderung des (...) Kulturlebens auf allen Gebieten Unternehmungen und Einrichtungen zu schaffen und zu erhalten, Veranstaltungen zu treffen und finanzielle Mittel zur Verfügung zu stellen.* Diese Normierung hätte eine Verpflichtung des Bundes begründet.[560]

In der autoritären Verfassung des Bundesstaates Österreich vom 01.05.1934, demzufolge Österreich als „Ständestaat" einzurichten war,[561] (1934–1938) fand sich in Art 31 Abs 1 die Bestimmung: *Der Staat pflegt und fördert die Wissenschaft und die Kunst.*[562] Der autoritäre Staat, der Österreich durch die neue Verfassung wurde, manifestiert sich deutlich in der Präambel dieser Verfassung: *Im Namen Gottes, des Allmächtigen, erhält das österreichische Volk für seinen christlichen deutschen Bundesstaat diese Verfassung.*[563]

Die heutige Verfassung, die im Laufe der Zeit zahlreichen Novellierungen unterworfen war, beruht im Wesentlichen auf der Verfassung von 1920 und der großen Verfassungsnovelle von 1929. Die Verfassung der 2. Republik unterscheidet sich daher in wesentlichen Punkten nicht durch ein anderes Verfassungsdokument, sondern durch eine andere politische Kultur.[564]

Eine allgemeine Garantie der „Kulturfreiheit" liegt nicht vor. Allerdings sind die für Kultur relevanten Bereiche Religion, Wissenschaft und Kunst durch die Bestimmungen der Art 14–17a StGG grundrechtlich gewährleistet.[565]

Zwischen politischer Darstellung (Regierungserklärungen, Reden etc.) und der bundesverfassungsrechtlichen Wirklichkeit besteht ein erheblicher Unterschied.

---

[558] Steiner, Udo, Kulturpolitik in der Bundesrepublik Deutschland, 1988, S. 55.
[559] Holzinger, Gerhart, Bleibt Österreich ein Staat und braucht es auch in Zukunft eine Verfassung?, 2004, S. 67.
[560] Rauch-Keller, Reingard, Kunstförderung, 1981, S. 10.
[561] Neugebauer, Wolfgang, Im Kampf gegen Faschismus und Diktatur (1927–1947), 1993, S. 80.
[562] BGBl. 1/1934, Verfassung des Bundesstaates Österreich.
[563] Scheuch, Manfred, Der Weg zum Heldenplatz, 2005, S. 130.
[564] Pelinka, Anton, Das politische System Österreichs, 2009, S. 607.
[565] Korinek, Karl/Potz, Richard/Bammer, Armin/Wieshaider, Wolfgang (Hrsg.), Kulturrecht im Überblick, 2004, S. 28.

Es gibt weder einen expliziten Kulturauftrag für das staatliche Gemeinwesen, noch allgemeine oder spezielle Förderungsaufträge. Das Wort „Kultur" kommt in der österreichischen Bundesverfassung zwar mehrmals vor, allerdings jeweils in Unterkapiteln:

Schutz von **Minderheiten** Art 8 Abs 2: *Die Republik (Bund, Länder und Gemeinden) bekennt sich zu ihrer gewachsenen sprachlichen und kulturellen Vielfalt, die in den autochthonen Volksgruppen zum Ausdruck kommt. Sprache, Bestand und Erhaltung dieser Volksgruppen sind zu achten, zu sichern und zu fördern.*

Bildung: Art 14 Abs 5a (...) *Jeder Jugendliche soll seiner Entwicklung und seinem Bildungsweg entsprechend zu selbständigem Urteil und sozialem Verständnis geführt werden, dem politischen, religiösen und weltanschaulichen Denken anderer aufgeschlossen sein, sowie befähigt werden, am Kultur- und Wirtschaftleben Österreichs, Europas und der Welt teilzunehmen und in Freiheits- und Friedensliebe an den gemeinsamen Aufgaben der Menschheit mitzuwirken.*

Sicherheitsbehörden des Bundes: Art 78d regelt den Schutz der Landeskultur. Behandelt werden dort allerdings Überbegriffe wie Land- und Forstwirtschaft, Bergbau, Jagd und Fischerei.

Somit verbleiben lediglich die beiden oben genannten Bezüge zum Begriff Kultur in Zusammenhang mit Minderheitenschutz und Bildung.[566]

Es gibt daher auf Bundesebene in Österreich keine direkte verfassungsrechtliche Verpflichtung zur Pflege oder Förderung von Kunst und Kultur. Diese erfolgt auf rechtlicher Basis der Privatwirtschaftsverwaltung.[567] Dies hat zur Folge, dass Regelungen auf Basis der Privatwirtschaftsverwaltung wesentlich einfacher zu ändern sind als etwa Verfassungsbestimmungen.

6.1.1 Staatsziel Kultur in Österreich

Staatszielbestimmungen auf Bundesebene?

Bei einem **Staatsziel** (auch Verfassungsauftrag genannt) handelt es sich um eine Regelung, die Ähnlichkeit mit Grundrechtsbestimmungen hat, jedoch im Gegensatz zu diesen **keine subjektiven Rechte** gewährleistet. Trotz dieser Einschränkung sind Staatszieldefinitionen, wie sie in Österreich (etwa für die Bereiche Umweltschutz, umfassende Landesverteidigung, Gleichstellung von Mann und Frau, Gleichstellung von Behinderten, Schutz der Volksgruppen, Rundfunk als öffentliche Aufgabe) bestehen[568], aufgrund ihrer Signalwirkung von großer Bedeutung.

Auf Bundesebene gibt es in Österreich zur Zeit keine verfassungsrechtliche Verankerung eines Staatsziels Kultur.

Aus dem bereits beschriebenen Selbstverständnis Österreichs als Kulturnation erhebt *Straßl* die Forderung nach einer Einfügung eines neuen Art 7a in das B-VG mit dem Wortlaut: *Die Republik sorgt für die Erhaltung und Förderung der Kultur.*

---

[566] BGBl. 1/1930 idF; BGBl. 127/2009.
[567] BMUKK (Hrsg.), Kunstbericht 2009, 2010, S. 172.
[568] Öhlinger, Theo, Verfassungsrecht, 2005, RZ 89ff.

Eine Einführung eines Staatsziels Kultur wäre seiner Ansicht nach ein starkes Signal zur bundesweiten Stärkung der Kultur auf allen staatlichen Ebenen. Es würde zu keiner Veränderung des Verfassungsstaates, aber zu einer Verankerung der Kulturstaatlichkeit führen. So würde aus einer bislang de facto bereits bestehenden und allerorts durch die Politik propagierten Kulturnation auch de iure eine existierende Kulturnation werden.[569]

Staatszielbestimmungen auf Landesebene

Anders stellt sich die Situation in Österreich auf Landesebene dar. In den Landesverfassungen von Niederösterreich, Oberösterreich, Salzburg, Tirol und Vorarlberg gibt es kulturelle Staatszielbestimmungen bzw. Kulturstaatsklauseln.

Exemplarisch lautet die entsprechende Regelung in Niederösterreich: *Kunst und Kultur, Wissenschaft, Bildung und Heimatpflege sind unter Wahrung der Freiheit und Unabhängigkeit soweit wie möglich zu fördern.*

In Art 10 Abs 1 und Abs 2 der Bestimmung für Tirol heißt es: *Das Land Tirol hat Wissenschaft, Kunst und Heimatpflege sowie das Erwerben von Bildung zu fördern und (...) hat die Freiheit des kulturellen Lebens zu achten und dessen Vielfalt zu fördern.*[570]

Obwohl es in mehreren Bundesländern Österreichs Staatszielbestimmungen mit kultusspezifischem Inhalt gibt und trotz der Normierungen des B-VG, bezüglich der Kulturkompetenzen der Bundesländer, lassen sich aus dieser Perspektive keinerlei für den Bund relevanten Verpflichtungen ableiten.[571]

6.1.2 Kunstfreiheit

Von 1918 bis zum Bürgerkrieg 1934 sahen alle Verfassungsentwürfe (gleich welcher politischen Gruppierung) eine explizite Verankerung der Kunstfreiheit (in Zusammenhang mit der Freiheit der Wissenschaften) vor. Sie waren als Abwehrrecht gegen staatliche Eingriffe ausgestattet und sahen teilweise eine Schutzpflicht des Staates vor. Diese Position wurde damals offensichtlich als Selbstverständlichkeit erachtet. Gleichwohl kam es aufgrund der Streitigkeiten 1919/1920 lediglich zum Kompromiss der Übernahme des Staatsgrundgesetzes (StGG) über die allgemeinen Rechte der Staatsbürger, das noch aus der Kaiserzeit (1867) stammte.[572] Es sollte in weiterer Folge mehr als sechs Jahrzehnte bis zur eigenständigen Normierung der Kunstfreiheit dauern.

Aber auch vor der Einführung des Art 17a StGG *(das künstlerische Schaffen, die Vermittlung von Kunst sowie deren Lehre ist frei)* im Jahr **1982** wurde die Kunstfreiheit als Teil der im Art 13 StGG verankerten Freiheit der Meinungsäußerung erachtet und somit geschützt. Diese Norm sicherte jedermann das Recht zu, *durch Wort, Schrift, Druck oder durch bildliche Darstellung seine Meinung innerhalb der gesetzlichen Schranken frei zu äußern.* Ergänzend dazu soll hier noch auf den Beschluss der Provisorischen Nationalversammlung zur Abschaffung der Zensur vom Herbst 1918 verwiesen werden, der gemäß Art 149

---

[569] Straßl, Karl-Gerhard, Staatsziel Kultur, 2010, S. 183ff.
[570] Ebenda, S. 121ff.
[571] Ebenda, S. 126ff.
[572] Kröll, Thomas, Kulturelle Rechte, 2009, RZ 41ff.

B-VG in Verfassungsrang steht.[573] Grundrechte haben, wie das Beispiel zeigt, in Österreich bereits eine lange Tradition. Sie waren von Anbeginn an nicht auf Basis von Programmsätzen normiert, sondern als unmittelbar anwendbare und einklagbare Rechte.[574]

Die gegenwärtige aus dem Jahr 1982 stammende Normierung des 17a StGG, die am Ende einer bereits 1964 begonnenen und letztlich gescheiterten Gesamtreform des bundesverfassungsrechtlichen Grundrechtskataloges stand, stellt ein eigenständiges vorbehaltloses Grundrecht dar.

Ihr Schutzbereich umfasst nicht nur den gesamten künstlerischen Schöpfungsprozess, sondern auch die Vermittlung und Lehre von Kunst. Problematisch bei der Durchsetzung des Grundrechtes ist, dass es keinen allgemein anerkannten objektiven Kunstbegriff gibt, da sich dieser einer verbindlichen Definition entzieht. Man behilft sich daher mit der Konstruktion vom Selbstverständnis des Künstlers. Damit wären auch „gut gemeinte Versuche eines Dilettanten" geschützt.[575]

Um für die richterliche Praxis dennoch zu Parametern zu gelangen, bedient man sich beispielsweise folgender Kriterien und Hilfskonstruktionen, die zur Beurteilung herangezogen werden können: *Ein objektiver künstlerischer Wert; ein Produkt freier schöpferischer Gestaltung, in der die individuelle Persönlichkeit des Künstlers bzw. der Künstlerin zum Ausdruck kommt; ein ethisches und ernsthaftes künstlerisches Streben; Kreativität, Intention der Schaffung eines Kunstwerks bzw. einer künstlerischen Darbietung und Originalität derselben sowie Anerkennung in der Gesellschaft, wobei auch eine Anregung zur Auseinandersetzung zu verstehen ist. Nach der Rechtsprechung des Obersten Gerichtshofes in Österreich ist die „künstlerische Qualität" eines Werkes möglichst großzügig zu bestimmen.*[576]

Zu beachten ist, dass die Regelung der Gewährleistung der Freiheit im Bundesbereich ausschließlich als ein **Abwehrrecht** gegen staatliche Eingriffe in das Kunstschaffen und die Reproduktion von Kunst zu werten ist. Es begründet weder eine staatliche Kunstförderung noch die Wahrung der künstlerischen Vielfalt.[577] Es gibt keinen Ansatzpunkt für die Interpretation von Grundrechten oder Kompetenzzuweisungen als Kulturauftrag.[578]

So wie in der Zeit vor der verfassungsrechtlichen Normierung der Kunstfreiheit, etwa am Beispiel der Aufregungen und Streitigkeiten rund um die ORF–Ausstrahlung des Stücks „Die Staatsoperette" von Otto M. Zykan und Franz Novotny im Jahr 1977[579], kam es auch danach immer wieder zu „Kunstskandalen".

---

[573] Ebenda, RZ 43.
[574] Öhlinger, Theo/Stelzer, Manfred, Der Schutz der sozialen Grundrechte in der Rechtsordnung Österreichs, 2010, S. 500.
[575] Walter, Robert/Mayer, Heinz/Kucsko-Stadlmayer, Gabriele, Grundriss des österreichischen Bundesverfassungsrechts, 2007, RZ 1509ff.
[576] Korinek, Karl/Potz, Richard/Bammer, Armin/Wieshaider, Wolfgang (Hrsg.), Kulturrecht im Überblick, 2004, S. 36ff.
[577] Pernthaler, Peter, Kulturpolitik in Österreich, 1988, S. 11.
[578] Evers, Hans-Ulrich, Kulturverfassungsrecht und Kulturverwaltungsrecht in Österreich, 1983, S. 194.
[579] Rathkolb, Oliver, Die paradoxe Republik – Österreich 1945 bis 2005, 2005, S. 333ff.

1983 wurde der Film „Das Gespenst" von Herbert Achternbusch wegen versuchter Herabwürdigung religiöser Lehren beschlagnahmt und mit einem oberstgerichtlichen Aufführungsverbot belegt.

1988 sorgte die Aufführung von Thomas Bernhards „Heldenplatz" im Wiener Burgtheater für Empörung in allerhöchsten politischen Kreisen. Der damalige Bundespräsident sprach von *„grober Beleidigung des österreichischen Volkes"*. Von Politikern des Landes wurden ein Aufführungsverbot und die Ausweisung des damaligen Burgtheaterdirektors gefordert.[580]

Ursprünglich hätte Art 17a StGG (Freiheit der Kunst) zwei weitere Absätze beinhalten sollen. Im Abs 2 hätte es heißen sollen: *Eine Förderung künstlerischen Schaffens durch den Bund, ein Land oder eine Gemeinde hat auch seine Vielfalt und deren Erhaltung zu berücksichtigen.* Abs 3 hätte eine urheberrechtliche Schutzbestimmung enthalten sollen. Es kam im Parlament zu heftigen Debatten. Schlussendlich wurde nur Abs 1 angenommen. Die Absätze 2 und 3 wurden von der Opposition und den Ländern abgelehnt. Eine Förderverpflichtung wäre aber auch aus dem beschriebenen Abs 2 nicht abzuleiten gewesen. Ziel wäre lediglich die Berücksichtigung der kulturellen Vielfalt bei einer etwaigen Fördervergabe gewesen.[581]

Welche Freiheit?

Trotz der verfassungsrechtlich normierten „Freiheit der Kunst" gibt es nach wie vor einen leidenschaftlichen Diskurs darüber:

Burger erachtet die Kunst als frei, *weil und solange sie vom Ernst der Politik frei ist, das heißt frei gehalten wird und sich selbst frei hält.* Gleichzeitig warnt er davor, dass *das liberale Postulat der Freiheit der Kunst es verbietet, die künstlerische Produktion mit tugendaffirmativen Forderungen zu belasten, auch nicht im Namen einer humanitär-aufklärerischen Kulturpolitik.*[582]

Was bedeutet diese Freiheit nun in der Realität? Sieht man Freiheit als Fehlen von Abhängigkeit, so zeigt ein kurzer historischer Bogen die Problematik des Freiheitsbegriffs der Kunst auf.

Über Jahrhunderte hinweg war das Verhältnis zwischen Kunstproduzenten und Auftraggeber (häufig Herrschende) von Ergebenheit und finanzieller Abhängigkeit charakterisiert.[583] *Haselauer* meint dazu pointiert: *Dass diese Künstler sich sehr wohl nach den Erwartungen der Auftraggeber gerichtet und sich nur gelegentlich erlaubt haben, der eigenen „künstlerischen Freiheit" folgend zu schaffen, ist längst erwiesen.* Weiters führt sie aus, *dass Kunst in ihrer Geschichte nie „popular" war, sie ist es auch heute nicht und wird es nie sein. Sie meint, dass es immer nur eine kleine Anzahl von Personen gab und geben wird, für die Kunst wirklich Genuss ist, die die Muße dafür haben, Zeit zu investieren in die Fähigkeit Kunst zu verstehen und daher auch genießen zu können.*[584]

---

[580] Ebenda, S. 73ff.
[581] Hofstetter, Alwine, Politische und rechtliche Aspekte von Kunst und Kultur in Österreich, 2004, S. 111f.
[582] Burger, Rudolf, Über den Begriff des Kulturellen und die Freiheit der Kunst, 1998, S. 96.
[583] Bourdieu, Pierre, Die Regeln der Kunst, 1999, S. 86.
[584] Haselauer, Elisabeth, Kultur ist ..., wo wir hingehören, 1990, S. 29.

Jedenfalls standen Kunstschaffende nach dem Verschwinden „ihrer monarchischen Auftraggeber" vor dem Problem, sich in weiterer Folge von der bürgerlichen Nachfrage zu lösen. Von Kunstschaffenden wurde der Versuch unternommen, niemanden mehr als „Herrn und Meister" anerkennen zu wollen als die Kunst selbst. Schlussendlich konnten die Kunstschaffenden diesen Kampf um die Kontrolle über Sinn und Funktion künstlerischer Tätigkeit aber kaum gewinnen, da sie sich sonst ihrer potenziellen Kunden entledigt hätten.[585] Heute bestehen Abhängigkeiten vor allem von Seiten des Kunstmarktes.[586]

Aber auch die Vergabe von öffentlichen Fördermitteln ist eine potentielle Gefahr, die der Freiheit der Kunst droht, denn durch sie könnte die nächste Abhängigkeit entstehen.

Gerl polemisiert das fragile Verhältnis zwischen „Kulturstaat" (gemeint ist dabei wohl der österreichische) und Kulturschaffenden: *In einem Kulturstaat gibt es nicht nur einen „Deal" zwischen dem Staat und der Kunst, dieser „Deal" ist allen Beteiligten geläufig: Der Staat verbucht, beansprucht, behauptet und fördert die Kunst wegen seiner Reputation als nationaler Ansehensbringer – die meisten Künstler fühlen sich in dieser Rolle so „wohl", dass sie permanent darunter leiden, wie wenig ihnen dieser ihr öffentlicher Dienst entgolten wird, sowohl in materieller als auch auf ideeller Weise. Dabei will niemand als „Staatskünstler" gelten.* Querelen im sonst eher harmonischen Verhältnis zwischen Kunst und Staat sieht sie unter anderem dort, wenn von Zeit zu Zeit Zweifel entstehen, dass die Kunst gegen ihre „Pflicht" verstößt, die Vergrößerung des Ansehens der Nation zu erfüllen. *Dann liegt wieder ein Kunstskandal der Art „subventionierte Österreichbeschimpfung" vor. Dieser läuft dann wie folgt in der öffentlichen Wahrnehmung ab: Von Teilen der Politik und der Medien wird die Öffentlichkeit informiert, dass der Staat eine solche Beschimpfung auf keinen Fall verdient und dass eine „Pflichtverletzung" seitens des Künstlers vorliegt. In weiterer Folge erduldet der Staat die Beschimpfung mit dem Zusatznutzen, dass er sich zusätzlich in seiner Rolle als Kunstförderer als tolerant rühmen kann.*[587]

---

[585] Bourdieu, Pierre, Die Regeln der Kunst, 1999, S. 134.
[586] Ebenda, S. 86.
[587] Gerl, Claudia, Kulturstaat = Staatskunst, 2000, S. 118ff.

6.2 Kunst- und Kulturförderungsgesetze

6.2.1 Kulturverwaltung

*Wer Kunst sagt, sagt auch Verwaltung,
ob er will oder nicht.*
Theodor W. Adorno

Kulturverwaltung beruht auf den Rationalitätsprinzipien der Bürokratie. Häufig wird von einem Spannungsverhältnis zwischen „starrer" Bürokratie und „dynamischen" Kulturschaffenden ausgegangen. Adorno forderte daher, dass die Kulturpolitik auf diese Spannungen eingeht und diesen nicht einfach ausweicht. Er beschreibt das Paradoxon, vor dem sowohl die Kulturverwaltung als auch die Kulturschaffenden stehen. Demnach würde Kultur per se Schaden nehmen, wenn sie geplant und verwaltet wird. Sie würde aber auch in dem Fall Schaden nehmen, wenn sie sich selbst überlassen bliebe. Denn in diesem Fall würde nicht nur die Möglichkeit bestehen, dass alles Kulturelle seine Wirkung verlieren könnte, es würde gar ihr kompletter Existenzverlust drohen.[588]

Vor diesem Hintergrund verfügen die Gebietskörperschaften ab einer gewissen Größe über Kulturverwaltungen, Kulturabteilungen oder Kulturämter. Sie vergeben dabei beträchtliche finanzielle Beträge an Personen und Institutionen. Damit nehmen sie die Aufgabe einer „Vor- und Fürsorge" für Kunst und Kultur im Lande wahr und sind damit zu einem wesentlichen Teil der modernen Leistungsverwaltung geworden.[589]

Seit den 1990er-Jahren wurden häufig Angelegenheiten der Kulturverwaltung aus der staatlichen Verwaltungsorganisation ausgegliedert und durch eigene Rechtsträger (z.B. wissenschaftliche Anstalten öffentlichen Rechts, Holdingkonstruktionen, GmbH, gemeinnützige GmbH) besorgt.[590] Da sich aber an der Eigentümerstruktur nichts geändert hat, bleibt schlussendlich die politische Verantwortung auch in diesen Fällen stets bei den obersten Verwaltungsorganen (Bundesminister, Mitglieder der Landesregierung, je nach Ressortverteilung gegebenenfalls auch Bundeskanzler).

Kulturverwaltung setzt die Vorgaben der Kulturpolitik entsprechend den Prinzipien des Verwaltungshandelns in die Praxis um. Wie die Realität zeigt, hat sie dabei erheblichen Ermessensspielraum.[591]

6.2.2 Kunstförderungsgesetz des Bundes

1988 wurde das Kunstförderungsgesetz des Bundes beschlossen. Es enthält die Verpflichtung des Bundes, das künstlerische Schaffen in Österreich sowie seine Vermittlung zu fördern und für diesen Zweck im jeweiligen Bundesfinanzgesetz die erforderlichen Mittel bereitzustellen.[592] Zusätzlich zur

---

[588] Hoffmann, Hilmar/Kramer, Dietmar, Kulturämter und -behörden, 1994, S. 352ff.
[589] Pleschberger, Werner, Vorsicht Politiker!, 1991, S. 191.
[590] Korinek, Karl/Potz, Richard/Bammer, Armin/Wieshaider, Wolfgang (Hrsg.), Kulturrecht im Überblick, 2004, S. 47.
[591] Thiel, Markus, Die verwaltete Kunst, 2003, S. 96.
[592] BMUKS (Hrsg.), Kunstbericht 1988, 1999, S. III.

finanziellen Verpflichtung beinhaltet das Gesetz die Zielsetzung, sowohl die Rahmenbedingungen als auch die soziale Lage der Kunstschaffenden zu verbessern. Durch die Novelle 1999 wurde die Einkommensteuerfreiheit von Stipendien und Preisen, die nach diesem Gesetz und unter vergleichbaren Voraussetzungen vergeben werden (rückwirkend mit 01.01.1991), eingeführt. Mit der Novelle 2000 wurde festgelegt, dass der Bund den Ankauf von Kunstwerken durch österreichische Museen fördern kann, sofern dies im gesamtösterreichischen Kunstinteresse liegt.[593]

6.2.3 Kulturförderungsgesetze der Bundesländer

Über viele Jahre hinweg wurde auf der Ebene der Landeskulturreferentenkonferenz[594] diskutiert, ob die Einführung von gesetzlichen Regelungen, zu denen sich die Länder freiwillig verpflichten müssten, in ihrem Ergebnis der jeweiligen Kulturförderung eher Fesseln anlegen würde oder ob einer total freien Ermessensförderung der Vorzug zu geben wäre. Darüber hinaus wurde auch besprochen, ob die Länder im Sinne und Dienst kultureller Ziele stärker in die Pflicht genommen werden sollten.

Schlussendlich tendierte eine Mehrzahl der Länder zu einer derartigen Selbstverpflichtung. In Vorarlberg wurde in Folge im Jahr 1974 das erste Landeskulturförderungsgesetz der 2. Republik in Kraft gesetzt. Diesem Beispiel folgte Tirol 1979, Salzburg 1980, Niederösterreich und Burgenland 1983, die Steiermark 1985[595] und Oberösterreich 1987. Kärnten hat seit 2001 eine entsprechende Regelung. Die Länder Steiermark (2005) und Vorarlberg (2009) haben ihre Gesetze bereits novelliert.

Wien ist das einzige Bundesland, in dem es bis dato weder ein eigenes Kunst- bzw. Kulturförderungsgesetz noch eine Staatszielklausel Kultur gibt.

Mehrere Kulturförderungsgesetze enthalten mehr oder weniger bestimmt verfasste Förderungsverpflichtungen.

*Das Land Steiermark als Träger von Privatrechten **verpflichtet** sich, in der Steiermark oder in besonderer Beziehung zur Steiermark ausgeübte kulturelle Tätigkeiten zu fördern.*[596]

Vorarlberg: *Das Land bekennt sich zur Freiheit, Unabhängigkeit und Vielfalt des kulturellen Lebens. Es **verpflichtet** sich, das kulturelle Leben, welches in Vorarlberg stattfindet oder sonst einen Bezug zum Land hat, zu fördern.*[597]

*Das Land Salzburg ist **verpflichtet**, im Interesse des Landes und seiner Bevölkerung die kulturelle Tätigkeit als Träger von Privatrechten zu fördern, vornehmlich wenn sie im Land Salzburg ausgeübt wird oder in einer besonderen Beziehung zum Land Salzburg steht. Für diesen Zweck sind im Landeshaushalt unter **Bedachtnahme** auf die **anderen Erfordernisse** an den **Landeshaushalt** und*

---

[593] BMUKK (Hrsg.), Kunstbericht 2009, S. 172; BGBl. 146/1988; BGBl. 95/1997; BGBl. 132/2000.
[594] Die Landeskulturreferentenkonferenz findet zumindest einmal jährlich statt. Sie ist eine Plattform für Diskussion und Beratung von Fragen, die sämtliche Bundesländer betreffen. Vor allem werden dabei auch gemeinsame Vorgehensweisen mit bzw. auch gegen den Bund beraten. Land Steiermark (Hrsg.), Kulturförderungsbericht 1999 – 2000, S. 97.
[595] Bernhard, Reinhold, Kulturpolitik in den Ländern Österreichs, 1988, S.71.
[596] Stmk. LGBl. 80/2005.
[597] Vbg. LGBl. 38/2009.

die finanziellen Möglichkeiten des Landes ausreichend Mittel vorzusehen. Ein angemessener Teil davon ist für das zeitgenössische kulturelle Schaffen zu verwenden.[598]

Eine absolute Verpflichtung zur Fördervergabe aus diesen Formulierungen abzuleiten wäre allerdings falsch. In der Steiermark und in Salzburg besteht sogar ein dezidierter Passus, nach dem es **keinen Rechtsanspruch** auf Förderung gibt!

Steiermark: *Auf die Gewährung von Förderungen nach diesem Gesetz sowie auf eine bestimmte Art oder Höhe der Förderung besteht kein Rechtsanspruch.*[599]

Salzburg: *Auf die Gewährung einer Förderung sowie auf eine bestimmte Art und Höhe der Förderung besteht kein Rechtsanspruch.*[600]

Das Salzburger Gesetz enthält gleich nach der Formulierung zur „Verpflichtung" den Hinweis darauf, dass bei einer etwaigen Fördervergabe auf den Landeshaushalt und auf andere Erfordernisse Rücksicht zu nehmen ist. Dies entspricht einer weiteren Art der Einschränkungsmöglichkeit.

Selbst für den Fall, dass im Kulturförderungsgesetz eines Landes kein Verweis enthalten ist, dass es keinen Rechtsanspruch auf Förderung gibt, bedeutet dies nicht, dass daraus ein solcher abgeleitet werden kann. Aufgrund der Unbestimmtheit der Normierungen, der nicht gesetzlich vorgegebenen Höhe des etwaigen Fördervolumens, hängt es stets von den jeweilig vorhandenen Budgetmitteln und von politischen Prioritätensetzungen ab, was und in welcher Höhe gefördert wird. Förderungen müssen weiters nicht unbedingt in finanzieller Weise erfolgen. Es können auch Räumlichkeiten zur Verfügung gestellt werden, Haftungen übernommen werden udgl. mehr.[601]

6.3 Ausbildungssituation von Kunst- und Kulturschaffenden

6.3.1 Musikschulen

Der Begriff „Musikschule" ist keine gesetzlich geregelte Schulartbezeichnung, wie etwa Volksschule oder Hauptschule. Der Verfassungsgerichtshof stellte fest, dass die Erteilung des Musikunterrichts – zum Unterschied von den lediglich der Förderung des gesellschaftlichen Lebens dienenden Tanzschulen – wesentliche pädagogische und volkserzieherische Ziele verfolgt und daher unter Art 14 B-VG fällt.[602] Da das Schul- und Erziehungswesen in die Kompetenz des Bundes fällt, wäre die Gesetzgebung und Vollziehung Bundessache. Eine spezielle Regelung für das Musikschulwesen hat der Bund aber bislang nicht getroffen. Sämtliche derzeit bestehenden Regelungen basieren auf Landesgesetzen im Zuge der Privatwirtschaftsverwaltung. Dementsprechend uneinheitlich sind die Regelungen.

Grundsätzlich gibt es zwei Haupttypen von Musikschulen in Österreich. Die **öffentlichen Musikschulen**, auch Musikschulwerke genannt. Diese werden entweder von Ländern bzw. von landesnahen Vereinen selbst getragen oder von

---

[598] Sgb. LGBl. 14/1998.
[599] Stmk. LGBl. 80/2005.
[600] Sbg. LGBl. 14/1998.
[601] Pleschberger, Werner, Vorsicht Politiker!, 1991, S. 198.
[602] Lienbacher, Georg, Besonderes Verwaltungsrecht, 2008, S. 441.

Gemeinden geführt. Davon unterscheiden sich die **autonom-kommunalen Musikschulen**, die durch Rahmengesetze der Länder und das Privatschulgesetz definiert sind und deren Schulerhalter grundsätzlich Gemeinden sind.[603]

Bundesweit gibt es in Summe mehr als 400 Musikschulen mit mehr als 1.400 Standorten, in denen mehr als 160.000 Schülerinnen und Schüler von rund 6.600 Musikschullehrerinnen und Musikschullehrern unterrichtet werden. Mit mehr als 155 Musikschulen an 420 Standorten weist Niederösterreich die größte Anzahl an Musikschulen auf.[604]

6.3.2 Konservatorien

Die in Österreich bestehenden Musik–Konservatorien befinden sich in öffentlich rechtlicher, privater oder in kirchlicher Trägerschaft. Im Anschluss werden die Musikkonservatorien der Bundesländer behandelt.

Landeskonservatorien

Landeskonservatorien sind Privatschulen mit Öffentlichkeitsrecht[605], die grundsätzlich keine akademischen Abschlüsse anbieten dürfen.[606] Ihre Anfänge liegen durchwegs in Musikschulen von Musikvereinen, die bis an den Beginn des 19. Jahrhunderts zurückreichen.[607] Durch die Implementierung des Bologna-Prozesses und durch das seit 2004 gültige Universitätsgesetz (UG 2002) kam es zu rechtlichen Problemen bei den Landeskonservatorien, da Studierende zwar wie davor die Lehrbefähigungsprüfung erlangen können, aber kein Bakkalaureat.[608] Bis dahin galt für Studierende von Konservatorien mit Öffentlichkeitsrecht, dass sie nach Ablegung der Lehrbefähigungsprüfung zum Studium des zweiten Studienabschnitts an Musikuniversitäten nach Maßgabe des Lehrangebotes zugelassen waren. Seit dem UG 2002 gibt es lediglich noch die Möglichkeit, dass Studierende von Konservatorien einen Antrag stellen können, der zuvor geltende Rechtsanspruch besteht nicht mehr.[609]

Da die Landeskonservatorien in den Kompetenzbereich der Länder fallen, gibt es keine einheitliche gesamtösterreichische Lösung. Die Landeskonservatorien reagierten auf die beschriebene Situation auf mehrere Arten.

So gibt es die Möglichkeit um **Akkreditierung zur Privatuniversität** anzusuchen, wie es das Bruckner-Konservatorium des Landes Oberösterreich und das Konservatorium Wien getan haben (siehe unten). Dies ist allerdings mit hohen Kosten verbunden.

---

[603] ARGE Musikschulstatistik (Hrsg.), Pilotstudie 2001. Statistisches Jahrbuch der Musikschulen in Österreich, 2003, S. 18ff.
[604] Ebenda, S. 20ff.
[605] BGBl. 244/1962 idgF.
[606] Burian, Walter/Juen, Thomas/Hartmann, Anselm, Am Abstellgleis oder auf der Überholspur?, 2005, S. 12ff.
[607] Rumpler, Ursula, Strukturwandel an den öffentlich-rechtlichen Konservatorien Österreichs infolge des Bologna-Prozesses, 2008, S. 15ff.
[608] Burian, Walter/Juen, Thomas/Hartmann, Anselm, Am Abstellgleis oder auf der Überholspur?, 2005, S. 12ff.
[609] Rumpler, Ursula, Strukturwandel an den öffentlich-rechtlichen Konservatorien Österreichs infolge des Bologna-Prozesses, 2008, S. 34ff.

Einige kleine und mittelgroße Konservatorien gingen daher Partnerschaften oder **Kooperationen mit Universitäten und Hochschulen** ein. Dadurch werden den Studierenden weiterhin akademische Abschlüsse ermöglicht.[610] Beispielsweise gibt es eine Zusammenarbeit vom Mozarteum Salzburg mit den Landeskonservatorien in Vorarlberg und Tirol.[611] Aber auch über die Staatsgrenzen hinweg gibt es eine Kooperation, beispielsweise die des Joseph Haydn Konservatoriums Eisenstadt mit der Hochschule für Musik und darstellende Kunst in Bratislava.[612]

Akkreditierung zur Privatuniversität

Seit dem Jahr 2000 gibt es in Österreich die Möglichkeit der staatlichen Akkreditierung von Bildungseinrichtungen zu Privatuniversitäten. Die Akkreditierung erfolgt zunächst für fünf Jahre, eine Reakkreditierung für weitere fünf Jahre. Danach kann es Verlängerungen um jeweils 10 Jahre geben. Für die Zeit der Akkreditierung haben die Privatuniversitäten das Recht, akademische Grade zu verleihen. Für Privatuniversitäten besteht grundsätzlich ein Finanzierungsverbot durch den Bund.[613]

Das **Konservatorium Wien Privatuniversität**, 1938 als Musikschule der Stadt Wien gegründet,[614] wurde 2005 erstmals als Privatuniversität akkreditiert.[615] Sie hat die Rechtsform einer GmbH und steht als tertiäre Bildungseinrichtung im Alleineigentum der Stadt Wien.[616] 2010 erfolgte die Reakkreditierung.[617]

Die **Anton Bruckner Privatuniversität** für Musik, Schauspiel und Tanz, die 1823 als Singschule des Linzer Musikvereins gegründet wurde, ist eine juristische Person öffentlichen Rechts und wird vom Land Oberösterreich finanziert.[618] Sie wurde 2004 für die Dauer von fünf Jahren als Privatuniversität akkreditiert,[619] die Reakkreditierung erfolgte 2009.[620]

6.3.3 Musik- und Kunstuniversitäten

Die Künste im heutigen Sinn waren in Österreich über lange Zeit nicht im staatlichen Universitätssystem verankert. Zunächst wurden sie als Akademien (Anstalten zur Vermittlung eines definierten Fachwissens) institutionalisiert.

---

[610] Burian, Walter/Juen, Thomas/Hartmann, Anselm, Am Abstellgleis oder auf der Überholspur?, 2005, S. 12ff.
[611] Österreichischer Wissenschaftsrat (Hrsg.), Empfehlungen zur Entwicklung der Kunstuniversitäten in Österreich, 2009, S. 28.
[612] Ebenda, S. 18
[613] BGBl. 168/1999.
[614] Konservatorium Wien GmbH (Hrsg.), Imagebroschüre 2010, S. 4.
[615] Akkreditierungsrat (Hrsg.), Bericht des Akkreditierungsrates 2005, 2006, S. 5ff.
[616] Konservatorium Wien Privatuniversität (Hrsg.), Satzung 2010, S. 3.
[617] Konservatorium Wien GmbH (Hrsg.), Imagebroschüre 2010, S. 4.
[618] OÖ LGBl. 14/2003.
[619] Akkreditierungsrat (Hrsg.), Bericht des Akkreditierungsrates 2004, 2005, S. 43.
[620] Amt der OÖ. Landesregierung (Hrsg.), „Anton Bruckner Privatuniversität – Erfolgreiche Reakkreditierung stellt Weichen für die Zukunft, 02.03.2009.

1970 wurden die Akademien durch das **Kunsthochschulorganisationsgesetz** zu Hochschulen umgewandelt.[621]

Im Jahr **1998** trat das **Kunstuniversitätenorganisationsgesetz KUOG** in Kraft. Mit Beginn des Studienjahres 1998/99 wurden die sechs österreichischen Kunsthochschulen in Universitäten umbenannt und erhielten die **Teilrechtsfähigkeit**.[622]

Drei Kunstuniversitäten befinden sich in Wien und jeweils eine in Graz, Linz und Salzburg. Die **Universität für Musik und darstellende Kunst Wien** geht auf eine Initiative der Gesellschaft der Musikfreunde (Musikverein) zurück, der erste Instrumentalunterricht erfolgte 1819.[623]

Die Wurzeln der **Universität für Musik und darstellende Kunst Graz** (KUG–Kunstuniversität Graz) reichen auf eine Singschule des Steiermärkischen Musikvereins von **1816** zurück.[624]

Der Ursprung der **Universität Mozarteum Salzburg** liegt im Jahr 1841, in dem sich der Todestag von Wolfgang Amadeus Mozart zum 50. Mal jährte.[625]

Die Anfänge der heutigen **Universität für angewandte Kunst Wien** reichen ins Jahr 1867 zurück, als die Kunstgewerbeschule des Österreichischen Museums für Kunst und Industrie als erste ihrer Art in Europa gegründet wurde.[626]

Die **Akademie der bildenden Künste Wien** geht auf eine private Gründung des Hofmalers Peter Strudel 1692 zurück.[627] Sie ist damit die älteste der heutigen Kunstuniversitäten und behielt ihren Namen, Akademie der bildenden Künste, auch nach der Universitätswerdung bei.

Die **Universität für künstlerische und industrielle Gestaltung Linz** hat ihren Ursprung in einer privaten Kunstschule der Stadt Linz, die 1947 gegründet und 1973 zur Hochschule für künstlerische und industrielle Gestaltung in Linz wurde.[628]

2002 trat das **Universitätsgesetz (UG)** in Kraft und wurde Anfang 2004 voll wirksam. Die Universitäten wurden juristische Personen öffentlichen Rechts mit **voller Rechtsfähigkeit**. Das Gesetz brachte eine völlige Neuregelung des Organisations-, Studien- und Personalrechts sowie der Budgetverantwortung. Die Leitungsorgane gemäß UG 2002 sind der Universitätsrat, das Rektorat, die Rektorin oder der Rektor und der Senat.[629]

Kunstuniversitäten erhalten jeweils ein **Globalbudget**, das entsprechend einer **Leistungsvereinbarung** im Voraus festgelegt wird. Die Leistungsvereinbarung ist ein öffentlich-rechtlicher Vertrag, der zwischen den einzelnen Universitäten und dem Bund auf die Dauer von **drei Jahren** abgeschlossen wird. Die Universitäten können entsprechend ihrer Aufgaben frei

---

[621] Österreichischer Wissenschaftsrat (Hrsg.), Empfehlungen zur Entwicklung der Kunstuniversitäten in Österreich, 2009, S. 16ff; BGBl. 54/1970.
[622] BGBl. 130/1998.
[623] MDW (Hrsg.), Entwicklungsplan der Universität für Musik und darstellende Kunst Wien 2005 – 2009, 2005, S. 3.
[624] Wadsack, Ingrid/Kasparovsky, Heinz, Das österreichische Hochschulsystem, 2007, S. 7.
[625] Zöllner, Erich, Geschichte Österreichs, 1990, S. 392.
[626] Universität für angewandte Kunst Wien (Hrsg.), Entwicklungsplan 2005 – 2009, 2005, S. 8.
[627] Wagner, Walter, Die Geschichte der Akademie der bildenden Künste in Wien, 1967, S. 32ff.
[628] Wadsack, Ingrid/Kasparovsky, Heinz, Das österreichische Hochschulsystem, 2007, S. 7.
[629] BGBl. 120/2002.

über den Einsatz des Globalbudgets verfügen. Dabei haben sie auch die Möglichkeit, Drittmittel zu lukrieren (z.B. durch Weiterbildungsangebote oder Forschungsaufträge).[630]

Folgende finanziellen Zuwendungen hat der Bund den sechs Kunstuniversitäten zwischen 2007 und 2009 zur Verfügung gestellt.

Kunstuniversitäten	Budget[631] 2007–2009	Budget pro Jahr	Studierende WS 2008
Universität für Musik und darstellende Kunst Wien	211.904.000	70.634.667	2.995
Universität für Musik und darstellende Kunst Graz	111.340.000	37.113.333	1.917
Universität Mozarteum Salzburg	114.462.000	38.154.000	1.656
Universität für angewandte Kunst Wien	78.905.000	26.301.667	1.499
Akademie der bildenden Künste Wien	63.162.000	21.054.000	1.082
Universität für künstlerische und industrielle Gestaltung Linz	37.190.000	12.396.667	1.060
Gesamt	**616.963.000**	**205.654.333**	**10.209**

Tab. 5 Budgets und Studierende der Kunstuniversitäten
Quellen: BMWF (Hrsg.), Universitätsbericht 2008, S. 62; BMWF (Hrsg.), Statistisches Taschenbuch 2009, S. 31.

6.4 Situation der Kunstschaffenden in Österreich

6.4.1 Zwischen Ablehnung und Vereinnahmung

Spickernagel kritisiert den bürgerlichen Kunstbegriff, mit dem tradierten Bild des Künstlers als Genie und der Verkörperung eines naturgegebenen künstlerischen Vermögens. Ihr Ansatz geht aber nicht vom ominösen Geniestatus aus, sondern bezieht sich auf den Zugang zu materiellen Voraussetzungen wie Werkstatträumlichkeiten, Zugang zu Ausbildungsstätten, Akademieorganisation und dergleichen.[632]

In der Geschichte Österreichs gab es zahlreiche Beispiele, wie jahre- bzw. jahrzehntelange Ablehnung von bestimmten Künstlerinnen und Künstlern fast über Nacht ins Gegenteil umschlägt.

Die Aktionen der Künstler Günter Brus, Oswald Wiener und Otto Mühl von Juni 1968 im Hörsaal 1 des Neuen Institutsgebäudes der Universität Wien, die von den Medien als „Uni-Ferkelei" bezeichnet wurden, führten später zu Anklagen und teilweise zu Verurteilungen wegen Herabwürdigung österreichischer Staatssymbole.[633] Wie sehr sich die Akzeptanz zeitgenössischer Kunst im Laufe der Jahre geändert hat, zeigt die heutige Anerkennung von

---

[630] Rechnungshof, Reihe Bund 2007/2, S. 152.
[631] Grund- und Formelbudget in EUR.
[632] Spickernagel, Ellen, Geschichte und Geschlecht: Der feministische Ansatz, 1988, S. 333.
[633] Mattl, Siegfried, Kultur und Kulturpolitik in der Ära Kreisky, 2007, S. 134ff.

Günter Brus. 1996 wurde ihm von der Republik Österreich der Große Österreichische Staatspreis für Bildende Kunst verliehen.[634] 2008 fasste die Steirische Landesregierung den Beschluss, seinen Vorlass zu erwerben.[635]

Das Werk und Aussagen der Literatin Elfriede Jelinek wurden sowohl in den Medien als auch von Seiten der Politik über viele Jahre hinweg kontroversiell beurteilt. Mit Bekanntgabe der Verleihung des Literaturnobelpreises wurde die umstrittene Literatin vom öffentlichen Österreich „vereinnahmt". Sie reagierte mit dem Zitat: *Ich will keine Blume im Knopfloch Österreichs sein.*[636]

6.4.2 Soziale Situation der Kunst- und Kulturschaffenden

Der 1945 für Kultur verantwortliche Politiker Ernst Fischer beklagte wenige Jahre nach seiner Demissionierung als Mitglied des Nationalrates die *niederdrückende Kulturmisere und Kulturfeindlichkeit* im Land. Konkret kritisierte er das geringe Kulturbudget und dass die Arbeit der Intellektuellen nirgends in Europa so schlecht entlohnt und so wenig geachtet wurde wie in Österreich.[637] 1970 sprach auch Leopold Gratz, damals Minister für Unterricht und Kunst, vom Vorhandensein großer Gruppen an unterprivilegierten Kulturschaffenden in Österreich. Er führte dieses Problem auf bestehende Mängel im Förderwesen zurück.[638]

Direkte soziale Unterstützung für Künstlerinnen und Künstler gab es ab 1977 durch einen Sozialfonds, der allerdings lediglich für Schriftstellerinnen und Schriftsteller galt.[639]

1984 erschien die erste **Studie über die soziale Lage der Komponisten, bildenden Künstler und Schriftsteller in Österreich.**[640] Erst 2008 wurde das Thema wieder aufgegriffen und die Studie „Zur sozialen Lage der Künstler und Künstlerinnen in Österreich" erstellt.[641]

Die Problematik ist der Kulturpolitik bekannt: *Die soziale Lage der Künstlerinnen und Künstler ist vor allem durch prekäre Arbeitsverhältnisse, neue Selbständigkeit und Teilzeitbeschäftigung geprägt. 37% leben unter der Armuts-Gefährdungsgrenze. Das bedeutet, sie verdienen mit ihrer künstlerischen Arbeit 983 EUR oder weniger im Monat. Nur 24% der Künstlerinnen und Künstler sind ausschließlich künstlerisch tätig. 76% üben auch kunstnahe und kunstferne Tätigkeiten aus. Das Einkommen der Frauen ist um ca. 30% niedriger als das – auch schon unbefriedigende – Einkommen ihrer männlichen Kollegen.*[642]

---

[634] Österreichischer Kunstsenat (Hrsg.), Träger des Großen Österreichischen Staatspreises, 2010, S. 1.
[635] Land Steiermark, Landespressedienst: Staatspreisträger zu Gast in Grazer Burg, 04.11.2008.
[636] Brix, Emil, Österreich zwischen Image und Identität, 2005, S. 13ff.
[637] Fischer, Ernst, Die österreichische Kulturkrise, 1951, S. 4.
[638] BMUK (Hrsg.), Kunstbericht 1970–71, S. 4.
[639] Mayer, Hermann, Literatur und Literaturförderung: Probleme und kulturpolitische Erwägungen, 1984, S. 1ff.
[640] Landeskulturreferentenkonferenz (Hrsg.), Künstler in Österreich. Zur sozialen Lage der Komponisten, bildenden Künstler und Schriftsteller, 1984.
[641] Schelepa, Susanne/Wetzel, Petra/Wohlfahrt, Gerhard, Zur sozialen Lage der Künstler und Künstlerinnen in Österreich, 2008.
[642] Schmied, Claudia, Es gilt das gesprochene Wort! – Ausgewählte Reden 2009, 2009, S. 70ff.

Rahmenbedingungen

Kurz nach Amtsantritt von Ministerin Claudia Schmied gaben ihre Aussagen bei Kulturschaffenden Grund zur Hoffnung: *Ich denke daher, dass wir gerade seitens der Politik auch an den Rahmenbedingungen für Kunstschaffende arbeiten müssen, vor allem an ihrer sozialen Absicherung.*[643] Oder: *Die Kunstschaffenden erwarten von mir Formen der Ermutigung und des Dialogs. Ich fühle mich den Kunstschaffenden verpflichtet, und ich möchte nicht, dass sie immer wieder in die Rolle der Bittsteller gedrängt werden.*[644] Spätere Aussagen zu diesem Thema klangen deutlich verhaltener und lassen keine raschen Verbesserungen erwarten: *Wir müssen einfach auch die Balance oder eben die Nicht-Balance sehen, die im Bundes-Kunst- und Kulturbudget – ich darf das jetzt erweitern – gegeben ist, was auf der einen Seite traditionelle Kunst- und Kultureinrichtungen und auf der anderen Seite das zeitgenössische Kunstschaffen betrifft, das wieder unmittelbar – Sie haben es angesprochen – mit dem Einkommen von Künstlern und Künstlerinnen, auch mit ihrer sozialen Situation und mit ihrer Lebenssituation im Zusammenhang steht. Bei der Gewichtung, die da ist, werden wir eine Balance so schnell nicht schaffen.*[645]

Das persönliche Jahresnettoeinkommen von Künstlern beträgt im Median rund 14.500 EUR. Der Anteil aus künstlerischer Tätigkeit beträgt dabei rund 5.400 EUR. Bei Künstlerinnen liegt das persönliche Jahresnettoeinkommen nur bei rund 10.700 EUR, das künstlerische Einkommen bei 3.500 EUR. Die durchschnittlichen Einkommen sind höher, da es einzelne Künstlerinnen und Künstler gibt, die wesentlich mehr verdienen. Nur die Betrachtung des Medians gibt daher Aufschluss über die allgemeine finanzielle Situation der Künstlerinnen und Künstler.[646]

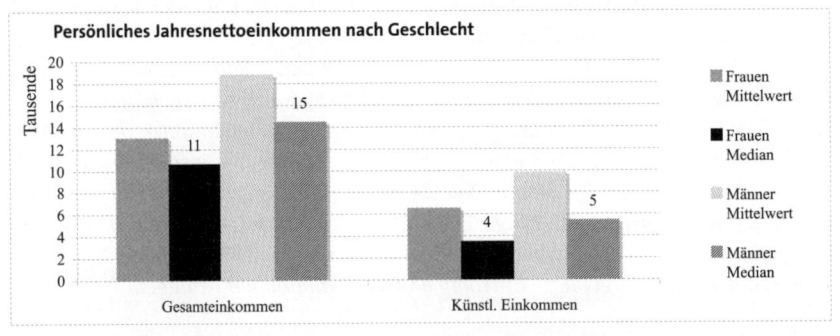

Abb. 7 Persönliches Jahresnettoeinkommen von Künstlerinnen und Künstlern nach Geschlecht, gerundet

Quelle: Schelepa, Susanne/Wetzel, Petra/Wohlfahrt, Gerhard, Zur sozialen Lage der Künstler und Künstlerinnen in Österreich, 2008. Eigene Darstellung.

Die Analyse des Jahresnettoeinkommens nach Sparten zeigt wesentliche Unterschiede bei den Einkommensverhältnissen. Die Sparte Musik liegt bei den

---

[643] Schmied, Claudia, Im Auge der Politik – Ausgewählte Reden 2007/2008, 2008, S. 150.
[644] Schmied, Claudia, Es gilt das gesprochene Wort! – Ausgewählte Reden 2009, 2008, S. 192.
[645] Ebenda, S. 147ff.
[646] Schelepa, Susanne/Wetzel, Petra/Wohlfahrt, Gerhard, Zur sozialen Lage der Künstler und Künstlerinnen in Österreich, 2008, S. 206ff.

Einkommen (Median) mit Abstand an der Spitze, gefolgt vom Bereich Film. Die Bereiche Literatur und darstellende Kunst sind in etwa gleich. Am schlechtesten verdienen Künstlerinnen und Künstler in der Sparte bildende Kunst.

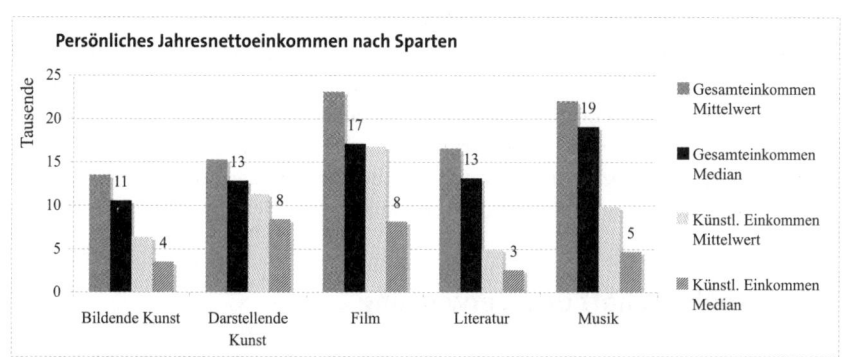

Abb. 8 Persönliches Jahresnettoeinkommen von Künstlerinnen und Künstlern nach Sparten, gerundet

Quelle: Schelepa, Susanne/Wetzel, Petra/Wohlfahrt, Gerhard, Zur sozialen Lage der Künstler und Künstlerinnen in Österreich, 2008. Eigene Darstellung.

Künstlersozialversicherung

In Deutschland gibt es eine gesetzliche Regelung zur sozialen Absicherung von Künstlerinnen und Künstlern seit 1983. Künstlerin bzw. Künstler ist nach dieser gesetzlichen Regelung, wer Musik, darstellende oder bildende Kunst schafft, ausübt oder lehrt.[647] Nach jahrelanger Diskussion erfolgte in Österreich die Einführung der Künstlersozialversicherung durch das **Künstlersozialversicherungsfondsgesetz** (K-SVFG) mit Beginn **2001**.[648]

Erneut stoßen wir auf die Problematik der Definition, was Kunst ist bzw. was eine Künstlerin bzw. einen Künstler ausmacht. In diesem Gesetz gibt es eine Definition, was unter Künstlerin bzw. Künstler zu verstehen ist. Das K-SVFG erachtet als Künstlerin bzw. Künstler, wer *in den Bereichen der bildenden Kunst, der darstellenden Kunst, der Musik, der Literatur, der Filmkunst oder in einer der zeitgenössischen Ausformungen der Bereiche der Kunst auf Grund ihrer/seiner* **künstlerischen Befähigung** *im Rahmen einer künstlerischen Tätigkeit* **Werke der Kunst schafft**. Absolventen, die eine künstlerische Hochschulausbildung erfolgreich absolviert haben, erfüllen die genannten Voraussetzungen.[649]

Aufgrund von Rückzahlungsforderungen wegen Unterschreitung der finanziellen Untergrenze bei zahlreichen Künstlerinnen und Künstlern wurde an der Regelung neben anderen Punkten Kritik geübt.[650]

---

[647] Schölzig, Krista, Öffentliche Kulturförderung in Deutschland und den USA, 2007, S. 205ff.
[648] Korinek, Karl/Potz, Richard/Bammer, Armin/Wieshaider, Wolfgang (Hrsg.), Kulturrecht im Überblick, 2004, S. 156.
[649] BGBl. 131/2000 idgF.
[650] Nationalrat, XXIII. GP, Schriftliche Anfrage 122/J, 29.11.2006; Anfragebeantwortung 54/AB, 09.01.2007.

Durch die Novelle 2007 des **Künstler-Sozialversicherungsfondsgesetzes** sollten Härtefälle im Bereich der Künstlersozialversicherung der Vergangenheit angehören.[651] 2008 wurden die Ergebnisse der oben genannten Studie veröffentlicht. Anhaltende Kritik führte im April 2009 zur Bildung einer interministeriellen Arbeitsgruppe (IMAG), in der auch weitere Problemfelder behandelt werden, beispielsweise das Schauspielgesetz und die Kunstförderung.[652] Mit Jänner 2011 kommt es erneut zu einer Gesetzesänderung, diesmal durch das KünstlerInnen-Sozialversicherungsstrukturgesetz.[653] Durch dieses Gesetz soll den Schwierigkeiten der Kunstschaffenden bei der Handhabung von sozialversicherungsrechtlichen Angelegenheiten Rechnung getragen werden. Dazu sollen beispielsweise spezielle Servicezentren geschaffen werden.[654]

6.5 Urheberschaft und Verwertung

Abgesehen von Verkäufen von Werken, Gagen, Förderungen und dergleichen können Verwertungsrechte eine wesentliche Quelle für das Einkommen der Kunstschaffenden darstellen. Der Gesetzgeber hat Möglichkeiten geschaffen, wie Kunstschaffende durch ihre kreativen Leistungen finanziell profitieren können. Exemplarisch werden das **Urheberrechtsgesetz** (UrhG) sowie Teilbereiche daraus, die **Bibliothekstantieme** (§ 16a UrhG)[655] und das **Folgerecht** (§ 16b UrhG)[656], kurz dargestellt:

In Österreich trat das **UrhG** im Jahr **1936** in Kraft[657] und wurde mehrmals novelliert (zuletzt 2010). Es regelt den Schutz geistigen Eigentums.

Es ist ein Bündel **vermögensrechtlicher** und **persönlichkeitsrechtlicher Befugnisse**. Die vermögensrechtlichen Befugnisse bestehen im Wesentlichen aus folgenden Verwertungsrechten: **Senderecht, Aufführungs-, Vortrags-** und **Vorführungsrecht, Vervielfältigungsrecht, Verbreitungsrecht** sowie **Zurverfügungstellungsrecht**. Die persönlichkeitsrechtlichen Befugnisse bestehen aus den **Rechten auf Urheberschaft, Urheberbezeichnung** und **Werkschutz** (z.B. Änderungsverbot).[658]

Geschützt sind Werke – darunter sind eigentümliche, geistige Schöpfungen zu verstehen – aus den Gebieten Literatur, bildende Kunst, Ton- und Filmkunst. *Urheber eines Werkes ist, wer es geschaffen hat*. Das bedeutet, dass der erste Inhaber eines Urheberrechts eine natürliche Person sein muss.

Das Urheberrecht entsteht somit unmittelbar durch die Schaffung des Werkes. Die Schutzfristen betragen für Werke der Literatur, der Tonkunst und

---

[651] Schmied, Claudia, Im Auge der Politik – Ausgewählte Reden 2007/2008, 2008, S. 177.
[652] Kulturrat, Pressegespräch, Kulturrat Österreich zieht Zwischenbilanz, 22.06.2010.
[653] Nationalrat, XXIV. GP, Ministerialentwurf 174/ME, 25.06.2010.
[654] Regierungsvorlage, XXIV. GP, Beilagen Nr. 876, Erläuterungen, 2010.
[655] BGBl. 93/1993.
[656] BGBl. 22/2006.
[657] BGBl. 111/1936.
[658] Haller, Albrecht, Urheberrecht – 30 häufig gestellte Fragen samt Antworten, verfasst im Auftrag des BMBWK, 2003, S. 7.

der bildenden Künste 70 Jahre, für Filmwerke 50 Jahre ab dem Tod des Urhebers.[659]

Da Urheber bzw. Rechteinhaber in der Regel nicht in der Lage sind, ihre Verwertungsrechte weltweit selbst wahrzunehmen, nutzen sie die Dienste von **Verwertungsgesellschaften** (VG). Voraussetzung dafür ist die Mitgliedschaft in einer VG und der Abschluss eines Wahrnehmungsvertrags.[660] Verwertungsgesellschaften heben die Gebühren für die Nutzung von Werken ein, und geben sie abzüglich eines Verwaltungsaufwandes an die Urheberinnen und Urheber weiter (Tantiemen). Das Verwertungsgesellschaftengesetz trat, wie das Urheberrechtsgesetz, ebenfalls im Jahr 1936 in Kraft. Es galt für alle Unternehmen, deren Geschäftstätigkeit mit der Nutzbarmachung von Vortrags-, Aufführungs- oder Senderechten an Sprachwerken und an Werken der Tonkunst zu tun hatte.[661] Die aktuell gültige Rechtsnorm geht auf das Jahr 2006 zurück, in der das Verwertungsgesellschaftengesetz neu geregelt wurde,[662] seitdem erfolgten mehrere Änderungen.

In Österreich verfügen derzeit acht berufsgruppenspezifische VG über die staatliche Erlaubnis zur Geschäftsausübung: **AKM** (für Autoren, Komponisten und Musikverleger), **Austro-Mechana** (zur Wahrnehmung mechanisch-musikalischer Urheberrechte auf Ton- und Bildtonträgern), **Literar-Mechana** (für Sprachwerke), **LSG** (Leistungsschutzrechte für Interpreten und Produzenten von Tonträgern und Musikvideos), **VAM** (für audiovisuelle Medien/ Filmhersteller), **VBK** (für bildende Künstler, Fotografen und Choreografen), **VDFS** (für Filmschaffende) und **VGR** (für Rundfunkunternehmer).

Die **AKM** ist die größte und älteste VG in Österreich und hat Geschäftsstellen in allen Bundesländern. Sie besteht seit **1897** und ist gleichzeitig die zweitälteste VG weltweit. 2009 hatte die AKM über 18.000 Mitglieder und verzeichnete fast 500.000 Werkanmeldungen, dabei wurden von der AKM 77,98 Mio. EUR ausgeschüttet. Davon wurden Tantiemen in der Höhe von 41,35 Mio. EUR an AKM-Bezugsberechtigte und 23,78 Mio. EUR an 67 ausländische Schwestergesellschaften ausbezahlt.[663]

Nach jahrzehntelanger Diskussion wurde **1994** durch die Einführung der sogenannten **Bibliothekstantieme** in Österreich eine Vergütung für Entlehnungen aus den ca. 2.500 öffentlichen Bibliotheken eingeführt. Die Gelder für die Bibliothekstantieme bringen nicht die Bibliotheken auf, sondern werden vom Bund und den Ländern durch eine 1996 getroffene Vereinbarung finanziert. Voraussetzung, dass die Urheber diese Vergütung erhalten, ist, dass sie zuvor eine Vereinbarung mit der zuständigen VG abgeschlossen haben[664] und die entsprechenden Werke fristgerecht an diese melden.

Bis vor kurzem waren bildende Künstler etwa gegenüber Komponisten insofern benachteiligt, als die Komponisten einen Anspruch auf Tantiemen pro Aufführung ihres Werkes haben. Bildende Künstler hatten aber ab dem

---

[659] Bydlinski, Peter, Grundzüge des Privatrechts, 1991, RZ 1311ff.
[660] Leeb, Leonhard, Der Wert künstlerischer Arbeit, 2009, S. 55.
[661] BGBl. 112/1936.
[662] BGBl. 9/2006.
[663] AKM (Hrsg.), Jahresbericht 2009, S. 17f, 25.
[664] BMUKK (Hrsg.), Kunstbericht 2009, S. 170.

Zeitpunkt, an dem sie ihr Werk verkauft hatten, keine Möglichkeit mehr an Wertsteigerungen bei später stattfindenden Wiederverkäufen zu profitieren.[665] Diese Problematik wurde in Frankreich bereits zu Beginn des 20. Jahrhunderts erkannt und 1920 gesetzlich geregelt. Der heute allgemein gängige und gesetzlich normierte Begriff **Folgerecht** geht auf diese französische Regelung zurück. In Deutschland gibt es seit 1966 eine Folgerechtsregelung im Urheberrechtsgesetz.[666]

In Österreich wurde das Folgerecht erst aufgrund einer EU-Richtlinie nach langer Übergangsfrist **2006** eingeführt (§ 16b UrhG). Nunmehr haben bildende Künstler und ihre Erben auch in Österreich das Recht, bei Weiterveräußerung eines Originalkunstwerkes unter bestimmten Bedingungen am Verkaufserlös des Bildes beteiligt zu werden.[667]

Große Herausforderungen und Probleme ergeben sich in der Rechtewahrnehmung durch die VG vor allem im Bereich der **online-Plattformen**. Zuletzt hat die AKM im Verbund mit acht weiteren internationalen Verwertungsgesellschaften die **erfolglosen Verhandlungen mit YouTube** über einen neuen Lizenzvertrag für Musiknutzungen abgebrochen. Dies bedeutet für die Urheber musikalischer Werke, die von YouTube genutzt werden, dass sie seit April 2009 keine Tantiemen für ihre Werke erhalten. Da YouTube mit seiner Plattform einen ökonomischen Nutzen generiert, steht es für die AKM außer Frage, dass die Urheber angemessen und fair an den Einnahmen und Wertschöpfungen von YouTube beteiligt werden müssen.[668]

6.6 Legitimation, Transparenz und Evaluierungen

6.6.1 Legitimation Umwegrentabilität

Österreich wird zwar häufig als Kulturnation dargestellt, dennoch steht die Finanzierung von Kunst und Kultur nicht außer Streit, sondern in **Konkurrenz zu anderen staatlichen Ausgaben**. Daher werden Kunst- und Kulturausgaben durch externe Effekte argumentiert. Darunter fallen Beschäftigungs-, Kaufkraft- und Wertschöpfungseffekte. Die Kulturausgaben werden als wirtschaftlich zweckmäßig dargestellt und der eigentliche Sinn wird nicht thematisiert.

Bereits in den 1970er-Jahren begannen politisch Verantwortliche, Kultur verstärkt aus ökonomischer Sicht zu betrachten und sie in der Öffentlichkeit als volkswirtschaftlich bedeutender Faktor zu positionieren.

1988 verwies Ministerin Hawlicek im Vorwort zum Kulturbericht auf die Bedeutung der Umwegrentabilität.[669]

---

[665] Korinek, Karl/Potz, Richard/Bammer, Armin/Wieshaider, Wolfgang (Hrsg.), Kulturrecht im Überblick, 2004, S. 139.
[666] Müller-Katzenburg, Astrid, Folgerecht – Aktuelles aus Gesetzgebung und Rechtsprechung, 2008, S77.
[667] Korinek, Karl/Potz, Richard/Bammer, Armin/Wieshaider, Wolfgang (Hrsg.), Kulturrecht im Überblick, 2004, S. 139.
[668] AKM (Hrsg.), Pressemitteilung: AKM im internationalen Verbund gegen YouTube Verhandlungen mit YouTubede abgebrochen, 10.05.2010.
[669] BMUKS (Hrsg.), Kunstbericht 1988, S. Iff.

Von Seiten der Literatur wurde gerade der Regierung Schüssel (Kabinett I und II) immer wieder der Vorwurf der „quasi Neoliberalisierung" der Kulturpolitik vorgeworfen.

Auch unter Kunst- und Kulturministerin *Schmied* scheint sich keine dahingehende Kurskorrektur abzuzeichnen. Diese These lässt sich exemplarisch an zwei Ausführungen der Ministerin festmachen: *Durch direkte Wertschöpfung und im Licht der Umwegrentabilität sind Kunst und Kultur wesentliche Förderer unserer Volkswirtschaft.*[670]

Der Erwerb und die ökonomische Verwertung des kulturellen Kapitals im Sinne Bourdieus sollte daher, so meine ich, mehr jungen Menschen ermöglicht werden. Zweitens: Ich sehe daher meinen Auftrag als Bildungs- und Kulturministerin auch darin, das schulische System grundlegend so zu verbessern, damit es möglichst vielen Kindern den Zugang zu kulturellem Kapital erschließt. Dafür spricht nicht nur unser demokratisches Grundverständnis, sondern auch, dass das kulturelle Kapital des Einzelnen ein großes, **gemeinsames Asset** *der Gesellschaft ist – die Volkswirtschaft profitiert am Ende von der kulturellen Kompetenz jedes Einzelnen.*[671]

Aufgrund der Sichtweise von **Kultur als Wirtschaftsfaktor** lassen sich finanzielle Unterstützungen von Kunst- und Kulturaktivitäten nicht nur als bloße kulturpolitische und sozialpolitische Notwendigkeiten bzw. Verpflichtungen, sondern auch als volkswirtschaftliche Notwendigkeit darstellen.

Bei der Umsetzung solcher Überlegungen ergeben sich aber mehrere Problemstellungen. Da die Ableitung eines direkten monetären Nutzens kaum zu erbringen ist, wird auf wirtschaftswissenschaftliche Methoden zurückgegriffen.

Methoden zur vergleichenden Bewertung von ökonomischen Auswirkungen sind wesentliche Grundlagen für die Begründung finanzpolitischer Entscheidungen für geplante Maßnahmen des öffentlichen Sektors.[672]

Erste Überlegungen, ein Kreislaufbild der Wirtschaft zu entwickeln, stellte 1758 Francois Quesnay an.[673] Auf dessen Basis entwarf Léon Walras mehr als hundert Jahre später das mathematische Konzept der allgemeinen Interdependenz wirtschaftlichen Handels.[674] Heutige Berechnungen erfolgen zumeist auf der von *Wassily Leontief* in den 1930er-Jahren entwickelten Input-Output-Rechnung.[675]

Pöll spricht sich für **Umwegrentabiltitätsberechnungen von Kulturbetrieben** aus, da er der Ansicht ist, dass dadurch der Nachweis für den Stellenwert von Kulturbetrieben für unsere Gesellschaft erbracht werden kann.[676]

Das Ergebnis der Umwegrentabilitätsberechnungen ist stark von der Qualität des verwendeten Zahlenmaterials abhängig. Ist das benötigte Zahlenmaterial empirisch nicht vollständig vorhanden (was im Kulturbereich eher der Regelfall

---

[670] Schmied, Claudia, Es gilt das gesprochene Wort! – Ausgewählte Reden 2009, 2009, S. 88.
[671] Schmied, Claudia, Es gilt das gesprochene Wort! – Ausgewählte Reden 2009, 2009, S. 85.
[672] Schönbäck, Wilfried/Bröthaler, Johann, Zur „Umwegrentabilität" öffentlicher Ausgaben: Konzepte und Methoden zur Messung der überbetrieblichen Wirkungen staatlicher Aktivitäten, 2002, S. 597.
[673] Skolka, Jiri, Anwendung der Input-Output-Analyse, 1974, S. 11.
[674] Glück, Heinz/Schmoranz, Ingo/Wilflingseder, Cornelia, Input-Output-Projektmodelle für Österreich, 1975, S. 1.
[675] Leontief, Wassily, Input-Output Economics, 1986, S. 129ff.
[676] Pöll, Günther, Methodik der Umwegrentabilitätsrechnung im Kulturbetrieb, 1983, S. 25ff.

als die Ausnahme ist), können die Berechnungen auch anhand von Annahmen erfolgen. Wird dieser Weg gewählt, so ist die maßvolle und vorsichtige Annahme zu empfehlen, da das Ergebnis sonst jedwede wissenschaftliche Seriosität entbehrt. Annahmen sind jedenfalls als solche kenntlich zu machen und auch entsprechend zu begründen.

Umwegrentabilitätsberechnungen im Kulturbereich wurden in Österreich schon früh durchgeführt. Eine der ersten Studien entstand anlässlich des fünfjährigen Bestehens der Osterfestspiele Salzburg im Jahr 1971. Sie kam zum Ergebnis, dass *(...) allein die Steuereinnahmen durch das Land und die Stadt wesentlich höher waren als die sicherlich beträchtlichen gewährten finanziellen Zuschüsse; (...) dass die Festspiele künstlerisch ein großer Erfolg waren und zum Ruf Salzburgs als Weltstadt der Musik entscheidend beitragen. Dass auch die Wirtschaftskraft von Stadt und Land gehoben wurde. Daher wird die Öffentlichkeit gut daran tun, alles zu unternehmen, diese Festspiele auch für künftige Jahre zu sichern. Sie trägt damit wesentlich dazu bei, die kulturelle und wirtschaftliche Spitzenstellung Salzburgs zu festigen.*[677]

Umwegrentabilitätsstudien werden vor allem in jenen Bereichen angestellt, in welche einerseits hohe finanzielle Beträge fließen und die andererseits eine entsprechend hohe touristische Bedeutung haben. Bisher wurden beispielsweise Umwegrentabilitätsstudien über die Kulturhauptstadt Graz 2003, die Salzburger Festspiele, die Bregenzer Festspiele, die Bundestheater, über weitere große Kulturinstitutionen des Bundes sowie über die Kulturbetriebe der Stadt Wien erstellt.

6.6.2 Transparenz durch Kunst- und Kulturberichte

Die Offenlegung der Tätigkeit der Kulturverwaltung sowie der geförderten Institutionen, Projekte und Personen ist wesentliches Mittel zur Transparenz.

Seit 1971 erscheinen, wie bereits erwähnt, jährlich **Kunstberichte** des BMUKK.[678] Seit dem Berichtsjahr 1995 werden zusätzlich **Kulturberichte** publiziert.[679] Beide dienen unter anderem dem Nachweis der Mittelvergabe und der Transparenz. Sie sind an das Parlament adressiert und werden im Nationalrat behandelt. Aufgrund der Aufgabenverteilung enthalten die beiden Berichte aktuell jedoch nur einen Teil der kulturellen Aktivitäten – bezogen auf die finanziellen Mittel ist dies etwas mehr als die Hälfte der Kulturausgaben des Bundes.

Auch die Bundesländer begannen ab den 1970er-Jahren Kulturberichte herauszugeben. Hier besteht ebenfalls aufgrund der Kompetenzverteilung das Problem, dass nicht alle Kulturaktivitäten in der Kulturverwaltung organisiert sind und daher teilweise nicht in den Berichten enthalten sind.

Die Landeshauptstädte Salzburg (seit 1997),[680] Graz (seit 2003)[681] und Innsbruck (seit 2005) sind die ersten, die auf kommunaler Ebene Kulturberichte

---

[677] Kammer der gewerblichen Wirtschaft für Salzburg (Hrsg.), Osterfestspiele Salzburg – wirtschaftliche Auswirkungen für Stadt und Land, 1971, S. 62ff.
[678] Wagner, Manfred, Kulturpolitik und Verwaltung, 1987, S. 428.
[679] BMUK (Hrsg.), Kulturbericht 1995, S. 5.
[680] Stadt Salzburg (Hrsg.), Jahresbericht der Abteilung 2 Kultur und Schule 2007, S. 5.
[681] Gemeinderat Graz, A 16-77/4-2004, 17.06.2004.

publizieren und damit ihre Kulturförderungstätigkeit zwar nach unterschiedlichen Kriterien und auf verschiedene Darstellungsweise transparent machen.

Mit der Entwicklung der LIKUS Systematik ab 1993[682] setzten sich die Bundesländer gemeinsam mit dem Bund das Ziel, ihre Kulturausgaben in ihren Berichten vergleichbar darzustellen. Manche Bundesländer bezogen in der Zwischenzeit auch Kulturausgaben aus anderen Abteilungen (z.B. Tourismus, Bildung etc.) in die Kulturberichtslegung mit ein.

Ein österreichisches Spezifikum ist jedoch die fehlende Darstellung der Kosten der Kulturverwaltung selbst, obwohl diese in Berichten und Statistiken anderer europäischer Länder weitgehend enthalten sind.

6.6.3 Evaluierungen

Eine weitere Methode zur Legitimation öffentlicher Kulturausgaben sind Evaluierungen. Dabei werden beispielsweise einzelne Kulturbetriebe, die Förderinstrumentarien oder einzelne Verwaltungsabteilungen untersucht.

Es kann jedoch auch angenommen werden, dass es sich bei manchen Evaluierungen um Ex-post-Legitimationen von politischen Entscheidungen handelt. Dies liegt besonders dann nahe, wenn Ergebnisse von Evaluierungen besonders positiv ausfallen, es nur kaum und wenig relevante Kritikpunkte gibt oder wenn Details vertraulich sind. Stattdessen ist die Objektivität von Evaluierungen, die besonders transparent im Ablauf, in den Methoden und Ergebnissen sowie bei den Kosten sind, eher anzunehmen.

Auf Bundesebene wurde 2004/2005 die Ausgliederung der Bundesmuseen evaluiert.[683] 2009 wurde die Evaluierung der Galerienförderung, Verlagsförderung und des Musikfonds publiziert.[684] Mehrjährige Förderverträge werden in mehreren Bundesländern in regelmäßigen und unregelmäßigen Abständen evaluiert.

Ende der 1980er-Jahre hat sich Österreich nach Frankreich und Schweden dazu bereiterklärt, an einem Programm des Europarates zur Evaluierung einzelner nationaler Kulturpolitiken teilzunehmen. Die Umsetzung des Projektes war schwierig und langwierig.[685] Dem Europarat mit Geschäftsstelle in Straßburg gehören gegenwärtig 47 Staaten an. Sein Ziel ist die kulturelle Zusammenarbeit der Mitgliedsstaaten.[686]

Ziel des damaligen Evaluierungsprogramms war eine Datensammlung kulturpolitischer Ziele und Praktiken, die Analyse der Erfolge und Misserfolge der eingeführten Maßnahmen sowie deren Vergleich. Die Prüfungskriterien des Europarates Demokratisierung, Dezentralisierung und Kreativität wurden im österreichischen Bericht um Transparenz, Objektivierung, Zugänglichkeit, Wirtschaftlichkeit und Multikulturalität erweitert.[687]

---

[682] BKA (Hrsg.), Kunstbericht 1998, S. 45.
[683] BMBWK (Hrsg.), Evaluierung der österreichischen Bundesmuseen, Kurzf., 2005.
[684] Institut für Kulturwirtschaft und Kulturforschung (Hrsg.), Evaluierung ausgewählter Förderinstrumentarien des BMUKK im Kunstbereich, 2009.
[685] Wimmer, Michael, Kultur und Politik: Ein widersprüchliches Verhältnis am Wendepunkt?, 1995, S. 147ff.
[686] Losch, Bernhard, Kulturfaktor Recht, 2006, S. 42.
[687] Wimmer, Michael (Hrsg.), Kulturpolitik in Österreich, 1995, S. 11, 18.

7 Aufgaben der Kulturpolitik auf Bundesebene

7.1 Überblick über Wirkungsbereiche und Zuständigkeiten

Art 10 Abs 1 Z 13 B-VG regelt die Aufgaben und Zuständigkeiten des Bundes für einzelne Kulturbetriebe und für kulturell bedeutsame Aktivitäten.

Demnach ist der Bund in Gesetzgebung und Vollziehung für den *wissenschaftlichen und fachtechnischen Archiv- und Bibliotheksdienst, Angelegenheiten der künstlerischen und wissenschaftlichen Sammlungen und Einrichtungen des Bundes, Angelegenheiten der Bundestheater mit Ausnahme der Bauangelegenheiten und Denkmalschutz* verantwortlich.[688]

Mit der Bezeichnung Angelegenheiten der künstlerischen wissenschaftlichen Sammlungen des Bundes sind auch die Bundesmuseen gemeint. Für die Bundesmuseen, Bundestheater und den Denkmalschutz gibt es eigene Gesetze. Für das Bibliothekswesen gibt es hingegen keine gesamtösterreichische Normierung. Ein entsprechender Entschließungsantrag wurde 2009 im Parlament eingebracht.[689]

Die kulturellen Aktivitäten des Bundes im engeren Sinn sind auf folgende neun Ministerien aufgeteilt. Die Tätigkeitsbereiche sind dabei auszugsweise aufgelistet:

- **Bundesministerium für Unterricht, Kunst und Kultur** (BMUKK): zuständig für die Bundestheater, Bundesmuseen, Nationalbibliothek, das Bundesdenkmalamt, die Kunstförderung, Filmförderung, Phonothek, Hofmusikkapelle und andere.
- **Bundesministerium für Wissenschaft und Forschung** (BMWF): zuständig für die Kunst- und Musikuniversitäten, Bibliotheks- und Dokumentationswesen und andere.
- **Bundesministerium für europäische und internationale Angelegenheiten** (BMEIA): zuständig für die Angelegenheiten der kulturellen Auslandsbeziehungen, wie etwa Kulturforen (ehemals Kulturinstitute) und kulturelle Veranstaltungen der österreichischen Vertretungsbehörden im Ausland, Österreich-Institute und andere.
- **Bundesministerium für Wirtschaft, Familie und Jugend** (BMWFJ) zuständig etwa für die Erhaltung und Restaurierung der Kulturbauten (u.a. durch die Burghauptmannschaft) und Universitäten (durch die Bundes Immobilien Gesellschaft), Schloss Schönbrunn, Tiergarten Schönbrunn und Marchfeldschlösser.
- **Bundesministerium für Land- und Forstwirtschaft, Umwelt und Wasserwirtschaft** (BMLFUW): zuständig für die Bundesgärten und die Spanische Hofreitschule mit Bundesgestüt Piber.
- **Bundesministerium für Finanzen** (BMF): zuständig für Bundeshaftungen Leihgaben Dritter für Bundesmuseen, Verfügung über Bundesvermögen (Sammlungen des Bundes) und andere.

---

[688] BGBl. 127/2009.
[689] Nationalrat, XXIV. GP, 19. Sitzung, SGP, 21.04.2009, S. 124ff.

- **Bundesministerium für Inneres** (BMI): zuständig für die KZ-Gedenkstätte Mauthausen.
- **Bundesministerium für Landesverteidigung und Sport** (BMLVS): zuständig für das Heeresgeschichtliche Museum.

Bundeskanzleramt (BKA): zuständig für die Koordination kultureller Angelegenheiten, Angelegenheiten der Archive z.B. Staatsarchiv und andere.[690]

Zu beachten ist, dass sich die Zuständigkeiten der Ministerien bei jeder neuen Legislaturperiode verschieben können. Die Zuständigkeiten der einzelnen Ministerien sind im jeweils gültigen Bundesministeriengesetz geregelt.

7.2 Ausgliederungen aus der öffentlichen Verwaltung

7.2.1 Hintergrund

Erste Ausgliederungen von Kulturbetrieben fanden in Österreich seit Beginn der 1990er-Jahre statt, beispielsweise Schönbrunn (TiergartenGmbH 1991, Schloss Schönbrunn Kultur- und BetriebsgmbH 1992)[691] Museumsquartier Errichtungs- und BetriebsGmbH 1990[692].

Das Finanzministerium nannte folgende **Gründe für Ausgliederungen**: *Sie sind wesentlicher Bestandteil der Verwaltungsreform. Die sich daraus ergebende Konzentration der Tätigkeit der öffentlichen Verwaltung auf ihre Kernfunktionen ermöglicht eine bessere Steuerung und die Überwachung staatlicher Leistungen insgesamt, die das Ziel verfolgt, eine Entlastung der öffentlichen Haushalte zu erreichen. Mit der Ausgliederung von Aufgaben samt Personal verfolgt der Bund auch das budgetpolitische Ziel, die Ausgabendynamik des Staatshaushaltes durch Einfrieren bzw. Verringerung des Personalstandes des Bundes einzubremsen.*[693]

Die Bundesregierung erwartete sich folgende Vorteile: *effizientere und kostengünstigere Erstellungen von staatlichen Leistungen, eine deutliche Entlastung des Bundeshaushaltes, die Reduktion von Dienstposten, eine leichtere Erfüllung der Maastricht-Kriterien, bessere Berücksichtigung besonderer betrieblicher Erfordernisse, eine Personalbewirtschaftung außerhalb des öffentlichen Rechts – ohne damit verbundene einschlägige dienst- und haushaltsrechtliche Bindungen, sowie die Nutzung privater Gestaltungsformen.*[694]

Man kann die steigende Anzahl von Ausgliederungen aus der Verwaltungstätigkeit aber auch als zunehmende Erosion parlamentarischer Kontrolle erachten. Unter diesem Aspekt wäre das Parlament aufgerufen, neben

---

[690] BGBl. 76/1986 idgF. Bundesministeriengesetz 1986; IKM (Hrsg.), Bericht zur Kulturfinanzierung des Bundes 2006, S. 9ff.
[691] BGBl. 420/1991; BGBl. 208/1992.
[692] BGBl. 372/1990.
[693] BMF (Hrsg.), Ausgliederungshandbuch, 2003, S. 7.
[694] Fiedler, Franz, Ökonomische Aspekte von Ausgliederungen, 2002, S. 78.

den bereits bestehenden Mitteln geeignete Gegenstrategien gegen mögliche Kontrolldefizite zu entwickeln.[695]

Der **Begriff Ausgliederung** selbst ist in Österreich gesetzlich nicht definiert.[696] Charakteristisch für eine Ausgliederung ist, dass Gebietskörperschaften eine öffentliche Aufgabe, die sie regelmäßig schon bisher durch eigene Organe wahrgenommen hat, auf einen für diese Zwecke neu gegründeten Rechtsträger übertragen, der aber weiterhin unter finanziellem und organisatorischem Einfluss der Gebietskörperschaft verbleibt.[697] Ausgliederungen sind jedoch nicht überall möglich. Gemäß der Rechtsprechung des VfGH muss eine Ausgliederung dem Sachlichkeitsgebot, dem Legalitätsprinzip und dem Effizienzgebot entsprechen, wobei zu beachten ist, dass nur vereinzelte Aufgaben ausgegliedert werden. Kernaufgaben dürfen nicht ausgegliedert werden.[698]

Die bedeutsamste Konsequenz jeder Ausgliederung ist, dass das Band zur jeweiligen Gebietskörperschaft lockerer wird. Die Tätigkeit des jeweils ausgegliederten Unternehmens ist nicht mehr Staatstätigkeit, sondern Unternehmenstätigkeit. Der Zurechnungszusammenhang zum Staat ist unterbrochen. Es werden öffentliche Aufgaben besorgt, jedoch nicht mehr als Staatsaufgabe, sondern durch andere Rechtsträger.[699]

Haupttypen von Ausgliederungen

Vermögensprivatisierung: monetär messbare Werte, wie Liegenschaften oder Wirtschaftsunternehmen werden privatisiert.

Aufgabenprivatisierung (auch materielle Privatisierung genannt): der Staat (Gebietskörperschaft) zieht sich aus bestimmten Tätigkeiten zurück, wobei die Aufgabe zur Gänze entfällt oder dem Markt oder gemeinnützigen Organisationen überlassen wird.

Funktionale Privatisierung: ein Privater wird als bloßer Erfüllungsgehilfe bei der Erbringung herangezogen.

Finanzierungsprivatisierung: Staat (Gebietskörperschaft) und Private kooperieren, etwa durch gemeinsame Unternehmensgründung und Finanzierung. Dieses Modell wird auch Public Private Partnership (PPP) genannt. Ein Beispiel auf Landesebene ist etwa die Niederösterreichische Kulturwirtschafts GmbH.

Organisationsprivatisierung (auch formelle Privatisierung genannt): eine Aufgabe, die der Staat (Gebietskörperschaft) schon bisher durch eigene Organe besorgt hat, wird durch Gründung eines von ihr verschiedenen Rechtsträgers auf diesen übertragen. Dabei stehen verschiedene Rechtskonstruktionen etwa GmbH, AG, Anstalten etc. zur Verfügung.[700] Die Bundesmuseen, für die die Rechtsform der wissenschaftlichen Anstalt öffentlichen Rechts gewählt wurde, sind ein

---

[695] Neisser, Heinrich, Die Kontrolle der Verwaltung, 2006, S. 389.
[696] Kucsko-Stadlmayer, Gabriele, Grenzen der Ausgliederung, 2003, S. 19.
[697] Horner, Florian, Ausgliederung und Ingerenz, 2004, S. 17 ff.
[698] Morscher, Siegbert/Waitz, Waltraud, Österreichisches Statistikrecht, 2006, S. 27 ff;
Kühteubl, Stefan, Arbeitsrechtliche Fragen bei der Übertragung von Aufgaben durch Bund, Länder und Gemeinden, 2006, S. 7.
[699] Korinek, Karl, Verfassungsrechtliche Grenzen von Ausgliederung, Beleihung und Inpflichtnahme, 2002, S. 31; Horner, Florian, Ausgliederung und Ingerenz, 2004, S. 35.
[700] Kucsko-Stadlmayer, Gabriele, Grenzen der Ausgliederung, 2003, S. 10ff.

Beispiel dafür.[701] Es wird kein staatliches Vermögen übertragen, sondern lediglich die Organisation einer bestimmten Aufgabenerfüllung privatisiert.[702]

Diese Art der Ausgliederung wird auch als unechte Privatisierung bezeichnet, da es bei diesen Konstruktionen aufgrund der finanziellen bzw. organisatorischen Verknüpfungen nicht zu einer „Entstaatlichung" kommt.[703] Bei der „unechten Privatisierung" wird der Staat äußerlich unter fremdem Namen tätig, er verlagert Verwaltungstätigkeiten vor allem in privatrechtliche Organisationsformen. Der Staat bleibt somit Staat, er zieht sich nur den Mantel Privater über.[704]

Der *Rechnungshof* merkt an, dass in der Regel ausgegliederte Gesellschaften zu 100% im Staatseigentum verbleiben und die öffentliche Hand somit in Wahrheit keine Aufgaben abgebe. Bei der Aufsicht und Kontrolle über die Gesellschaften kommt es zu Problemen, da einige Gesellschaften ein „Eigenleben" entwickeln.[705]

Bei der **Rechtsformwahl** geht der Gesetzgeber sehr unterschiedlich vor. Welche Gründe für die Wahl der jeweiligen Rechtsformen maßgeblich waren, wird in der Regel nicht kommuniziert.[706] So wurden GmbH-Konstruktionen etwa für Schloss Schönbrunn, die einzelnen Theater der Bundestheater-Holding und die Marchfeldschlösser gewählt, während beispielsweise die Bundesmuseen zu Anstalten öffentlichen Rechts wurden.[707]

---

[701] Holzinger, Gerhart, Die Organisation der Verwaltung, 2006, S. 174ff.
[702] Kühteubl, Stefan, Arbeitsrechtliche Fragen bei der Übertragung von Aufgaben durch Bund, Länder und Gemeinden, 2004, S. 6 ff.
[703] Horner, Florian, Ausgliederung und Ingerenz, 2004, S. 18.
[704] Binder, Bruno, Wirtschaftsrecht, 1999, RZ 867.
[705] Fiedler, Franz, Ökonomische Aspekte von Ausgliederungen, 2002, S. 79.
[706] Kucsko-Stadlmayer, Gabriele, Grenzen der Ausgliederung, 2003, S. 33ff; Horner, Florian, Ausgliederung und Ingerenz, 2004, S. 23.
[707] Kucsko-Stadlmayer, Gabriele, Grenzen der Ausgliederung, 2003, S. 33ff.

7.2.2 Kapitalbeteiligungen des Bundes

An folgenden als Kapitalgesellschaften organisierten Kulturbetrieben[708] ist der Bund beteiligt:

Kulturbetriebe	Sitz	Ministerium	Beteiligung
Austria-Film und Video GmbH	Wien	BM für Unterricht Kunst und Kultur	100%
"Haus Mozart", Kleines Festspielhaus Umbau- und Verwaltungs-GmbH	Salzburg	BM für Unterricht Kunst und Kultur	40%
Bundestheater-Holding GmbH	Wien	BM für Unterricht Kunst und Kultur	100%
Bregenzer Festspiele GmbH	Bregenz	BM für Unterricht Kunst und Kultur	20%
MuseumsQuartier Errichtungs- und Beteiligungs GmbH	Wien	BM für Unterricht Kunst und Kultur	75%
Spanische Hofreitschule - Bundesgestüt Piber GmbH	Wien	BM für Land- und Forstwirtschaft, Umwelt und Wasserwirtschaft	100%
Marchfeldschlösser Revitalisierungs- und Betriebsgesellschaft m.b.H.	Engelhartstetten	BM für Wirtschaft Familie und Jugend	100%
Schloss Schönbrunn Kultur- und Betriebsgesellschaft m.b.H.	Wien	BM für Wirtschaft Familie und Jugend	100%
Schönbrunner Tiergarten G.m.b.H.	Wien	BM für Wirtschaft Familie und Jugend	100%
Österreichische Bibliothekenverbund und Service Gesellschaft m.b.H.	Wien	BM für Wissenschaft und Forschung	100%
Österreich Institut G.m.b.H.	Wien	BM für europäische und intern. Angelegenheiten	100%
Wiener Zeitung GmbH	Wien	Bundeskanzleramt	100%
Gesellschaften mit teilweisen kulturellen Aufgaben			
Österreichischer Austauschdienst Gesellschaft m.b.H. (01.01.2009)	Wien	BM für Wissenschaft und Forschung	100%
Bundesimmobiliengesellschaft m.b.H. (BIG)	Wien	BM für Wirtschaft Familie und Jugend	100%

Tab. 6 Kapitalbeteiligungen des Bundes
Quelle: Rechnungshof, Bundesrechnungsabschluss 2009, Beilage N.

Darüber hinaus ist der Bund an zahlreichen Stiftungen beteiligt: Leopold Museum Privatstiftung (durch den Ankauf der Sammlung Leopold 1994)[709], Österreichische Ludwig-Stiftung für Kunst und Wissenschaft (durch Einbringung von Kunstwerken aus der Sammlung Ludwig 1981 bzw. Erweiterung 1991 und der Verpflichtung zu finanziellen Leistungen durch die Republik Österreich an die Stiftung) und Friedrich und Lilian Kiesler Stiftung.

---

[708] Die Auswahl der Kulturbetriebe entspricht den definitorischen Kriterien für Kultur der UNESCO (bzw. LIKUS für Österreich).
[709] BGBl. 621/1994.

7.3 Bundestheater

Wie bereits erwähnt, gingen die ehemaligen K&K Hoftheater als Bundestheater in das Eigentum der 1. Republik über und wurden vom Staat weitergeführt. Bei der Verwaltung der Theater durch den Staat trat dieser als Unternehmer auf, was zu erheblichen juristischen Problemen führte.[710] Daher gab es schon bald erste Überlegungen, die Bundestheater auszugliedern. Somit gehen die ersten Überlegungen, Kulturbetriebe in Österreich auszugliedern, auf das Jahr 1920 zurück. Hintergrund der Bestrebungen, die Bundestheater als selbständigen Wirtschaftskörper zu führen, waren einerseits die erwähnten juristischen Problemstellungen und andererseits die schwierigen gesamtwirtschaftlichen Rahmenbedingungen mit erhöhtem Spardruck bei Kulturbetrieben. Organisatorisch sollte die Direktion schon damals nicht nur mit einem künstlerisch, sondern auch mit einem wirtschaftlich Verantwortlichen besetzt werden.[711] Die Absicht zur Ausgliederung wurde jedoch wieder verworfen.

Nach 1945 wurden die Bundestheater weiterhin als unselbständige Anstalten des Bundes ohne eigene Rechtspersönlichkeit vom Staat geführt. Seit Anfang der 1960er-Jahre gab es erneut Bestrebungen für eine eigene gesetzliche Regelung, die aber noch mehrere Jahrzehnte auf sich warten ließ.[712]

1971 wurde der Österreichische Bundestheaterverband zur Verwaltung der Bundestheater per Erlass des Ministeriums geschaffen. Der Verband fungierte als Bindeglied zwischen den Bundestheatern auf der einen Seite und dem zuständigen Bundesministerium auf der anderen Seite. Er übte administrativ-wirtschaftliche Aufgaben aus, koordinierte und kontrollierte die jeweiligen Theater in allgemein künstlerischer staatspolitischer Hinsicht, bei gleichzeitiger Wahrung der Eigenverantwortlichkeit der jeweiligen Theaterleitungen. Diese Konstruktion galt bis 1999.[713]

Mit der Ausgliederung 1999 wurden drei Bühnengesellschaften (Burgtheater GmbH, Wiener Staatsoper GmbH und Volksoper Wien GmbH) und die Theaterservice GmbH, die für die technische Ausstattung aller Bundestheater zuständig ist, geschaffen. Diese vier Gesellschaften sind Tochterunternehmen der Bundestheater-Holding, die zu 100% im Eigentum der Republik Österreich steht.

Die Bundestheater sind im Bundestheaterorganisationsgesetz aus dem Jahr 1998 idgF. normiert.[714] Das Gesetz weist in § 2 einen umfangreich formulierten **kulturpolitischen Auftrag** auf. Unter anderem sind folgende Aufgaben zu erfüllen: *Pflege der klassischen deutschsprachigen und internationalen Theaterkunst und Kultur, Förderung des Zeitgenössischen und innovativer Entwicklungen unter besonderer Berücksichtigung österreichischen Kunstschaffens und dessen Stärkung im internationalen Vergleich, Internationale Repräsentation österreichischer Bühnenkunst.* Darüber hinaus gibt es für jedes einzelne Theater eigene spezielle Vorgaben.

---

[710] Straßl, Karl-Gerhard, Kulturpolitik des Bundes, 2001, S. 117.
[711] Springer, Georg/Stoss, Othmar, Privatisierung Museen, Theater, 2006, S. 564.
[712] Korinek, Karl/Potz, Richard/Bammer, Armin/Wieshaider, Wolfgang (Hrsg.), Kulturrecht im Überblick, 2004, S. 86.
[713] Straßl, Karl-Gerhard, Kulturpolitik des Bundes, 2001, S. 119.
[714] BGBl. 108/1998.

Zusammenfassend lässt sich feststellen, dass sich zwar die äußere Form der Organisation geändert hat, jedoch wenig an der politischen Abhängigkeit. Der Bund ist wie zuvor Eigentümer und kommt auch weiterhin für das Budget auf, wobei es eine Festschreibung des jeweiligen Betrages per Gesetz gibt. Dieser kann unter gewissen Umständen erhöht werden. Die letzten Erhöhungen erfolgten in den Jahren 2008 und 2009.[715]

7.4 Bundesmuseen

Im Wesentlichen ging der ehemalige kaiserliche Museumsbesitz unmittelbar nach Ende des 1. Weltkrieges in das Eigentum der 1. Republik über. Zeigte die 1. Republik ein bemerkenswertes Engagement zur Rettung und Bewahrung des historischen Museumsbesitzes, so führten die Bundesmuseen in den ersten Jahren der 2. Republik ein eher vernachlässigtes Dasein.[716]

1981 erfolgte die erste gesetzliche Verankerung der Bundesmuseen im Forschungsorganisationsgesetz (FOG).[717] Die Normierung erfolgte im Ausmaß von zwei kurzen Paragraphen und regelte im Wesentlichen die Aufgaben der Bundesmuseen und dass für jedes Bundesmuseum eine eigene Museumsordnung zu erlassen ist. Organisatorisch waren die Bundesmuseen Einrichtungen des Bundes ohne eigene Rechtspersönlichkeit.[718] Damals war eine Vielzahl von Ministerien für die Bundesmuseen zuständig: das Bundeskanzleramt, das BM für wirtschaftliche Angelegenheiten, das BM für Finanzen, das BM für Inneres, das BM für Landesverteidigung, das BM für Land- und Forstwirtschaft, das BM für Unterricht und Kunst und das BM für Wissenschaft und Forschung.[719]

1987 wurde die erste Museumsmilliarde (zwei Milliarden Schilling) und 1990 die zweite Museumsmilliarde (drei Milliarden Schilling) beschlossen, um die wesentlichsten baulichen Mängel in den Bundesmuseen zu beheben.

Durch das FOG 1989 erhielten die Bundesmuseen teilweise Rechtspersönlichkeit (Teilrechtsfähigkeit).[720] Im Zuge dieser Teilrechtsfähigkeit wurde es den Bundesmuseen ermöglicht, in bestimmten Bereichen ihrer Tätigkeit kommerziell zu handeln und die dabei erzielten Einnahmen jeweils für das eigene Museum zu verwenden (z.B. Eintrittsgelder). Zuvor mussten diese Einnahmen an das Finanzministerium abgeführt werden.

Die FOG Novelle 1991 ermöglichte es den Museen, auch durch Schenkungen und Sponsorvereinbarungen Mittel zu lukrieren.

Trotz der erlangten Teilrechtsfähigkeit wurden bis 1998 alle Bundesmuseen als Eigenunternehmen geführt. Von einem Eigenunternehmen spricht man, wenn Gebietskörperschaften im Rahmen ihrer Rechts- und Vermögensfähigkeit im eigenen Namen als Unternehmer am Wirtschaftsverkehr teilnehmen.[721] Diese

---

[715] BMUKK (Hrsg.), Kulturbericht 2008, S. 13; BMUKK (Hrsg.), Kulturbericht 2009, S. 12.
[716] Öhlinger, Theo, Die Museen und das Recht, 2008, S. 19ff.
[717] Ebenda, S. 30ff.
[718] BGBl. 341/1981.
[719] Pribila, Gabriele, Museumspolitik in Österreich, 1992, S. 19.
[720] Marte, Johann, Wozu brauchen wir Museen?, 1992, S. 330.
[721] Holzinger, Gerhart/Oberndorfer, Peter/Raschauer, Bernhard, Österreichische Verwaltungslehre, 2006, S. 173.

Betriebe besitzen zwar in der Regel eine organisatorische Selbständigkeit, jedoch keine vom Unternehmensträger getrennte Rechtspersönlichkeit. Die Betriebe unterliegen gemäß Art 20 B-VG der Weisungsabhängigkeit. Unter Weisung ist eine in einer bestimmten Sache ergehende oder allgemein gehaltene Anordnung eines Verwaltungsorgans an untergeordnete Organwalter zu verstehen.

Die Ausgliederung der Bundesmuseen erfolgte entsprechend den Regelungen des **BMuseen-G 1998**. Im Gegensatz zu den Bundestheatern, die alle per Stichtag ausgegliedert wurden, dauerte die Ausgliederung der Bundesmuseen mehrere Jahre. Begonnen wurde 1999 mit der Ausgliederung des Kunsthistorischen Museums (KHM). Der Gesetzgeber wählte als Rechtsform die wissenschaftliche Anstalt öffentlichen Rechts. Zu beachten bei der Konstruktion ist, dass die Leiterinnen und Leiter der ausgegliederten Bundesmuseen nach GmbH-Recht haften. Somit handelt es sich rechtlich betrachtet um eine Hybridkonstruktion. Besonders ist noch darauf hinzuweisen, dass lediglich der Betrieb der einzelnen Institutionen ausgegliedert wurde. Sammlungen und Immobilien verblieben im Eigentum des Bundes.[722]

Der Kulturausschuss des Nationalrates definiert eine Anstalt generell als die organisierte Verbindung materieller Güter mit personellen Dienstleistungen zur Erzielung eines vorgegebenen Zweckes, wobei bei den juristischen Personen des öffentlichen Rechtes der öffentliche oder gemeinnützige Zweck im Vordergrund steht.[723]

Zu beachten ist, dass die Museen nicht in ihrer Gesamtheit ausgegliedert wurden, sondern nur die musealen Aufgaben, also der Aufbau, die Bewahrung, die wissenschaftliche Bearbeitung und Erschließung, die Präsentation und die Verwaltung des Sammlungsgutes. Die Sammlungen bleiben im Eigentum des Bundes und werden den Museen als Leihgabe überlassen.[724] Trotz Ausgliederung unterstehen die Bundesmuseen gemäß Art 10 Abs 1 Z 13 B-VG weiterhin der ministeriellen Verantwortung (BMuseen-G) und unterliegen sowohl der parlamentarischen als auch der Kontrolle des Rechnungshofes.

Ein kulturpolitischer Auftrag ist zwar nicht eigens formuliert, ergibt sich aber aufgrund der Bestimmung des § 4 BMuseen-G: *Der allen Bundesmuseen (§ 2) gemeinsame Zweck ist der Ausbau, die Bewahrung, wissenschaftliche Bearbeitung und Erschließung, Präsentation und Verwaltung des dem jeweiligen Bundesmuseum auf Dauer oder bestimmte Zeit gemäß § 5 Abs 1 überlassenen oder von ihm erworbenen Sammlungsgutes unter Beachtung der Grundsätze der Zweckmäßigkeit, Wirtschaftlichkeit und Sparsamkeit.* Darüber hinaus ist für jeden genannten Kulturbetrieb eine eigene Museumsordnung zu erstellen, die eine besondere Zweckbestimmung enthält.[725]

Durch die **BMuseen-G-Novelle 2002** wurde auch die Nationalbibliothek in das BMuseen-G aufgenommen und in weiterer Folge ausgegliedert. Die Bundesregierung begründete diesen Schritt mit der Notwendigkeit, jene Bereiche auszugliedern, die nicht unmittelbare Kernaufgaben des Staates wahrnehmen würden. Die Ausgliederung mit der damit verbundenen Vollrechtsfähigkeit der

---

[722] Konrad, Heimo, Museumsmanagement und Kulturpolitik, 2008, S. 237ff.
[723] Nationalrat, XX. GP, Bericht des Kulturausschusses, 30.06.1998, S. 1.
[724] Öhlinger, Theo, Das Recht der Museen, 2002, S. 122.
[725] BGBl. 52/2009.

Österreichischen Nationalbibliothek wurde massiv kritisiert. Die seinerzeitige SPÖ/ÖVP-Koalition hatte im Gesetz 1998 lediglich die Ausgliederung der Bundesmuseen vorgesehen.[726]

2003 wurde der Ausgliederungsprozess folgender Institutionen abgeschlossen: Albertina, Kunsthistorisches Museum mit Museum für Völkerkunde und Österreichischem Theatermuseum (KHM), Österreichische Galerie Belvedere, Österreichisches Museum für angewandte Kunst (MAK), Museum moderner Kunst Stiftung Ludwig Wien (MUMOK), Naturhistorisches Museum, Technisches Museum Wien mit Österreichischer Mediathek (NHM) und Österreichische Nationalbibliothek (ÖNB).[727]

Im Jahr **2007** wurde das BMuseen-G erneut novelliert. Wesentliche Änderungen der Novelle sind eine verschärfte Aufsichtspflicht und Erweiterung der Kontrollbefugnisse durch das zuständige Ministerium, die Erhöhung der Basisdotation, der Abschluss von Rahmenzielbestimmungen zwischen dem zuständigen Ministerium und allen Bundesmuseen, die nach dem BMuseen-G normiert sind. Die Laufzeit der geplanten Rahmenzielvereinbarungen beträgt jeweils drei Jahre.[728] In den Erläuterungen zur Novelle heißt es zu den Rahmenzielvereinbarungen: *Durch deren Abschluss erfolgt eine Präzisierung des kulturpolitischen Auftrages mit dem Zweck der Absicherung des Bestands und der Aktivitäten der Bundesmuseen und der Österreichischen Nationalbibliothek.*[729] Wie erwähnt wurden die Rahmenzielvereinbarungen erst im Herbst 2010 abgeschlossen.

Trotz der erfolgten Ausgliederungen von Bundesmuseen nach dem BMuseen-G zwischen 1999 und 2003 existieren noch Bundesmuseen, die als Eigenunternehmen vom Bund betrieben werden und nicht dem BMuseen-G unterliegen, sondern dem FOG. Das Heeresgeschichtliche Museum ist eine nachgeordnete Dienststelle des Bundesministeriums für Landesverteidigung.[730] Das Pathologisch-anatomische Bundesmuseum ist dem BMUKK direkt unterstellt, die medizinhistorischen Sammlungen des Institutes für Geschichte der Medizin im Josephinum sind Teil der Universität Wien und die Gemäldegalerie mit Glyptothek und Kupferstichkabinett ist eine Stiftung (§ 47 KUOG) der Akademie der bildenden Künste, die ebenfalls teilrechtsfähig ist.[731]

7.4.1 Haftungsübernahmen durch den Bund

Mit Änderung des BFG 2003 übernahm der Bund ab 2004 die Haftung für Leihgaben, die Dritte für Ausstellungen zur Verfügung stellen.

Diese Haftungsübernahme setzte auch alle anderen Museen in Österreich, die Leihgaben aus anderen Museen übernehmen, massiv unter Druck. In der Folge brachten sechs österreichische Museen eine Klage beim Europäischen Gerichtshof ein. Diese wurde damit begründet, dass die Haftungsübernahme des Bundes für acht Bundesmuseen einen wirtschaftlichen Wert zwischen 3,9 Mio.

---

[726] Knapp, Marion, Österreichische Kulturpolitik und das Bild der Kulturnation, 2005, S. 286 ff.
[727] BGBl. 115/1998, BGBl. 14/2002.
[728] BGBl. 24/2007.
[729] Nationalrat, XXIII. GP, Ministerialentwurf 35/ME 06.03.2007, S. 2.
[730] Öhlinger, Theo, Das Recht der Museen, 2002, S. 120.
[731] Ebenda, S. 120.

EUR und 6,8 Mio. EUR darstelle und dies wettbewerbsverzerrend wäre. Die Kommission kam 2007 zum Schluss, dass Österreich zwar gegen den EG-Vertrag verstoßen hatte, dass aber aufgrund der Ausnahmeregelung für Kultur die Vorgehensweise durch die Republik Österreich rechtmäßig war.[732] Die Haftungsübernahme durch den Bund unterlag auch einer Prüfung der EU-Beihilfevorschriften mit dem Ergebnis, dass die österreichische Regelung für den Zeitraum von 2010 bis Ende 2015 rechtens ist.[733]

Zusätzlich zur 2010 für die Bundesmuseen geltenden Haftung in Höhe von 1 Mrd. EUR gibt es für die Ausstellung Michelangelo,[734] die ab Herbst 2010 in der Albertina zu sehen sein wird, eine Haftungsübernahme in Höhe von 550 Mio. EUR. Diese wird mit der Verringerung der Versicherungskosten begründet. Da der Gesamtversicherungswert für diese Ausstellung rund 910 Mio. EUR betragen wird, wird nur der Rest von der Albertina zu versichern sein.[735] Die Grünen stimmten gegen das Gesetz, das mit den Stimmen der übrigen Parlamentsparteien verabschiedet wurde. Die Grünen warnten *davor seitens des Staates die Haftung für teure Leihgaben an österreichische Museen zu übernehmen, damit diese sich die Versicherungsprämien sparen. Im Schadensfall, der irgendwann einmal ja doch eintreten könnte, würden Beträge von mehreren hundert Millionen Euro schlagend.*[736]

Interessant ist ein Vergleich der Höhe dieser Haftungsübernahmen mit dem vom Finanzminister genannten Kulturbudget: *Das Kulturbudget für 2009 beträgt 447 Mio. Euro – fast eine halbe Milliarde Euro.*[737]

Bereits 2008 gab es eine sondergesetzliche Haftungsübernahme für die Ausstellung „Vincent van Gogh. Gezeichnete Bilder" in Höhe von 500 Mio. EUR.[738]

Auch die Bundesländer reagierten auf die Staatshaftungen. Beispielsweise übernahm das Land Niederösterreich ab dem Jahr 2005 Landeshaftungen bei Ausstellungen für Schäden an Leihgaben Dritter in der Höhe von maximal 200 Mio. EUR.[739]

---

[732] Europäische Kommission, Staatliche Beihilfe NN 50/2007, 2007.
[733] Europäische Kommission, Staatliche Beihilfen IP/10/181, 2010.
[734] BGBl. 51/2010.
[735] Nationalrat, XXIV. GP, SGP, Beilage 807, 29.06.2010.
[736] Nationalrat, XXIV. GP, Parlamentskorrespondenz Nr. 544, 29.06.2010.
[737] Nationalrat, XXIV. GP, Parlamentskorrespondenz Nr. 324, 21.04.2009.
[738] BGBl. 107/2008.
[739] Niederösterreichische Landesregierung, Debatte über NÖ Landesbudget 2005, 22.06.2004.

7.4.2 Exkurs: Sponsoren in öffentlichen Kulturinstitutionen

Denn die Masse der Menschen lässt sich mit dem Schein ebenso abspeisen wie mit der Wirklichkeit, ja häufig wird sie durch den Schein mehr bewegt als durch die Wirklichkeit.[740]

Der Aufruf der Politik an die Privatwirtschaft, sich im verstärkten Ausmaß an der finanziellen Unterstützung für Kunst- und Kulturaktivitäten bzw. in Kulturbetrieben zu engagieren, wurde in den letzten Jahren verstärkt durch den finanziellen Druck, unter dem die Gebietskörperschaften stehen, immer lauter.

Ich werde mich dafür einsetzen, dass wir auch die Finanzierungen, die Finanzierungspartnerschaften, die Finanzierungsmöglichkeiten und letztlich auch das Erschließen von privaten Finanzierungsquellen für Kunst- und Kultureinrichtungen entsprechend fördern.[741]

Beispielsweise wurden in den Bundesmuseen in den letzten Jahren große Anstrengungen unternommen, um Mittel für den Ausbau von Räumlichkeiten, bzw. Ankäufe von Kunstwerken zu lukrieren. In der Öffentlichkeit werden diese Aktivitäten in den jeweiligen Berichten als ständig steigender Erfolg gepriesen. Eine kurze Analyse zeigt hingegen ein anderes Bild: Zweifelsohne ist die aus privatem Engagement erzielte Summe beachtlich, erreicht aber nicht einmal einen Anteil von 10% an den öffentlichen Kulturausgaben. Demzufolge sollte auch in diesem Verhältnis die Darstellung in der Öffentlichkeit erfolgen.

	2004	2005	2006	2007
Spenden, Sponsoring und andere monetäre Zuwendungen (Sponsorerträge)				
BMuseen	3.350.116	5.146.247	3.871.004	3.676.970
BTheater	3.386.000	3.745.000	4.105.000	4.950.000
Basisabgeltung Bund				
BMuseen	89.351.000	89.351.000	90.511.000	90.511.000
BTheater	133.645.000	133.645.000	133.645.000	133.645.000
Anteil in %				
BMuseen	3,75	5,76	4,28	4,06
BTheater	2,53	2,80	3,07	3,70

Tab. 7 **Sponsoringerträge der Bundesmuseen und Bundestheater 2004–2007**
Quelle: Nationalrat, AB 1378, XXIV. GP, 11.05.2009.

Zu beachten ist, dass sich öffentliche Kulturbetriebe vor Augen halten sollten, dass sie in Zukunft nicht nur in **Abhängigkeit** von öffentlichen Mitteln, sondern auch von privaten Mitteln sind. Darüber hinaus sind finanzielle Zuwendungen von privater Seite auch extrem **konjunkturabhängig** und bei weitem nicht so „zuverlässig" wie öffentliche Mittel. Zudem stehen öffentliche Kulturbetriebe vor dem Dilemma, dass sich die öffentliche Hand mit dem Argument, dass Mittel von privater Seite gewonnen werden konnten, aus ihrer Verantwortung zur Finanzierung zurückziehen könnte. Auf lange Sicht kann ein

---

[740] Machiavelli, Niccolo, Discorsi – Gedanken über Politik und Staatsführung, 1977, S. 77.
[741] Schmied, Claudia, Im Auge der Politik – Ausgewählte Reden 2007/2008, 2008, S. 150ff.

öffentlicher Kulturbetrieb, der erfolgreich Drittmittel lukriert hat, bei finanziellen Krisensituationen (Wirtschaftskrise, wirtschaftliche Probleme „privater Unterstützer") verstärkt unter Druck geraten, sobald die Mittel von privater Seite zurückgehen und die öffentliche Hand die finanziellen Abgänge nicht mehr abdeckt.

7.5 Denkmalschutz

Der Denkmalschutz in Österreich ist seit **1923** durch ein eigenes Gesetz geregelt. Aufgaben des Denkmalschutzes sind *die Bewahrung beweglicher und unbeweglicher Objekte von geschichtlicher, künstlerischer oder sonstiger kultureller Bedeutung (Denkmale) vor Veränderung, Zerstörung oder widerrechtlicher Verbringung ins Ausland.* [742] Das Denkmalschutzgesetz (DMS) wurde durch die Novellen 1978, 1990 und 2000 in wesentlichen Teilen novelliert. Durch die letzte Novelle wurden vor allem Unklarheiten beseitigt. Nach etwa 90 Jahren wird durch das Bundesdenkmalamt eine Liste aller in Österreich tatsächlich unter Denkmalschutz gestellten unbeweglichen Denkmale erstellt.[743]

Organisatorisch ist das **Bundesdenkmalamt** im BM für Unterricht, Kunst und Kultur angesiedelt. Die Kompetenz Denkmalschutz wird zunächst in unmittelbarer Bundesverwaltung mit Außenstellen in jedem Bundesland (Landeskonservatorate) wahrgenommen.[744]

Der Denkmalschutz stellt den hoheitsrechtlichen Aspekt dar, die Denkmalpflege ist die sinnvolle Ergänzung dieses Schutzes.[745]

7.6 Schloss Schönbrunn und Marchfeldschlösser

Die **Schloss Schönbrunn Kultur- und Betriebs GmbH** ist dem Ministerium für Wirtschaft, Jugend und Familie unterstellt. Die Verwaltung des Schlosses wurde mit 1. Oktober **1992** aus der öffentlichen Verwaltung ausgegliedert.

Im Gesetz wurden folgende Aufgaben definiert: *Die Erhaltung der Substanz, Bewahrung, Förderung und Pflege des Kulturdenkmales Schloss Schönbrunn als Gesamtanlage, insbesondere als Baudenkmal, Kulturgut, historische Gartenanlage und Stätte wissenschaftlicher Betätigung unter besonderer Bedachtnahme auf die geschichtliche Bedeutung des Schlosses Schönbrunn, Förderung und Verbesserung eines zeitgemäßen Kulturangebotes, Förderung und Verbesserung der wirtschaftlichen Infrastruktur, Förderung und Verbesserung des touristischen Angebotes.*[746]

Eigentliches Ziel der Ausgliederung war es, unter größtmöglicher Schonung der historischen Substanz jene finanziellen Mittel zu erwirtschaften, die zur Renovierung und Erhaltung der Anlagen erforderlich sind.[747]

---

[742] BGBl. 533/1923 idgF.
[743] BMBWK (Hrsg.), Kulturbericht 1999, S. 118.
[744] BMUKK (Hrsg.), Kulturbericht 2009, S. 134ff.
[745] BMBWK (Hrsg.), Kulturbericht 1999, S. 118.
[746] BGBl. 208/1992.
[747] BMF (Hrsg.), Bericht gemäß § 35a BHG, Ausgliederungen und Beteiligungen des Bundes, 2009, S. 17.

Das Areal von Schönbrunn ist im Besitz der Republik Österreich. Die Gesellschaft führt den Betrieb auf Basis eines Fruchtgenussvertrages mit der Republik Österreich. Alle erwirtschafteten Einnahmen fließen der Gesellschaft zu. Die Gesellschaft hat davon alle Ausgaben zu tätigen. Die Gesellschaft erhält keine Subventionen, die Investitionen erfolgen ohne Bundeshaftung.

Neben dem Schloss betreibt die Gesellschaft auch die **Kaiserappartements**, die **Silberkammer** und das **Sisi Museum** in der Wiener Hofburg, sowie das **Hofmobiliendepot (Möbel Museum Wien)**.[748]

2002 erfolgte die Errichtung der **Marchfeldschlösser Revitalisierungs- und BetriebsGmbH** durch den Bund. Die Anteile an der GmbH waren zunächst zu je 50% der Schloss Schönbrunn Kultur- und BetriebsgmbH und der Schönbrunner TiergartenGmbH vorbehalten. Seit einer Novelle im Jahr 2006 ist das Bundesministerium für Wirtschaft und Arbeit ermächtigt, 100% der Anteile der GmbH zu erwerben. Das Ministerium kann aber Anteile davon wieder an Dritte abtreten.[749]

Der kulturpolitische Auftrag der bundeseigenen Marchfeldschlösser Schloss Hof und Schloss Niederweiden lautet: *Deren Restaurierung, Erhaltung, Öffnung und Belebung unter Bedachtnahme auf deren historische Bedeutung und entsprechend der überlieferten Konzeption zählen daher zu den kulturellen Aufgaben des Staates. Durch den Aufbau von Kooperationen mit kulturell und touristisch bedeutenden benachbarten Schlössern soll darüber hinaus eine „historische Schlösserstraße" entwickelt werden.*[750]

7.7 Salzburger und Bregenzer Festspiele

Die finanziellen Verpflichtungen des Bundes zur Unterstützung der **Salzburger Festspiele** beruhen auf einer gesetzlichen Regelung aus dem Jahr **1950**. In der geltenden Fassung verpflichtet sich der Bund zur Deckung allfälliger Abgänge zu 40%. Den Rest teilen sich das Land Salzburg, die Landeshauptstadt Salzburg und der Fremdenverkehrsförderungsfonds des Landes Salzburg zu jeweils gleichen Teilen.[751]

Für die Bregenzer Festspiele gibt es keine gesetzliche Regelung, vielmehr sind die finanziellen Verpflichtungen, die der Bund zur Förderung der Festspiele eingeht, auf vertraglicher Basis geregelt. **1989** wurde durch den **Verein Festspielgemeinde Bregenz** die **Bregenzer Festspiele GmbH** gegründet. Der Verein benannte sich 1993 in Verein der Freunde der Bregenzer Festspiele um. Seit 1989 gibt es eine Förderzusage des Bundes, die zunächst auf drei Jahre befristet war und sich jeweils um ein Jahr verlängert, sofern nicht eine gegenteilige Erklärung abgegeben wird. Der Bund übernimmt dabei 40%, Vorarlberg 35% und Bregenz 25% der Förderungen.[752] **2002** wurde die **Bregenzer Festspiele Privatstiftung** gegründet. Stifter waren die Fördergeber

---

[748] http://www.schoenbrunn.at/unternehmen/wir-ueber-uns/rechtslage-funktion.html, 10.07.2010.
[749] BGBl. 71/2006.
[750] BGBl. 83/2002.
[751] BGBl. 147/1950 idgF.
[752] Rechnungshof, Reihe Vorarlberg, 1997, S. 40.

Aufgaben der Kulturpolitik auf Bundesebene

der Festspiele (Bund, Vorarlberg und Bregenz) sowie der Verein der Freunde der Bregenzer Festspiele. Stiftungszweck ist die dauernde Erhaltung der Voraussetzungen für die Durchführung der Festspiele.[753] Der Bund ist an der GmbH zu 20% beteiligt, Vorarlberg und Bregenz zu je 20% sowie der Verein zu 40%. Bei der Bregenzer Festspiele Privatstiftung gibt es idente Beteiligungsverhältnisse.[754]

7.8 Österreichischer Rundfunk

Zu den Aufgaben des ORF gehört unter anderem die Förderung von Kultur, Wissenschaft und Kunst. Diese Aufgabenübertragung setzt auch die Zurverfügungstellung finanzieller Mittel voraus. Daher wird dem ORF das Recht eingeräumt, ein Entgelt für die zu erbringenden Leistungen einzuholen.[755]

Der **ORF** ist eine **Stiftung öffentlichen Rechts** und dient der Erfüllung des öffentlich rechtlichen Auftrags, der in drei Teile untergliedert ist, nämlich in den technischen Versorgungsauftrag, einen inhaltlichen Auftrag und einen besonderen Auftrag.[756] Entsprechend den Bestimmungen des § 4 Abs 1 Z 5 ORF-Gesetz hat der ORF *für die Vermittlung und Förderung von Kunst, Kultur und Wissenschaft zu sorgen*. Darüber hinaus finden sich unter Z 6 *die Berücksichtigung und Förderung der österreichischen künstlerischen und kreativen Produktion* und unter Z 7 *die Vermittlung eines vielfältigen kulturellen Angebots*.[757]

Die Formulierung „zu sorgen" ist rechtlich betrachtet nicht präzise und lässt beträchtlichen Interpretationsspielraum zu.

Nur wenig konkreter ist die nachfolgende Formulierung in § 4 Abs 4 ORF-Gesetz: *Insbesondere Sendungen in den Bereichen Information, Kultur und Wissenschaft haben sich durch hohe Qualität auszuzeichnen. Der Österreichische Rundfunk hat ferner bei der Herstellung und Sendung von Hörfunk- und Fernsehprogrammen auf die kulturelle Eigenart, die Geschichte und die politische und kulturelle Eigenständigkeit Österreichs sowie auf den föderalistischen Aufbau der Republik besonders Bedacht zu nehmen.*[758]

Dabei stellen sich gleich mehrere Fragen: Was ist „hohe Qualität"? Wer stellt die Einhaltung der geforderten „hohen Qualität" fest? Wann und wie oft wird diese festgestellt? Was würde bei Abweichungen erfolgen? Was ist überhaupt die „kulturelle Eigenart Österreichs"?

Der gesetzliche Kulturauftrag des ORF wird in seinen **Programmrichtlinien** ersichtlich: *Die Vermittlung von Kunst und Kultur bezieht sich sowohl auf tradierte Kunstformen als auch auf aktuelle künstlerische Ausformungen. Darüber hinaus soll das Angebot des ORF bei der Vermittlung aktueller künstlerischer Inhalte eine Verständnishilfe für das Publikum bieten und zur*

---

[753] Rechnungshof, Reihe Vorarlberg, 2006, S. 8.
[754] BMF (Hrsg.), Bundesrechnungsabschluss 2008, Beilage N, 2009, S. 7.
[755] Schambeck, Herbert, Kulturpolitik für Österreich, 1966, S. 43ff.
[756] Gassauer-Fleissner, Christian/Grave, Christian, Stiftungsrecht, 2008, S. 103ff.
[757] BGBl. 379/1984 idgF.
[758] BGBl. 379/1984; BGBl. 102/2007.

Aufgaben der Kulturpolitik auf Bundesebene

Nutzung von Angeboten Kulturschaffender und kultureller Institutionen ermuntern.[759]

Das ORF-**Leitbild** enthält Entsprechendes: *Kunst und Kultur sind zentrale Werte für den ORF. Seine Programme und Aktivitäten stimulieren, fördern und vermitteln die kulturelle Vielfalt in der Gesellschaft. Der Kulturauftrag des ORF gilt der gesamten Bevölkerung und erstreckt sich auf alle Lebensbereiche der Menschen im regionalen, nationalen und globalen Kontext.*[760]

Sein diesbezügliches **Angebot** definiert der ORF wie folgt:
Kunst, Kultur und Kreativität gehören zu den substanziellen Werten unserer Gesellschaft. Der ORF bietet daher ein umfangreiches Spektrum in TV, Radio und Online, um diesen besonderen Teil des öffentlichen Lebens zu beleuchten, davon zu berichten, zu thematisieren und zu eigener kultureller, kreativer und künstlerischer Betätigung anzuregen. ORF-Kultur ist nicht nur Nischenprogramm für ein eingegrenztes Zielpublikum, sondern ein buntes, vielfältiges Prinzip, das Information und Unterhaltung gleichermaßen betrifft.[761]

Der Begriff „soll" in den Programmrichtlinien kennzeichnet eine eher vage Zielvorgabe. Zum Leitbild ist anzumerken, dass die Formulierungen sehr weitläufig gefasst sind.

Die folgende Grafik gibt einen ersten Eindruck über die Umsetzung des gesetzlich definierten Kulturauftrages.

ORF: Kultur - Sendezeit in Prozent ■ Kunst ■ Theater ■ E-Film ■ E-Musik

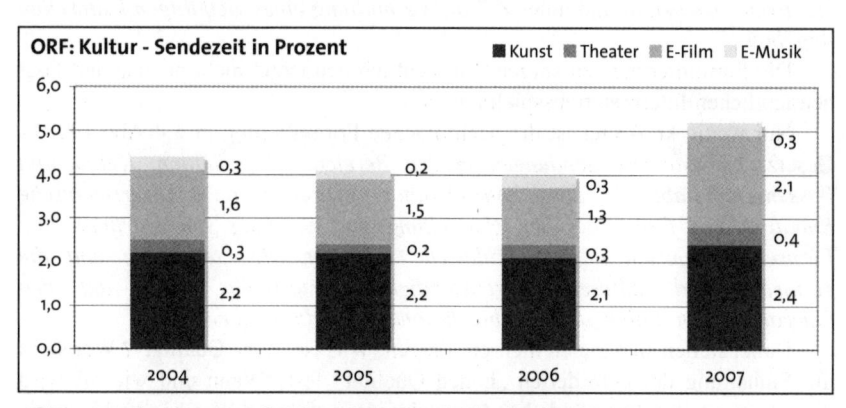

Jahr	Kunst	Theater	E-Film	E-Musik
2004	2,2	0,3	1,6	0,3
2005	2,2	0,2	1,5	0,2
2006	2,1	0,3	1,3	0,3
2007	2,4	0,4	2,1	0,3

Abb. 9 Sendezeit von Kultur im ORF-Fernsehprogramm in Prozent
Quelle: Statistik Austria (Hrsg.), Kulturstatistik 2007, 2009, S. 143.

Von 2004 bis 2007 lag der Anteil von „Kulturproduktionen" im Vergleich zum Gesamtprogramm im ORF-Fernsehen zwischen 4% und 5,2%. Zwischen 2004 und 2006 ist der Anteil kontinuierlich gesunken. 2007 ist ein Anstieg ersichtlich, der vor allem aus Steigerungen im Bereich E-Film resultiert. Vergleicht man die Situation mit dem Jahr 2001 fällt auf, dass der Anteil von Kulturproduktionen 2007 um ca. 8% unter dem des Jahres 2001 liegt. Der Bereich E-Musik ist im selben Zeitraum von einem Rückgang um ca. 21%

---

[759] ORF (Hrsg.), Wert über Gebühr – Public Value Bericht 2009/2010, S. 119.
[760] Ebenda.
[761] Ebenda.

betroffen. Nur der Bereich E-Film unterlag in diesem Vergleich einer Steigerung um ca. 60%.

Seit den 1970er-Jahren gibt es von der Kulturpolitik Bestrebungen, das kulturelle „Stadt-Land-Gefälle auszugleichen. Dem ORF kommt durch Vermittlung und Ausstrahlung von Programmen aus Wiener Kulturbetrieben große Bedeutung zu.[762] *Traxl* spricht sich für einen offensiveren Umgang mit kulturellen Inhalten und Entwicklungen aus, da sich die Gesellschaft laufend verändert. Er verweist darauf, dass Kultur zum Kernbereich der öffentlich-rechtlichen Sendeanstalten zählt. Gleichzeitig aber warnt er davor, anzunehmen, dass die Kultur im Fernsehen ein geschützter, sakrosankter Bereich ist. Dies wäre seiner Ansicht nach der falsche Ansatz, da auch Kulturproduktionen ihr Publikum finden müssen, sonst wären sie im öffentlich-rechtlichen Kontext zwar noch rechtlich, aber nicht mehr öffentlich.[763]

In § 4 Abs 1 Z 3 enthält das ORF-Gesetz auch einen Auftrag *zur Förderung der österreichischen Identität, die im Blickwinkel der europäischen Geschichte und Integration zu erfolgen hat.*[764]

Die ORF-Programmrichtlinien greifen diese Forderung auf: *Der ORF will mit der Summe seiner Angebote und Dienstleistungen einen unverzichtbaren Beitrag zur Förderung der österreichischen Identität im Blickwinkel der europäischen Geschichte und Integration leisten. Der ORF muss seinem Publikum sowohl das Fremde als auch das Eigene näherbringen. Er hat dazu anzuregen, einerseits das Vertraute zu schätzen und andererseits Interesse für das Neue, noch Unbekannte zu wecken.*

Im ORF-Leitbild heißt es bezüglich Identität: *Der ORF als eine Institution der österreichischen Öffentlichkeit ist das elektronische Leitmedium des Landes, Träger und Förderer österreichischer Identität, Kultur und Qualität.*[765]

Was die „österreichische Identität" nun ist, die es zu fördern gilt, bleibt ebenfalls unerwähnt.

---

[762] Temnitschka, Hans, Kulturpolitische Grundsätze am Beispiel der Musik- und Theaterförderung, 1982, S. 2ff.
[763] ORF (Hrsg.), Wert über Gebühr – Public Value Bericht 2008, S. 128.
[764] BGBl. 379/1984 idgF.
[765] ORF (Hrsg.), Wert über Gebühr – Public Value Bericht 2009/2010, S. 139.

7.9 Auslandskulturpolitik

7.9.1 Hintergrund und Zielsetzungen

Auslandskulturpolitik wird häufig als alleinige Aufgabe des Staates angesehen. In der Praxis gibt es jedoch zahlreiche weitere Akteure, die wesentlich zu einer funktionierenden Auslandskulturpolitik beitragen wie zum Beispiel: Universitäten, Akademien, Bibliotheken, Städtepartnerschaften, Fördervereine, Stiftungen, Austauschprogramme für Schülerinnen und Schüler, Musik- und Theatergastspiele.[766]

Auslandskulturpolitik ist laufend Veränderungen unterworfen. Es geht dabei nicht nur um Förderung von Kultur im Ausland, sondern vielmehr um die Unterstützung der Ziele der Außenpolitik.[767]

Knopp warnt davor, dass Auslandskulturpolitik von Staaten mit der Vorstellung und dem Anspruch betrieben wird, auf pointierte Art das „Wesentliche" eines Landes zu repräsentieren. Sollte dies der Fall sein, könne Kultur leicht zu einer Art „Identitätsschleuder" verkommen. Im Bestehen auf ein klar abgegrenztes Nationales, sieht er das größte Hindernis für den Dialog zwischen den Kulturen.[768]

Im deutschsprachigen Raum erkannte man erst kurz vor Beginn des 1. Weltkriegs die Bedeutung der auswärtigen Kulturpolitik, wie sie zuvor schon erfolgreich in England und Frankreich praktiziert wurde. In einem Schreiben von 1913 verwendete der deutsche Reichskanzler Hollweg erstmals den Terminus auswärtige Kulturpolitik.[769]

Die auswärtige Kulturpolitik wird neben der allgemeinen Außenpolitik und dem Außenhandel als die **dritte Säule der modernen Außenpolitik** erachtet.[770]

In der Zeit der 1. Republik war man bestrebt, durch Außenkulturpolitik (die als Teil der Außenpolitik erachtet wurde) *die europäische Sendung der österreichischen Kultur und die Integrität der österreichischen Nation* zu betonen. In dieser Zeit wurden die Kulturabkommen mit Frankreich und Italien geschlossen.[771]

Unmittelbar nach dem 2. Weltkrieg wurde mit dem Wiederaufbau des Auswärtigen Dienstes begonnen. Eine erste provisorische Gliederung enthielt in der Zuständigkeit der politischen Abteilung auch die kulturpolitischen Angelegenheiten. Das Außenamt war damals ein Teil des Kanzleramtes und wurde durch einen Staatskanzler geleitet. Organisatorisch wurde damals schon daran gedacht, später daraus eine eigene Abteilung für Kulturpolitik zu formen.

---

[766] Voscherau, Henning, Kulturelle Vielfalt, 1996, S. 16.
[767] Maaß, Kurt-Jürgen, Überblick: Ziele und Instrumente der Auswärtigen Kulturpolitik, 2005, S. 23.
[768] Knopp, Hans-Georg, Was kann staatliche Kulturarbeit im Ausland zum Dialog der Kulturen beitragen, 2009, S. 29ff.
[769] Abelein, Manfred, Die Kulturpolitik des Deutschen Reiches und der Bundesrepublik Deutschland, 1968, S. 106.
[770] Endreß, Alexander, Die Kulturpolitik des Bundes, 2005, S. 170ff.
[771] Fliedl, Gottfried, Überlegungen zur Geschichte der Kunstförderung in Österreich, 1979, S. 60.

Dieses Provisorium hielt (ganz den Traditionen Österreichs entsprechend) über mehrere Jahre.[772]

7.9.2 Konzepte der Auslandskulturpolitik seit 1945

Operativ versuchte man in Österreich unmittelbar **nach 1945** möglichst rasch **Kulturaktivitäten im Ausland** zu setzen. Diese fanden zunächst vorwiegend im Bereich der Musik statt. So gab es ab 1947 Europa-Tourneen der Staatsoper, der Wiener Philharmoniker und der Wiener Sängerknaben, die künstlerische und finanzielle Erfolge zeigten und für Österreichs Image von großer Bedeutung waren. Neben den Konzerten wurden in mehreren Ländern auch Ausstellungen österreichischer Kunst durchgeführt, die aus bedeutenden Werken der staatlichen Kunstsammlungen zusammengestellt wurden. Es gab zwar ein klares Bekenntnis zur Notwendigkeit von Kulturaktivitäten im Ausland, aber außer den genannten musikalischen Gastspielen und Ausstellungen wurden wenig weitere Bestrebungen unternommen. Ab 1954 gab es zwei Kulturattachés in Paris und Bern und zwei vom Unterrichtsministerium betriebene Kulturinstitute in Paris und Rom.[773]

Unmittelbar nach 1945 waren Hauptziele der österreichischen Außenkulturpolitik, einerseits ein **positives Image** nach außen zu transportieren, wobei man tunlichst darauf achtete, sich gegenüber Deutschland abzugrenzen, und andererseits nach innen eine **österreichische Identität** aufzubauen. Zu beachten ist allerdings, dass eine Vielzahl der vor dem Krieg international anerkannten Künstlerinnen und Künstler entweder Österreich verlassen oder den Krieg nicht überlebt hatten. Von der ausgewanderten Künstlerschaft kamen nach dem Krieg nur sehr wenige in die alte Heimat zurück.[774]

Abgesehen von der ideellen Bedeutung betonte der zuständige Minister *Hurdes* auch die **wirtschaftliche Bedeutung** der Auslandskultur: *Jeder Künstler, der dadurch bekannt wird, ist auch ein wirtschaftliches Aktivum. (...) Der Fremdenverkehr wird dadurch eine nicht genug zu schätzende Förderung erfahren.*[775]

Im Jahr **1973** wurde die Besorgung der Angelegenheiten der kulturellen Auslandsbeziehungen dem Bundesministerium für auswärtige Angelegenheiten übertragen,[776] wo es bis heute angesiedelt ist (heute BM für europäische und internationale Angelegenheiten).[777]

Diese Zuständigkeit wurde auch kritisch gesehen, da Kulturarbeit keinen entsprechenden Stellenwert innerhalb der originären Aufgabe der Diplomatie hätte.[778]

Exemplarisch zeigt sich die Änderung der österreichischen Kulturpolitik in der Ära Kreisky im Bereich Literatur. Die 1952 gegründete „Wiener Gruppe"

---

[772] BMEIA (Hrsg.), Das Wiedererstehen des österreichischen auswärtigen Dienstes 1945, 2009, S. 20ff.
[773] Hofinger, Andreas, Aspekte der ÖVP-Kulturpolitik zwischen 1945 und 1955, 1988, S. 50ff.
[774] Pichler, Christian, Österreich, ein besseres Deutschland?, 2009, S. 80.
[775] Hurdes, Felix, Österreichische Kulturpolitik, 1948, S. 12.
[776] Knapp, Marion, Österreichische Kulturpolitik und das Bild der Kulturnation, 2005, S. 122.
[777] BGBl. 76/1986 idgF., Abschnitt V – Verkehr mit dem Ausland.
[778] Kampits, Peter, Die Auslandskulturpolitik Österreichs, 1990, S. 37.

wurde nach ihrem Entstehen von der offiziellen Kulturpolitik massiv abgelehnt. Unter dem Kabinett Kreisky hingegen wurden die „Wiener Gruppe" und die Autoren des „Forum Stadtpark" von der österreichischen Außenkulturpolitik als Symbole der Modernisierung Österreichs dargestellt.[779]

In den 1980er- und 1990er-Jahren ging die österreichische Auslandskulturpolitik dazu über, ihr bis dahin gepflegtes Erscheinungsbild (Prestige-Kultur) zu ändern und dynamischer und moderner aufzutreten.[780] *Pahr* verweist einerseits auf die Bedeutung, die die Auslandskulturpolitik damals für die Darstellung Österreichs im Ausland hatte, und andererseits auf den Versuch der Präsentation eines wirklichkeitsnahen realistischen Österreichbildes durch Vermittlung aktueller Wissenschaft, Forschung und moderner österreichischer Kultur.[781] Ein Beispiel dieser Entwicklung hin zur „Konfliktkultur" war eine Ausstellung von Hermann Nitsch in Sevilla. Diese Ausstellung stieß damals innerhalb des österreichischen diplomatischen Corps auf massiven Widerstand und führte auch in Spanien zu ablehnenden Reaktionen.[782] Die Werke von Hermann Nitsch wurden damals auch in Österreich kontroversiell besprochen. Mittlerweile ist er als Künstler angesehen und wurde unter anderem mit dem großen österreichischen Staatspreis 2005 ausgezeichnet[783]. 2007 wurde vom Land Niederösterreich in Mistelbach das Hermann Nitsch Museum eröffnet. (Siehe dazu auch Kap. 6.4.1. Zwischen Ablehnung und Vereinnahmung)

War die österreichische Auslandskultur jahrzehntelang vorwiegend damit beschäftigt, Österreich in Westeuropa als **Land der Hochkultur** zu positionieren, so änderte sich diese Politik erst mit dem Fall des „Eisernen Vorhanges" 1989/1990. Ab diesem Zeitpunkt wandte sich Österreichs Auslandskulturpolitik verstärkt den ehemals verbundenen Ländern in Mittel- und Osteuropa zu.[784]

Gegenwärtig versteht man aus österreichischer Sicht Auslandskulturpolitik *als eine Zukunftswerkstätte moderner Europa- und Außenpolitik. Sie fungiert als Grundlage für einen lebendigen Dialog, der Vertrauen bildet und Partnerschaften fördert, um kulturelle Unterschiede besser zu verstehen und zu respektieren.*[785]

Auslandskulturpolitik bedeutet nachhaltigere Zusammenarbeit und Stärkung des Interesses an Österreich im Ausland. Sie ist keine Repräsentationsveranstaltung oder nur individuelle Künstlerförderung. Statt einer rückwärtsgewandten Selbstbeschau wird gegenwärtig versucht, ein zeitgenössisches Erscheinungsbild Österreichs zu vermitteln.[786]

---

[779] Weiss, Walter, Dichtung und politisches System in Österreich seit 1945, 1992, S. 887ff.
[780] Gehler, Michael, Österreichs Außenpolitik der Zweiten Republik, 2005, S. 566.
[781] Pahr, Willibald, Österreich in der Welt, 2002, S. 13ff.
[782] Gehler, Michael, Österreichs Außenpolitik der Zweiten Republik, 2005, S. 566.
[783] BMUKK, Pressemitteilung: Preisträger des Großen Österreichischen Staatspreises, 26.05.2009.
[784] Pichler, Christian, Österreich, ein besseres Deutschland?, 2009, S. 80.
[785] BMEIA (Hrsg.), Außenpolitischer Bericht 2008, S. 190.
[786] Rochel-Laurich, Claudia, Vorwort, 2008, S. 6.

Das gegenwärtig gültige **Konzept der Auslandskulturpolitik** stammt aus dem Jahr **2001**.[787] Notwendig wurde eine Neuausrichtung durch das Ende der Teilung Europas 1989, dem EU-Beitritt Österreichs 1995 und der EU-Erweiterung. Dennoch blieben traditionelle Positionen und Sichtweisen von den Änderungen ausgespart. So wird im Konzept darauf hingewiesen, das *es die Kultur ist, die das Bild Österreichs in der Welt prägt.* Weiters wird besonders betont, dass *die Auslandskulturpolitik seit 1945 auf dem klaren Konzept der Stärkung der österreichischen Identität und Unverwechselbarkeit aufbaut.*[788]

Strukturell steht der österreichischen Auslandskulturpolitik gegenwärtig ein Netzwerk aus 30 **Kulturforen**, 3 **Kooperationsbüros** in Washington, Lemberg und Sarajewo, 54 **Österreich Bibliotheken** und 9 **Sprachinstituten** zur Verfügung.[789] Zusätzlich sind 81 Botschaften, 5 Ständige Vertretungen bei internationalen Organisationen sowie 14 Generalkonsulate eingebunden.[790]

---

[787] Brix, Emil, Auslandskulturpolitik 2010, http://www.bmeia.gv.at/aussenministerium/aussenpolitik/auslandskultur/die-oesterreichische-auslandskulturpolitik.html, 02.04.2010.
[788] BMAA (Hrsg.), Auslandskultur Neu – Das Konzept vom 12.03.2001, 2001, S. 1.
[789] Brix, Emil, Auslandskulturpolitik 2010, http://www.bmeia.gv.at/aussenministerium/aussenpolitik/auslandskultur/die-oesterreichische-auslandskulturpolitik.html, 02.04.2010.
[790] BMEIA (Hrsg.), Außenpolitischer Bericht 2008, S. 213.

8 Kulturfinanzierung

> Nichts zeigt den Charakter einer
> Gesellschaft und einer Zivilisation
> so deutlich, wie die von ihren
> Politikern verfolgte Fiskalpolitik.[791]

8.1 Allgemeiner Hintergrund

Grasskamp sieht zwei wesentliche Bereiche der finanziellen Mittelzufuhr: Auf der einen Seite das **private Mäzenatentum** und das Sponsoring und die Kulturfinanzierung der **öffentlichen Hand** auf der anderen Seite. Weitere wichtige traditionsreiche Akteure wie **Stiftungen und Vereine** liegen seiner Ansicht nach dazwischen.[792]

Zinggl weist darauf hin, dass es wesentlich ist, wer „öffentliche Kultur" finanziert – die öffentliche Hand (Staat, Land, Gemeinde, EU) oder ein privates Unternehmen (z.B. Bank, Industriebetrieb). Demnach ist von Privaten finanzierte „öffentliche Kultur" eben nicht mehr öffentlich, weil dafür privat ausgegebene Mittel von der Öffentlichkeit mangels Legitimation nicht kritisierbar sind.[793] *Mailath-Pokorny* zählt die Finanzierung von Kultur zu den zentralen Aufgaben der öffentlichen Hand.[794]

Eichel spricht die Problematik, die mit der Finanzierung öffentlicher Kulturausgaben verbunden ist, an und bezeichnet den Konflikt zwischen Kultur und ihrer Finanzierung durch die öffentliche Hand als kaum lösbar. Zum einen bringt die **Situation der öffentlichen Haushalte** immer wieder Restriktionen mit sich, zum anderen rufen Kulturbetriebe und Kulturschaffende stets nach **größeren Mitteln**. Die Sichtweise, dass Kultur immer mehr zum Standortfaktor wird, stärkt die Verhandlungsposition gegenüber der öffentlichen Hand und legitimiert die Einforderung immer höherer Mittel. Er spricht sich dennoch gegen all diese Positionen aus, da eine höhere Förderung einerseits nichts mit der erbrachten Qualität zu tun hätte und andererseits leere Kassen derartige Forderungen unzeitgemäß erscheinen lassen.[795]

Die Förderung von Kultur wird in der Öffentlichkeit immer wieder als reines Finanzierungsproblem dargestellt. Es muss aber vor einer Simplifizierung nach dem Motto „mehr Geld bedeutet gleichzeitig ein Mehr an Kultur" gewarnt werden. Für ein „Mehr" an Kultur sind der Faktor Geld und die zur Verfügung gestellten Mittel nur ein Aspekt.[796]

Scholten vertritt die Auffassung, *dass das massive finanzielle und ideelle Engagement des Staates in Kunst und Kultur in Österreich zu Missdeutungen und Missverständnissen führen kann. Zum Missverständnis, dass Künstler in einem vielleicht nicht goldenen, aber gelegentlich doch recht er- und einträglichen Käfig der Staatskunst eingesperrt werden. Ein Käfig bestehend aus Förderungen,*

---

[791] Schumpeter, Joseph Alois, Geschichte der ökonomischen Analyse, Band 2, 2009, S. 939.
[792] Grasskamp, Walter, Kunst und Geld, 1998, S. 17.
[793] Zinggl, Wolfgang, Kultur und Kulturpolitik in Europa, 2004, S. 79.
[794] Mailath-Pokorny, Andreas, Wien als Drehscheibe kultureller Öffnung und Erneuerung, 2001, S. 607.
[795] Eichel, Hans, Kultur in Zeiten knapper Kassen, 2001, S. 24ff.
[796] Strachwitz, Rupert Graf/Toepler, Stefan, Kultur-Förderung: mehr als Sponsoring, 1993, S. 5.

Stipendien, sozialen Leistungen, Finanzierungen, der sie gegen die Rezeption ihrer Kunst, die Resonanz des Publikums, die gesellschaftliche Relevanz der künstlerischen Bemühungen gleichgültig macht, der sie nicht nur vom Markt, sondern auch von ihren Rezipienten isoliert. Der Gefahr aus Rücksicht auf den Markt und breiterer Käuferschichten belanglos zu werden, steht die Gefahr einer pointiert exklusiven Kunst gegenüber, die sich im Vakuum einer Publikums-Gleichgültigkeit recht wohl fühlen könnte und dabei ihren gesellschaftlichen Bezug vergisst. All dies kann nicht die Absicht einer verantwortungsvollen staatlichen Kulturpolitik sein.[797]

In Zeiten, in denen öffentliche Mittel knapp werden und generell finanzielle Engpässe drohen, zeigt sich die Politik immer wieder geneigt, im Kulturbereich zu sparen. Von drohenden Kürzungen in diesem Bereich sind vor allem die Freie Szene und Kulturinitiativen betroffen, da ihre Widerstandskraft ungleich geringer ist, als die der großen Kulturbetriebe, die über die Medien einen nicht unerheblichen Druck aufbauen können. Auf diesem Umstand hat *Schulmeister* schon lange vor der gegenwärtigen Finanzkrise hingewiesen.[798]

8.2 Übersicht und Verhältnisse öffentlicher Kulturausgaben

8.2.1 Kulturausgaben der Gebietskörperschaftsebenen

Öffentliche Kulturausgaben 2007   insgesamt 2.293 Mio.

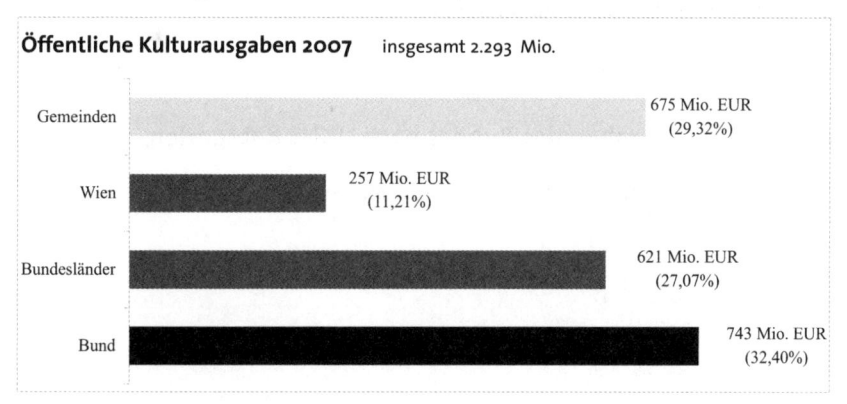

Gemeinden — 675 Mio. EUR (29,32%)
Wien — 257 Mio. EUR (11,21%)
Bundesländer — 621 Mio. EUR (27,07%)
Bund — 743 Mio. EUR (32,40%)

Abb. 10 Öffentliche Kulturausgaben von Bund, Ländern und Gemeinden 2007
Quelle: Stadt Graz (Hrsg.), Kunst- und Kulturbericht 2008.

Im Jahr 2007 gaben alle Gebietskörperschaften in **Österreich insgesamt 2.293 Mio. EUR** für Kultur aus. Die **Gemeinden** (ohne Wien) gaben im Jahr 2007 gemeinsam **675 Mio. EUR** für Kultur aus, die **Bundesländer** (ohne Wien) **621 Mio. EUR**.

Da Wien sowohl Bundesland als auch Gemeinde ist, wurde Wien getrennt dargestellt. **Wien** wandte 2007 **257 Mio. EUR** für Kultur auf. Je nachdem, ob man Wien zu den Bundesländern oder zu den Gemeinden zählt, hält die ausgewählte Gebietskörperschaftsebene den größten Anteil an den gesamten öffentlichen Kulturausgaben Österreichs.

---

[797] BMUK (Hrsg.), Kunstbericht 1992, S. II.
[798] Schulmeister, Stephan, Kulturpolitik in den Zeiten des Sparpaketes, 1996, S. 193.

Die Kulturausgaben des **Bundes** betrugen **743 Mio. EUR**. Dies entspricht knapp einem Drittel der gesamten österreichischen Kulturausgaben Österreichs. Darin enthalten sind nicht nur die Ausgaben des Kulturministeriums und jene für Kunstangelegenheiten (bis 2007 im Bundeskanzleramt), wie sie im Kunstbericht und im Kulturbericht dargestellt werden, sondern auch die Kulturausgaben der übrigen Ministerien.

In Österreich betrugen die öffentlichen Kulturausgaben 2005 pro Kopf rund 255 EUR.[799]

8.2.2 Anteile an den Gesamtausgaben

Die Anteile der Kulturausgaben an den Gesamtausgaben differieren zwischen den Gebietskörperschaftsebenen stark. Während der Anteil auf **Bundesebene** im Jahr 2007 bei **0,57%** lag, gaben die **Bundesländer** (ohne Wien) durchschnittlich **2,63%** aller Ausgaben für Kultur aus.

Die **Gemeinden** tragen im Verhältnis zu ihren Gesamtausgaben den größten Beitrag zur Kulturförderung bei. Dieser lag 2007 bei **4,18%**. Innerhalb der Gemeinden gaben die Landeshauptstädte den höchsten Anteil für Kultur aus. In des Landeshauptstadt Graz waren es 2007 5,84%.

Die Sonderstellung Wiens, gleichzeitig Bundesland und Gemeinde, spiegelt sich auch in den Kulturausgaben wider. Wien wandte im gleichen Jahr 1,93% seiner gesamten Ausgaben für Kultur auf.[800]

8.3 Bund

8.3.1 Kulturausgaben des Bundes nach LIKUS Kategorien

Kulturausgaben des Bundes nach LIKUS 2007 in Mio. EUR

Museen, Archive, Wissenschaft	119,10
Baukulturelles Erbe	106,48
Heimat- und Brauchtumspflege	0,45
Literatur	8,47
Bibliothekswesen	18,90
Presse	15,68
Musik	9,90
Darstellende Kunst	176,01
Bildende Kunst, Foto	8,72
Film, Kino, Video	19,07
Hörfunk, Fernsehen	-
Kulturinitiativen, Zentren	5,88
Ausbildung, Weiterbildung	207,06
Erwachsenenbildung	0,11
Internationaler Kulturaustausch	27,07
Großveranstaltungen	12,56
Sonstiges	7,37

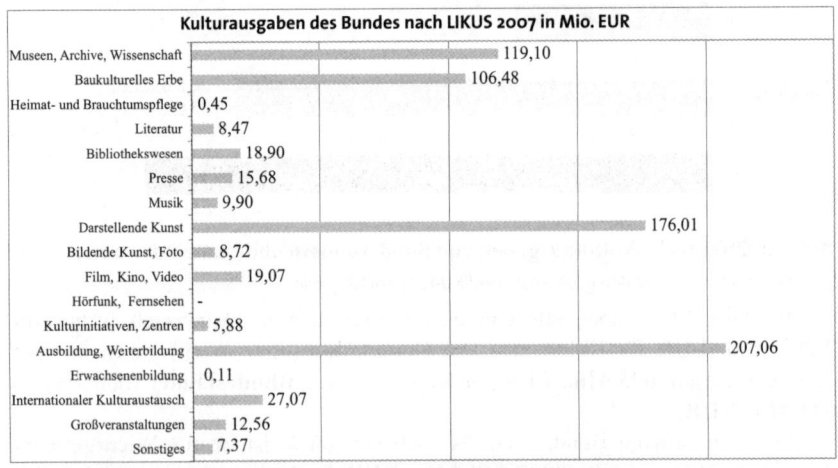

Abb. 11 Kulturausgaben des Bundes nach LIKUS Kategorien 2007

Quelle: Statistik Austria, Kulturstatistik 2007. Eigene Darstellung.

---

[799] Ratzenböck, Veronika/Hofecker, Franz Otto, Compendium Länderbericht Österreich, 2009, S. 36.
[800] Krupp, Caroline, Vergleiche zu anderen Gebietskörperschaftsebenen nach LIKUS, 2009, S. 9.

Die Kulturausgaben des Bundes betrugen im Jahr 2007, wie bereits erwähnt, **743 Mio. EUR**. Davon entfällt der größte Teil auf die Kategorie Aus- und Weiterbildung, die vor allem die Ausgaben für die **sechs Kunst- und Musikuniversitäten** in Graz, Linz, Salzburg und Wien enthält. Die zweitgrößte Kategorie ist mit 176,01 Mio. EUR die Darstellende Kunst, in der die **Bundestheater** einen wesentlichen Teil einnehmen. An dritter Stelle steht die Kategorie Museen, Archive, Wissenschaft mit 119,10 Mio. EUR, die vor allem die **Bundesmuseen mit der Nationalbibliothek** enthält. Der vierte große Bereich der Kulturausgaben des Bundes ist die Kategorie Baukulturelles Erbe, in der zu einem überwiegenden Teil die **Aktivitäten der Denkmalpflege** enthalten sind.

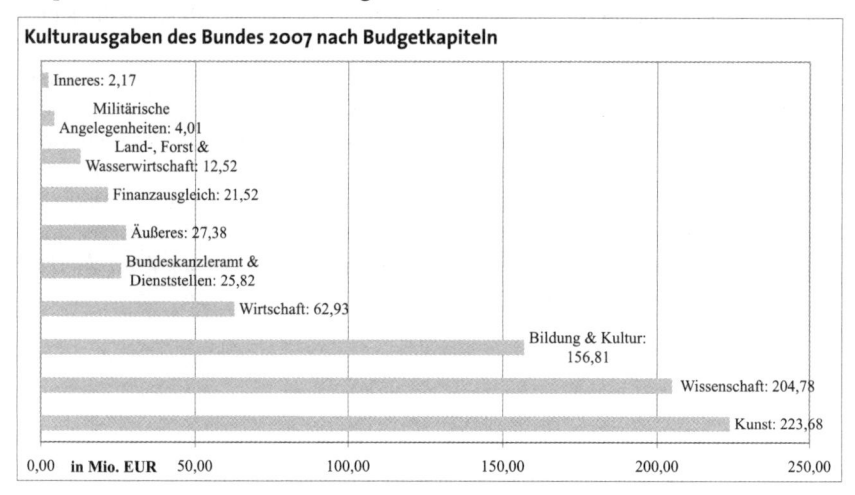

8.3.2 Kulturausgaben des Bundes nach Budgetkapiteln

Die Kulturausgaben des Bundes sind auf neun Ministerien aufgeteilt (siehe Kapitel 7.1 Überblick über die Wirkungsbereiche). Bei der Berechnung der gesamten Kunst- und Kulturausgaben des Bundes ist es wesentlich, die Ausgaben sämtlicher Ministerien zu berücksichtigen, denn im Kunstbericht und im Kulturbericht, die vom BMUKK herausgegeben werden, wird ausschließlich über die von diesem Ministerium verwalteten finanziellen Mittel berichtet. Im Jahr 2007 entsprach dies in beiden Berichten zusammen 382 Mio. EUR. Dies entspricht rund 51% der Kulturausgaben des Bundes.

Kulturausgaben des Bundes 2007 nach Budgetkapiteln

- Inneres: 2,17
- Militärische Angelegenheiten: 4,01
- Land-, Forst & Wasserwirtschaft: 12,52
- Finanzausgleich: 21,52
- Äußeres: 27,38
- Bundeskanzleramt & Dienststellen: 25,82
- Wirtschaft: 62,93
- Bildung & Kultur: 156,81
- Wissenschaft: 204,78
- Kunst: 223,68

(in Mio. EUR)

Abb. 12 Kulturausgaben des Bundes nach Budgetkapiteln 2007
Quelle: Statistik Austria, Kulturstatistik 2007. Eigene Darstellung.

Die drei größten Budgetkapitel enthalten wiederum jeweils die drei bereits oben genannten größten Budgetposten Kunst- und Musikuniversitäten, Bundestheater und Bundesmuseen und nehmen knapp 80% der Kulturausgaben des Bundes in Anspruch.

Kulturfinanzierung

8.3.3 Entwicklung des Anteils Kultur an den Gesamtausgaben

Die nachfolgende Grafik stellt die Entwicklung des prozentuellen Anteils der Kulturausgaben des Bundes an seinen Gesamtausgaben dar.

Anteil öffentlicher Kulturausgaben an Gesamtausgaben (Bund)

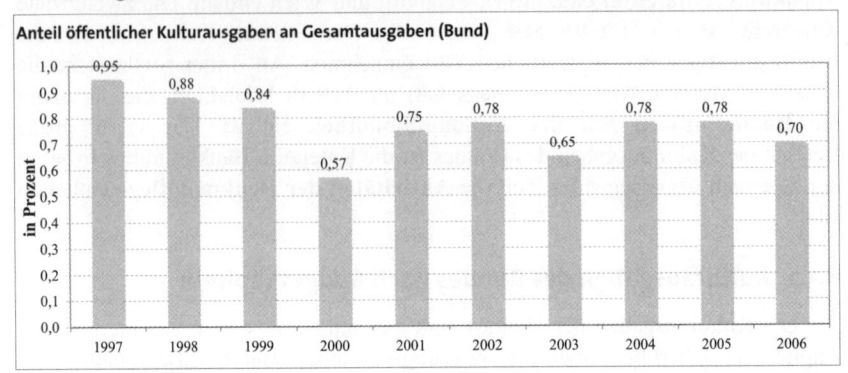

Jahr	1997	1998	1999	2000	2001	2002	2003	2004	2005	2006
in Prozent	0,95	0,88	0,84	0,57	0,75	0,78	0,65	0,78	0,78	0,70

Abb. 13 Anteil der Kulturausgaben des Bundes an den Gesamtausgaben 1997–2006

Quelle: IKM (Hrsg.), Kulturfinanzierungsbericht 2006.

Der Anteil der öffentlichen Kulturausgaben des Bundes betrug im Jahr **2006 0,70%** der Gesamtausgaben des Bundes. Betrachtet man die Entwicklung über die vorangegangenen zehn Jahre ist eine rückläufige Entwicklung der Kulturausgaben erkennbar. Im Jahr **1997** gab der Bund noch **0,95%** für Kultur aus.

Dieser Umstand war mehrmals Gegenstand parlamentarischer Erörterungen. So äußerte beispielsweise Christine Muttonen, Kultursprecherin der SPÖ, im Jahr 2005 folgende Kritik: *Ein Blick auf die Budgetzahlen der vergangenen Jahre macht deutlich: Investitionen in den Kunst- und Kulturbereich sind keine vordringliche Aufgabe der konservativen Politik. Lag der Anteil der Kulturausgaben an den Gesamtausgaben des Bundes Mitte der neunziger Jahre noch bei 1%, so liegt er jetzt weit darunter. Dieser Bereich ist sogar an die letzte Stelle aller Ausgabenbereiche des Bundes gerückt.*[801]

---

[801] Nationalrat, XXII. GP, 101. Sitzung, SGP, 01.04.2005, S. 124.

8.4 Bundesland Steiermark

8.4.1 Kulturausgaben nach LIKUS Kategorien

Das Land Steiermark gibt entsprechend dem Kunst- und Kulturförderungsgesetz 1985 jährliche Kulturberichte heraus. Bis zum Jahr 2005 umfasste der Bericht ausschließlich Kulturausgaben der Abteilung Kultur. Nach einem Beschluss der Kulturabteilung im Juni 2007 im Zuge der Landeskulturreferentenkonferenz wurde der Bericht 2006 erstmalig nach der LIKUS-Systematik erstellt. Ab dem Berichtsjahr 2007 sind auch die Kulturförderungen, die über andere Abteilungen der Landesverwaltung vergeben werden, enthalten.[802]

Neben der Abteilung Kultur, die 2008 für Kulturausgaben in der Höhe von 63,99 Mio. EUR verantwortlich war, sind folgende weitere Abteilungen in die Kulturfinanzierung eingebunden:

- Wissenschaft und Forschung mit 1,28 Mio. EUR
- Bildung, Frauen, Jugend und Familie mit 22,01 Mio. EUR
- Sport und Tourismus mit 1,50 Mio. EUR[803]

Im Jahr 2008 gab das Land Steiermark insgesamt **88,79 Mio. EUR** für Kultur aus.

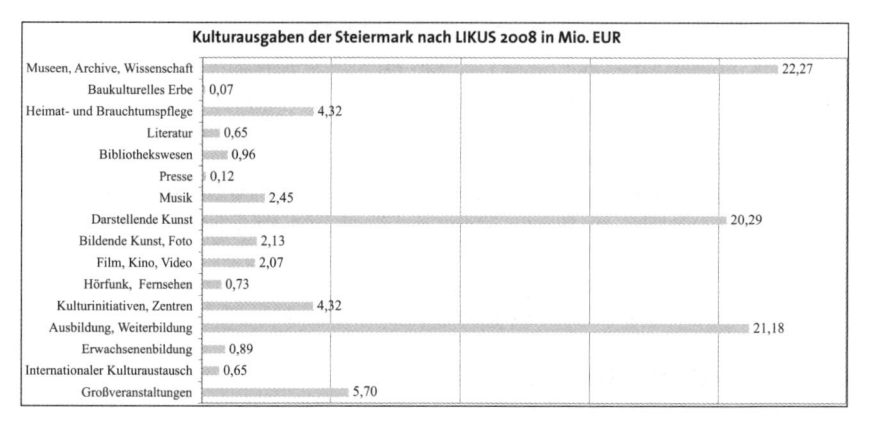

Kulturausgaben der Steiermark nach LIKUS 2008 in Mio. EUR

Museen, Archive, Wissenschaft	22,27
Baukulturelles Erbe	0,07
Heimat- und Brauchtumspflege	4,32
Literatur	0,65
Bibliothekswesen	0,96
Presse	0,12
Musik	2,45
Darstellende Kunst	20,29
Bildende Kunst, Foto	2,13
Film, Kino, Video	2,07
Hörfunk, Fernsehen	0,73
Kulturinitiativen, Zentren	4,32
Ausbildung, Weiterbildung	21,18
Erwachsenenbildung	0,89
Internationaler Kulturaustausch	0,65
Großveranstaltungen	5,70

Abb. 14 Kulturausgaben der Steiermark nach LIKUS 2008

Quelle: Land Steiermark (Hrsg.), LIKUS-Kulturförderungsbericht 2008. Eigene Darstellung.

Der größte Anteil der Kulturausgaben entfiel 2008 mit 22,27 Mio. EUR auf den Bereich Museen, Archive, Wissenschaft (25,08%). Darin ist zu einem wesentlichen Teil das **Universalmuseum Joanneum** enthalten. Den zweitgrößten Anteil hat mit 21,18 Mio. EUR die Kategorie Ausbildung, Weiterbildung (23,86%), die vor allem die **Musikschulen** enthält. Der dritte wesentliche Ausgabenbereich im Land Steiermark ist mit 20,29 Mio. EUR die Kategorie Darstellende Kunst (22,85%), die vor allem von der **Theaterholding Graz/Steiermark GmbH** beansprucht wird.

---

[802] Land Steiermark (Hrsg.), LIKUS-Kulturförderungsbericht 2007, S. 17.
[803] Land Steiermark (Hrsg.), LIKUS-Kulturförderungsbericht 2008, S. 106.

8.5 Stadt Graz

8.5.1 Kulturausgaben nach LIKUS Kategorien

Kulturausgaben der Stadt Graz 2008 nach LIKUS in EUR

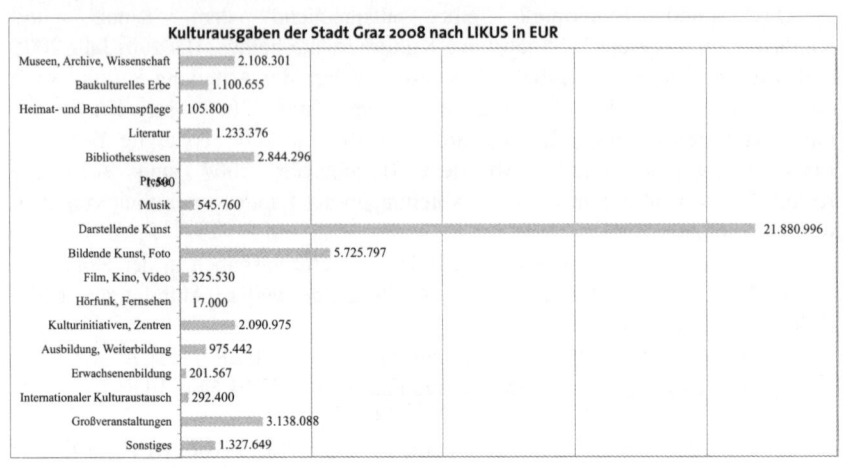

Kategorie	Betrag (EUR)
Museen, Archive, Wissenschaft	2.108.301
Baukulturelles Erbe	1.100.655
Heimat- und Brauchtumspflege	105.800
Literatur	1.233.376
Bibliothekswesen	2.844.296
Presse	500
Musik	545.760
Darstellende Kunst	21.880.996
Bildende Kunst, Foto	5.725.797
Film, Kino, Video	325.530
Hörfunk, Fernsehen	17.000
Kulturinitiativen, Zentren	2.090.975
Ausbildung, Weiterbildung	975.442
Erwachsenenbildung	201.567
Internationaler Kulturaustausch	292.400
Großveranstaltungen	3.138.088
Sonstiges	1.327.649

Abb. 15 Kulturausgaben der Stadt Graz 2008

Quelle: Stadt Graz (Hrsg.), Kunst- und Kulturbericht 2008.

Die Kulturausgaben der Stadt Graz im Jahr 2008 betrugen 43,19 Mio. EUR. Der größte Anteil entfiel dabei mit 21,88 Mio. EUR auf die Kategorie Darstellende Kunst, die zu einem wesentlichen Teil die Theaterholding Graz/Steiermark GmbH (Oper Graz, Schauspielhaus Graz, Next Liberty Jugendtheater, Theaterservice GmbH und Grazer Spielstätten GmbH) enthält. Mit großem Abstand folgt an zweiter Stelle die Kategorie Bildende Kunst, Foto, in der zu einem wesentlichen Teil das Kunsthaus Graz enthalten ist und an dritter Stelle die Kategorie Großveranstaltungen, in der zu einem großen Teil die Festivals Styriarte und Steirischer Herbst enthalten sind.

8.5.2 Entwicklung der Kulturausgaben

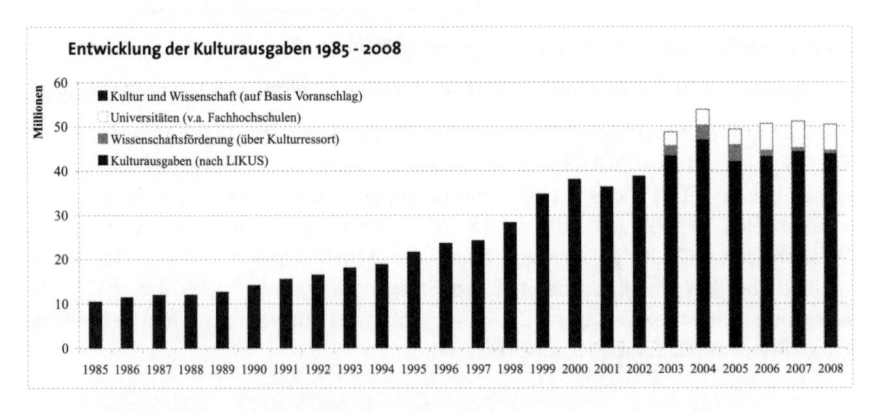

Abb. 16 Entwicklung der Kulturausgaben der Stadt Graz von 1985 bis 2008

Quelle: Stadt Graz (Hrsg.) Kunst- und Kulturbericht 2008.

Betrachtet man die Kulturausgaben der Stadt Graz zwischen 1985 und 1995 haben sich die Kulturausgaben der Stadt in absoluten Beträgen verdoppelt. Zwischen 1985 und dem Jahr der Kulturhauptstadt 2003 haben sich diese sogar vervierfacht. Seit 2003 können die Ausgaben für die Wissenschaftsförderung getrennt dargestellt werden (siehe Abb. 16). Nach 2004 ist die Entwicklung zunächst leicht rückläufig, jedoch ist zu beachten, dass im Zuge des Kulturhauptstadtjahres bis ins Jahr 2004 befristete projektbezogene Ausgaben stattfanden. Für den Zeitraum danach ist eine stabile Entwicklung erkennbar.

8.5.3 Anteil an den Gesamtausgaben

Der aktuelle Anteil der Kulturausgaben an den Gesamtausgaben der Stadt Graz lag 2008 bei 5,04%. Der Anteil der Wissenschaftsförderung, die ebenfalls über die Kulturverwaltung vergeben wird, entsprach 0,07%. Darin sind die Ausgaben für die Fachhochschulen nicht enthalten.[804] Im Vergleich zu den Kulturausgaben 2003 und 2004 ist der Anteil an den Gesamtausgaben zurückgegangen, was auf den Wegfall der Finanzierung des Kulturhauptstadtjahres 2003 zurückzuführen ist.

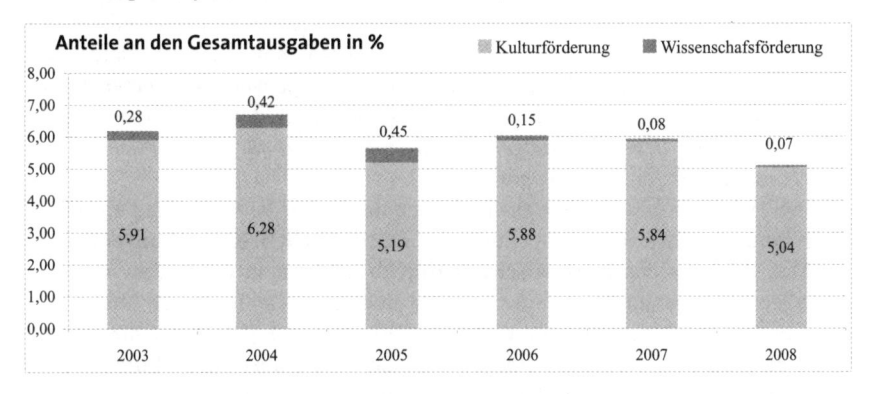

Abb. 17 Anteile der Kulturausgaben an den Gesamtausgaben der Stadt Graz in % von 2003 bis 2008
Quelle: Stadt Graz (Hrsg.), Kunst- und Kulturbericht 2008.

---

[804] Krupp, Caroline, Übersicht und Entwicklung, 2009, S. 6.

9 Internationale Kulturpolitik im Überblick

9.1 Kulturpolitik der Europäischen Union[805]

9.1.1 Hintergrund und Zielsetzungen

Was ist, das Europa zusammenhält?
In erster Linie die Kultur und ihre Künstler.[806]

Wenn Europa nochmals begonnen würde,
müsste mit der Kultur angefangen werden.

Jean Monnet

Die Römischen Verträge von 1957 hatten vorwiegend die schrittweise wirtschaftliche Integration der Mitgliedsstaaten zum gemeinsamen ökonomischen Vorteil zum Ziel.[807] Dabei wurde die wirtschaftliche Integration als Wegbereiter einer politischen Integration gesehen, eine kulturelle Integration war zu diesem Zeitpunkt hingegen weder direkt noch als gewünschte Wirkung vorgesehen.[808]

Dennoch gab es schon Jahre davor bei einem Treffen von Föderalisten aus Europa kurz nach Kriegsende im Herbst **1946** am Vierwaldstätter See Überlegungen darüber. Dabei wurden im so genannten **Hertensteiner Programm** gemeinsame Ziele formuliert. In Punkt 8 steht: *Die Europäische Union sorgt für den planmäßigen Wiederaufbau und für die wirtschaftliche, soziale und kulturelle Zusammenarbeit.*

Ab **1954** gab es auf europäischer Ebene die Kultur betreffend auf Basis des Europarates Vereinbarungen in Form der **Europäischen Kulturkonvention**.[809] Im Mai **1955** trat das **Europäische Kulturabkommen** in Kraft, das von allen damaligen Europaratsstaaten unterfertigt wurde. Konventionen und Abkommen des Europarates haben dieselbe rechtliche Wirkung, die jedoch für die Staaten gilt, die ihm beigetreten sind.[810] In der Präambel des Europäischen Kulturabkommens wird als Ziel festgeschrieben, dass *europäische Kultur zu wahren und ihre Entwicklung zu fördern ist.*[811]

Nach dem erfolgreichen Start der Europäischen Wirtschaftsgemeinschaft (EWG) scheiterte zu Beginn der 1960er-Jahre eine französische Initiative unter Christian Fouchet, den europäischen Einigungsprozess politisch auf weitere Sektoren auszudehnen, insbesondere auf Außenpolitik, Verteidigung und Kultur.[812]

---

[805] Der Begriff „Europäische Union" kam 1972 auf der Pariser Gipfelkonferenz der damaligen EG-Staaten zustande. In Kraft getreten ist der Name Europäische Union erst 1993. Thun-Hohenstein, Christoph/Cede, Franz/Hafner, Gerhard, Europarecht, 2008, S. 23ff.
[806] Konrád, György, Karlspreisrede, 2001, S. 6.
[807] Thun-Hohenstein, Christoph/Cede, Franz/ Hafner, Gerhard, Europarecht, 2008, S. 7.
[808] Sparr, Jürgen, EGV Artikel 151, 2009, S. 1420.
[809] Nolte, Rainer, Die Europäische Gemeinschaft als Kulturförderer, 1993, S. 137.
[810] Brummer, Klaus, Der Europarat, 2008, S. 62ff.
[811] Häberle, Peter, Verfassungslehre als Kulturwissenschaft, 1998, S. 158.
[812] Wessels, Wolfgang, Das politische System der Europäischen Union, 2008, S. 58ff.

In den 1980er-Jahren fand ein Umdenkprozess in der Europäischen Gemeinschaft statt. Man war sich darin im klaren, dass einzelne in ihrer politischen Bedeutung gewachsene Aktionsfelder, zu denen auch die Kulturförderung gehörte, nicht länger ausgeklammert werden sollten.[813]

In der Präambel der Feierlichen Deklaration zur Europäischen Union kamen die Staats- und Regierungschefs **1983** unter Punkt 3.3 Kulturelle Zusammenarbeit überein, unter Berücksichtigung der jeweiligen verfassungsrechtlichen Bestimmungen Nachfolgendes zu fördern, anzuregen oder zu erleichtern: *Die Prüfung der Zweckmäßigkeit einer gemeinsamen Aktion, um das kulturelle Erbe zu schützen, zur Geltung zu bringen und zu wahren.* Oder auch *eine engere Koordinierung kultureller Tätigkeiten in Drittländern im Rahmen der Politischen Zusammenarbeit etc.*[814] Der Bereich Kultur wurde erst durch die **Verträge von Maastricht** im Jahr **1992** in die europäischen Verträge aufgenommen.

Seit Bestehen der EU ist ihre Kompetenz im Kulturbereich lediglich ergänzender Natur. Sie unterstützt die Tätigkeiten der Mitgliedsstaaten auf diesem Gebiet. Normiert ist dies in Art 128 bzw. seit dem **Vertrag von Amsterdam** im Jahr **1999** in Art 151 EGV[815], *wonach es der EU erlaubt ist, einen Beitrag zur Entfaltung der Kulturen der Mitgliedsstaaten unter Wahrung ihrer nationalen und regionalen Vielfalt sowie gleichzeitiger Hervorhebung des gemeinsamen kulturellen Erbes zu leisten.* Die Gemeinschaft kann in diesem Zusammenhang Fördermaßnahmen und Empfehlungen treffen, jedoch dezidert keine Rechtsharmonisierung.[816]

Die Normierung enthält in Abs 2 und 3 eine ausdrückliche Verpflichtung der Mitgliedsstaaten zur Förderung, Erhaltung und zum Schutz des kulturellen Erbes und der Zusammenarbeit mit der UNESCO.[817] Ein Bekenntnis zu einem gemeinsamen kulturellen Erbe ist der EU besonders wichtig, da dies die Basis für ein europäisches Bewusstsein bzw. eine „europäische Identität" bildet. Dieses gemeinsame kulturelle Erbe wird insbesondere darin sichtbar, dass bedeutende Kulturepochen gemeinsam durchlebt wurden (wie beispielsweise Romanik, Gotik, Renaissance, Reformation/Gegenreformation, Barock, Aufklärung, Klassizismus). Gleichzeitig gibt es eine europäische Denk- und Rechtstradition, ein gemeinsames Menschenbild und Staatsverständnis.[818]

Neben einer Wertegemeinschaft und gemeinsamen historischen Entwicklung gibt es Bestrebungen, die Verflechtungen etwa durch Reisen oder gemeinsames Lernen zu vertiefen. Am Ende dieser Entwicklung könnte ein Europa mit postnationaler Identität in Form einer Bildungs- und Kulturgemeinschaft entstehen.[819]

---

[813] Wiesand, Andreas, Vor einem „Post-Maastrich-Syndrom"? Kulturpolitische Aufgaben im Prozeß der europäischen Einigung, 1994, S. 127.
[814] Schwenke, Olaf, Das Europa der Kulturen – Kulturpolitik in Europa, 2006, S. 171ff.
[815] Singer, Otto, Kulturpolitik, 2009, S. 286.
[816] Deutscher Bundestag (Hrsg.), Kultur in Deutschland – Schlussbericht der Enquete Kommission des Deutschen Bundestages, 2008, S. 65.
[817] Reichelt, Grete, Kunstfreiheit des Architekten vs. Kulturgüterschutz: Die Dresdner Waldschlösschenbrücke, 2008, S. 37.
[818] Holthoff, Jan, Kulturraum Europa, 2008, S. 55ff.
[819] Leiße, Olaf, Europa zwischen Nationalstaat und Integration, 2009, S. 112.

Die **Kulturverträglichkeitsklausel** des Art 151 Abs 4 EGV berücksichtigt den Umstand, dass Bestimmungen aus anderen Politikfeldern Auswirkungen haben und kulturelle Belange betroffen sein können, selbst wenn diese nicht im engeren Sinn auf den Kulturbereich bezogen sind. Daher gibt es nunmehr das Gebot der Rücksichtnahme auf die kulturellen Interessen der Mitgliedstaaten und des Schutzes des gemeinsamen kulturellen Erbes. Die Gemeinschaft soll damit kulturellen Belangen positiv Rechnung tragen.[820]

Zusammenfassend ist festzuhalten, dass Art 151 EGV weder einen gemeinschaftlichen Kulturbegriff noch eine Kulturgemeinschaft schafft. Darüber hinaus werden auch keine neuen Kompetenzen begründet.[821]

Seit Inkrafttreten des **Lissabon Vertrages 2009** ist der bisherige Kulturartikel 151 nunmehr in **Art 167** normiert.[822] Die textlichen Änderungen sind geringfügig. Als wesentliche Neuerung ist zu werten, dass der bisherige Einstimmigkeitshinweis bei Ratsentscheidungen im Kulturbereich entfallen ist. Damit sollte die Möglichkeit der Blockadehaltung einzelner Staaten der Vergangenheit angehören. Es ist zu hoffen, dass die aus dem Jahr 1983 (Fanti-Bericht) stammende Empfehlung des Ein-Prozent-Anteils für Kulturausgaben am jeweiligen Gesamthaushalt in Zukunft umgesetzt wird.[823]

9.1.2 Kulturhauptstadt Europas und andere EU-Aktivitäten

Seit 1985 mit Athen als erster Kulturhauptstadt erhält jedes Jahr mindestens eine europäische Stadt den Ehrentitel Kulturhauptstadt Europas. Damit wollte man einerseits ein ideelles Gegengewicht zur wirtschaftlich orientierten Entwicklung der EU schaffen und andererseits die europäische Integration stärken. Die Idee dazu geht auf die ehemalige Kulturministerin Griechenlands Melina Mercouri zurück.[824]

Eine Analyse der Finanzierung der Kulturhauptstädte von 1985 bis 2007 zeigt, dass durchschnittlich 74,5% der Gesamtausgaben der Veranstaltungen aus öffentlichen Mitteln bestritten wurden, die von der/n jeweiligen Kommune/n und dem/n jeweiligen Mitgliedsstaat/en aufgebracht wurden. Trotz der grundsätzlichen europäischen Dimension muss die Durchführung einer Kulturhauptstadtveranstaltung primär im Rahmen nationaler Kulturpolitik gesehen werden. Dies wird umso deutlicher, wenn man sich den finanziellen Beitrag der EU genauer ansieht. Als im Jahr 1985 in Athen das erste Kulturhauptstadtjahr stattfand, betrug der finanzielle Zuschuss der EU 108.000 EUR. In der Folge stieg der Betrag sukzessive und lag in den Jahren 1998 und 1999 bei 600.000 EUR. Seit 2001 werden von der EU unverändert EUR 500.000 zur Verfügung gestellt, ungeachtet dessen, ob eine oder mehrere Städte als Kulturhauptstädte auftreten. Im Schnitt betrug der finanzielle Anteil der EU bei

---

[820] Deutscher Bundestag (Hrsg.), Kultur in Deutschland, 2008, S. 99ff.
[821] Ebenda, S. 66.
[822] Fischer, Klemens, Der Vertrag von Lissabon, 1951, S. 301.
[823] Schwenke, Olaf, Auf geht´s Europa – Kultur, Kulturpolitik und der Lissabon Vertrag, 2009, S. 24ff.
[824] Strobl, Helmut, Graz 2003 Kulturhauptstadt Europas, 2004, S. 529.

den bisherigen Kulturhauptstädten rund 1,8% der jeweiligen Gesamtprojektkosten.[825]

Zur Umsetzung des (ehemaligen) Art 151 EGV läuft gegenwärtig das **Rahmenprogramm Kultur (2007–2013)**. Es dient der Förderung des kulturellen Dialogs und der Präsentation des gemeinsamen europäischen Kulturerbes. Das Rahmenprogramm ist mit mehreren Hundertmillionen EUR dotiert. Die nationale Abwicklung für Österreich erfolgt über das BMUKK. Im Jahr 2008 wurden acht österreichische Projekte mit einem Gesamtzuschuss von ca. 3,5 Mio. EUR gefördert. Für weitere sechs österreichische Kultureinrichtungen gab es 515.000 EUR an Betriebskostenzuschüssen.[826]

Weitere EU-Kulturaktivitäten sind beispielsweise die Unterstützung von europäisch wichtigen **Festivals**, die Auswahl **des Europäischen Kulturmonats**, die Buchförderung durch das **Gutenberg-Programm** (seit 1993), die **Übersetzungsförderung** für zeitgenössische Literatur und die Auszeichnung **Bühne Europas**, mit der Veranstaltungen von mindestens drei Mitgliedsstaaten geehrt werden.[827]

Auch außerhalb der Förderungen nach Art 167 (ehem. 151) EGV gibt es noch weitere Mittel für den Kulturbereich. Diese haben nicht primär einen Kulturförderungsaspekt, sondern stammen beispielsweise aus dem **Europäischen Fonds für Regionale Entwicklung** oder aus dem **Europäischen Sozialfond**.[828]

Die gesamte EU-Kulturpolitik wie auch die Kulturhauptstadtidee verfolgt das Ziel der Konstruktion einer europäischen Identität.[829]

9.2 UNESCO

Die UNESCO ist eine Sonderorganisation der Vereinten Nationen und wurde im November 1945 gegründet. Mit ihrem Mandat für Bildung, Natur- und Sozialwissenschaften, Kultur, Kommunikation und Menschenrechte ist sie die einzige internationale Organisation, die für das gesamte Spektrum der auswärtigen Kulturpolitik zuständig ist. Im Kulturbereich sind der Kulturerhalt und die kulturelle Vielfalt zentrale aktuelle Themenbereiche.

Bedeutend sind die **Konvention zur Erhaltung des Weltkultur- und Weltnaturerbes** aus dem Jahr **1972**, die nahezu alle Mitgliedsstaaten ratifiziert haben, und die Weltkonferenz über Kulturpolitik in Mexico City **1982**, bei der ein **erweiterter Kulturbegriff** erstmals zwischenstaatlich **vereinbart** wurde.

Durch die Eintragung von Kultur- und Naturdenkmälern in die Welterbeliste, verpflichten sich die Unterzeichnerstaaten freiwillig, die Erhaltung und den Zugang zu diesen Denkmälern langfristig abzusichern.[830] Um die Umsetzung der Vereinbarung zu kontrollieren, stehen dem UNESCO-Welterbekomitee bei

---

[825] Oerters, Kathrin, Die finanzielle Dimension der europäischen Kulturhauptstadt, 2008, S. 105ff.
[826] BMEIA (Hrsg.), Außenpolitischer Bericht 2008, S. 201.
[827] Hofstetter, Alwine, Politische und rechtliche Aspekte von Kunst und Kultur in Österreich, 2004, S. 211.
[828] Statistische Ämter des Bundes und der Länder, Kulturfinanzbericht 2008, S. 77.
[829] Rüsen, Jörn, Europäische Identitätsbildung durch Kultur?, 2008, S. 215.
[830] Reichelt, Grete, Kunstfreiheit des Architekten vs. Kulturgüterschutz: Die Dresdner Waldschlösschenbrücke, 2008, S. 37.

Abweichungen von diesen Verpflichtungen die Mittel der „Roten Liste" sowie die eines etwaigen Ausschlusses zur Verfügung.

Im Jahre **2001** wurde die **Allgemeine Erklärung zur kulturellen Vielfalt** verabschiedet. Sie stellt die kulturelle Selbstbestimmung des Einzelnen und sozialer Gruppen auf die gleiche Ebene wie die kulturellen Rechte von Völkern und Sprachgruppen.

Erschüttert und über Jahre geschwächt wurde die UNESCO durch die Austritte der USA und Großbritanniens Mitte der 1980er-Jahre. Durch die Wiedereintritte Großbritanniens im Jahr 1997 und der USA im Jahr 2003 wurde ein Schlusspunkt unter eine umfassende Strukturreform der UNESCO gezogen, die zu einer maßgeblichen Stärkung der Institution führte.[831]

2005 wurde die **Konvention zum Schutz und zur Förderung der Vielfalt kultureller Ausdrucksformen** verabschiedet und trat 2007 in Kraft. Österreich ratifizierte das Übereinkommen bereits 2006. Seither sind bereits über 100 Staaten sowie die Europäische Union beigetreten. Unmittelbarer Auslöser waren die Bemühungen der Welthandelsorganisation (WTO), den Dienstleistungsbereich im Rahmen der GATS-Verhandlungen (General Agreement on Trade in Services) weiter zu liberalisieren. GATS macht keinen Unterschied zwischen kulturellen und sonstigen Dienstleistungen und lässt somit den ästhetischen und identitätsstiftenden Charakter von Kultur, der nicht finanziell bezifferbar ist, außer acht. Betroffen ist vor allem der audiovisuelle Bereich, also Rundfunk und Film. Öffentliche Förderungen könnten von WTO-Mitgliedsstaaten als unzulässige Wettbewerbsverzerrung geltend gemacht werden. Das Dokument ist für die unterzeichneten Staaten völkerrechtlich bindend.[832]

Der Beitrag Österreichs für die UNESCO Mitgliedschaft betrug in den Jahren 2004 bis 2007 zwischen 2,15 und 2,25 Mio. EUR.[833]

9.3 Deutschland

In der Bundesrepublik Deutschland haben sich nach dem 2. Weltkrieg verschiedene Positionen kulturpolitischen Denkens entwickelt, die sich aber im Laufe der Jahrzehnte nicht gegenseitig ablösten, sondern in unterschiedlicher Gewichtung nebeneinander bestehen blieben. Dadurch ist eine zunehmende Zielpluralität entstanden.

Schulze unterteilt die kulturpolitischen Ziele nach Motiven: Die Zeit von 1945 bis in die 1960er-Jahre war von der Bestandsicherung der Hochkultur geprägt (**Hochkulturmotiv**). Diese Zielsetzung hat sich durch die institutionelle Sicherung öffentlicher Darbietungen wie Theater, Konzerte, Museen udgl. manifestiert. Einerseits sollte dabei die Existenz der Kunst gesichert und andererseits die Bevölkerung durch pädagogische Maßnahmen „hochkulturfähig" gemacht werden.

Nach dem 2. Weltkrieg knüpfte die sozialdemokratische Partei wieder an der Idee der Emanzipation der Arbeiterklasse im Sinne der Arbeiterbewegung an.

---

[831] Schöfthaler, Traugott, Multilateral vernetzt – Die UNESCO, 2005, S. 241ff.
[832] Österreichische UNESCO-Kommission (Hrsg.), Kulturelle Vielfalt, Wien o.J., S. 2f.
[833] BMF (Hrsg.), Beilagen zum Budget 2009, S. 243.

(**Demokratisierungsmotiv**). Die Demokratisierung der Kultur bedeutete dabei nicht eine kulturelle Aufwertung des Volkstümlichen, sondern eine durch Popularisierung der Hochkultur.

Mit dem Aufkommen der Konsumgesellschaft wandte sich der Diskurs vermehrt den Problemen des Alltagslebens zu. Daraus entstand Ende der 1960er-Jahre eine eigenständige kulturpolitische Konzeption (**Soziokulturmotiv**). Die Milieupolitik kam dadurch in den Fokus der Betrachtung und die Alltagskultur wurde als schützenswert erachtet. Nicht das Werk an sich, sondern der soziale Ablauf seiner Entstehung war von zentraler Bedeutung für die Kulturpolitik.

In den vergangenen Jahren wird Kulturpolitik immer stärker ökonomisch und strukturpolitisch begründet (**Ökonomiemotiv**). Investitionen im Kulturbereich stehen dabei unter den Gesichtspunkten der Arbeitsmarkt-, Tourismus- und Standortpolitik.[834]

Ein wesentlicher Umbruch erfolgte ab der Wende Anfang der 1990er-Jahre, die als **Aktivierende Kulturpolitik** beschrieben wird. (Stärkung der Bundespolitik und des bürgerlichen Engagements bei gleichzeitigem Anpassen der Lebensverhältnisse im geeinten Deutschland).[835]

Die Verteilung der öffentlichen Kulturausgaben lag 2007 bei rund 14,7% auf staatlicher, 41,3% auf Ebene der Länder und Stadtstaaten und 44% auf kommunaler Ebene. In Deutschland betrugen die öffentlichen Kulturausgaben 2007 pro Kopf 101 EUR.[836]

9.3.1 Rechtliche Rahmenbedingungen in Deutschland

Das Grundgesetz enthält keine unmittelbare Regelung zu einem Kulturauftrag. Der Staat in seiner Rolle als Kulturstaat wird in dieser Bestimmung beim Aufbau und bei den Zielen des Staates nicht genannt.[837]

Die Verteilung der Kompetenzen ist folgendermaßen geregelt: Entsprechend der Normierung des Art 5 Abs 3 GG sind Kunst und Wissenschaft, Forschung und Lehre frei. Verfassungsrechtlich liegt die Kulturhoheit zunächst bei den Ländern, da sie nicht ausdrücklich als Bundesaufgabe verankert ist. Die sogenannte **Kulturhoheit der Länder** ist seit **1949** im GG verankert.[838]

Aufgabe des Bundes ist entsprechend der Normierung des Art 32 GG die auswärtige Kulturpolitik, also die Pflege der Beziehungen zu auswärtigen Staaten.[839] In der realen Umsetzung ist die Auslandskulturpolitik allerdings nicht alleinige Domäne des Bundes. Bei der Ausgestaltung internationaler Kulturabkommen sind die Bundesländer durch eine besondere Vertragskommission beteiligt.[840]

---

[834] Schulze, Gerhard, Die Erlebnisgesellschaft, 1996, S. 499ff.
[835] Endreß, Alexander, Die Kulturpolitik des Bundes, 2005, S. 113.
[836] Wagner, Bernd, Compendium Länderprofil Deutschland, 2009, S. 40ff.
[837] Thiel, Markus, Die verwaltete Kunst, 2003, S. 98 ff.
[838] Lengwiler, Martin, Kontinuitäten und Umbrüche in der deutschen Wissenschaftspolitik des 20. Jahrhunderts, 2010, S. 15.
[839] Endreß, Alexander, Kulturpolitik des Bundes, 2005, S. 107.
[840] Wiesand, Andreas, Handwörterbuch des politischen Systems der Bundesrepublik Deutschland, 2009, S. 314.

Jedoch ist die Ansicht, *dass der Bund fast nichts und die Länder bei der Kulturpolitik fast alles dürfen*, zu hinterfragen. Für die Förderung von kulturellen Einrichtungen von gesamtstaatlicher Bedeutung (Festspiele, Stiftungen) hat der Bund wesentliche Relevanz. Im traditionellen Kernbereich der Kulturpolitik sind die größeren Städte (Deutscher Städtetag) und in Teilbereichen sogar die der Kulturwirtschaft (Verlage, Kunsthandel) eher dominant.

Diese Gegebenheiten geben Grund zu einer Neubewertung der Beziehungen zwischen Bund, Ländern sowie zwischen öffentlichen und privaten Instanzen im Kultur- und Medienbereich ein. Diese dürfen sich jedoch nicht allein nach formaljuristischen oder gar nach rein ökonomischen Maßstäben richten. In den letzten Jahrzehnten wurden Verbände und deren Zusammenschlüsse (Deutscher Kulturrat, Kulturpolitische Gesellschaft) für die Kulturpolitik immer relevanter.[841]

Seit der Wiedervereinigung Deutschlands gibt es eine besondere Beziehung zwischen dem Bund und Berlin. Beginnend mit dem **Hauptstadtfinanzierungsvertrag 1994**, der auf Vereinbarungen aus dem Jahr 1992 beruht, wurde zunächst ein Betrag von 664,7 Mio. EUR für Investitionen in die Infrastruktur der Stadt Berlin vorwiegend für kulturelle Einrichtungen und Veranstaltungen zur Verfügung gestellt. Es folgten Anschlussvereinbarungen in den Jahren 1999, 2000, 2001 und 2003 mit weiteren beträchtlichen finanziellen Mitteln des Bundes für Förderungen von Einrichtungen mit nationaler Bedeutung, Kulturveranstaltungen durch den Hauptstadtkulturfonds, Zuschüsse für mehrere Stiftungen, Festspiele udgl. Die Hauptstadtkulturverträge waren zunächst befristet, seit 2003 ist eine unbefristete Vereinbarung gültig.[842]

Aufgrund Art 28 Abs 2 GG haben **Gemeinden** das Recht, Angelegenheiten der örtlichen Gemeinschaft in eigener Verantwortung zu regeln. Gemeinden können daher Museen, Theater, Opernhäuser etc. in eigener Trägerschaft führen. Auch in Landesverfassungen gibt es Hinweise auf die Zuständigkeit der Gemeinden. Beispielsweise enthält die Verfassung des Landes Nordrhein-Westfalen in Art 18 Abs 1 die Regelung, wonach Kultur, Kunst und Wissenschaft durch Land und Gemeinden zu fördern sind, wobei dies basierend auf den Gemeindeordnungen für die Gemeinden im Rahmen ihrer Leistungsfähigkeit zu erfolgen hat.[843]

Die Kommunen sind neben den Ländern und dem Staat wesentliche Akteure der Kulturpolitik. Sie stellen den größten Anteil der öffentlichen Kulturausgaben und sind daher von essentieller Bedeutung.[844] *Scheytt* formuliert es folgendermaßen: Kulturpolitik in Deutschland ist Kommunalpolitik.[845] Weitere bedeutende kulturpolitische Akteure sind Stiftungen sowie die katholische und die evangelische Kirche.[846]

---

[841] Wiesand, Andreas, Handwörterbuch des politischen Systems der Bundesrepublik Deutschland, 2009, S. 312ff.
[842] Seiferth, Conrad, Die Rechtsstellung der Bundeshauptstadt Berlin, 2008, S. 89ff.
[843] Van der Beek, Gregor, Kulturfinanzen, 2002, S. 30.
[844] Fuchs, Max, Kultur Macht Sinn, 2008, S. 142.
[845] Scheytt, Oliver, Stadtkultur in Partnerschaft, 2001, S. 29.
[846] Zimmermann, Olaf/Schulz, Gabriele, Strukturen der Kulturpolitik in der Bundesrepublik Deutschland, 2006, S. 2.

9.3.1 Staatsziel Kultur in Deutschland

Das Grundgesetz definiert heute die Bundesrepublik Deutschland, als Bundesstaat, als Rechtsstaat und Sozialstaat. Von Kulturstaat ist keine Rede.[847]

Das künstlerische und kulturelle Schaffen ist nach dem Grundgesetz Sache des Einzelnen oder von freien Gruppen, denen der Staat lediglich in seiner Funktion als Förderer entgegentritt, dessen Ziel die Teilhabe am kulturellen Leben im Sinne des Grundrechts einer freien Entfaltung der Persönlichkeit ist.[848]

Im Gegensatz dazu enthielt die Verfassung der Weimarer Republik (1918 bis 1933) eine Normierung zur Verpflichtung zur staatlichen Kulturförderung. So hieß es damals in Art 142: *Die Kunst, die Wissenschaft und ihre Lehre sind frei. Der Staat gewährt ihnen Schutz und nimmt an ihrer Pflege teil.*[849]

Die bis dato noch nicht abgeschlossene Diskussion zur Einführung eines Staatsziels Kultur in Deutschland existiert schon seit der Staatsrechtslehrertagung 1983.

Gegenwärtig wird die staatliche Kulturförderung mit Art 5 Abs III GG begründet: *Kunst und Wissenschaft, Forschung und Lehre sind frei.* Erst durch höchstgerichtliche Auslegung stellt diese Normierung nicht bloß ein Schutzrecht gegen staatliche Eingriffe dar, sondern begründet auch die Verpflichtung des Staates zur Kulturförderung.[850]

Eine Einführung einer kulturellen Staatszielbestimmung würde nach Ansicht von *Scheytt* in der geschriebenen Verfassung Klarheit schaffen, da sie eine Verfassungsnorm mit rechtlich bindender Wirkung wäre. Sie würde eine allgemeine grundlegende Verpflichtung zur Kulturförderung normieren. Kultur wäre damit aber keine Pflichtaufgabe. Es würde dadurch weder zu einer Verstärkung der Bundeskompetenz noch zu einem Eingriff in die kulturelle Selbstgestaltungskompetenz der Länder kommen.[851]

Die **Enquete-Kommission „Kultur in Deutschland"** hat in ihrem Zwischenbericht „Kultur als Staatsziel" die Einführung eines Art 20b GG mit der Formulierung: „Der Staat schützt und fördert die Kultur" empfohlen.[852]

Hauptargument der Befürworter ist, dass das grundsätzlich staatszielferne GG in der Vergangenheit mit Natur und Tierschutz zwar die Förderung der natürlichen Grundlagen des Staates eigens erwähnt, nicht jedoch seine geistigen Grundlagen. Gegenargumente der Kritiker waren unter anderem, dass es bei einer Einführung gleichzeitig zu Ergänzungsvorschlägen im Bereich Kinderrechte und Sport kommen würde. Diese drohende Häufung von einer Vielzahl neuer Staatsziele wurde vehement abgelehnt.

Ein Versuch zur Einführung scheiterte im Juni 2009 (Kabinett Merkel I), doch auch das Kabinett Merkel II brachte diese Bestimmung bislang nicht auf

---

[847] Nohlen, Dieter, Kleines Lexikon der Politik, 2001, S. 273.
[848] Drechsler, Hanno/Hilligen, Wolfgang/Neumann, Franz (Hrsg.), Gesellschaft und Staat, 2003, S. 596.
[849] Franz, Günther, Staatsverfassungen, 1975, S. 217.
[850] Sievers, Norbert/Wagner, Bernd/Wiesand, Andreas, Objektive und transparente Förderkriterien staatlicher Kulturfinanzierung – Vergleiche mit dem Ausland, 2004, S. 66ff.
[851] Scheytt, Oliver, Kulturstaat Deutschland, 2008, S. 99ff.
[852] Deutscher Bundestag (Hrsg.), Kultur in Deutschland, 2008, S. 89.

den Weg. Dieser Punkt scheiterte in den Koalitionsverhandlungen vor allem am Widerstand der Politikerinnen und Politiker der Bereiche Inneres und Recht.[853]

Gänzlich anders ist die Situation in Deutschland auf Landesebene. Nahezu alle **Länder** haben im Verfassungsrang den Schutz, die Pflege und teilweise auch die Förderung von **Kunst und Kultur als staatliche Aufgabe** verankert. Beispielsweise werden sowohl in Sachsen als auch in Sachsen-Anhalt *der Unterhalt von Theatern als staatliche Aufgabe* genannt. In Berlin gibt es eine eher allgemein gehaltene Normierung: *Das Land schützt und fördert das kulturelle Leben.*

Zu beachten ist, dass sich auf Länderebene aus allen verfassungsrechtlichen Bestimmungen zur Thematik Kultur und Kunst, wie immer sie auch formuliert sind, keine individuell einklagbaren Rechte auf Kulturförderung ableiten lassen. Vielmehr sind diese Staatszielbestimmungen eine Verpflichtung für die Länder und kommunalen Gebietskörperschaften, die Belange der Kultur zu berücksichtigen. Sie enthalten auch keinerlei Aussagen darüber, wie die Länder und Gemeinden ihre Kulturpolitik zu gestalten haben.[854]

9.3.2 Auslandskulturpolitik

In der Zeit nach dem 1. Weltkrieg (1919–1933) verfolgte man in Deutschland zunächst vor allem die Wiederaufnahme in die Völkergemeinschaft, die Gewinnung neuer Partner, die Unterstützung der eigenen Sichtweisen und Positionen und die Wiedererlangung von Ansehen, Vertrauen und Sympathie als vorrangige Ziele. Allerdings war die Grenze zwischen Kulturpolitik und Kulturpropaganda in diesem Zeitraum fließend. Die Auslandskultur dieser Ära wird in fünf Bereiche unterteilt: die kulturelle Ausstrahlung, die kulturelle Selbstinterpretation, die kulturelle Expansion, die Kulturpropaganda und zuletzt den Kulturimperialismus. Der letzte Punkt führte nach Ansicht von *Maaß* direkt zur NS-Zeit.[855]

Nach 1945 war die auswärtige Kulturpolitik der Bundesrepublik Deutschland von drei vorrangigen Zielen gekennzeichnet: dem Bestreben, in der Völkergemeinschaft wieder anerkannt zu sein (vergleichbar mit der Weimarer Republik) und gleichberechtigt mitwirken zu können, der Teilnahme internationaler kulturpolitischer Aufgaben und der Fortsetzung der traditionellen auswärtigen Kulturpolitik als Beitrag zur kulturellen Selbstbehauptung.[856]

Nachdem die kulturellen Schwerpunkte der Außenpolitik 1969 und 1982 formuliert wurden, lag das Hauptaugenmerk der deutschen Auslandskulturpolitik über lange Zeit in der Förderung internationaler Kulturbeziehungen, in der Imagepflege Deutschlands im Ausland, in der Förderung der deutschen Sprache und des Auslandsschulwesens, in der Stärkung der Deutsch-Französischen Freundschaft sowie in der Auseinandersetzung mit der Kulturpolitik Europas. Mit der Transformation der gesellschaftlichen Systeme im osteuropäischen Raum trat

---

[853] Sternberg, Thomas, Kultur ist Staatsziel, 2009, S. 29.
[854] Deutscher Bundestag (Hrsg.), Kultur in Deutschland, 2008, S. 95.
[855] Maaß, Kurt-Jürgen, Überblick: Ziele und Instrumente der Auswärtigen Kulturpolitik, 2005, S. 23.
[856] Böll, Winfried, Kulturpolitik, internationale, 1994, S. 273.

diese Region ab den 1990er-Jahren verstärkt in den Fokus der Aktivitäten. Hauptakteur der auswärtigen Kulturpolitik ist das Auswärtige Amt.[857]

9.4 Frankreich

Das politisch-soziale Denken Frankreichs wird wie in kaum einem anderen europäischen Land von der geschichtlichen Überlieferung und durch das Bewusstsein von der Wichtigkeit kultureller Normen bestimmt.[858]
Die jeweiligen Minister bzw. Präsidenten sind für die Ausrichtung der französischen Kulturpolitik von zentraler Bedeutung. Das Parlament spielt dabei eine noch untergeordnetere Rolle als in anderen politischen Gebieten. Denn Kulturförderung ist in Frankreich kein besonders strittiges Thema. Zu Streitigkeiten kommt es jedoch, wenn es um die Höhe des Kulturetats geht.[859]
Trotz der vorhandenen Tendenz zur Individualität ist in Frankreich ein ausgeprägter Hang zum „Etatismus" vorherrschend. Diese fast unbegrenzte staatliche Handlungsfähigkeit ist in der wie in kaum einem anderen europäischen Staat vorhandenen Identifikation von Staat und Nation begründet.[860]
Die französische Verfassung enthält keine Staatszielbestimmung. 1946 gab es einen Entwurf, der in Art 13 ein allgemeines Recht auf Zugang zur Kultur garantierte, aber noch im gleichen Jahr mit 57% der Stimmen abgelehnt wurde.[861]
Mit dem so genannten „Malraux-Erlass" wurde **1959** in Frankreich erstmals ein **Fachministerium für kulturelle Angelegenheiten** geschaffen. Der heute verwendete Begriff Kulturministerium wurde erst später eingeführt. Das Ministerium hatte die Aufgabe, *die großen Kunstwerke der Menschheit und insbesondere Frankreichs, einer möglichst großen Zahl von Franzosen zugänglich zu machen, unsere Kulturgüter möglichst vielen Menschen zu vermitteln und die Schaffung neuer Kunstwerke und künstlerische Kreativität zu fördern.* Die Zusammenfassung vieler verschiedener Sektoren unter ein gemeinsames Fachministerium mit dem Ziel, das ganze Volk an der Würdigung der Meisterwerke aus Vergangenheit und Gegenwart teilhaben zu lassen, war neu.[862]
Eine wichtige mittelfristige Finanz- und Infrastrukturplanung erfolgte in Frankreich ab den 1960er- und 70er-Jahren im Zuge der „**Planification**". Seit dem IV. Plan wird darin auch die Kultur berücksichtigt.[863] Darauf beruhend begann der französische Staat mit den Gebietskörperschaften mehrjährige Verträge (Kulturcharten) abzuschließen. Entscheidungsbefugnisse wurden damit verstärkt auf die regionalen Behörden (Regionen, Departements) übertragen. Durch diese Delegation der Machtbefugnisse wurde auf lokaler Ebene die

---

[857] Endreß, Alexander, Die Kulturpolitik des Bundes, 2005, S. 171.
[858] Kempf, Udo, Das politische System Frankreichs, 2009, S. 391.
[859] Asholt, Wolfgang, Kultur und Kulturpolitik, 1999, S. 185.
[860] Heinrichs, Werner, Kulturpolitik und Kulturfinanzierung, 1997, S. 80ff.
[861] Franz, Günther, Staatsverfassungen, 1975, S. 299ff.
[862] Wangermée, Robert, Kulturpolitik in Frankreich, o. J., S. 27 ff.
[863] Asholt, Wolfgang, Kultur und Kulturpolitik, 1999, S. 185.

Möglichkeit geschaffen, Probleme und Wünsche besser zu artikulieren und transparenter zu machen.[864]

Seit Malraux war und ist es primäres Ziel französischer Kulturpolitik, auf das Publikum einzuwirken. Darunter sind vor allem Bemühungen zu verstehen, kulturfernen Schichten oder Regionen den Zugang zur Kultur zu erleichtern. Es wird jedoch kritisiert, dass die Mittel, die allein für die Pariser Oper zur Verfügung stehen, weit höher sind als die Mittel, die für die Verbreitung von Kultur für benachteiligte Publikumsschichten ausgegeben werden, obwohl dies zentrales Ziel französischer Kulturpolitik ist.[865] Darüber hinaus wird kritisiert, dass es trotz jahrzehntelanger Bemühungen der französischen Kulturpolitik nicht gelungen ist, die Demokratisierung der Hochkultur voranzutreiben.[866]

Die französische Auslandskulturpolitik war lange Zeit auf die Bereiche Sprachförderung, Informationsverbreitung und Kulturvermittlung fokussiert. Diese Ziele bestehen zwar nach wie vor, man ist jedoch einerseits von der einseitigen Kulturvermittlung zu einem Dialog mit den Gastländern übergegangen und hat andererseits die Aktivitäten etwa um die Implementierung französischer Entwicklungshilfeprogramme oder um Unterstützung auf den Gebieten Forschung und höhere Bildung erweitert. Primär werden die Aufgaben der auswärtigen Kulturpolitik vom Außenministerium mit seinen Botschaften und Kulturinstituten wahrgenommen. In den letzten beiden Jahrzehnten wurde die Rolle, die andere Ministerien, wie das Kulturministerium und das Erziehungsministerium, bei der Auslandskulturpolitik spielen, zunehmend von Bedeutung. Beispielsweise unterstützt das Kulturministerium das Management von Museen im Ausland.[867]

Seit Beginn der 1980er-Jahre gibt es umfangreichere Kulturförderung von Unternehmen. Die Aktivitäten großer Unternehmen wurden auf diesem Gebiet gebündelt und in Folge ADMICAL (Verein zur Entwicklung der Industrie- und Handelskulturförderung) gegründet. Die Aktivitäten beschränkten sich anfangs auf Unterstützungen im künstlerischen Bereich, wurden aber in Folge auch auf Bereiche wie Wissenschaftsförderung erweitert.[868]

Die Verteilung der öffentlichen Kulturausgaben lag 2002 bei rund 51,2% auf staatlicher, 12,4% auf regionaler und 36,4% auf Ebene der Gemeinden. Das Verhältnis spiegelt die zentralistische Struktur Frankreichs wider. In Frankreich betrugen die öffentlichen Kulturausgaben 2002 pro Kopf 197 EUR.[869]

9.5 Niederlande

Die Verfassung der Niederlande, deren Ursprung auf das Jahr 1814 zurückgeht, wurde mehrmals novelliert. Die wichtigsten Änderungen gab es

---

[864] Wangermée, Robert, Kulturpolitik in Frankreich, o. J., S. 260.
[865] Asholt, Wolfgang, Kultur und Kulturpolitik, 1999, S. 193.
[866] Ebenda, S. 189.
[867] Lutzmann, Eva/Schneider, Gerald, Global Players – Die Auswärtige Kulturpolitik Frankreichs, Großbritanniens, Italiens, Portugals und Spaniens, 2005, S. 293ff.
[868] Essig, Claudie/De La Taille Rivero, Marthe, Frankreich und die Kulturförderung heute, 1993, S. 97.
[869] Delvainquière, Jean-Cèdric, Compendium Länderprofil Frankreich, 2002, S. 43ff.

1848, als die parlamentarische Verantwortung der Regierung, und 1917/1919, als das Verhältniswahlrecht von Männern und Frauen eingeführt wurden. Die heutige Verfassung geht auf das Jahr 1983 zurück und enthält einen umfassenden Grundrechtskatalog. Diese Verfassungsartikel haben jedoch reinen Aufforderungscharakter und sind keine individuell einklagbaren Grundrechte.[870]

Neben dem Grundrecht der freien Meinungsäußerung gibt es das **Verfassungsziel der kulturellen Entwicklung der Gesellschaft**. Art 22 Abs 3 der Verfassung lautet: *Der Staat und die anderen öffentlich-rechtlichen Körperschaften schaffen Voraussetzungen für die soziale und kulturelle Entfaltung und für die Freizeitgestaltung.* Eine Regelung zur Freiheit der Kunst (etwa wie in Österreich oder Deutschland) ist nicht normiert.

Mit der öffentlichen Förderung der Künste wird besonders auf die soziale und demokratische Eigenschaft der geförderten Künste Wert gelegt. Damit beschreiten die Niederlande in Europa einen Sonderweg. Es wird sogar kritisiert, dass aufgrund der Formulierung von wünschenswerten Zielsetzungen für die Wirkungsweisen der geförderten Kunst durch die Politik die Kunstautonomie gefährdet wird. Grundsätzliche Fragen wirft die beschriebene Vorgehensweise innerstaatlich lediglich bezüglich Finanzierbarkeit und Effizienzerwägungen auf. Die Frage, inwieweit ein Staat in die Autonomie der Kunst eingreifen darf, wird nicht diskutiert.

Von 1949 bis 1983 erfolgte die Förderung nicht durch das Kulturministerium sondern über das Sozialministerium. 1982 wurden mehr als 80% des staatlichen Budgets für die bildenden Künste über Werkverträge direkt an niederländische Künstler vergeben.

Den heutigen gesetzlichen Rahmen bildet das **Gesetz zur Kulturpolitik** aus dem Jahr **1993**. Darin wird in Vierjahresplänen definiert, welche gesellschaftlichen Aufgaben die öffentlich geförderte Kunst zu übernehmen hat.[871]

Die Verteilung der öffentlichen Kulturausgaben lag 2006 bei rund 35,2% auf staatlicher, 8% auf Ebene der Provinzen und 56,8% auf kommunaler Ebene. In den Niederlanden betrugen die öffentlichen Kulturausgaben 2006 pro Kopf 171 EUR.[872]

9.6 Polen

Die **erste schriftliche Verfassung** Europas ist die Verfassung Polens vom 03.05.1791, die die Reform des Staates zum Inhalt hatte. Diese Verfassung trat unter anderem durch die Teilung Polens 1795 nie in Kraft, blieb aber im Bewusstsein der Bevölkerung. Anlässlich des 200. Jubiläums hätte Polen eine neue Verfassung erhalten sollen, dies verzögerte sich allerdings bis ins Jahr 1997.[873] In der Präambel dieser Verfassung bekennt sich der Staat zu seiner **kulturellen Verantwortung**, wenngleich daraus keine Rechte oder Pflichten ableitbar sind. Eine weitere relevante Textstelle ist Art 6 Abs 1, wo es heißt: *Die*

---

[870] Lepszy, Norbert/Wilp, Markus, Das politische System der Niederlande, 2009, S. 405ff.
[871] Dorscheid, Sabine, Staatliche Kunstförderung in den Niederlanden nach 1945, 2005, S. 11ff.
[872] Van Hamersveld, Ineke/Bìna, Vladimir, Compendium Länderprofil Niederlande, 2008, S. 39.
[873] Ziemer, Klaus/Matthes, Claudia-Yvette, Das politische System Polens, 2010, S. 209ff.

Republik schafft die Voraussetzungen für die Verbreitung und den gleichen Zugang zur Kultur, welche die Identität des polnischen Volkes, seines Bestandes und seiner Entwicklung sei.

In Art 73 heißt es: *Die Freiheit der künstlerischen Beschäftigung, der wissenschaftlichen Forschung und der Veröffentlichung deren Ergebnisse, Lehrfreiheit sowie die Freiheit, an der Kultur teilzunehmen, wird jedermann gewährleistet.*[874]

Bei der Betrachtung der jüngeren Kulturpolitik in Polen gilt es stets die gesamtpolitischen Umbrüche, wie etwa den Zusammenbruch des Kommunismus, Eintritt in die EU oder den Umwandlungsprozess im Wirtschaftssystem zu beachten.

Die Problemfelder sind ähnlich wie in anderen Staaten gelagert. So gibt es eine geringe Tradition der privaten Kulturförderung. Unternehmen sehen noch wenig Nutzen, sich an der finanziellen Förderung kultureller Aktivitäten zu beteiligen. Erste Schritte, die Kulturförderung außerhalb der staatlichen Verantwortung zu übernehmen, war die Einrichtung einer **Kulturstiftung 1991.**[875]

Immer wieder wird kritisiert, dass die polnische Kulturpolitik nach 1989 von großer Diskontinuität gekennzeichnet ist. Beispielsweise gab es seit damals **mehr als ein Dutzend Kulturminister**.

Seit 2004 wird Kultur unter den Gesichtspunkten Gesellschafts- und Regionalentwicklung als Wirtschaftsfaktor und als identitätsstiftendes Element gesehen. Diese Strategie ist der Kulturauffassung der Förderprogramme der europäischen Strukturfonds ähnlich. Es stellt sich daher die Frage, ob der Strategiewechsel auf eine veränderte polnische Kulturpolitik zurückzuführen ist, oder lediglich eine Anpassung an die Förderung der Europäischen Union ist.[876]

Hauptaufgabe der Auslandskulturpolitik ist die Vermittlung eines möglichst objektiven und vorurteilsfreien Bildes von Polen im Ausland, mit der Zielsetzung der Vertrauensbildung insbesondere bei den europäischen Nachbarn.

1997 wurde das **Departement für Kultur und wissenschaftliche Zusammenarbeit** gegründet, das in die Zuständigkeit des Außenministeriums fällt und mit dem Kulturministerium in intensivem Austausch steht. Während ersteres die Ratifizierung der Kulturabkommen durchführt, überwacht das Kulturministerium die Anwendung und Ausführung der Abkommen.

Das Adam-Miciewcz-Institut in Warschau und das Internationale Kulturzentrum in Krakau sind maßgebliche Institutionen für die Auslandskulturpolitik Polens. Im Ausland gibt es etwa 20 polnische Institute, für die das Außenministerium zuständig ist.[877]

Die Verteilung der öffentlichen Kulturausgaben lag 2008 bei rund 20,3% auf staatlicher, 19,8% auf Ebene der Provinzen, 31% auf Ebene von Städten mit

---

[874] Deutscher Bundestag (Hrsg.), Kultur in Deutschland, 2008, S. 97.
[875] Lukasiewicz, Piotr, Polen – Kulturpolitik in einer Zeit des Umbruchs, 1993, S. 121ff.
[876] Davydchyk, Maria, 20 Jahre Kulturpolitik in Polen, 2010, S. 23.
[877] Merkel, Katrin/Schneider, Gerald, Neu im Club – Die Auswärtige Kulturpolitik Polens, Ungarns und Russlands, 2005, S. 303ff.

Distriktstatus und 28,9% auf kommunaler Ebene. In Polen betrugen die öffentlichen Kulturausgaben 2008 pro Kopf 36,65 EUR.[878]

9.7 Tschechien

Die Charta der Grundrechte und Grundfreiheiten, in der wirtschaftliche, soziale und kulturelle Rechte verankert sind, wurde 1991 durch die Bundesversammlung verabschiedet und kurz darauf in die Verfassung aufgenommen.[879] Die Verfassung von 1992 enthält in der Präambel einen Bezug zur Kultur: *(...) Wir sind entschlossen, den ererbten natürlichen und kulturellen, materiellen und geistigen Reichtum gemeinsam zu hüten und zu fördern (...).*[880]

Nach dem Umbruch 1989 gab es von Seiten der Medien und der Künstlerschaft zunächst massive Kritik, die zum Teil von einer Marginalisierung der Kultur, einer Konzeptlosigkeit der Politik und finanzieller Verschlechterung sprachen. Die Künstlerverbände forderten 2003 eine Erhöhung der Kulturausgaben des Staates auf ein Prozent des Staatshaushaltes. Die Forderung wurde damit begründet, dass dies in allen zivilisierten Ländern üblich wäre.

Der Anstieg des kulturellen Angebots in Tschechien ist jedoch am Anstieg der aufgelegten Buchtitel, von Theateraufführungen, von Museumsausstellungen udgl. erkennbar. Die finanzielle Ausstattung durch den Staat ist im Vergleich zu anderen postkommunistischen Ländern in Tschechien durchwegs höher. Begründet wird die eher negative Einstellung bei der Künstlerschaft damit, dass diese die radikalen Umwälzungen nach 1989 noch nicht verarbeitet hätte.[881]

Die Verteilung der öffentlichen Kulturausgaben lag 2008 bei rund 37,6% auf staatlicher, 11,6% auf Ebene der Regionen und 50,8% auf kommunaler Ebene. In Tschechien betrugen die öffentlichen Kulturausgaben 2008 pro Kopf rund 88,8 EUR.[882]

9.8 Schweiz

Eine erste Bundesverfassung der Schweiz kam im Jahr 1848 zustande. Sie wurde 1874 einer Totalrevision unterzogen. Diese Verfassung war mehr als 100 Jahre in Kraft. Der Staat hatte nur jene Kompetenzen, die ihm die Verfassung ausdrücklich übertrug, die Kulturpolitik war nicht darunter.[883] Die jüngste Totalrevision erfolgte 1999.[884]

Hintergrund der besonderen Situation in der Schweiz ist, dass ein überwiegender Teil der Kulturbetriebe (Theater, Museen etc.) auf private Gründungen zurückgehen. Somit hatten stets private Initiativen gegenüber staatlichen Kulturförderungsmaßnahmen den Vorrang.[885] Auf nationaler Ebene

---

[878] Ilczuk, Dorota/Nowak, Malgorzata, Compendium Länderprofil Polen, 2009, S. 43ff.
[879] Vodicka, Karel, Das politische System Tschechiens, 2010, S. 275ff.
[880] Straßl, Karl-Gerhard, Staatsziel Kultur, 2010, S. 143.
[881] Bock, Ivo, Die Kulturpolitik Tschechiens nach der Wende von 1989, 2005, S. 107ff.
[882] Ipetrová, Pavla, Compendium Länderprofil Tschechien, 2010, S. 43ff; Eigene Berechnung Wechselkurs 31.12.2008.
[883] Dörig, Hans Rudolf, Kulturpflege im Schweizerischen Bundesstaat, 1988, S. 30ff.
[884] BBl. 1999 5986 Bundesverfassung der Schweizerischen Eidgenossenschaft vom 18.04.1999.
[885] Kowner, Arina, Kulturförderung in der Schweiz, 1993, S. 111.

spielte Kulturpolitik erstmals durch die Gründung der Stiftung Pro Helvetia im Jahr 1949 eine Rolle.[886] Bis zum Beginn der 1970er-Jahre herrschte aber generell die Meinung vor, dass Kultur Privatsache wäre. Es gab zwar Förderungen durch Gemeinden, Kantone und den Bund, doch ihre Legitimation, Ziele und Maßnahmen waren kein Thema eines öffentlichen Diskurses. Die verfassungsrechtliche Grundlage der Kulturförderung durch den Bund war die ungeschriebene Kulturkompetenz der Bundesverfassung, die sich aus dem verfassungsrechtlichen Gesamtzusammenhang ergab. Auch die Außenkulturpolitik wurde dementsprechend immer schon als Zuständigkeit des Bundes ausgelegt.[887]

Erst seit dem Jahr **2000** gibt es in der **Schweizer Bundesverfassung** eine Norm zum **Thema Kultur**. Schon in der Präambel wird eine Grundentscheidung zugunsten der Kultur getroffen: *Die Eidgenossenschaft hat unter anderem die kulturelle Vielfalt des Landes zu fördern.*[888]

Regelungen zur Kompetenzverteilung sind in Art 69 Abs 1 enthalten: *Für den Bereich der Kultur sind die Kantone zuständig. (...)* Der Bund *kann kulturelle Bestrebungen von gesamtschweizerischem Interesse unterstützen, sowie Kunst und Musik, insbesondere im Bereich der Ausbildung fördern.* Dabei hat der Bund entsprechend Abs 3 Rücksicht *auf die kulturelle und sprachliche Vielfalt des Landes zu nehmen.*[889]

In der Schweiz spricht man von einem **doppelten Subsidiaritätsprinzip**: Demnach erfolgt die Kulturförderung primär durch Private einschließlich der Stiftungen. Der Staat unterstützt dort, wo dies für die Realisierung eines als wertvoll eingestuften Vorhabens als unabdingbar gilt.[890] Somit besteht eine verbreiterte Form der Förderung, die darauf beruht, dass der Bund fördert, wenn die Kantone fördern und die wiederum dann fördern, wenn die Gemeinde fördert.[891]

Im öffentlichen Sektor sollte das System von „unten nach oben" funktionieren. Der Kanton sollte Vorhaben nur dann unterstützen, wenn die Möglichkeiten zur Förderung der primär zuständigen Gemeinde bzw. Stadt nicht ausreichen. Der Bund sollte erst dann aktiv werden, wenn ein oder mehrere Kantone die Unterstützung alleine nicht schaffen. In der Praxis wird dieses Prinzip jedoch immer wieder umgekehrt, etwa wenn der Bund die Grundversorgung sichert und Private darauf aufbauen, bzw. wenn der Bund initiativ wird und die Kantone die Umsetzung erst ermöglichen.[892] Das Prinzip der Subsidiarität sichert den Grundgedanken der Abstützung und Verankerung einer Förderung auf mehreren staatlichen und gegebenenfalls privaten Ebenen.[893]

Der Kulturauftrag in der Schweiz richtet sich an ein Gemeinwesen mit vier verschiedenen Nationalsprachen. Darüber hinaus gibt es 23 Völkerschaften, die

---

[886] Weckerle, Christoph, Habemus legem – oder alles nur weißer Rauch?, 2010, S. 26.
[887] Frauscher, Rafael Alexander, Nationale Auslandskulturpolitik in Zeiten von Globalisierung und Europäisierung, 2004, S. 263.
[888] Deutscher Bundestag (Hrsg.), Kultur in Deutschland, 2008, S. 98.
[889] BBl. 1999 5986 Bundesverfassung der Schweizerischen Eidgenossenschaft vom 18.04.1999.
[890] Keller, Rolf, Die Kulturpolitik der Schweiz, 2008, S. 121.
[891] Ferner, Hans, Kleines Glossar Kultursponsoring, 1999, S. 173.
[892] Keller, Rolf, Die Kulturpolitik der Schweiz, 2008, S. 121.
[893] Ferner, Hans, Kleines Glossar Kultursponsoring, 1999, S. 173.

jede für sich ein historisch gewachsenes eigenes Kulturverständnis vertritt. Die Kulturhoheit der Kantone ist und bleibt daher ein wesentlicher Eckpfeiler der Schweizer Bundesstaatlichkeit.[894] Ende 2009 wurde erstmals ein nationales **Kulturförderungsgesetz** (KFG) beschlossen. Es wird voraussichtlich Anfang 2012 in Kraft treten.[895]

Die Verteilung der öffentlichen Kulturausgaben lag 2006 bei rund 12,5% auf staatlicher, 42,7% auf Ebene der Kantone und 44,8% auf kommunaler Ebene. In der Schweiz betrugen die öffentlichen Kulturausgaben 2006 pro Kopf rund 205 EUR.[896]

9.9 Großbritannien

Im europäischen Kontext stellt die Verfassungssituation in Großbritannien einen Sonderfall dar. Die Verfassung ist „ungeschrieben" und daher besonders flexibel. Sehr wohl gibt es aber die schriftliche Festlegung eines Verfassungsrahmens. Die wichtigsten historischen Dokumente sind beispielsweise Magna Charta (1215), Petition of Right (1628), Habeas-Corpus-Act (1679) und Bill of Rights (1689).

Die Staatsgewalt geht nicht vom Volk aus, sondern ist ein Vorrecht des Parlaments, das den Verfassungsrahmen kontrolliert und nicht an einen Verfassungstext gebunden ist.[897] Daher gibt es auch keine verfassungsrechtlich relevanten Bestimmungen die Kultur betreffend.

Die Gründung wesentlicher Kulturbetriebe wie z.B. des British Museum, der Tate Gallery oder der National Gallery gehen auf Geschäftsleute und Kunstsammler des 19. Jahrhunderts zurück. Nach der Übereignung an den Staat verwaltete dieser die Kulturbetriebe, unternahm selbst aber keine weiteren Schritte zur Gestaltung oder deren Förderung.

Die staatliche Kunst- und Kulturförderung (Filmfinanzierung) geht auf das Jahr 1916 zurück. Danach vergingen etwa 20 Jahre, bis der Staat wieder aktiv wurde (Royal Opera/Covent Garden). Historisch betrachtet war die Spendenwilligkeit beruhend auf privaten Initiativen oder gemeinnützigen Organisationen von besonderer Bedeutung. Politisch gesehen war eine Förderung nicht interessant und die Regierung sah darin keine Notwendigkeit.

Durch Ausbruch des 2. Weltkrieges änderte sich die Situation. Die Unterstützung des Kulturbereichs diente dazu, die nationale Moral aufrechtzuerhalten. **1945** wurde unmittelbar nach Kriegsende das **Arts Council** of Great Britain gegründet.

Eine erneute Wende erfuhr die Kulturpolitik 1979 mit der Wahl Margaret Thatchers zur Premierministerin. Kulturorganisationen wurden in Folge verstärkt

---

[894] Fleiner-Gerster, Thomas, Der Kulturauftrag im staatlichen Gemeinwesen der Schweiz, 1984, S. 90.
[895] Weckerle, Christoph, Habemus legem – oder alles nur weißer Rauch?, 2010, S. 26.
[896] Weckerle, Christoph, Compendium Länderprofil Schweiz, 2009, S. 31ff.; Eigene Berechnung mit Wechselkurs 01.01.2007.
[897] Sturm, Roland, Das politische System Großbritanniens, 2009, S. 266ff.

aufgefordert, sich nach Finanzierungsmöglichkeiten am freien Markt umzusehen.[898]

Die Außenkulturpolitik Großbritanniens wird vornehmlich durch das dem Außenministerium nahe stehende **Foreign and Commonwealth Office**, das vor allem finanzielle Unterstützung für Kulturprojekte anbietet, und von öffentlichen Kulturorganisationen durchgeführt. Ziel ist es, das Erscheinungsbild Großbritanniens im Ausland zu verbessern. Eine Besonderheit ist, dass sich aufgrund der Dezentralisierung der nationalen Kulturpolitik auch England, Schottland, Wales und Nordirland für transnationale kulturelle Kooperationen einsetzen.[899]

Das Art Council England gab 2006/2007 pro Kopf rund 11,2 EUR, das Art Council Schottland 16,3 EUR, das Art Council Wales 12 EUR und das Art Council Nord Irland 8,4 EUR für Kultur aus.[900]

9.10 USA

Mit Ausnahme der Zeit des New Deal (1933 – 1941), in der es wegen der Wirtschaftskrise zu einer indirekten Kulturförderung kam, fand in den USA bis in die 1960er-Jahre kein staatlicher Diskurs zum Thema Kulturpolitik statt. Erste Aktivitäten fanden unter Präsident Lyndon Baines Johnson statt, der zwei Bundesstiftungen zur Förderung der Geisteswissenschaften (**National Endowment for the Humanities**) und der Künste (**National Endowment for the Arts**) ins Leben rief. Diese Institutionen sind heute wesentliche Bestandteile bundesstaatlicher Kulturpolitik in den USA. Möglich ist dieser eigenständige Weg der USA durch die Tradition, dass Bürgerinnen und Bürger sich für gemeinnützige Aktivitäten persönlich engagieren.[901]

Die US-amerikanische Kulturpolitik fußt langfristig auf einer vollkommen anderen Tradition und Wertehaltung, die gravierende historische Ereignisse und Einschnitte bis heute überdauert hat. Stark vereinfacht lässt sich diese Tradition vor allem anhand folgender Beispiele beschreiben: Leistung soll honoriert und staatliche Wohlfahrt möglichst klein gehalten werden. Der Individualismus ist als leitendes Prinzip in der Verfassung von 1776 vorgesehen. Eigenverantwortung, Chancengleichheit und Freiheit implizieren demnach den Schutz des Individuums vor allfälliger staatlicher Willkür. Der US-amerikanische Staat erfüllt in diesem Modell lediglich die Funktion des Ermöglichers.[902] In der Praxis führt dies zu einem System, in dem sich Kulturbetriebe intensiv um private Förderer (**Philanthropen**) bemühen. Dadurch wird einerseits ein übermäßiger Einfluss des Staates vermieden, andererseits besteht die Gefahr, dass sich Kulturbetriebe in die Abhängigkeit von Großspendern begeben.

---

[898] Domdey, Andreas, Kunstförderung in Großbritannien, 1993, S. 81ff.
[899] Lutzmann, Eva/Schneider, Gerald, Global Players – Die Auswärtige Kulturpolitik Frankreichs, Großbritanniens, Italiens, Portugals und Spaniens, 2005, S. 294 ff.
[900] Fisher, Rod/Leyssen, Ledy, Compendium Länderprofil Großbritannien, 2008, S. 62ff; Eigene Berechnung Wechselkurs 31.12.2007.
[901] Heinrichs, Werner, Kulturpolitik und Kulturfinanzierung, 1997, S. 138ff.
[902] Höhne, Steffen, Amerika, Du hast es besser? Grundlagen von Kulturpolitik und Kulturförderung in kontrastiver Perspektive, 2005, S. 18 ff.

Auch in der Außenkulturpolitik gibt es grundlegende Unterschiede zwischen den USA und den europäischen Vorstellungen einer national einheitlichen Außenpolitik. Die auswärtige Kulturpolitik ist zwar Teil der Außenpolitik, sie ist aber weit weniger vom staatlichen Einfluss und von der Finanzierung geprägt. Vielmehr ist sie eine Sammlung vertrauensbildender und dialogfördernder Maßnahmen weniger öffentlicher und zahlreicher privater Akteure mit eigenen temporären Regierungsprogrammen durch große Stiftungen und Foundations).

Erste Ansätze einer US-amerikanischen Auslandskulturpolitik liegen in den 1940er-Jahren (1946 Fulbright bzw. public law 584). Durch den Smith-Mund-Act **1948** wurde die eigentliche Grundlage für ein weltweit angelegtes Kulturprogramm geschaffen und die Finanzierung der **Fulbright-Programme** langfristig gesichert. 2005 wurde von einer Erhöhung der Dotation für den Bereich educational and cultural exchange programs durch das Außenministerium ausgegangen (ca. 360 Mio. USD). Im Vergleich dazu ist der Betrag von ca. 3 Mio. USD zur Förderung US-amerikanischer Kulturprojekte im Ausland (z.B. Beteiligung an art festivals) gering.[903]

Im Jahr 2009 schüttete National Endowment for the Arts 167 Mio. USD aus. Aufgrund des American Recovery and Reinvestment Act wurden 2009 Sondermittel in der Höhe von 50 Mio. USD zusätzlich ausgegeben.[904]

Neben der eher geringen staatlichen Kulturförderung kam zu den privaten Förderern in den 1970er-Jahren als drittes Standbein die Förderung durch Unternehmen hinzu. Neben finanziellen Mitteln erhalten die Kulturbetriebe auch auf verwaltungstechnischer Hinsicht (Marketing, PR) Unterstützung von den Firmen. Die Mittel der Unternehmen werden zumeist eng mit den Marketing- und PR-Abteilungen abgestimmt. die Unterstützung durch Firmen wird zwar immer wichtiger, gleichzeitig ist sie aber auch die unsicherste Finanzierungsquelle.[905] Die negativen Auswirkungen (Wegfall von beträchtlichen finanziellen Mitteln) zeigen sich besonders in Zeiten von Wirtschaftskrisen.

Beachtenswert ist weiters die steuerrechtliche Situation in den USA. Laut Bundessteuergesetz sind Spenden von natürlichen Personen bis zu 50% und Spenden von Unternehmen bis zu einer Höhe von 10% des Bruttoeinkommens abziehbar.

Auf der anderen Seite sind etwa der Betrieb eines Museumsladens, eines Caféhauses oder einer Bar in einem gemeinnützigen Kulturbetrieb für gewöhnlich nicht von der Besteuerung erfasst, da diese Leistungen dem originären Zweck der Einrichtung (Museum, Theater, Konzerthaus, Oper etc.) zugezählt werden.[906]

---

[903] Hoffmann, Rolf, In diplomatischer Mission – Die Außenkulturpolitik der USA, 2005, S. 281ff.
[904] National Endowment for the Arts, Annual Report 2009, S. 4.
[905] Toepler, Stefan, Kulturförderung in den USA, 1993, S. 75ff.
[906] Schölzig, Krista, Öffentliche Kulturförderung in Deutschland und den USA, 2007, S. 198ff.

Abbildungsverzeichnis

Abb. 1 Wahlergebnisse der Nationalratswahlen seit 1945   51

Abb. 2 Analyse kulturpolitischer Schlüsselwörter im Grundsatzprogramm der SPÖ   62

Abb. 3 Analyse kulturpolitischer Schlüsselwörter im Grundsatzprogramm der ÖVP   66

Abb. 4 Analyse kulturpolitischer Schlüsselwörter im Parteiprogramm der FPÖ   68

Abb. 5 Analyse kulturpolitischer Schlüsselwörter im Parteiprogramm des BZÖ   71

Abb. 6 Analyse kulturpolitischer Schlüsselwörter im Grundsatzprogramm der Grünen   73

Abb. 7 Persönliches Jahresnettoeinkommen von Künstlerinnen und Künstlern nach Geschlecht, gerundet   120

Abb. 8 Persönliches Jahresnettoeinkommen von Künstlerinnen und Künstlern nach Sparten, gerundet   121

Abb. 9 Sendezeit von Kultur im ORF-Fernsehprogramm in Prozent   142

Abb. 10 Öffentliche Kulturausgaben von Bund, Ländern und Gemeinden 2007   149

Abb. 11 Kulturausgaben des Bundes nach LIKUS Kategorien 2007   150

Abb. 12 Kulturausgaben des Bundes nach Budgetkapiteln 2007   151

Abb. 13 Anteil der Kulturausgaben des Bundes an den Gesamtausgaben 1997–2006   152

Abb. 14 Kulturausgaben der Steiermark nach LIKUS 2008   153

Abb. 15 Kulturausgaben der Stadt Graz 2008   154

Abb. 16 Entwicklung der Kulturausgaben der Stadt Graz von 1985 bis 2008   154

Abb. 17 Anteile der Kulturausgaben an den Gesamtausgaben der Stadt Graz in % von 2003 bis 2008   155

Tabellenverzeichnis

Tab. 1 Regierungen, Unterrichts- und Wissenschaftsminister und
-ministerinnen, Kunststaatssekretäre   81

Tab. 2 Regierungen, Landeshauptmänner und Kulturreferent/innen
der Steiermark seit 1945   102

Tab. 3 Kapitalbeteiligungen der Steiermark   104

Tab. 4 Kapitalbeteiligungen der Stadt Graz   105

Tab. 5 Budgets und Studierende der Kunstuniversitäten   118

Tab. 6 Kapitalbeteiligungen des Bundes   132

Tab. 7 Sponsoringerträge der Bundesmuseen und Bundestheater
2004 bis 2007   138

Vertiefende Literatur

HANSEN, Klaus, Kultur und Kulturwissenschaft, 3. Auflage, Tübingen 2003.

KNAPP, Marion, Österreichische Kulturpolitik und das Bild der Kulturnation – Kontinuität und Diskontinuität in der Kulturpolitik des Bundes seit 1945, Frankfurt am Main 2005.

KORINEK, Karl/POTZ, Richard/BAMMER, Armin/WIESHAIDER, Wolfgang (Hrsg.), Kulturrecht im Überblick, Wien 2004.

RECKWITZ, Andreas, Die Transformation der Kulturtheorien – Zur Entwicklung eines Theorieprogramms, Göttingen 2006.

SCHEYTT, Oliver, Kulturstaat Deutschland. Plädoyer für eine aktivierende Kulturpolitik, Bielefeld 2008.

STRASSL, Karl-Gerhard, Kulturpolitik des Bundes – Die kulturpolitische Situation in Österreich im Spannungsfeld zwischen Gestalten und Verwalten, Wien 2001.

WIMMER, Michael (Hrsg.), Kulturpolitik in Österreich – Darstellung und Analyse 1970–1990, Wien 1995.

Literaturverzeichnis

Normen

BBl 1999 5986 Bundesverfassung der Schweizerischen Eidgenossenschaft vom 18. April 1999.
BGBl. 533/1923, BGBl. 1/1930, BGBl. 376/1933, BGBl. 1/1934, BGBl. 111/1936, BGBl. 112/1936, BGBl. 213/1946, BGBl. 220/1947, BGBl. 191/1949, BGBl. 131/1950, BGBl. 147/1950, BGBl. 16/1955, BGBl. 238/1955, BGBl. 244/1962, BGBl. 280/1963, BGBl. 298/1965, BGBl. 263/1967, BGBl. 264/1967, BGBl. 301/1968, BGBl. 54/1970, BGBl. 379/1984, BGBl. 439/1984, BGBl. 76/1986, BGBl. 146/1988, BGBl. 372/1990, BGBl. 420/1991, BGBl. 208/1992, BGBl. 208/1992, BGBl. 93/1993, BGBl. 621/1994, BGBl. 95/1997, BGBl. 108/1998, BGBl. 115/1998, BGBl. 130/1998, BGBl. 168/1999, BGBl. 16/2000, BGBl. 45/2000, BGBl. 131/2000, BGBl. 132/2000, BGBl. 14/2002, BGBl. 83/2002, BGBl. 120/2002, BGBl. 97/2004, BGBl. 170/2004, BGBl. 9/2006, BGBl. 22/2006, BGBl. 71/2006, BGBl. 22/2007, BGBl. 23/2007, BGBl. 24/2007, BGBl. 34/2007, BGBl. 102/2007, BGBl. 107/2008, BGBl. 49/2009, BGBl. 50/2009, BGBl. 52/2009, BGBl. 127/2009, BGBl. 51/2010
Bgld. LGBl. 9/1981.
NÖ LGBl. 90/1996.
OÖ LGBl. 77/1987, LGBl. 58/2000, OÖ LGBl. 7/1992, OÖ LGBl. 14/2003.
Sbg. LGBl. 14/1998.
Staatsgesetzblatt für den Staat Deutschösterreich 246/1919
Stmk. LGBl. 130/1967, Stmk. LGBl. 59/1982, Stmk. LGBl. 87/1985, Stmk. LGBl. 80/2005.
UNESCO, Mexico City Declaration on Cultural Policies, Wold Conference on Cultural Policies, Mexico City, 26. Juli – 26. August 1982.
Vbg. LGBl. 38/2009.

Literatur

ABELEIN, Manfred, Die Kulturpolitik des Deutschen Reiches und der Bundesrepublik Deutschland – Ihre verfassungsgeschichtliche Entwicklung und ihre verfassungsrechtlichen Probleme, Köln/Opladen 1968.
ADAMOVICH, Ludwig/FUNK, Bernd-Christian, Österreichisches Verfassungsrecht, 3. Auflage, Wien 1985.
ALTER, Peter, Kulturnation und Staatsnation – Das Ende einer langen Debatte?, in: LANGGUTH, Gerd (Hrsg.), Die Intellektuellen und die nationale Frage, Frankfurt am Main 1997.
ALTHUSIUS, Johannes, Politik, Berlin 2003.
AMMANN, Jean-Christophe, Bei näherer Betrachtung – Zeitgenössische Kunst verstehen und deuten, Frankfurt am Main 2007.
ASHOLT, Wolfgang, Kultur und Politik, in: CHRISTADLER, Marieluise/UTERWEDDE, Hendrik (Hrsg.), Länderbericht Frankreich – Geschichte, Politik, Wirtschaft, Gesellschaft, Opladen 1999.
BAECKER, Dirk, Wozu Kultur?, 3. Auflage, Berlin 2003.
BAECKER, Dirk, Nie wieder Vernunft – Kleinere Beiträge zur Sozialkunde, Heidelberg 2008.
BALA, Christian, Nation, in: ANDERSEN, Uwe/WOYKE, Wichard (Hrsg.), Handwörterbuch des politischen Systems der Bundesrepublik Deutschland, 6. Auflage, Wiesbaden 2009.
BAST, Gerald, Wa(h)re Kunst, in: WERKNER, Patrik/HÖPFEL, Frank (Hrsg.), Kunst und Staat – Beiträge zu einem problematischen Verhältnis, Wien 2007.
BECK, Ulrich, Risikogesellschaft – Auf dem Weg in eine andere Moderne, Frankfurt am Main 1986.
BECKER, Konrad/WASSERMAIR, Martin, Editorial Kultur und Fiktion im Jahrhundert der Stadt, in: BECKER, Konrad/WASSERMAIR, Martin (Hrsg.), Phantom Kulturstadt – Texte zur Zukunft der Kulturpolitik II, Wien 2009.
BEHRENS, Antje, Kultur in der Europäischen Union – Die Kompetenz der Europäischen Union im kulturellen Bereich und deren Auswirkung auf die Zuständigkeiten in der Bundesrepublik Deutschland, Berlin 1999.

Literaturverzeichnis

BENJAMIN, Walter, Das Kunstwerk im Zeitalter seiner technischen Reproduzierbarkeit, Frankfurt am Main 1972–1989, Ausgabe 2006.

BERCHTOLD, Klaus, Österreichische Parteiprogramme 1868–1966, Wien 1967.

BERG-SCHLOSSER, Dirk/STAMMEN, Theo, Einführung in die Politikwissenschaft, München, 2003.

BERGMANN, Ingrid, Die Kulturpolitik nach 1945 aus Sicht des österreichischen Nationalrates im Vergleich mit dem 3. Reich und im Umfeld des Zeitgeschehens, Wien 1989.

BERKA, Walter, Lehrbuch Verfassungsrecht, 2. Auflage, Wien 2008

BERNHARD, Reinhold, Kulturpolitik in den Ländern Österreichs, in: PERNTHALER, Peter (Hrsg.), Föderalistische Kulturpolitik, Wien 1988.

BINDER, Bruno, Wirtschaftsrecht, 2. Auflage, Wien 1999.

BINDER, Dieter A., Kontinuität – Diskontinuität, Notizen zur österreichischen Kultur nach 1945, in: KRIECHBAUMER, Robert (Hrsg.), Österreichische Nationalgeschichte nach 1945, Band I, Wien 1998.

BKA (Hrsg.), Kulturpolitik – Kulturverwaltung in Österreich, Wien 1998.

BLAUKOPF, Kurt, Musik und Musik-Theater, in: WAISSENBERGER, Robert (Hrsg.), Wien 1890–1920, Wien 1984.

BLEEK, Wilhelm, Politikwissenschaft, in: ANDERSEN, Uwe/WOYKE, Wichard (Hrsg.), Handwörterbuch des politischen Systems der Bundesrepublik Deutschland, 6. Auflage, Wiesbaden 2009.

BMBWK (Hrsg.), Evaluierung der österreichischen Bundesmuseen, Kurzf., Wien 2005.

BMEIA (Hrsg.), Das Wiedererstehen des österreichischen auswärtigen Dienstes 1945, Wien 2009.

BMF (Hrsg.), Ausgliederungshandbuch, Wien 2003.

BÖHME, Hartmut, Stufen der Reflexion: Die Kulturwissenschaften in der Kultur, in: JAEGER, Friedrich/LIEBSCH, Burkhard/RÜSEN, Jörn/STRAUB, Jürgen, Handbuch der Kulturwissenschaften, Band 2, Stuttgart 2004.

BÖLL, Winfried, Kulturpolitik, internationale, in: NOHLEN, Dieter (Hrsg.), Lexikon der Politik, München 1994.

BOURDIEU, Pierre, Die feinen Unterschiede – Kritik der gesellschaftlichen Urteilskraft, Frankfurt am Main 1987.

BOURDIEU, Pierre, Die Regeln der Kunst – Genese und Struktur des literarischen Feldes, Frankfurt am Main 1999.

BRAUNEDER, Wilhelm, Österreichische Verfassungsgeschichte, 11. Auflage, Wien 2009.

BRIX, Emil, Widersprüche und Wandlungen im Österreichbewusstsein der Zweiten Republik, in: KRIECHBAUMER, Robert (Hrsg.), Österreichische Nationalgeschichte nach 1945 – Band I, Wien 1998.

BRIX, Emil, Österreich zwischen Image und Identität, in: BMAA (Hrsg.), Auslandskulturtagung 2005 – Österreich zwischen Image und Identität, Wien 2005.

BRIX, Emil, Volk begnadet für das Schöne – Anmerkungen zur österreichischen Kulturpolitik, in: CSÚRI, Károly/ KÓTH, Markus (Hrsg.), Österreichische Identität und Kultur, Wien 2007.

BRUCKMÜLLER, Ernst, Nation Österreich, Kulturelles Bewusstsein und gesellschaftlich-politische Prozesse, 2. Auflage, Wien 1996.

BRUMMER, Klaus, Der Europarat – Eine Einführung, Wiesbaden 2008.

BURGER, Rudolf, Festvortrag Auslandskulturtagung 2007 – Das Elend des Kulturalismus, in: BMEIA (Hrsg.), Wo liegt Europa? – Kultur als Chance europäischer Integration, Wien 2008.

BYDLINSKI, Peter, Grundzüge des Privatrechts – für Ausbildung und Wirtschaftspraxis, Wien 1991.

CASSIRER, Ernst, Zur Logik der Kulturwissenschaften: fünf Studien, 6. Auflage, Darmstadt 1994.

CHORHERR, Thomas, Eine kurze Geschichte der ÖVP, Wien 2005.

DACHS, Herbert, Grünalternative Parteien, in: DACHS, Herbert (Hrsg.), Politik in Österreich – Das Handbuch, Wien 2006.

DEUTSCH-SCHREINER, Evelyn, „Theaterland Österreich" – Theater im verdeckt geführten Kulturkampf um eine österreichische Identität von 1945 bis 1955, in: BRUCKMÜLLER, Ernst (Hrsg.), Wiederaufbau in Österreich 1945–1955 – Rekonstruktion oder Neubeginn?, Wien 2006.

DEUTSCHER BUNDESTAG (Hrsg.), Kultur in Deutschland – Schlussbericht der Enquete Kommission des Deutschen Bundestages, Regensburg 2008.

DOMDEY, Andreas, Kunstförderung in Großbritannien, in: STRACHWITZ, Rupert Graf/TOEPLER, Stefan (Hrsg.), Kulturförderung – Mehr als Sponsoring, Wiesbaden 1993.

DONNER, Cordula, Planungskonflikte zwischen den Gebietskörperschaften, Wien 2007.

DORSCHEID, Sabine, Staatliche Kunstförderung in den Niederlanden nach 1945 – Kulturpolitik versus Kunstautonomie, Frankfurt am Main 2005.

DÖRIG, Rudolf Hans, „Kulturpflege im Schweizerischen Bundesstaat", in: PERNTHALER, Peter (Hrsg.), Föderalistische Kulturpolitik, Wien 1988.

DRECHSLER, Hanno/HILLIGEN, Wolfgang/NEUMANN, Franz (Hrsg.), Gesellschaft und Staat – Lexikon der Politik, 10. Auflage, München 2003.

DUCHKOWITSCH, Wolfgang, Kult um „Kultur"? – Divergente Transformationen, in: HAIDER-PREGLER, Hilde/REITERER, Beate (Hrsg.), Verspielte Zeit – Österreichische Theater der dreißiger Jahre, Wien 1997.

EAGLETON, Terry, Was ist Kultur?, München 2009.

EHTREIBER, Ewald, „Alles für unser Österreich!" – Das Bild Österreichs in den Regierungserklärungen der Zweiten Republik, Frankfurt am Main 2003.

EICHEL, Hans, Kultur in Zeiten knapper Kassen, in: HOFFMANN, Hilmar (Hrsg.), Kultur und Wirtschaft, Köln 2001.

ENDRESS, Alexander, Die Kulturpolitik des Bundes – Strukturelle und inhaltliche Neuorientierung zur Jahrtausendwende?, Berlin 2005.

ESSIG, Claudie/DE LA TAILLE RIVERO, Marthe, Frankreich und die Kulturförderung heute, in: STRACHWITZ, Rupert Graf, TOEPLER, Stefan (Hrsg.), Kulturförderung – Mehr als Sponsoring, Wiesbaden 1993.

FEES, Konrad, Werte und Bildung – Wertorientierung im Pluralismus als Problem für Erziehung und Unterricht, Opladen 2000.

FERNER, Hans, Kleines Glossar Kultursponsoring, in: GRAMACCINI, Norberto/KRETHLOW, Michael (Hrsg.), Nützt die Kulturförderung den Förderern? Neue Aspekte des Kunst- und Kultursponsorings, Frauenfeld 1999.

FIEDLER, Franz, Ökonomische Aspekte von Ausgliederungen – ein Erfahrungsbericht, in: Österreichische Juristenkommission (Hrsg.) Entstaatlichung Gefahr für den Rechtsstaat?, Wien/Graz 2002.

FIDLER, Harald, Österreichs Medienwelt von A bis Z, Wien 2008.

FISCHER, Ernst, Die österreichische Kulturkrise, Wien 1951.

FISCHER, Klemens H., Der Vertrag von Lissabon – Text und Kommentar zum Europäischen Reformvertrag, Baden-Baden 2008.

FLECKER, Kurt, Kulturpolitik oder: Das dressierte Meerschweinchen – Etwas gegen Unbemerkbarkeit, in: KOUBEK, Anni (Hrsg.), BENE MERITUS – Festschrift für Peter Schachner-Blazizek zum 65. Geburtstag, Graz 2007.

FLEINER-GERSTER, Thomas, Der Kulturauftrag im staatlichen Gemeinwesen der Schweiz, in: STEINER, Udo/GRIMM, Dieter, Kulturauftrag im staatlichen Gemeinwesen, Berlin 1984.

FLIEDL, Gottfried, Überlegungen zur Geschichte der Kunstförderung in Österreich, in: EISLER/SECKY/STERK/WAGNER, Die unbekannte Sammlung – Materialien zur staatlichen Kunstförderung in Österreich, BMUK (Hrsg.), Wien 1979.

FRANZ, Günther, Staatsverfassungen. Sammlung wichtiger Verfassungen der Vergangenheit und Gegenwart in Urtext und Übersetzungen, 3. Auflage, München 1975.

FRAUSCHER, Rafael Alexander, Nationale Auslandskulturpolitik in Zeiten von Globalisierung und Europäisierung. Ein Vergleich Österreich-Ungarn-Schweiz, Salzburg 2004.

FRIESL, Christian/POLAK, Regina/HAMACHERS-ZUBA, Ursula, (Hrsg.), Die Österreicherinnen – Wertewandel 1990–2008, Wien 2009.

FRÖHLICH, Susanne, Kulturpolitik 1888/89–1938 und ihre Auswirkung auf Inszenierungen im Wiener Burg- und Volkstheater, Wien 1994.

FUCHS, Max, Kulturpolitik, Wiesbaden 2007.

FUCHS, Max, Kultur Macht Sinn, Wiesbaden 2008.

GASSAUER-FLEISSNER, Christian/GRAVE, Christian, Stiftungsrecht – Privatstiftungsgesetz, Bundes-Stiftungs- und Fondsgesetz sowie Landes-Stiftungs- und Fondsgesetze, 2. Auflage, Wien 2008.

Literaturverzeichnis

GEHLER, Michael, Österreichs Außenpolitik der Zweiten Republik – Von der alliierten Besatzung bis zum Europa des 21. Jahrhunderts, Band 2, Innsbruck 2005.

GERL, Claudia, Kulturstaat = Staatskunst – Eine Analyse zur (allgemein erwünschten) Instrumentalisierung der Kunst, Frankfurt am Main 2000.

GLÜCK, Heinz/SCHMORANZ, Ingo/WILFLINGSEDER, Cornelia, Input-Output – Projektmodelle für Österreich – Methode und Darstellung, Wien 1975.

GOTTSCHLICH, Maximilian/PANAGL, Oswald/WELAN, Manfried, Was die Kanzler sagten, Wien 1989.

GRASSKAMP, Walter, Kunst und Geld – Szenen einer Mischehe, München 1998.

GUNDACKER, Harald, Nicht um die Burg – Die Geschichte des Burgtheaters in der Ersten Republik, Wien 1992.

HÄBERLE, Peter, Verfassungslehre als Kulturwissenschaft, 2. Auflage, Berlin 1998.

HALLER, Albrecht, Urheberrecht – 30 häufig gestellte Fragen samt Antworten, verfasst im Auftrag des BMBWK, Wien 2003.

HANSEN, Klaus, Kultur und Kulturwissenschaft, 3. Auflage, Tübingen 2003.

HANSICH, Ernst, Österreichische Geschichte 1890–1990 – Der Lange Schatten des Staates – Österreichische Gesellschaftsgeschichte im 20. Jahrhundert, Wien 2005.

HARAUER, Robert, Die ordnende Dimension der Kulturpolitik, in: HARAUER, Robert (Hrsg.), Kulturpolitik, Medientheorie und Musiksoziologie – Drei wissenschaftliche Beiträge zum 30jährigen Bestehen von MEDIACULT, Wien 2000.

HASELAUER, Elisabeth, Kultur ist ..., wo wir hingehören, in: HASELAUER, Elisabeth (Hrsg.), Vision – Wege in die Kulturgesellschaft – Ideen, Entwürfe, Konzepte, Wien 1990.

HASITSCHKA, Werner, Kulturbetriebslehre und Kulturmanagement – Interaktionsanalytischer Ansatz, Wien 1997.

HAUPT, Herbert, Das Kunsthistorische Museum – Die Geschichte des Hauses am Ring – Hundert Jahre im Spiegel Historischer Ereignisse, Wien 1991.

HAUSKELLER, Michael, Was ist Kunst? – Positionen der Ästhetik von Platon bis Danto 2. Auflage, München 1998.

HAYEK, Friedrich August, Die drei Quellen der menschlichen Werte, in: KERBER, Wolfgang (Hrsg.), Die Anmaßung von Wissen – Neue Freiburger Studien, Tübingen 1996.

HEER, Friedrich, Der Kampf um die österreichische Identität, Wien 1981.

HEINRICHS, Werner, Kulturpolitik und Kulturfinanzierung: Strategien und Modelle für eine politische Neuorientierung der Kulturfinanzierung, München 1997.

HERDER Verlag (Hrsg.), Der große Herder – Nachschlagewerk für Wissen und Leben, Band 5, Freiburg im Breisgau 1957.

HERDER Verlag (Hrsg.), Der große Herder – Nachschlagewerk für Wissen und Leben, Band 7, Freiburg im Breisgau 1958.

HEUSS, Theodor, Kräfte und Grenzen einer Kulturpolitik, Tübingen 1951.

HOFECKER, Franz Otto, Kulturbetriebslehre oder: Was Kunst und Wirtschaft miteinander verbindet, in LOOCK/Friedrich (Hrsg.), Kulturmanagement. Kein Privileg der Musen, Wiesbaden 1991.

HOFECKER, Franz Otto, Kulturbetriebslehre aus der Makroperspektive – Ausgangslage Kulturbetriebslehre, in: ZEMBYLAS, Tasos/TSCHMUCK, Peter (Hrsg.), Kulturbetriebsforschung – Ansätze und Perspektiven der Kulturbetriebslehre, Wiesbaden 2006.

HOFINGER, Andreas, Aspekte der ÖVP-Kulturpolitik zwischen 1945 und 1955, Ried im Innkreis 1988.

HOFFMANN, Hilmar, Kultur für alle, Frankfurt am Main 1979.

HOFFMANN, Hilmar/KRAMER, Dieter, Kulturämter und -behörden, in: RAUHE, Hermann/DEMMER, Christine, Kulturmanagement – Theorie und Praxis einer professionellen Kunst, Berlin 1994.

HOFFMANN, Rolf, In diplomatischer Mission – Die Außenkulturpolitik der USA, in: MAAß, Kurt-Jürgen (Hrsg.), Kultur und Außenpolitik, Baden-Baden 2005.

HOFSTETTER, Alwine, Politische und rechtliche Aspekte von Kunst und Kultur in Österreich, Linz 2004.

HÖHNE, Steffen, Amerika, Du hast es besser? Grundlagen von Kulturpolitik und Kulturförderung in kontrastiver Perspektive, Leipzig 2005.

Literaturverzeichnis

HOLTHOFF, Jan, Kulturraum Europa – Der Beitrag des Art 151 EG-Vertrag zur Bewältigung kultureller Herausforderungen der Gegenwart, Baden-Baden 2008.

HOLZINGER, Gerhart, Bleibt Österreich ein Staat und braucht es auch in Zukunft eine Verfassung?, in: BREISACH, Emil/RAUCHENBERGER, Johannes, Wohin steuert Österreich? – Kritische Analysen und unorthodoxe Konzepte, Wien 2004.

HOLZINGER, Gerhart, Die Organisation der Verwaltung, in: HOLZINGER, Gerhart (Hrsg.), Österreichische Verwaltungslehre, 2. Auflage, Wien/Linz 2006.

HOLZINGER, Gerhard/OBERNDORFER, Peter/RASCHAUER Bernhard, Österreichische Verwaltungslehre, 2. Auflage, Wien 2006.

HÖPEL, Thomas, Von der Kunst- zur Kulturpolitik – Städtische Kulturpolitik in Deutschland und Frankreich 1918–1939, Stuttgart 2007.

HORNER, Florian, Ausgliederung und Ingerenz, Wien 2004.

HUBER Othmar, Kulturpolitik der ÖVP – Beiträge zur Politischen Bildung, Wien 1969.

HUIZINGA, Johan, Im Schatten von morgen – eine Diagnose des kulturellen Leidens unserer Zeit, Bern/Leipzig 1935.

HURDES, Felix, Österreichische Kulturpolitik, Wien 1948.

HÜTTNER, Johann, Die Staatstheater in den dreißiger Jahren, Kunst als Politik – Politik in der Kunst, in: HAIDER-PREGLER, Hilde/REITERER, Beate (Hrsg.), Verspielte Zeit – Österreichische Theater der dreißiger Jahre, Wien 1997.

INSTITUT FÜR KULTURWIRTSCHAFT UND KULTURFORSCHUNG (Hrsg.), Evaluierung ausgewählter Förderinstrumentarien des BMUKK im Kunstbereich, Linz 2009.

JAEGER, Friedrich/LIEBSCH, Burkhard/RÜSEN, Jörn/STRAUB, Jürgen, Handbuch der Kulturwissenschaften, Band 1, Stuttgart 2004.

JANKE, Pia, Hugo von Hofmannsthals Konzept der Salzburger Festspiele, in: MOSER, Dietz-Rüdiger/SAMMER, Marianne (Hrsg.), Leitmotive. Kulturgeschichtliche Studien zur Traditionsbildung, Kallmünz 1999.

JELLINEK, Georg, Allgemeine Staatslehre, 3. Auflage, Bad Homburg 1959.

JIRIK, Otto, Ein Kulturprogramm der Kommunistischen Partei, Wien 1949.

JOHNSTON, William M., Der österreichische Mensch – Kulturgeschichte einer Eigenart Österreichs, Wien 2010.

JUNGWIRTH, Kurt, Steirische Kulturpolitik: Das Motiv: Mehr Kultur! Versuch einer Zwischenbilanz, Graz 1975.

JUNGWIRTH, Kurt, Kulturpolitik in der Steiermark, in: ABLEITINGER, Alfred/BEUTL, Bernd (Hrsg.), Für die Steiermark Partei ergreifen! 60 Jahre Steirische Volkspartei, Graz 2005.

KADAN, Albert, Vergleichende Darstellung der Grundsatzprogramme, 1979, in: KADAN, Albert/PELINKA, Anton, Die Grundsatzprogramme der österreichischen Parteien, St. Pölten 1979.

KADAN, Albert/PELINKA, Anton, Die Grundsatzprogramme der österreichischen Parteien, St. Pölten 1979.

KAMPITS, Peter, Die Auslandskulturpolitik Österreichs: Konzepte, Strukturen, Perspektiven, Wien 1990.

KANDINSKY, Wassily, Über das Geistige in der Kunst, 10. Auflage, Neuilly-sur-Seine 1952.

KELLER, Rolf, Die Kulturpolitik der Schweiz, in: KLEIN, Armin (Hrsg.), Kompendium Kulturmanagement – Handbuch für Studium und Praxis, 2. Auflage, München 2008.

KEMPF, Udo, Das politische System Frankreichs, in: ISMAYR, Wolfgang (Hrsg.), Die politischen Systeme Westeuropas, 4. Auflage, Wiesbaden 2009.

KHOL, Andreas, Vom Staat, den niemand wollte, zur österreichischen Nation als Teil der europäischen Friedensordnung, in: KRIECHBAUMER, Robert (Hrsg.), Österreichische Nationalgeschichte nach 1945 – Die Spiegel der Erinnerung: Die Sicht von innen – Band I, Wien 1998.

KIENZL, Heinz, Die starke Republik, in: KRIECHBAUMER, Robert (Hrsg.), Österreichische Nationalgeschichte nach 1945 – Band I, Wien 1998.

KITTLER, Friedrich, Eine Kulturgeschichte der Kulturwissenschaft, 2. Auflage, München 2000.

KLOSE, Alfred, Kleines Lexikon der Politik, Wien 1983.

KNAPP, Marion, Österreichische Kulturpolitik und das Bild der Kulturnation – Kontinuität und Diskontinuität in der Kulturpolitik des Bundes seit 1945, Frankfurt am Main 2005.

Literaturverzeichnis

KNAPP, Marion, Kulturpolitik, in: DACHS, Herbert (Hrsg.), Politik in Österreich – Das Handbuch, Wien 2006.

KNOPP, Hans-Georg, Was kann staatliche Kulturarbeit im Ausland zum Dialog der Kulturen beitragen, in: BMEIA (Hrsg.), Interkultureller Dialog – Beiträge von Kunst, Bildung und Wissenschaft zur wichtigsten außenpolitischen Herausforderung unserer Zeit, Wien 2009.

KOCK, Sabine, Prekäre Freiheiten – Arbeit im freien Theaterbereich in Österreich, Wien 2009

KOLB, Ernst, Das Förderungswesen unter dem Blickwinkel des Legalitätsprinzips, Wien 1964.

KONECNY, Albrecht K., Modelle für die Zukunft – Die österreichische Sozialdemokratie und ihre Programme, Wien 1993.

KONRAD, Heimo, Museumsmanagement und Kulturpolitik – Am Beispiel der ausgegliederten Bundesmuseen, Wien 2008.

KONRAD, Heimo, Die (Weiter-) Entwicklung des Kulturmanagements aus dem Blickwinkel unterschiedlicher Disziplinen, in: BECKMEIER-FEUERHAHN, Sigrid/VAN DEN BERG, Karen/HÖHNE, Steffen/KELLER, Rolf/KOCH, Angela/MANDEL, Birgit/TRÖNDLE, Martin/ZEMBYLAS, Tasos (Hrsg.), Forschen im Kulturmanagement – Jahrbuch für Kulturmanagement 2009, Bielefeld 2009.

KOREN Hanns, Reden, Gesamtausgabe, 1. Band, Graz 1996.

KORINEK, Karl, Verfassungsrechtliche Grenzen von Ausgliederungen, Beleihung und Inpflichtnahme, in: DUSCHANEK, Alfred (Hrsg.) Beiträge zur Ausgliederungsdiskussion, Wien 2002.

KORINEK, Karl/POTZ, Richard/BAMMER, Armin/WIESHAIDER, Wolfgang (Hrsg.), Kulturrecht im Überblick, Wien 2004.

KÓTH, Markus, Österreich: Einleitende Anmerkungen zur Alpenrepublik und ihrer Identität, in: CSÚRI, Károly/KÓTH, Markus (Hrsg.), Österreichische Identität und Kultur, Wien 2007.

KOWNER, Arina, Kulturförderung in der Schweiz, in: STRACHWITZ, Rupert Graf/TOEPLER, Stefan (Hrsg.), Kulturförderung – Mehr als Sponsoring, Wiesbaden 1993.

KRAMER, Helmut, Demokratie und Kritik – 40 Jahre Politikwissenschaft in Österreich, Frankfurt am Main 2004.

KRAMER, Helmut Politikwissenschaft und professionelle Politikberatung. Eine Bilanz, in: FRÖSCHL, Erich/KRAMER, Helmut/KREISKY, Eva (Hrsg.), Politikberatung zwischen Affirmation und Kritik, Wien 2007.

KRAVAGNA, Christian, Zur Politisierung des künstlerischen Feldes in den neunziger Jahren, in: AIGNER, Carl/HÖLZL, Daniela (Hrsg.), Kunst und ihre Diskurse – Österreichische Kunst in den 80er und 90er Jahren, Wien 1999.

KRIECHBAUMER, Robert, Österreichs Innenpolitik 1970–1975, in: KHOL, Andreas/STIRNEMANN, Alfred, Österreichisches Jahrbuch für Politik, Wien 1981.

KRIECHBAUMER, Robert, Parteiprogramme im Widerstreit der Interessen – Die Parteiprogrammdiskussionen und die Programme von ÖVP und SPÖ 1945–1986, in: KHOL, Andreas/OFNER, Günther/STIRNEMANN, Alfred (Hrsg.), Österreichisches Jahrbuch für Politik, Wien 1990.

KRIECHBAUMER, Robert, Zeitenwende – Die SPÖ-FPÖ Koalition 1983–1987 in der historischen Analyse, aus der Sicht der politischen Akteure und in Karikaturen von Ironimus, Wien 2008.

KRÖLL, Thomas, Kulturelle Rechte, in: MERTEN, Detlef/PAPIER, Hans-Jürgen (Hrsg.), Handbuch der Grundrechte in Deutschland und Europa, Heidelberg 2009.

KUCKO-STADLMAYER, Gabriele, Grenzen der Ausgliederung, Wien 2003.

KÜHTEUBL, Stefan, Arbeitsrechtliche Fragen bei der Übertragung von Aufgaben durch Bund, Länder und Gemeinden, Wien 2006.

LACHMAYER, Herbert, Kultur ist ein Umweg, der sich lohnt – besonders für Diplomat(Inn)en, in: BMEIA (Hrsg.) Wo liegt Europa? Kultur als Chance europäischer Integration, Wien 2008.

LAMMERT, Norbert, Vorwort – Die Idee der Kulturhauptstadt Europas, in: MITTAG, Jürgen (Hrsg.) Die Idee der Kulturhauptstadt Europas – Anfänge, Ausgestaltung und Auswirkungen Europäischer Kulturpolitik, Essen 2008.

LANDESKULTURREFERENTENKONFERENZ (Hrsg.), Künstler in Österreich. Zur sozialen Lage der Komponisten, bildenden Künstler und Schriftsteller, Salzburg 1984.

LEEB, Leonhard, Der Wert künstlerischer Arbeit – Urheberrecht, Rechtewahrnehmung und Administration durch Verwertungsgesellschaften, Wien 2009.

LEISSE, Olaf, Europa zwischen Nationalstaat und Integration, Wiesbaden 2009.
LENGWILER, Martin, Kontinuitäten und Umbrüche in der deutschen Wissenschaftspolitik des 20. Jahrhunderts, in: SIMON, Dagmar/KNIE, Andreas/HORNBOSTEL, Stefan (Hrsg.) Handbuch Wissenschaftspolitik, Wiesbaden 2010.
LENZ, Carsten/RUCHLAK, Nicole, Kleines Politik-Lexikon, Oldenburg 2001.
LEONTIEF, Wassily, Input-Output Economics, 2. Auflage, New York/Oxford 1986.
LEPSZY, Norbert/WILP, Markus, Das politische System der Niederlande, in: ISMAYR, Wolfgang (Hrsg.), Die politischen Systeme Westeuropas, 4. Auflage, Wiesbaden 2009.
LEXIKOGRAPHISCHES INSTITUT MÜNCHEN, Knaurs Lexikon in zwanzig Bänden, Stuttgart 1975.
LIEGL, Barbara, Kleinparteien, in: DACHS, Herbert (Hrsg.), Politik in Österreich – Das Handbuch, Wien 2006.
LIENBACHER, Georg, in: BACHMANN, Susanne/BAUMGARTNER, Gerhard/FEIK, Rudolf/GIESE, Karim/JAHNEL, Dietmar/LIENBACHER, Georg (Hrsg.), Besonderes Verwaltungsrecht, Wien 2008.
LIESSMANN, Konrad Paul, Philosophie der modernen Kunst, Wien 1999.
LIESSMANN, Konrad Paul, Europa – eine Leitkultur?, in: ACHAM, Karl (Hrsg.), Europa – wohin?, Wien 2002.
LOEBENSTEIN, Egon (Hrsg.), 100 Jahre Unterrichtsministerium 1848–1948, Festschrift des Bundesministeriums für Unterricht in Wien, Wien 1948.
LOSCH, Bernhard, Kulturfaktor Recht – Grundwerte – Leitbilder – Normen. Eine Einführung, Köln 2006.
LOSENICKY, Daniela, 10 Jahre IG Kultur Österreich, in: LOSENICKY, Daniela (Hrsg.) 10 Jahre IG Kultur Österreich, Wien 2000.
LUF, Gerhard, Rechtsphilosophische Aspekte der Kunstfreiheit, in: WERKNER, Patrik/HÖPFEL, Frank (Hrsg.), Kunst und Staat – Beiträge zu einem problematischen Verhältnis, Wien 2007.
LUKASIEWICZ, Piotr, Polen – Kulturpolitik in einer Zeit des Umbruchs, in: STRACHWITZ, Rupert Graf, TOEPLER, Stefan (Hrsg.), Kulturförderung – Mehr als Sponsoring, Wiesbaden 1993.
LUTHER, Kurt Richard, Die Freiheitliche Partei Österreichs (FPÖ) und das Bündnis Zukunft Österreich (BZÖ), in: DACHS, Herbert (Hrsg.), Politik in Österreich – Das Handbuch, Wien 2006.
LUTZMANN, Eva/SCHNEIDER, Gerald, Global Players – Die Auswärtige Kulturpolitik Frankreichs, Großbritanniens, Italiens, Portugals und Spaniens, in: MAASS, Kurt-Jürgen (Hrsg.), Kultur und Außenpolitik, Baden-Baden 2005.
MAASS, Kurt-Jürgen, Überblick: Ziele und Instrumente der Auswärtigen Kulturpolitik, in: MAASS, Kurt-Jürgen (Hrsg.), Kultur und Außenpolitik, Baden-Baden 2005.
MACHIAVELLI, Niccolo, Discorsi. Gedanken über Politik und Staatsführung, 2. Auflage, Stuttgart 1977.
MAGRIS, Claudio, Der habsburgische Mythos in der modernen österreichischen Literatur, Wien 2000.
MALINOWSKI, Bronislaw, Eine wissenschaftliche Theorie der Kultur, 2. Auflage, Baden-Baden 2005.
MANTL, Wolfgang, Aktuelle Transformationsprobleme Österreichs, in: SCHAUSBERGER, Franz (Hrsg.), Geschichte und Identität – Festschrift für Robert Kriechbaumer zum 60. Geburtstag, Wien 2008.
MARCELO, Jenny, Programme: Parteien im politischen Wettbewerbsraum, in: DACHS, Herbert (Hrsg.), Politik in Österreich – Das Handbuch, Wien 2006.
MARKO, Joseph/POIER, Klaus, Die Verfassungssysteme der Bundesländer: Institutionen und Verfahren repräsentativer und direkter Demokratie, in: DACHS, Herbert (Hrsg.), Politik in Österreich – Das Handbuch, Wien 2006.
MARTE, Johann, Wozu brauchen wir Museen?, in: ANDREAE, Clemens-August/SMEKAL, Christian (Hrsg.), Kulturförderung in den Alpenländern, Theorie und Praxis, Festschrift für PRIOR, Fritz zum 70. Geburtstag, Innsbruck 1992.
MATEJKA, Viktor, Grundlinien der Kulturpolitik in Österreich, Wien 1938.
MATTL, Siegried, Kultur und Kulturpolitik in der „Ära Kreisky", in: MADERTHANER, Wolfgang/MATTL, Siegfried/MUSNER, Lutz/PENZ, Otto (Hrsg.), Die Ära Kreisky und ihre Folgen – Fordismus und Postfordismus in Österreich, Wien 2007.

Literaturverzeichnis

MAYER, Heinz, Das österreichische Bundes-Verfassungsrecht – Kurzkommentar, Wien 2007.

MAYER, Heinz/WALTER, Robert, Grundriß des österreichischen Bundesverfassungsrechts, 7. Auflage, Wien 1992.

MAYERHOFER-GRÜNBÜHEL, Ferdinand, Ernstes und Heiteres zur österreichischen Identität, in: CSÚRI, Károly/ KÓTH, Markus (Hrsg.), Österreichische Identität und Kultur, Wien 2007.

MCGIGAN, Jim, Die kulturelle Öffentlichkeit, in: RAUNIG, Gerald/WUGGENIG, Ulf, PUBLICUM – Theorien der Öffentlichkeit, Wien 2005.

MELISCHEK, Gabriele/RUSSMANN, Uta/SEETHALER, Josef, Agenda Building in österreichischen Nationalratswahlkämpfen – 1970 bis 2008, in: PLASSER, Fritz (Hrsg.), Politik in der Medienarena – Praxis politischer Kommunikation in Österreich, Wien 2010.

MERKLE, Kathrin/BÜTTNER, Gesa, Das Gewissen Europas – Der Europarat, in: MAASS, Kurt-Jürgen (Hrsg.), Kultur und Außenpolitik, Baden-Baden 2005.

MERKEL, Katrin/SCHNEIDER, Gerald, Neu im Club. Die Auswärtige Kulturpolitik Polens, Ungarns und Russlands, in: MAASS, Kurt-Jürgen (Hrsg.), Kultur und Außenpolitik, Baden-Baden 2005.

MIESSGANG, Thomas, Kultur? Zurück in die Zukunft, in: BECKER, Konrad/WASSERMAIR, Martin (Hrsg.), Kampfzonen in Kunst und Medien – Texte zur Zukunft der Kulturpolitik, Wien 2008.

MIHATSCH, Michael, Öffentliche Kunstsubventionierung – Verfassungs- und verwaltungsrechtliche Probleme, insbesondere bei Einschaltung nicht-staatlicher Instanzen in das Subventionsverfahren, Berlin 1989.

MISES, Ludwig von, Nationalökonomie – Theorie des Handelns und Wirtschaftens, Genf 1940/Nachdruck Alabama 2007.

MITTELSTRASS, Jürgen, Leonardo-Welt – Über Wissenschaft, Forschung und Verantwortung, Frankfurt am Main, 1992.

MOEBIUS, Stephan, Kultur, Bielefeld 2009.

MOKRE, Monika, Graz 2003 und Linz 09 oder: Die schleichende Privatisierung der Kulturpolitik, in: BECKER, Konrad/WASSERMAIR, Martin (Hrsg.), Phantom Kulturstadt – Texte zur Zukunft der Kulturpolitik II, Wien 2009.

MOLS, Manfred/LAUTH, Hans-Joachim/WAGNER, Christian, Politikwissenschaft. Eine Einführung, 4. Auflage, Paderborn 2003.

MORSCHER, Siegbert/WAITZ, Waltraud, Österreichisches Statistikrecht, Wien/Graz, 2006.

MUCHITSCH, Wolfgang, Vom innerösterreichischen „National-Musäum" zur GmbH. Eine Chronologie der Ausgliederung des Landesmuseums Joanneum, in: EITNER, Harald (Hrsg.) Res publica – Festschrift Peter SCHACHNER-BLAZIZEK, Graz 2002.

MÜLLER, Wolfgang, Die Österreichische Volkspartei, in: DACHS, Herbert (Hrsg.), Politik in Österreich – Das Handbuch, Wien 2006.

MÜLLER-FUNK, Wolfgang, Kulturtheorie – Einführung in Schlüsseltexte der Kulturwissenschaften, Tübingen 2006.

MÜLLER-KATZENBURG, Astrid, Folgerecht – Aktuelles aus Gesetzgebung und Rechtsprechung, in: WELLER, Matthias/KEMLE, Nicolai/LYNEN, Peter Michael (Hrsg.), Des Künstlers Rechte – die Kunst des Rechts, Baden-Baden 2008.

NEISSER, Heinrich/LOIBELSBERGER, Gerhard/STROBL, Helmut, Unsere Republik auf einen Blick – Das Nachschlagewerk über Österreich, Wien 2005.

NEISSER, Heinrich, Die Kontrolle der Verwaltung, in: Österreichische Verwaltungslehre, HOLZINTER, Gerhart/OBERNDORFER, Peter/RASCHAUER, Bernhard (Hrsg.), Wien 2006.

NEUGEBAUER, Wolfgang, Im Kampf gegen Faschismus und Diktatur (1927–1947), in: KONECNY, Albrecht K. (Hrsg.), Modelle für die Zukunft – Die österreichische Sozialdemokratie und ihre Programme, Wien 1993.

NEUHOFER, Hans, Gemeinderecht – Organisation und Aufgaben der Gemeinden in Österreich, 2. Auflage, Wien 1998.

NICHOLS-SCHWEIGER, Herbert/KLAUSER, Christoph (Hrsg.), Mehr als. Soziokulturelle Chancen seit 1977, Graz 2004.

NOHLEN, Dieter, Kleines Lexikon der Politik, München 2001.

NOLTE, Rainer, Die Europäische Gemeinschaft als Kulturförderer, in: STRACHWITZ, Rupert Graf/TOEPLER, Stefan (Hrsg.), Kulturförderung – Mehr als Sponsoring, Wiesbaden 1993.

Literaturverzeichnis

NUSSBAUMER, Martina, Musikstadt Wien – Die Konstruktion eines Images, Freiburg im Breisgau 2007.

OERTERS, Kathrin, Die finanzielle Dimension der europäischen Kulturhauptstadt, in: MITTAG, Jürgen (Hrsg.), Die Idee der Kulturhauptstadt Europas – Anfänge, Ausgestaltung und Auswirkungen Europäischer Kulturpolitik, Essen 2008.

ÖHLINGER, Theo, Das Recht der Museen, in: BERKA, Walter/BRÜNNER, Christian/HAUSER, Werner (Hrsg.), redigiert von NOVAK, Manfred, Res Universitatis, Festschrift für Bernd-Christian Funk zum 60. Geburtstag, Wien/Graz 2002.

ÖHLINGER, Theo, Verfassungsrecht, 6. Auflage, Wien 2005.

ÖHLINGER, Theo, Die Museen und das Recht – Von der Öffnung der kaiserlichen Gemäldesammlung bis zum Bundesmuseengesetz, Wien 2008.

ÖHLINGER, Theo/STELZER, Manfred, Der Schutz der sozialen Grundrechte in der Rechtsordnung Österreichs, in: ILIOPOULOS-STRANGAS, Julia (Hrsg.), Soziale Grundrechte in Europa nach Lissabon, Baden-Baden/Athen/Brüssel/Wien, 2010.

OPPERMANN, Thomas, Kulturverwaltungsrecht, Bildung – Wissenschaft – Kunst, Tübingen 1969.

ÖSTERREICHISCHER BUNDESTHEATERVERBAND (Hrsg.), Burgtheater eine Chronik in Bildern, Wien 1985.

PAHR, Willibald, Österreich in der Welt, in: RATHKOLB, Oliver/MASCHKE, Otto/LÜTGENAU, Stefan August (Hrsg.), Mit anderen Augen gesehen – Österreichische Nationalgeschichte nach 1945, Band 2, Wien 2002.

PANAGL, Oswald, Musik als Spiegel von Politik und Geistesgeschichte – Dramaturgische Notizen zum Opernspielplan der Zweiten Republik, in: MANTL, Wolfgang (Hrsg.), Politik in Österreich – Die Zweite Republik: Bestand und Wandel, Wien 1992.

PELINKA, Anton, Analyse, in: KADAN, Albert/PELINKA, Anton, Die Grundsatzprogramme der österreichischen Parteien – Dokumentation und Analyse, St. Pölten 1979.

PELINKA, Anton, Nationale Identität, in: Projekt-Team „Identitätswandel Österreichs im veränderten Europa" (Hrsg.), Nationale und kulturelle Identitäten Österreichs – Theorien, Methoden und Probleme der Forschung zu kollektiver Identität, Wien 1995.

PELINKA, Anton, Grundzüge der Politikwissenschaft, Wien 2004.

PELINKA, Peter, Eine kurze Geschichte der SPÖ – Ereignisse, Persönlichkeiten, Jahreszahlen, Wien 2005.

PELINKA, Anton, Der Beitrag der Politikwissenschaft zur Entwicklung kritischer Öffentlichkeit in Österreich, in: FRÖSCHL, Erich/KRAMER, Helmut/KREISKY, Eva (Hrsg.), Politikberatung zwischen Affirmation und Kritik, Wien 2007.

PELINKA, Anton, Österreichische und Jüdische Identität, in: PELINKA, Anton/SICKINGER, Hubert/STÖGNER, Karin, Kreisky – Haider, Bruchlinien österreichischer Identitäten, Wien 2008.

PELINKA, Anton, Das politische System Österreichs, in: ISMAYR, Wolfgang (Hrsg.), Die politischen Systeme Westeuropas, 4. Auflage, Wiesbaden 2009.

PELINKA, Anton, Nach der Windstille – Eine politische Autobiografie, Wien 2009.

PERNTHALER, Peter, Kulturpolitik in Österreich – Verfassungsrechtliche und verfassungspolitische Rahmenbedingungen, in: PERNTHALER, Peter (Hrsg.), Föderalistische Kulturpolitik, Wien 1988.

PICHLER, Christian, Österreich, ein besseres Deutschland? Ungleiche Partner: ungleich mächtig, ungleich erfolgreich, Marburg 2009.

PLASSER, Fritz (Hrsg.), Politik in der Medienarena – Praxis politischer Kommunikation in Österreich, Wien 2010.

PLATON, Der Staat, Stuttgart 1973.

PLESCHBERGER, Werner, Vorsicht Politiker!: Analysen und Montagen zur österreichischen Kulturpolitik, Wien 1991.

PÖLL, Günther, Methodik der Umwegrentabilitätsrechnung im Kulturbereich, Linz 1983.

PORTER, Michael Eugene, Einstellungen, Werte, Überzeugungen und die Mirkoökonomie des Wohlstands, in: HUNTINGTON, Samuel Phillips/HARRISON Lawrence E. (Hrsg.), Streit um Werte – Wie Kulturen den Fortschritt prägen, München 2004.

PRIBILA, Gabriele, Museumspolitik in Österreich, Die Bundesmuseen: Konzepte, Reorganisation und Planung unter den Ministern Firnberg, Fischer, Tuppy und Busek zwischen 1978 und 1991, Wien 1992.

Literaturverzeichnis

RAFFLER, Marlies, Museum – Spiegel der Nation? Zugänge zur Historischen Museologie am Beispiel der Genese von Landes- und Nationalmuseen in der Habsburgermonarchie, Wien 2007.

RADKAU, Joachim, Max Weber – Die Leidenschaft des Denkens, München/Wien 2005.

RÁSKY, Béla/WOLF PEREZ, Edith, Kulturpolitik und Kulturadministration in Europa, Wien 1995.

RATHKOLB, Oliver, „Aktion Ottokar" 1955 – Die Wiedereröffnung des Burgtheaters als kulturpolitischer Rückbruch, in: Burgtheater (Hrsg.) Programmheft König Ottokars Glück und Ende, Wien 2005.

RAUCH-KELLER, Reingard, Kunstförderung – Die Subventionierung zeitgenössischen Kunstschaffens durch den Bund, Wien 1981.

RECKWITZ, Andreas, Die Transformation der Kulturtheorien – Zur Entwicklung eines Theorieprogramms, Göttingen 2006.

RECLAM, Phillipp jun. (Hrsg.), Texte zur Kulturtheorie und Kulturwissenschaft, Stuttgart 2010.

REICHELT, Grete, Kunstfreiheit des Architekten vs. Kulturgüterschutz: Die Dresdner Waldschlösschenbrücke, in: WELLER, Mathias/KEMLE, Nicolai/LYNEN, Peter Michael (Hrsg.), Des Künstlers Rechte – die Kunst des Rechts, Baden-Baden 2008.

REINHARD, Wolfgang, Vom italienischen Humanismus bis zum Vorabend der Französischen Revolution, in: FENSKE, Hans/MERTENS, Dieter/REINHARD, Wolfgang/ROSEN, Klaus, Geschichte der politischen Ideen – Von der Antike bis zur Gegenwart, Frankfurt am Main 1996.

REISINGER, Max, Steirische Kulturpolitik 1965 bis 1975 – Der Steirische Herbst, Graz 1994.

ROCHEL-LAURICH, Claudia, Vorwort, in: BMEIA (Hrsg.) austria kultur^{int} – Tätigkeitsbericht 2008, Wien 2009.

RÜSEN, Jörn, Europäische Identitätsbildung durch Kultur? Die Rolle der Kultur für die europäische Erinnerung, in: MITTAG, Jörn (Hrsg.), Die Idee der Kulturhauptstadt Europas: Anfänge, Ausgestaltung und Auswirkungen europäischer Kulturpolitik, Essen 2008.

RUMPLER, Ursula, Strukturwandel an den öffentlich-rechtlichen Konservatorien Österreichs infolge des Bologna-Prozesses – drei Beispiele: Josef Matthias Hauer Konservatorium und Musikschule der Stadt Wiener Neustadt, Joseph Haydn Konservatorium des Landes Burgenland, Konservatorium Wien Privatuniversität, Wien 2008.

RUSSWURM, Heinz/SCHÖLLER, Alexander, Österreichisches Rechtswörterbuch, Wien 1997.

SCHÄFFER, Heinz, Die Kompetenzverteilung im Bundesstaat, in: SCHAMBECK, Herbert (Hrsg.), Bundesstaat und Bundesrat in Österreich, Wien 1997.

SCHAMBECK, Herbert, Kulturpolitik für Österreich, Wien 1966.

SCHÄUBLE, Wolfgang, Nationale Identität und die innere Einheit Deutschlands, in: LANGGUTH, Gerd (Hrsg.), Die Intellektuellen und die nationale Frage, Frankfurt am Main 1997.

SCHELEPA, Susanne/WETZEL, Petra/WOHLFAHRT, Gerhard, Zur sozialen Lage der Künstler und Künstlerinnen in Österreich – Endbericht, Wien 2008.

SCHEUCH, Manfred, Der Weg zum Heldenplatz – Eine Geschichte der österreichischen Diktatur 1933–1938, Wien 2005.

SCHÖNBÄCK, Wilfried/BRÖTHALER, Johann, Zur „Umwegrentabilität" öffentlicher Ausgaben: Konzepte und Methoden zur Messung der überbetrieblichen Wirkungen staatlicher Aktivitäten, in: THEURL, Engelbert/WINNER, Hannes/SAUSGRUBER, Rupert (Hrsg.), Kompendium der österreichischen Finanzpolitik, Wien 2002.

SCHEYTT, Oliver, Stadtkultur in Partnerschaft, in: HOFFMANN, Hilmar (Hrsg.), Kultur und Wirtschaft – Knappe Kassen – Neue Allianzen, Köln 2001.

SCHEYTT, Oliver, Kommunales Kulturrecht, München 2005.

SCHEYTT, Oliver, Aufgaben der Kulturpolitik, in: Jahrbuch für Kulturpolitik 2006, Band 6 – Diskurs Kulturpolitik, Bonn 2006.

SCHEYTT, Oliver, Kulturstaat Deutschland. Plädoyer für eine aktivierende Kulturpolitik, Bielefeld 2008.

SCHMIDT-DENGLER, Wendelin, Österreich vor 60 Jahren: Der Krieg und die Folgen, in: CSÚRI, Károly/KÓTH, Markus (Hrsg.), Österreichische Identität und Kultur, Wien 2007.

SCHMIED, Claudia, Im Auge der Politik – Ausgewählte Reden 2007/2008, St. Ruprecht/Raab 2008.

SCHMIED, Claudia, Es gilt das gesprochene Wort! – Ausgewählte Reden 2009, St. Ruprecht/Raab 2009.

SCHÖLZIG, Krista, Öffentliche Kulturförderung in Deutschland und den USA – Ein Vergleich vor dem Hintergrund leistungsstaatlicher und gewährleistungsstaatlicher Modelle, Frankfurt am Main 2007.

SCHRAGE, Eltjo, Die Regeln der Kunst – Juristische Abenteuer um Kunst und Kultur, Baden-Baden 2009.

SCHULMEISTER Stephan, Kulturpolitik in den Zeiten des Sparpaketes, in: RAUNIG, Gerald (Hrsg.), Relevanz und gesellschaftliche Funktionen der freien Kulturarbeit, Wien 1996.

SCHULZE, Gerhard, Die Erlebnisgesellschaft – Kultursoziologie der Gegenwart, 6. Auflage, Frankfurt am Main, 2005.

SCHUMPETER, Joseph Alois, Geschichte der ökonomischen Analyse, Band 2, Göttingen 2009.

SCHWENKE, Olaf, Das Europa der Kulturen – Kulturpolitik in Europa – Dokumente, Analysen und Perspektiven von den Anfängen bis zur Gegenwart, 2. Auflage, Bonn 2006.

SCHWENKE, Olaf, Staatsziel Kultur – Abriss einer Ideen-Geschichte der Kulturpolitik in der Bundesrepublik Deutschland in: SCHWENKE, Olaf/BÜHLER, Joachim/WAGNER, Marie Katherina (Hrsg.), Kulturpolitik von A-Z, Berlin 2009.

SEIFERTH, Conrad, Die Rechtstellung der Bundeshauptstadt Berlin, Baden-Baden 2008.

SICKINGER, Hubert, Die Entwicklung der österreichischen Politikwissenschaft, in: KRAMER, Helmut (Hrsg.), Demokratie und Kritik – 40 Jahre Politikwissenschaft in Österreich, Frankfurt am Main 2004.

SIEVERS, Norbert/WAGNER, Bernd/WIESAND, Andreas, Objektive und transparente Förderkriterien staatlicher Kulturfinanzierung – Vergleiche mit dem Ausland, Gutachten für die Enquete-Kommission des Deutschland Bundestages, Kultur in Deutschland, Bonn 2004.

SIEVERS, Norbert, Herausforderungen und Handlungsoptionen für die Kulturpolitik angesichts des demografischen Wandels, in: HAUSMANN, Andrea/KÖRNER, Jana (Hrsg.), Demografischer Wandel und Kultur, Veränderungen im Kulturangebot und der Kulturnachfrage, Wiesbaden 2009.

SILLABER, Alois, Nicht Rot und nicht Schwarz, sondern Weiß-Grün ist die Losung! – Kulturpolitik in der Steiermark zwischen 1945 und 1960, Graz 1999.

SINGER, Otto, Kulturpolitik, in: WEIDENFELD, Werner/WESSELS, Wolfgang (Hrsg.), Europa von A bis Z – Taschenbuch der europäischen Integration, 11. Auflage, Berlin 2009.

SINOWATZ, Fred, Kulturpolitik für Alle, in: FRÖSCHL, Erich (Hrsg.), Politik über den Tag Hinaus – Ein Lesebuch zu den Programmdiskussionen der österreichischen Sozialdemokratie von 1966 bis 1996, Wien 1996.

SKOLA, Jiri, Anwendung der Input-Output-Analyse – Berechnungen am Beispiel der österreichischen Wirtschaftsstruktur, Wien 1974.

SPARR, Jürgen, EGV Artikel 151, in: SCHWARZE, Jürgen (Hrsg.), EU-Kommentar, 2. Auflage, Baden-Baden 2009.

SPICKERNAGEL, Ellen, Geschichte und Geschlecht: Der feministische Ansatz, in: BELTING, Hans/DILLY, Heinrich/KEMP, Wolfgang/SAUERLÄNDER, Willibald/WARNKE, Martin (Hrsg.), Kunstgeschichte – Eine Einführung, 3. Auflage, Berlin 1988.

SPIEGL, Andreas, Österreich 1987–1997: Von der Kulturnation zur geopolitischen Zone, in: AIGNER, Carl/HÖLZL, Daniela (Hrsg.), Kunst und ihre Diskurse Österreichische Kunst in den 80er und 90er Jahren, Wien 1999.

SPRINGER, Elisabeth, Geschichte und Kulturleben der Wiener Ringstrasse, Wiesbaden 1979.

STADLER, Andreas, Disturbing Creativity: Phantom Pains, Arts, and Cultural Policies in Postwar Austria, in: BISCHOF, Günter/PLASSER, Fritz (Hrsg.), The Schüssel Era in Austria, New Orleans 2010.

STEINER, Udo, Kulturpolitik in der Bundesrepublik Deutschland, in: PERNTHALER, Peter (Hrsg.), Föderalistische Kulturpolitik, Wien 1988.

STEINERT, Heinz, Kulturindustrie, 3. Auflage, Münster 2008.

STRACHWITZ, Rupert Graf/TOEPLER, Stefan (Hrsg.), Kultur-Förderung: mehr als Sponsoring, Wiesbaden 1993.

STRASSL, Karl-Gerhard, Kulturpolitik des Bundes – Die kulturpolitische Situation in Österreich im Spannungsfeld zwischen Gestalten und Verwalten, Wien 2001.

STRASSL, Karl-Gerhard, Staatsziel Kultur – Staatsziel Kultur – Bekenntnis zur Kulturnation oder hohle Phrase?, Wien 2010.

Literaturverzeichnis

STRAUB, Jürgen, Identität, in: JAEGER, Friedrich/LIEBSCH, Burkhard/RÜSEN, Jörn/STRAUB, Jürgen (Hrsg.), Handbuch der Kulturwissenschaften, Stuttgart 2004.

STROBL, Helmut, Graz als Kulturhauptstadt, in: ABLEITINGER, Alfred/BEUTL, Bernd (Hrsg.), Für die Steiermark Partei ergreifen! 60 Jahre Steirische Volkspartei, Graz 2005.

STURM, Roland, Das politische System Großbritanniens, in: ISMAYR, Wolfgang (Hrsg.), Die politischen Systeme Westeuropas, 4. Auflage, Wiesbaden 2009.

THIEL, Markus, Die verwaltete Kunst – Rechtliche und organisatorische Aspekte öffentlicher Kulturverwaltung, Frankfurt am Main 2003.

THUN-HOHENSTEIN, Christoph/CEDE, Franz/HAFNER, Gerhard, Europarecht, 6. Auflage, Wien 2008.

TIETZE, Hans, Lebendige Kunstwissenschaft – Texte 1910 – 1954, Wien 2007.

TITZ, Walter, Kontiuität und Wandel, in: NICHOLS-SCHWEIGER, Herbert/KLAUSER, Christoph (Hrsg.), Mehr als Soziokulturelle Chancen seit 1977, Graz 2004.

TOEPLER, Stefan, Kulturförderung in den USA, in: STRACHWITZ, Rupert Graf/TOEPLER, Stefan (Hrsg.), Kulturförderung – Mehr als Sponsoring, Wiesbaden 1993.

TRIBUTSCH, Svila/ULRAM, Peter A., Das österreichische Geschichtsbewusstsein und seine Geschichte, in: SCHAUSBERGER, Franz (Hrsg.), Geschichte und Identität – Festschrift für KRIECHBAUMER Robert, Wien 2008.

UCAKAR, Karl, Sozialdemokratische Partei Österreichs, in: DACHS, Herbert (Hrsg.), Politik in Österreich – Das Handbuch, Wien 2006.

UCAKAR, Karl, Verfassung – Geschichte und Prinzipien, in: DACHS, Herbert (Hrsg.), Politik in Österreich – Das Handbuch, Wien 2006.

UCAKAR, Karl/GSCHIEGL, Stefan, Das politische System Österreichs und die EU, Wien 2009.

ULRAM, Peter/TRIBUTSCH, Svila, The Building of an Austrian Nation, in: Kleine Nation mit Eigenschaften – Über das Verhältnis der Österreicher zu sich selbst und zu ihren Nachbarn, Wien 2004.

VAN DER BEEK, Gregor, Kulturfinanzen – Ein volkswirtschaftlicher Beitrag zur Reform der öffentlichen Museen und Theater in Deutschland, Berlin 2002.

VAN HEERDE, Jeroen Bastiaan, Staat und Kunst – Staatliche Kunstförderung 1895 bis 1918, Wien 1993.

VIETTA, Silvio, Europäische Kulturgeschichte – Eine Einführung, Paderborn 2007.

VODICKA, Karel, Das politische System Tschechiens, in: ISMAYR, Wolfgang, Die politischen Systeme Osteuropas, 3. Auflage, Wiesbaden 2010.

VOEGELIN, Eric, Die neue Wissenschaft der Politik – Eine Einführung, 3. Auflage, München 1977.

VON BEYME, Klaus, Die Kunst der Macht und die Gegenmacht der Kunst – Studien zum Spannungsverhältnis von Kunst und Politik, Frankfurt am Main 1998.

VON BEYME, Klaus, Kulturpolitik und nationale Identität – Studien zur Kulturpolitik zwischen staatlicher Steuerung und gesellschaftlicher Autonomie, Wiesbaden 1998.

VOSCHERAU, Henning, Kulturelle Vielfalt. Von der deutschen auswärtigen Politik zur europäischen Kulturpolitik, in: SCHMIDT, Helmut, Wozu deutsche auswärtige Kulturpolitik?, Stuttgart 1996.

WAGNER, Bernd, Fürstenhof und Bürgergesellschaft – Zur Entstehung, Entwicklung und Legitimation von Kulturpolitik, Bonn 2009.

WAGNER, Manfred, Die bildende Kunst im Parlament, in: EISLER, Georg/SECKY, Josef/STERK, Harald/WAGNER, Manfred, Die unbekannte Sammlung – Materialien zur staatlichen Kunstförderung in Österreich im Auftrag des Bundesministeriums für Unterricht und Kunst, Wien 1979.

WAGNER, Manfred, Kultur und Politik, Politik und Kunst, Wien 1991.

WAGNER, Manfred, Zur Unseligkeit der Begriffsvermischung/-verwischung von Kunst und Kultur, in: BREISACH, Emil/RAUCHENBERGER, Johannes (Hrsg.), Wohin steuert Österreich? – Kritische Analysen und unorthodoxe Konzepte, Wien 2004.

WAGNER, Manfred, Europäische Kulturgeschichte: gelebt, gedacht, vermittelt, Wien 2009.

WAGNER, Walter, Die Geschichte der Akademie der bildenden Künste in Wien, Wien 1967.

WALDSACK, Ingrid/KASPAROVSKY, Heinz, in: BMWF (Hrsg.), Das österreichische Hochschulsystem, 3. Auflage, 2007.

WALTER, Robert/MAYER, Heinz/KUCSKO-STADLMAYER, Gabriele, Grundriss des österreichischen Bundesverfassungsrechts, 10. Auflage, Wien 2007.

WANGERMÉE, Robert, Kulturpolitik in Frankreich, Hausen o. J.

WARNKE, Martin, Gegenstandsbereiche der Kunstgeschichte, in: BELTING, Hans/DILLY, Heinrich/KEMP, Wolfgang/SAUERLÄNDER, Willibald/WARNKE, Martin (Hrsg.), Kunstgeschichte – Eine Einführung, 3. Auflage, Berlin 1988.

WEIDENFELD, Werner, Was ist nationale Identität?, in: LANGGUTH, Gerd (Hrsg.), Die Intellektuellen und die nationale Frage, Frankfurt am Main 1997.

WEINZIERL, Erika, Österreichische Kulturpolitik in den dreißiger Jahren, in: HAIDER-PREGLER, Hilde/REITERER, Beate (Hrsg.), Verspielte Zeit – Österreichische Theater der dreißiger Jahre, Wien 1997.

WEISS, Walter, Dichtung und politisches System im Österreich seit 1945, in: MANTL, Wolfgang (Hrsg.), Politik in Österreich – Die Zweite Republik: Bestand und Wandel, Wien/Graz 1992.

WELAN, Manfried, Regierungserklärungen in Recht und Politik, in: GOTTSCHLICH, Maximilian/PANAGL, Oswald/WELAN, Manfried, Was die Kanzler sagten – Regierungserklärungen der Zweiten Republik 1945–1987, Wien 1989.

WENZLER, Michel, Journalisten und Eliten – Das Entstehen journalistischer Nachrichten über Energie- und Kulturpolitik, Konstanz 2009.

WESSELS, Wolfgang, Das politische System der Europäischen Union, Wiesbaden 2008.

WIDMER, Sigmund, Kulturpolitik ist nicht nur Kunstfinanzierung, in: FAGAGNINI, Hans Peter/WILI, Hans (Hrsg.), Der Wohlfahrtsstaat – Anspruch und Wirklichkeit, Olten 1977.

WIESAND, Andreas, Vor einem „Post-Maastrich-Syndrom"? Kulturpolitische Aufgaben im Prozeß der europäischen Einigung, in: RAUHE, Hermann/DEMMER, Christine, Kulturmanagement – Theorie und Praxis einer professionellen Kunst, Berlin 1994.

WIESAND, Andreas, Vom Kulturstaat zum Sponsor? in: RAUHE, Hermann/DEMMER, Christine, Kulturmanagement – Theorie und Praxis einer professionellen Kunst, Berlin 1994.

WIESAND, Andreas, Partnerschaft ohne Illusionen – Neue Aufgaben öffentlicher und privater Kulturförderung, in: HOFFMANN, Hilmar (Hrsg.), Kultur und Wirtschaft – Knappe Kassen – Neue Allianzen, Köln 2001.

WIESAND, Andreas, Kulturpolitik, in: ANDERSEN, Uwe/WOYKE, Wichard (Hrsg.), Handwörterbuch des politischen Systems der Bundesrepublik Deutschland, 6. Auflage, Wiesbaden 2009.

WILDGANS, Anton, Rede über Österreich, 6. Auflage, Wien/Leipzig 1935.

WIMMER, Michael, Zur Kulturpolitik in Österreich zwischen 1966 und 1985, Wien 1985.

WIMMER, Michael (Hrsg.), Kulturpolitik in Österreich – Darstellung und Analyse 1970–1990, Wien 1995.

WIMMER, Michael, Staatliche Kulturpolitik in Österreich seit 2000. Zur Radikalisierung eines politischen Konzepts, in: TÁLOS, Emmerich, SCHWARZ – BLAU, eine Bilanz des „Neu-Regierens", Wien 2006.

WIMMER, Norbert, Kulturauftrag im staatlichen Gemeinwesen Österreichs, in: STEINER, Udo/GRIMM, Dieter, Kulturauftrag im staatlichen Gemeinwesen, Berlin 1984.

WODAK, Ruth/DE CILLIA, Rudolf/REISIGL, Martin/LIEBHATER, Karin/HOFSTÄTTER, Klaus/KARGL, Maria, Zur diskursiven Konstruktion nationaler Identität, Frankfurt am Main 1998.

WOLF, Armin, Image-Politik – Prominente Quereinsteiger als Testimonials der Politik, Baden-Baden 2007.

WOLF-CSANÁDY, Elisabeth Charlotte, Wertewandel und Kulturpolitik in der Bundesrepublik Deutschland und Österreich, Wien 1995.

ZEMBYLAS, Tasos, Kulturbetriebslehre – Grundlagen einer Interdisziplin, Wiesbaden 2004.

ZIEMER, Klaus/MATTHES, Claudia-Yvette, Das politische System Polens, in: ISMAYR, Wolfgang, Die politischen Systeme Osteuropas, 3. Auflage, Wiesbaden 2010.

ZINGGL, Wolfgang, Kultur und Kulturpolitik in Europa, in: GRAF, Daniela/KASER, Karl (Hrsg.) Vision Europa – Vom Nationalstaat zum Europäischen Gemeinwesen. Wien 2004.

ZÖLLNER, Erich, Geschichte Österreichs: von den Anfängen bis zur Gegenwart, 8. Auflage, Wien 1990.

Literaturverzeichnis

Periodika

AKM (Hrsg.), Jahresbericht 2009, Wien 2010.
Akkreditierungsrat (Hrsg.), Bericht des Akkreditierungsrates 2004, Wien 2005.
Akkreditierungsrat (Hrsg.), Bericht des Akkreditierungsrates 2005, Wien 2006.
ARGE Musikschulstatistik (Hrsg.), Pilotstudie 2001. Statistisches Jahrbuch der Musikschulen in Österreich, Wien 2003.
BKA Kunstsektion, Kunstbericht 1998, Wien 1999.
BKA Kunstsektion, Kunstbericht 1999, Wien 2000.
BKA Kunstsektion, Kunstbericht 2000, Wien 2001.
BKA Kunstsektion, Kunstbericht 2001, Wien 2002.
BKA Kunstsektion, Kunstbericht 2004, Wien 2005.
BMBWK (Hrsg.), Kulturbericht 1999, Wien 2000.
BMEIA (Hrsg.), Außenpolitischer Bericht 2008 – Jahrbuch der österreichischen Außenpolitik, Wien 2009.
BMF (Hrsg.), Bundesfinanzgesetz 2006, Arbeitsbehelf, Beilage L.
BMF (Hrsg.), Beilagen zum Budget 2009, Wien 2009.
BMUKA (Hrsg.), Kulturbericht 1997, Wien 1998.
BMUK (Hrsg.), Kunstbericht 1970–1983, Wien 1971/1984.
BMUK (Hrsg.), Kunstbericht 1975, Wien 1976.
BMUK (Hrsg.), Kunstbericht 1992, Wien 1993.
BMUKS, (Hrsg.) Kunstbericht 1984, Wien 1985.
BMUKS (Hrsg.), Kunstbericht 1988, Wien 1989.
BMUK (Hrsg.), Kulturbericht 1995, Wien 1996.
BMUKK (Hrsg.), Kunstbericht 2008, Wien 2009.
BMUKK (Hrsg.), Kulturbericht 2009, Wien 2010.
BMWF (Hrsg.), Universitätsbericht 2008, Wien 2009.
BMWF (Hrsg.), Statistisches Taschenbuch 2009, Wien 2010.
BURGER, Rudolf, Über den Begriff des Kulturellen und die Freiheit der Kunst – eine Elementarbetrachtung, in: Wespennest, Nr. 111, Wien 1998.
BURIAN, Walter/JUEN, Thomas/HARTMANN, Anselm, Am Abstellgleis oder auf der Überholspur? Die Situation der Musik-Konservatorien in Österreich, beleuchtet von den Direktoren der Landeskonservatorien Burgenland, Tirol und Vorarlberg, in: Steinway-Magazin für Freunde von Steinway in Austria (Hrsg.), Klavier Opernring, Ausgabe 5, Wien 2005.
DAVYDCHYK, Maria, 20 Jahre Kulturpolitik in Polen – Von der Schocktherapie zur strategischen Entwicklungsplanung, in: Kulturpolitische Mitteilungen. Zeitschrift für Kulturpolitik der Kulturpolitischen Gesellschaft, Nr. 128, Bonn 2010.
DELVAINQUIÈRE, Jean-Cèdric, Compendium Länderprofil Frankreich, Paris 2002.
EVERS, Hans-Ulrich, Kulturverfassungsrecht und Kulturverwaltungsrecht in Österreich, in: Neue Juristische Wochenschrift, 36. Jahrgang, Heft 39, Frankfurt am Main 1983.
FISHER, Rod/LEYSSEN, Ledy, Compendium Länderprofil Großbritannien, London 2008.
FRASER, Andrea, Es ist Kunst, wenn ich sage, dass es das ist, oder..., in: BOLTANSKI, Christian/MORRIS, Robert (Hrsg.), Texte zur Kunst – Konkurrenz und neue Normen, 5. Jahrgang, Nr. 20, Köln 1995.
HAIDER, Hans, Von Marboe zu Mailath-Pokorny, in: KHOL, Andreas/OFNER, Günther/STIRNEMANN, Alfred (Hrsg.), Österreichisches Jahrbuch für Politik 2003, Wien 2004.
HAWLICEK, Hilde, Zur Zukunft der Kulturpolitik, in: Österreichische Gesellschaft für Kulturpolitik, Jahrbuch 99/00, Wien 2000.
HÖSELE, Herwig/LOPATKA, Reinhold/MANTL, Wolfgang/PIZA, Hildegund/PRIESCHNIG, Manfred/SCHILCHER, Bernd/SCHNIDER, Andreas (Hrsg.), Steirisches Jahrbuch für Politik 2005, Graz 2006.
IKM (Hrsg.), Bericht zur Kulturfinanzierung des Bundes 2006, Wien 2007.
ILCZUK, Dorota/NOWAK, Malgorzata, Compendium Länderprofil Polen, Warschau 2009.

IPETROVÁ, Pavla, Compendium Länderprofil Tschechien, Prag 2010.
KÖB, Edelbert, Der Sammlungs- und Bildungsauftrag des Museums in Zeiten der Eventkultur, in: MUSEUMSBUND ÖSTERREICH (Hrsg.), Neues Museum, Heft 2007/4 – 2008/1, Linz 2008.
KRUPP, Caroline, Übersicht und Entwicklung, in: Stadt Graz (Hrsg.), Kunst- und Kulturbericht 2008, Graz 2009.
KRUPP, Caroline, Vergleiche zu anderen Gebietskörperschaften nach LIKUS, in: Stadt Graz (Hrsg.), Kunst- und Kulturbericht 2008, Graz 2009.
LAND STEIERMARK (Hrsg.), Kulturförderungsbericht 1999–2000, Graz 2001.
STEIERMARK (Hrsg.), Kulturförderungsbericht 2005, Graz 2006.
LAND STEIERMARK (Hrsg.), Kulturförderungsbericht 2006, Graz 2007.
LAND STEIERMARK (Hrsg.), Landesrechnungsabschluss 2008, Graz 2009.
LAND STEIERMARK (Hrsg.), Landesrechnungsabschluss 2009, Band 2, Graz 2010.
LAND STEIERMARK (Hrsg.), LIKUS-Kulturförderungsbericht 2007, Graz 2008.
LAND STEIERMARK (Hrsg.), LIKUS-Kulturförderungsbericht 2008, Graz 2009.
MAILATH-POKORNY, Andreas, Öffentliches Management für die Kunst, in: BKA (Hrsg.), Kunstbericht, 1997, Wien 1998.
MAILATH-POKORNY, Andreas, Wien als Drehscheibe kultureller Öffnung und Erneuerung, in: Österreichisches Jahrbuch für Politik, Wien 2001.
MARBOE, Peter, Kulturpolitik ohne Widerspruch?, in: KHOL, Andreas/OFNER, Günther/STIRNEMANN, Alfred(Hrsg.), Österreichisches Jahrbuch für Politik 1997, Wien 1998.
MAYER, Hermann, Literatur und Literaturförderung: Probleme und kulturpolitische Erwägungen, in: BMUK (Hrsg.), Kunstbericht 1983, Wien 1984.
MDW (Hrsg.), Entwicklungsplan der Universität für Musik und darstellende Kunst Wien 2005–2009, Wien 2005.
MEISSNITZER, Heidi, Die Rückkehr der Kunstagenden ins Unterrichtsministerium, in: BMUK News 01/2007.
MENASSE, Robert, Wie eine Kulturnation ihre Kultur verkauft, in: Der Standard, Wien 11.09.2009.
MORAK, Franz, Creative Industries und der Auftrag des Kulturpolitikers oder Die organisierte Kreativität, in: KHOL, Andreas/OFNER, Günther/STIRNEMANN, Alfred (Hrsg.), Österreichisches Jahrbuch für Politik 1999, Wien 2000.
NATIONAL ENDOWMENT FOR THE ARTS, Annual Report 2009, Washington DC.
ORF (Hrsg.), Wert über Gebühr – Public Value Bericht 2009/2010, Wien 2010.
ÖSTERREICHISCHER WISSENSCHAFTSRAT (Hrsg.), Empfehlungen zur Entwicklung der Kunstuniversitäten in Österreich, Wien 2009.
O.V., Schloss Eggenberg wurde in die Liste aufgenommen, in: Der Standard, 01.08.2010.
O.V., Museumsdirektoren gegen monatlichen Gratis-Tag, in: Der Standard, 21.09.2007.
O.V., Wiener Staatsoper: Dominique Meyer wird Direktor ab 2010, in: Die Presse, 06.06.2007.
RATZENBÖCK, Veronika/HOFECKER, Franz Otto, Compendium Länderbericht Österreich, Wien 2009.
RAUCH, Wolf, Die Heimat der Dinge, in: Zeit-Schnitt, Nr. 11, Wien 2002.
RECHNUNGSHOF, BUNDESRECHNUNGSABSCHLUSS 2008, BEILAGE N, WIEN 2009.
RECHNUNGSHOF, Reihe Bund 2007/2.
RECHNUNGSHOF, Reihe Bund 2010/2 – Verleih von Sammlungsgut durch Bundesmuseen.
RECHNUNGSHOF, Reihe Steiermark 2004/1.
RECHNUNGSHOF, Reihe Vorarlberg 1997.
RECHNUNGSHOF, Reihe Vorarlberg 2006.
SCHEDIWY, Robert, Fallstricke der Kulturpolitik – am Beispiel Museumsquartier, in: KHOL, Andreas/OFNER, Günther/STIRNEMANN, Alfred (Hrsg.), Österreichisches Jahrbuch für Politik 1993 , Wien 1994.
SCHEYTT, Oliver, Systematik des Kulturrechts, in: LOOCK, Friedrich/SCHEYTT, Oliver (Hrsg.), Kulturmanagement & Kulturpolitik – Die Kunst, Kultur zu ermöglichen, Berlin 2006.

Literaturverzeichnis

SCHMIED, Claudia, Die Bildungsreform geht weiter – Mehr Geld für Kunst und Kultur, in: BMUKK News, Ausgabe 1/2009, Wien 2009.

SCHMIED, Claudia, Es geht um das Ich im Wir und das Wir im Ich, In: Der Standard vom 23.04.2010.

SCHWANDA, Herbert, Kulturpolitische Grundsätze am Beispiel der Film-Video- und Fotografieförderung, in: BMUK (Hrsg.), Kunstbericht 1982, Wien 1983.

SCHWENKE, Olaf, Auf geht´s Europa – Kultur, Kulturpolitik und der Lissabon-Vertrag, in: Kulturpolitische Mitteilungen. Zeitschrift für Kulturpolitik der Kulturpolitischen Gesellschaft, Nr. 127, Bonn 2009.

SPRINGER, Georg/STOSS, Othmar, Privatisierung Museen, Theater – Die Ausgliederung der Österreichischen Bundestheater, in: KHOL, Andreas/OFNER, Günther/STIRNEMANN, Alfred (Hrsg.), Österreichisches Jahrbuch für Politik, Wien 2006.

SPRINGER, Georg, Prämien-Systeme für Kulturmanagerinnen? in: Der Standard, Wien 2010.

STADT GRAZ (Hrsg.), Geschäftsbericht 2008, Graz 2009.

STADT SALZBURG (Hrsg.), Jahresbericht der Abteilung 2 Kultur und Schule 2007, Salzburg 2008.

STARECEK, Karla, Fürstliche Sammlungsstücke – Neuerwerbungen unter Hans-Adam II. von und zu Liechtenstein, in: Parnass 1/2010, Wien 2010.

STATISTISCHE ÄMTER DES BUNDES UND DER LÄNDER (Hrsg.) Kulturfinanzbericht 2008, Wiesbaden 2008.

STERNBERG, Thomas, Kultur ist Staatsziel!, in: Kulturpolitische Mitteilungen. Zeitschrift für Kulturpolitik der Kulturpolitischen Gesellschaft, Nr. 127, Bonn 2009.

STROBL, Helmut, Graz 2003 Kulturhauptstadt Europas, in: KHOL, Andreas/OFNER, Günther/STIRNEMANN, Alfred (Hrsg.), Österreichisches Jahrbuch für Politik 2003, Wien 2004.

TEMNITSCHKA, Hans, Kulturpolitische Grundsätze am Beispiel der Musik- und Theaterförderung, in: BMUK (Hrsg.), Kunstbericht 1981, Wien 1982.

THIERSE, Wolfgang, Kultur als das Gemeinsame in den vierzig Jahren der Trennung und das Trennende in den zwanzig gemeinsamen Jahren?, in: Kulturpolitische Mitteilungen. Zeitschrift für Kulturpolitik der Kulturpolitischen Gesellschaft, Nr. 129, Bonn 2010.

UNIVERSITÄT FÜR ANGEWANDTE KUNST WIEN (Hrsg.), Entwicklungsplan 2005–2009, Wien 2005.

VAN HAMERSVELD, Ineke/BÌNA, Vladimir, Compendium Länderprofil Niederlande, Amsterdam/Den Haag 2008.

WAGNER, Bernd, Compendium Länderprofil Deutschland, Bonn 2009,

WAGNER, Bernd, „Kulturnation", „Staatsnation" und die Aufgaben von Kulturpolitik, in: Kulturpolitische Mitteilungen. Zeitschrift für Kulturpolitik der Kulturpolitischen Gesellschaft, Nr. 129, Bonn 2010.

WAGNER, Manfred, Kulturpolitik und Verwaltung, in: KHOL, Andreas/OFNER, Günther/STIRNEMANN, Alfred (Hrsg.), Österreichisches Jahrbuch für Politik 1987, Wien 1988.

WAGNER, Walter, Zur Kunstförderung in Österreich, in: KHOL, Andreas/OFNER, Günther/STIRNEMANN, Alfred (Hrsg.), Österreichisches Jahrbuch für Politik 1982, Wien 1983.

WALDNER, Wolfgang, Kulturpolitik im Spannungsfeld von staatlicher Hegemonie und bürgerlicher Freiheit – Das Beispiel Museums Quartier Wien, in: KHOL, Andreas/OFNER, Günther/STIRNEMANN, Alfred (Hrsg.), Österreichisches Jahrbuch für Politik 2001, Wien 2002.

WECKERLE, Christoph, Compendium Länderprofil Schweiz, Zürich 2009.

WECKERLE, Christoph, Habemus legem – oder alles nur weißer Rauch?, in: Kulturpolitische Mitteilungen. Zeitschrift für Kulturpolitik der Kulturpolitischen Gesellschaft, Nr. 128, Bonn 2010.

WIMMER, Michael, Kultur und Politik: Ein widersprüchliches Verhältnis am Wendepunkt?, in: KHOL, Andreas/OFNER, Günther/STIRNEMANN, Alfred (Hrsg.), Österreichisches Jahrbuch für Politik 1995, Wien 1996.

WIMMER, Michael, Österreichische Kulturpolitik seit 2000, in: Österreichische Zeitschrift für Politikwissenschaft, Kulturpolitik und Demokratie, Band 2006/3, Baden Baden 2006.

ZIMMERMANN, Olaf/SCHULZ, Gabriele, Strukturen der Kulturpolitik in der Bundesrepublik Deutschland, in: LOOCK, Friedrich/SCHEYTT, Oliver (Hrsg.), Kulturmanagement & Kulturpolitik – Die Kunst, Kultur zu ermöglichen, Berlin 2006.

Sonstige Quellen

Amt der OÖ. Landesregierung (Hrsg.), Anton Bruckner Privatuniversität – Erfolgreiche Reakkreditierung stellt Weichen für die Zukunft 02.03.2009, Linz 2009.

AKM (Hrsg.), Pressemitteilung: AKM im internationalen Verbund gegen YouTube Verhandlungen mit YouTubede abgebrochen, 10.05.2010.

APA, Leistungsbezogene Kulturmanager-Gehälter in Österreich im Vormarsch, 23.02.2010.

BKA (Hrsg.), Regierungen seit 1945, http://www.bka.gv.at/site/3355/default.aspx, 30.06.2010.

BMBWK (Hrsg.), Pressemitteilung der Ministerin: Dürer Hase, 11.03.2005.

BMAA (Hrsg.), Auslandskultur Neu – Das Konzept vom 12.03.2001, Wien 2001.

BMF (Hrsg.), Bericht gemäß § 35a BHG, Ausgliederungen und Beteiligungen des Bundes, Wien 2009.

BMI, Nationalratswahl 2008 Endergebnis, http://wahl08.bmi.gv.at, 21.06.2010.

BMUKK Pressemeldung, Dr. Sabine Haag wird mit 01.01.2009 neue Generaldirektorin des KHM, Wien 2008.

BMUKK, Pressemitteilung: BM Schmied nimmt an der UNESCO-Generalkonferenz teil, 08.10.2009.

BMUKK, Pressemitteilung: Preisträger des Großen Österreichischen Staatspreises, 26.05.2009.

BMUKK, Pressemitteilung: Kulturministerin Claudia Schmied schließt Rahmenzielvereinbarungen mit Bundesmuseen und ÖNB ab, 22.10.2010.

BUNDESPRESSEDIENST (Hrsg.), Das politische System in Österreich, Wien 2000.

BUNDESRAT, XXIII. GP, 759. Sitzung, 25.07.2008.

BZÖ, Bündnispositionen, 2009, http://www.bzoe.at/index.php?content=bzoe_programm, 20.12.2009.

BZÖ, Programm des Bündnis Zukunft Österreich, beschlossen auf dem außerordentlichen Bundeskonvent am 02.05.2010.

DIE GRÜNEN, Grundsatzprogramm der Grünen, beschlossen beim 20. Bundeskongress der Grünen am 7. und 8. Juli 2001 in Linz.

DIE GRÜNEN, Was sich jetzt ändern muss – kulturpolitisches Programm der Grünen, Wien 2008.

EUROPÄISCHE KOMMISSION, 2007, K (2007) 4322 Brüssel 2007.

EUROPÄISCHE KOMMISSION, Staatliche Beihilfe NN 50/2007 (vormals CP 206/2005) – Österreich Übernahme staatlicher Haftungen für österreichische Bundesmuseen, Brüssel 2007.

EUROPÄISCHE KOMMISSION, Staatliche Beihilfen: IP/10/181 – Staatliche Beihilfen: Kommission genehmigt staatliche Haftungsübernahme für österreichische Bundesmuseen, Brüssel 2010.

FPÖ, Parteiprogramm der Freiheitlichen Partei Österreichs – Mit Berücksichtigung der beschlossenen Änderungen vom 27. Ordentlichen Bundesparteitag der FPÖ am 23. April 2005 in Salzburg.

FPÖ, Parteiprogramm, http://www.fpoe.at/fileadmin/Contentpool/Portal/PDFs/Parteiprogramme/Parteiprogramm_dt.pdf, April 2010.

GEMEINDERAT GRAZ, A 16-77/4-2004, 17.06.2004.

KAPPACHER, Stefan, Wahlkampf ohne Themen, http://oe1.orf.at/artikel/243096 vom 22.04.2010.

KÖB, Edelbert, Der Sammlungs- und Bildungsauftrag des Museums in Zeiten der Eventkultur, Wien 2007.

KONRÀD, György, Karlspreisrede, Aachen 2001.

KONSERVATORIUM WIEN PRIVATUNIVERSITÄT (Hrsg.), Satzung der Konservatorium Wien Privatuniversität 2010, Wien 2010.

KONSERVATORIUM WIEN GMBH (Hrsg.), Imagebroschüre, Wien 2010.

Literaturverzeichnis

KRUPP, Caroline, Vortrag „Kunst, Geld, Markt, Vertrauen", Europäisches Forum Alpbach, 03.09.2009.
KULTURRAT, Pressegespräch, Kulturrat Österreich zieht Zwischenbilanz, 22.06.2010, Wien 2010.
LAND STEIERMARK, Landespressedienst, Staatspreisträger zu Gast in Grazer Burg, 04.11.2008.
LAND STEIERMARK, Landespressedienst, Gemeinsam für eine zukunftsfähige Steiermark, 19.10.2010.
LANDESRECHNUNGSHOF STEIERMARK, Prüfbericht LRH 20 J 3/2008-55, Graz 2010.
NATIONALRAT, XVII. GP, 2. Sitzung, SGP, 28.01.1987.
NATIONALRAT, XX. GP, Parlamentskorrespondenz Nr. 58, Teil 4, 29.01.1997.
NATIONALRAT, XX. GP, 60. Sitzung, SGP, 29.01.1997.
NATIONALRAT, XX. GP, Anfragebeantwortung 3446/ AB, 13.03.1998.
NATIONALRAT, XX. GP, Bericht des Kulturausschusses, 30.06.1998.
NATIONALRAT, XX. GP, 162. Sitzung, SGP, 24.03.1999.
NATIONALRAT, XXI. GP, 12. Sitzung, 01.03.2000.
NATIONALRAT, XXII. GP, 7. Sitzung, SGP, 06.03.2003.
NATIONALRAT, XXII. GP, Parlamentskorrespondenz Nr. 891, 01.12.2004.
NATIONALRAT, XXII.GP, 101. Sitzung, SGP, 01.04.2005.
NATIONALRAT, XXII. GP, Parlamentskorrespondenz Nr. 68, vom 02.02.2006.
NATIONALRAT, XXII. GP, Antrag 667/A(E), 05.04.2006.
NATIONALRAT, XXIII. GP, Schriftliche Anfrage 122/J, 29.11.2006.
NATIONALRAT, XXIII. GP, Anfragebeantwortung 54/AB, 09.01.2007.
NATIONALRAT, XXIII. GP, 9. Sitzung, SGP, 16.01.2007.
NATIONALRAT, XXIII. GP, Ministerialentwurf 35/ME, 06.03.2007.
NATIONALRAT, XXIII. GP, Anfragebeantwortung 1335/AB, 07.09.2007.
NATIONALRAT, XXIII. GP, Schriftliche Anfrage 4399/J, 21.05.2008.
NATIONALRAT, XXIII. GP, 2/VER 03.06.2008.
NATIONALRAT, XXIII. GP, Schriftliche Anfrage 4798/J, 10.07.2008.
NATIONALRAT, XXIV. GP, 6. Sitzung, SGP, 03.12.2008.
NATIONALRAT, XXIV. GP, Schriftliche Anfrage 486/J, 12.12.2008.
NATIONALRAT, XXIV. GP, 19. Sitzung, SGP, 21.04.2009.
NATIONALRAT, XXIV. GP, Parlamentskorrespondenz Nr. 324, 21.04.2009.
NATIONALRAT, XXIV. GP, 23. Sitzung, SGP, 20.05.2009.
NATIONALRAT, XXIV. GP, Anfragebeantwortung 1378/AB, 11.05.2009.
NATIONALRAT, XXIV. GP, Schriftliche Anfrage 4138/J, 15.12.2009.
NATIONALRAT, XXIV. GP, Schriftliche Anfrage 4982/J, 25.03.2010.
NATIONALRAT, XXIV. GP, SGP, Beilage 807, 29.06.2010.
NATIONALRAT, XXIV. GP, Ministerialentwurf 174/ME, 25.06.2010.
NATIONALRAT, XXIV. GP, Parlamentskorrespondenz Nr. 544, 29.06.2010.
NATIONALRAT, XXIV. GP, Ministerialentwurf 182/ME, 19.07.2010.
NIEDERÖSTERREICHISCHE LANDESREGIERUNG, Debatte über NÖ Landesbudget 2005, 22.06.2004.
ÖSTERREICHISCHER KUNSTSENAT (Hrsg.), Träger des Großen Österreichischen Staatspreises, Wien 2010.
ÖSTERREICHISCHE UNESCO-KOMMISSION (Hrsg.), Kulturelle Vielfalt, Wien o.J.
O.V., Regierungserklärung vom 09.02.2000.
O.V., Regierungsprogramm XXIII. GP, 2007.
O.V., Regierungsprogramm, XXIV. GP, Wien 2008.
O.V., Regierungsvorlage, XXIV. GP, Beilagen Nr. 876, Erläuterungen, 2010.
O.V., Koalitionsvertrag zwischen CDU, CSU und FDP, Wachstum. Bildung. Zusammenhalt, 17. Legislaturperiode, Entwurf, ohne Ort, 2009.
O.V., Regierungsübereinkommen von SPÖ und ÖVP für die XVI. Gesetzgebungsperiode 2010 bis 2015, Graz 2010.

Literaturverzeichnis

ÖVP, Grundsatzprogramm, beschlossen am 30. ordentlichen Parteitag der Österreichischen Volkspartei am 22. April 1995 in Wien.

RECHNUNGSHOF und LANDESKONTROLLEINRICHTUNGEN, Resolution, 12.11.2008.

REITER, Ilse, JuristInnenausbildung an der Wiener Universität, 2007, http://homepage.univie.ac.at/ilse.reiter-zatloukal/Reiter-RewiStudiumWien.pdf, 07.04.2010.

SCHMIED, Claudia, Museumspolitische Ziele – Schwerpunktsetzungen auf Basis der museumspolitischen Initiative, Wien 2008, in: http://www.bmukk.gv.at/medienpool/16684/08_10_10_museumspol_ziele.

SCHMIED, Claudia, Anfragebeantwortung 329/AB XXIV/GP, Wien 2009.

SEGERT, Dieter/WÖHL, Stefanie, http://politikwissenschaft.univie.ac.at/institut/, Wien Oktober 2009.

SINGER, Otto, Deutscher Bundestag – Wissenschaftliche Dienste – Kulturfinanzierungsbericht 2008, Nr.53/08.

SPÖ-Zentralsekretariat (Hrsg.) Programm der SPÖ – Mit den Reden von Parteivorsitzendem Bruno Kreisky und Zentralsekretär Karl Blecha beim Parteitag 1978, Wien 1978.

SPÖ Grundsatzprogramm, Oktober 1998.

SPÖ (Hrsg.), Kulturpolitischer Maßnahmenkatalog – Erste Ansätze für eine Verbesserung des Kulturverhaltens, Wien 1975.

STADT WIEN, Geschäftsgruppe Kultur und Wissenschaft, Wien denkt weiter – Der Kongress, 16.06.2010.

STATISTIK AUSTRIA (Hrsg.), Kulturstatistik 2007, Wien 2009.

STEIERMÄRKISCHER LANDTAG, XIV. GP, EZ 1705/1, 2004.

STEIERMÄRKISCHER LANDTAG, XV. GP, EZ 105/1, 23.11.2005.

WEIGEL, Wolfgang, Warum „Josef von Sonnenfels Center", http://www.univie.ac.at/sonnenfels/txt_dt/Der%20Verein.html, 07.04.2010.